中国学术名著丛书

论语疏证

杨树达

吉林出版集团股份有限公司

图书在版编目（CIP）数据

杨树达 论语疏证 / 杨树达著 . — 长春：吉林出版集团股份有限公司，2017.2（2022.3 重印）

（中国学术名著丛书）

ISBN 978-7-5581-1923-1

Ⅰ.①杨… Ⅱ.①杨… Ⅲ.①儒家②《论语》—研究 Ⅳ.① B222.25

中国版本图书馆 CIP 数据核字（2016）第 297605 号

杨树达 论语疏证

著　　者	杨树达
出版策划	杜贞霞
责任编辑	白聪响
封面设计	映象视觉
开　　本	710mm×1000mm　1/16
字　　数	360 千
印　　张	25
版　　次	2017 年 2 月第 1 版
印　　次	2022 年 3 月第 3 次印刷

出版发行	吉林出版集团股份有限公司
电　　话	总编办：010-63109269
	发行部：010-63109269
印　　刷	三河市京兰印务有限公司

定价：56.00 元

ISBN 978-7-5581-1923-1

版权所有　侵权必究

目 录

论语疏证自序 / 1
论语疏证凡例 / 2
论语疏证卷第一 / 4
    学而篇第一 / 4
论语疏证卷第二 / 31
    为政篇第二 / 31
论语疏证卷第三 / 51
    八佾篇第三 / 51
论语疏证卷第四 / 71
    里仁篇第四 / 71
论语疏证卷第五 / 92
    公冶长篇第五 / 92
论语疏证卷第六 / 106
    雍也篇第六 / 106
论语疏证卷第七 / 121
    述而篇第七 / 121

论语疏证卷第八 / 140
　　泰伯篇第八 / 140
论语疏证卷第九 / 163
　　子罕篇第九 / 163
论语疏证卷第十 / 181
　　乡党篇第十 / 181
论语疏证卷第十一 / 191
　　先进篇第十一 / 191
论语疏证卷第十二 / 211
　　颜渊篇第十二 / 211
论语疏证卷第十三 / 231
　　子路篇第十三 / 231
论语疏证卷第十四 / 255
　　宪问篇第十四 / 255
论语疏证卷第十五 / 283
　　卫灵公篇第十五 / 283
论语疏证卷第十六 / 319
　　季氏篇第十六 / 319
论语疏证卷第十七 / 337
　　阳货篇第十七 / 337
论语疏证卷第十八 / 359
　　微子篇第十八 / 359
论语疏证卷第十九 / 370
　　子张篇第十九 / 370
论语疏证卷第二十 / 385
　　尧曰篇第二十 / 385

论语疏证自序

此书乃一九四二年所写，其时余正抱小病，力疾搜检群书，令儿辈分任抄写。我原有《论语古义》一书，从其中采取若干材料。故从一月开始编写，至三月末写成，凡费时九十日。其时随湖南大学避寇辰溪，用石印印成讲义，分布大学诸生，亦以其余份分赠诸友求教。余以一本常置案头，随时增益材料，及最后书成，视石印本殆增加二分之一矣。商务印书馆为余排印成卷，讫未印行。解放以来，余接触新思想，稍稍用批判态度处理此书，然余于马克思列宁主义研究太浅，观点模糊之处必多。毛主席说："今天的中国是历史的中国的一个发展；我们是马克思主义的历史主义者，我们不应当割断历史。从孔夫子到孙中山，我们应当给以总结，继承这一份珍贵的遗产。"（见《毛泽东选集》二卷《中国共产党在民族战争中的地位》四九六页）我之所以将此书问世，不敢认此书为已成熟之著作，不过提供世人以研究孔子总结孔子之材料而已。当世君子给余以严格之批评，使孔子学说之真相大白于世，是余所衷心切祷者也。

一九五五年元月五日树达病中书。

论语疏证凡例

一、本书宗旨在疏通孔子学说，首取《论语》本书之文前后互证，次取群经诸子及四史为证，无证者则阙之。老庄韩墨说与儒家违异，然亦时有可以发明孔子之意者，赋诗断章，余窃取斯义尔。

二、证文次第，以训解字义、说明文句者居前，发明学说者次之，以事例为证者又次之，旁证推衍之文又次之。大致由浅入深，由近及远，取便学者之通晓而已。同类之证，则以书之前后为次。

三、本文一章数句，句各有证，证文分列于当句之下。分证之外别有总证数句者，则列于所证经文最末一句之下。

四、古书往往因袭前人，如《韩诗外传》多本《荀子》，《淮南》时采《吕氏春秋》是也。本书列证务录其本源，而因袭者则附注于条末。

五、同一文证，间有分证数节者，如《史记·赵世家》记程婴公孙杵臼事，已证于《学而》篇"与朋友交而不信乎"下，又证于《泰伯》篇"可以托六尺之孤"下是也。以义各有归，不嫌复见。

六、证文有同一事而互见数书，彼此略异，本编兼采之者，则取第二条置首条之后，空一格录之，不别提行，以示区别。

七、古人于同一事有见仁见智之殊，如《春秋》僖公二十二年泓之战，《公羊传》极赞宋襄公，以为虽文王之战不过，而《谷梁传》则讥其不教而战，彼此违异，义得并存，所谓言岂一端，义各有当也。本编于此类并存不废，读者不以矛盾为讥，则幸矣。

八、本书训说大致以朱子《集注》为主，其有后儒胜义长于朱说者，则取后儒之说。心有未安，乃下己意焉。

九、本书中意义相近之文，往往彼此互证，若取两章证文相校，或有详略之殊。读者因证互参，最为有益。例如：卷五《公冶长》篇"巧言、令色、足恭，左丘明耻之，丘亦耻之。"节下曾引《学而》篇"巧言令色，鲜矣仁。"为证，读者试因此检阅《学而》篇当节证文，则左丘明与孔子所以耻巧言令色之故益为明白，其一例也。

论语疏证卷第一

学而篇第一

子曰:"学而时习之,不亦说乎!

《为政》篇曰:温故而知新,可以为师矣。

　　树达按:学而时习,即温故也;温故能知新,故说也。

有朋自远方来,不亦乐乎!

《易·象传》曰:丽泽兑,君子以朋友讲习。
《礼记·学记》篇曰:独学而无友,则孤陋而寡闻。
《孟子·万章下》篇曰:孟子谓万章曰:一乡之善士,斯友一乡之善士;一国之善士,斯友一国之善士;天下之善士,斯友天下之善士。

　　树达按:人友天下之善士,故有朋自远方来。同道之朋不远千里而来,可以证学业,析疑义,虽欲不乐,得乎?

人不知，而不愠，不亦君子乎！"

《宪问》篇曰：子曰：君子病无能焉，不病人之不己知也。

《卫灵公》篇曰：子曰：不患人之不己知，患其不能也。

《里仁》篇曰：子曰：不患莫己知，求为可知也。

本篇曰：不患人之不己知，患不知人也。

《礼记·中庸》篇曰：君子依乎中庸，遁世不见知而不悔，惟圣者能之。

《大戴礼记·曾子立事》篇曰：人知之，则愿也，人不知，苟吾自知也，君子终身守此勿勿也。

《孟子·尽心上》篇曰：孟子谓宋句践曰："子好游乎？吾语子游。人知之，亦嚣嚣，人不知，亦嚣嚣。"曰："何如斯可以嚣嚣矣？"曰："尊德乐义，则可以嚣嚣矣。"

《荀子·非十二子》篇曰：君子能为可贵，不能使人必贵己，能为可信，不能使人必信己；能为可用，不能使人必用己。故君子耻不修，不耻见污；耻不信，不耻不见信；耻不能，不耻不见用。是以不诱于誉，不恐于诽，率道而行，端然正己，不为物倾侧，夫是之谓诚君子。

《淮南子·缪称》篇曰：怄与急同于不己知者，不自知也。诚中之人，乐而不怄，如鹍好声，熊之好经，夫有谁为矜？

树达按：中有自得，故人不知而不愠，自足乎内者固无待于外也。然非德性坚定之人不能及此也。孟子谓尊德乐义，人不知而亦嚣嚣，正此人之谓也。

又按：时习而说，学者自修之事也；朋来而乐，以文会友之事也；不知而不愠，则为德性坚定之人矣。孔子之言次第极分明也。

有子曰：

《史记·仲尼弟子传》曰：有若，少孔子四十三岁。

"其为人也孝弟，而好犯上者，鲜矣；不好犯上，而好作乱者，未之有也。

《贾子·道术》篇曰：子爱利亲谓之孝，反孝为孽。弟敬爱兄谓之悌，反悌为敖。

《大戴礼记·曾子立孝》篇曰：是故未有君而忠臣可知者，孝子之谓也；未有长而顺下可知者，弟弟之谓也；未有治而能仕可知者，先脩之谓也。故曰：孝子善于君，弟弟善事长，君子一孝一弟，可谓知终矣。

《战国策·秦策二》曰：昔者曾子处费，费人有与曾子同名族者而杀人。人告曾子母曰："曾参杀人。"曾子之母曰："吾子不杀人。"织自若。有顷焉，人又曰："曾参杀人。"其母尚织自若也。顷之，一人又告之曰："曾参杀人。"其母惧，投杼逾墙而走。

　　树达按：人再告而曾子之母不动者，知曾参孝子，必不为非法之事也。

君子务本，本立而道生。孝弟也者，其为仁之本与！"

《孝经》曰：夫孝，德之本也。

《管子戒》篇曰：孝弟者，仁之祖也。

《吕氏春秋·孝行览》曰：凡为天下，治国家，必务本而后末，务本莫贵于孝。夫孝，三皇五帝之本务，而万事之纪也。夫执一术而百善至，百邪去，天下从者，其惟孝也。

《孟子·尽心上》篇曰：人之所不学而能者，其良能也；所不虑而知者，其良知也。孩提之童，无不知爱其亲者；及其长也，无不知敬其兄也。亲亲，仁也；敬长，义也。无他，达之天下也。

又《离娄上》篇曰：仁之实，事亲是也；义之实，从兄是也；智之实，知斯二者弗去是也；礼之实，节文斯二者是也；乐之实，乐斯二者。乐则生矣，生则恶可已也；恶可已，则不知足之蹈之手之舞之。

　　树达按：爱亲，孝也；敬兄，弟也。儒家学说，欲使人本其爱亲敬兄之良知良能而扩大之，由家庭以及其国家，以及全人类，进而至于大同，所谓亲亲而仁民，仁民而爱物也。然博爱人类进至大同之境，乃以爱亲敬兄之良知良能为其始基，故曰孝弟为仁之本。孟子谓亲亲敬长，达之天下则为仁义，又谓事亲从兄为仁义之实，与有子之言相合，此儒家一贯之理论也。

子曰："巧言令色，鲜矣仁。"

《逸周书·官人》篇曰：华废而诬，巧言令色，皆以无为有者也。

又《武纪》篇曰：币帛之闲有巧言令色，事不成；车甲之闲有巧言令色，事不捷。

《公冶长》篇曰：子曰：巧言、令色、足恭，左丘明耻之，丘亦耻之。

《大戴礼记·曾子立事》篇曰：巧言令色，能小行而笃，难于仁矣。

《卫灵公》篇曰：子曰：巧言乱德。

《吕氏春秋·离谓》篇曰：故辨而不当理则伪，知而不当理则诈。诈伪之民，先王之所诛也。理也者，是非之宗也。洧水甚大，郑之富人有溺者，人得其死者，富人请赎之，其人求金甚多，以告邓析。邓析曰："安之！人必莫之买矣。"得死者患之，以告邓析。邓析又答之曰："安之！此必无所更买矣。"

《汉书·公孙弘传》曰：弘奏事，有所不可，不肯庭辩。常与主爵都尉汲黯请闲，黯先发之，弘推其后，上常说，所言皆听，以此日益亲贵。常与公卿约议，至上前，皆背其约以顺上指。汲黯庭诘弘曰："齐人多诈而无情。始为与臣等建此议，今皆背之，不忠。"上问弘，弘谢曰："夫知臣者以臣为忠，不知臣者以臣为不忠。"上然弘言，左右幸臣每毁弘，上益厚遇之。

《三国志·魏志·刘晔传》注引《傅子》曰：晔事明皇帝，又大见亲重。帝将伐蜀，朝臣内外皆曰不可。晔入，与帝议，因曰可伐。出与朝臣言，因曰不可伐。晔有胆智，言之皆有形。中领军杨暨，帝之亲臣，又重晔，持不可伐蜀之议最坚。每从内出，辄遇晔，晔讲不可之意。后暨从驾行，帝论伐蜀事，暨切谏。帝曰："卿书生，焉知兵事！"暨谢曰："臣言诚不足采，侍中刘晔，先帝谋臣，常曰蜀不可伐。"帝曰："晔与吾言蜀可伐。"暨曰："晔可召质也。"诏召晔至，帝问晔，终不言。后独见，晔责帝曰："伐国，大谋也。臣得与闻大谋，常恐昧梦漏泄以益臣罪，焉敢向人言之！夫兵，诡道也，军事未发，不厌其密也。陛下显然露之，臣恐敌国已闻之矣。"于是帝谢之。晔见，出，责暨曰："夫钓者中大鱼，则纵而随之，须百制而后牵，则无不得也。人主之威，岂徒大鱼而已。子诚直臣，然计不足采，不可不精思也。"暨亦谢之。或恶晔于帝曰："晔不尽忠，伺上意所趋而合之。陛下试与晔言，皆反意而问之，若皆与所问反者，是晔常与圣意合也。复每问皆同者，晔之情必无所复逃矣。"帝如言以验之，果得其情，从此疏焉。晔遂发狂，出为大鸿胪，以忧死。谚曰："巧诈不如拙诚。"信矣。

《礼记·表记》篇曰：子曰：君子不以色亲人。情疏而貌亲，在小人则穿窬之盗也与。

《孟子·滕文公下》篇曰：曾子曰：胁肩谄笑，病于夏畦。

曾子曰：

《史记·仲尼弟子传》曰：曾参，南武城人，字子舆，少孔子四十六岁。

"吾日三省吾身。

《荀子·劝学》篇曰：君子博学而日参省乎己，则知明而行无过矣。

为人谋而不忠乎？

《子路》篇曰：樊迟问仁，子曰：居处恭，执事敬，与人忠，虽之夷狄，不可弃也。

与朋友交而不信乎？

本篇曰：子夏曰：与朋友交，言而有信。

《礼记·祭义》篇曰：曾子曰：身也者，父母之遗体也，行父母之遗体，敢不敬乎？居处不庄，非孝也；事君不忠，非孝也；莅官不敬，非孝也；朋友不信，非孝也；战陈无勇，非孝也。五者不遂，灾及于亲，敢不敬乎？

《史记·赵世家》曰：晋景公时，赵盾卒，谥为宣孟；子朔嗣。三年，大夫屠岸贾欲诛赵氏。屠岸贾者，始有宠于灵公，及至于景公而贾为司寇。将作难，乃治灵公之贼，以致赵盾。韩厥告赵朔："趣亡！"朔不肯，曰："子必不绝赵祀，朔死不恨。"韩厥许诺，称疾不出。贾不请而擅与诸将攻赵氏于下宫，杀赵朔赵同赵括赵婴齐，皆灭其族。赵朔妻，成公姊，有遗腹，走公宫匿。赵朔客曰公孙杵臼，杵臼谓朔友人程婴曰："胡不死？"程婴曰："朔之妇有遗腹，若幸而男，吾奉之；即女也，吾徐死耳。"居无何，而朔妇免身，生男。屠岸贾闻之，索于宫中，夫人置儿绔中，祝曰："赵宗灭乎？若号；即不灭，若无声。"及索，儿竟无声。已脱，程婴谓公孙杵臼曰："今一索不得，后必且复索之，奈何？"公孙杵臼曰："立孤与死孰难？"婴曰："死易，立孤难耳。"公孙杵臼曰："赵氏先君遇子厚，子强为其难者，吾为其易者，请先死？"乃二人谋取他人婴儿，负之，衣以文葆，匿山中。程婴出，谬谓诸将军曰："婴不肖，不能立赵孤，谁能与我千金，吾告赵氏孤处。"诸将皆喜，许之，发师随程婴攻公孙杵臼。杵臼谬曰："小人哉程婴？昔下宫之难，不能死，与我谋匿赵氏孤儿，今又卖我。纵不能立，而忍卖之乎？"抱儿呼曰："天乎！天乎！赵氏孤儿何罪？请活之！独杀杵臼可也。诸将不许，遂杀杵臼与孤儿。诸将以为赵氏孤儿良已死，皆喜，然赵氏真孤乃反在，程婴卒与俱匿山中。居十五年，晋景公疾，卜之，大业之后不遂者为祟。景公问韩厥，厥知赵孤在，"大业之后在晋绝祀者，其赵氏乎！"景公问："赵尚有后子孙乎？"韩厥具以实告。于是景公乃与韩厥谋立赵孤儿，召而匿之宫中。诸将入间疾，景公因韩厥之众以胁诸将而见赵孤，赵孤名曰武，于是召赵武程婴遍拜诸将，诸将遂反与程婴赵武攻屠岸贾，灭其族，复与赵武田邑如故。及赵武冠，为成人，程婴乃辞诸大夫，谓赵武曰："昔下宫之难，皆能死，我非不能死，我思立赵氏之后。今赵武既立；为成人，复故位，我将下报赵宣孟与公孙杵臼。"赵武啼泣顿首固请曰："武愿苦筋骨以报子至死，而子忍去我死乎？"程婴曰："不可！彼以我为能成事，故先我死。今我不报，是以我事为不成。"遂自杀。赵武服齐衰三年，为之祭邑，春秋祀之，世世勿绝。

传不习乎？"

《大戴礼记·曾子立事》篇曰：曾子曰：君子攻其恶，求其过，强其所不能，去私欲，从事于义，可谓学矣。日旦就业，夕而自省思以殁其身，亦可谓守业矣。君子既学之，患其不博也；既博之，患其不习也；既习之，患其无知也；既知之，患其不能行也；既能行之，贵其能让也。君子之学，致此五者而已矣。

《国语·鲁语下》曰：士朝而受业，昼而讲贯，夕而复习，夜而计过，无憾而后即安。

子曰："道千乘之国，敬事，

《荀子·议兵》篇曰：虑必先事，而申之以敬，慎终如始，终始如一，夫是之谓大吉。凡百事之成也，必在敬之，其败也，必在慢之。

而信，

《国语·晋语》曰：箕郑曰：信于君心，则美恶不逾；信于民，则上下不干；信于令，则时无废功；信于事，则民从事有业。

《春秋·庄公十三年》曰：冬，公会齐侯盟于柯。《公羊传》曰：何以不日？易也。其易奈何？桓之盟不日，其会不致，信之也。其不日何以始乎此？庄公将会乎桓，曹子进曰："君之意何如？"庄公曰："寡人之生则不若死矣。"曹子曰："然则君请当其君，臣请当其臣。"庄公曰："诺。"于是会乎桓。庄公升坛，曹子手剑而从之。管子进曰："君何求乎？"曹子曰："城坏压境，君不图与？"管子曰："然则君将何求？"曹子曰："愿请汶阳之田。"管子顾曰："君许诺。"桓公曰："诺。"曹子请盟，桓公下，与之盟。已盟，曹子摽剑而去之。要盟可犯，而桓公不欺，曹子可仇，而桓公不怨，桓公之信著乎天下，自柯之盟始焉。《春秋繁露·楚庄王》篇曰：《春秋》尊礼而重信，信重于地，礼重于身。何以知其然也？宋伯姬疑礼而死于火，齐桓公疑信而亏其地，《春秋》贤而举之，以为天下法，曰："礼而信。"又《精华》篇曰："齐桓挟贤相之能，用大国之资，即位五年，不能致一诸侯，于柯之盟见其大信，一年而近国之君毕至，鄄幽之会是也。"《春秋·庄公二十七年》曰：夏六月，公会齐候宋公陈侯郑伯同盟于幽。《谷梁传》曰：桓盟不日，信之也。衣裳之会十有一，未尝有歃血之盟也，信厚也。《左传·僖公二十五年》曰：冬，晋侯围原，命三日之粮，原不降，命去之。谍出，曰："原将降矣。"军吏曰："请待之。"公曰："信，国之宝也，民之所庇也。得原失信，何以庇之？所亡滋多。"退一舍而原降。《韩非子·外储说左上》篇曰：晋文公攻原，裹十日粮，遂与大夫期十日。至原十日而原不下，击金而退，罢兵而去。士有从原中出者，曰："原三日即下矣。"群臣左右谏曰："夫原之食竭力尽矣，君姑待之！"公曰："吾与士期十日，不去，是亡吾信也。得原失信，吾不为也。"遂罢兵而去。原人闻，曰："有君如彼其信也，可无归乎？"乃降公。卫人闻，曰："有君如彼其信也，可无从乎？"乃降公。孔子闻而记之曰："攻原得卫者，信也。"《左传·僖公二十七年》曰：晋侯始入而教其民，二年，欲用之。子犯曰："民未知义，未安其居。"于是乎出定襄王。入务利民，民怀生矣，将用之。子犯曰："民未知信，未宣其用。"于是乎伐原以示之信。民易资者不求丰焉，明征其辞。公曰："可矣乎？"子犯曰："民未知礼，未生其共。"于是乎大蒐以示之礼，作执秩以正其官，民听不惑而后用之。出谷戍，释宋围，一战而霸，文之教也。

《韩非子·外储说左上》篇曰：魏文侯与虞人期猎，明日，会天疾风，左右止文侯，不听，曰："不可以风疾之故而失信，吾不为也。"遂自驱车往犯风而罢虞人。

又《内储说上·七术》篇曰：吴起为魏武侯西河之守，秦有小亭临境，吴起欲攻之，不去则甚害田者，去之则不足以征甲兵。于是乃倚一车辕于北门之外，而令之曰："有能徙此南门之外者，赐之上田上宅。"人莫之徙也。及有徙者，遂赐之如令。俄又置一石赤菽于东门之外，而令之曰："有能徙此于西门之外者，赐之如初。"人争徙之。乃下令曰："明日且攻亭，有能先登者，仕之国大夫，赐之上田上宅。"人争趋之，于是攻亭，一朝而拔之。《吕氏春秋·慎小》篇曰：吴起治西河，欲谕其信于民，夜日置表于南门之外，令于邑中曰："明日有人能偾南门之外表者，仕长大夫。"明日，日晏矣，莫有偾表者。民相谓曰："此必不信。"有一人曰："试往偾表，不得赏而已，何伤？"往偾表，来谒吴起，吴起自见而出，仕之长大夫。夜日又复立表，又令于邑中如前，邑人守门争表，表加植，不得所赏。高注云：表深植而不能偾，不得所赏也。自是之后，民信吴起之赏罚。赏罚信乎民，何事而不成？岂独兵乎！

《史记·商君传》曰：以卫鞅为庶长，卒定变法之令。令既具，未布，恐民之不信己，乃立三丈之木于国都市南门，募民有能徙置北门者，予十金。民怪之，莫敢徙。复曰："能徙者，予五十金。"有一人徙之，辄予五十金，以明不欺。卒下令，令行于民。

《韩非子·外储说左上》篇曰：楚厉王有警鼓，与百姓为戒，饮酒醉，过而击，民大惊。使人止之，曰："吾醉而与左右戏而击之也。"民皆罢。居数月，有警，击鼓而民不赴，乃更令明号而民信之。

《史记·周本纪》曰：幽王以褒姒为后，褒姒不好笑，幽王欲其笑，万方，故不笑。幽王为烽燧大鼓，有寇至，则举烽火，诸侯悉至，至而无寇，褒姒乃大笑。幽王说之，为数举烽火。其后不信，诸侯益亦不至。犬戎攻幽王，幽王举烽火征兵，兵莫至，遂杀幽王骊山下，虏褒姒，尽取周赂而去。

节用，

《大戴礼记·王言》篇曰：昔者明王关讥而不征，市鄽而不税，税十取一，使民之力，岁不过三日，入山泽以时，有禁而无征。此六者，取财之路也。明主舍其四者而节其二者，明王焉取其费也。

《孟子·梁惠王上》篇曰：不违农时，谷不可胜食也；数罟不入洿池，鱼鳖不可胜食也；斧斤以时入山林，材木不可胜用也。谷与鱼鳖不可胜食，材木不可胜用，是使民养生丧死无憾也。养生丧死无憾，王道之始也。

《荀子·富国》篇曰：足国之道，节用裕民而善臧其余。节用以礼，裕民以政。彼裕民，故多余；裕民则民富；民富则田肥以易；田肥以易，则出实百倍。上以法取焉，而下以礼节用之，余若丘山，不时焚烧，无所藏之，夫君子奚患乎无余？故知节用裕民，则必有仁义圣良之名，而且有富厚丘山之积矣。此无它故焉，生于节用裕民也。不知节用裕民则民贫，民贫则田瘠以秽；田瘠以秽，则出实不半。上虽好取侵夺，犹将寡获也。而或以无礼节用之，则必有贪利纠譑之名，而且有空虚穷乏之实矣。此无它故焉，不知节用裕民也。《康诰》曰："弘覆乎天，若德裕乃身；"此之谓也。

又《天论》篇曰：天行有常，不为尧存，不为桀亡，应之以治则吉，应之以乱则凶。强本而节用，则天不能贫，故水旱不能使之饥。本荒而用侈，则天不能使之富，故水旱未至而饥。受时与治世同，而殃祸与治世异，不可以怨天，其道然也。

《管子·八观》篇曰：国侈则用费，用费则民贫，民贫则奸智生，奸智生则邪巧作。故奸邪之所生，生于匮不足。匮不足之所生，生于侈。侈之所以生，生于无度。故曰：审度量，节衣服，俭财用，禁侈泰，为国之急也。

而爱人，

《说苑·政理》篇曰：武王问于太公曰："治国之道若何？"太公对曰："治国之道，爱民而已。"曰："爱民若何？"曰："利之而勿害，成之勿败，生之勿杀，与之勿夺，乐之勿苦，喜之勿怒，此治国之道，使民之义也。爱之而已矣。民失其所务，则害之也；农失其时，则败之也；有罪者重其罚，则杀之也；重赋敛者，则夺之也；多徭役以罢民力，则苦之也；劳而扰之，则怒之也。故善为国者，遇民如父母之爱子，兄之爱弟，问其饥寒，为之哀，见其劳苦，为之悲。"

《荀子·君道》篇曰：君者，民之原也。原清则流清，原浊则流浊。故有社稷者而不能爱民，不能利民，而求民之亲爱己，不可得也；民不亲不爱而求其为己用，为己死，不可得也；民不为己用，不为己死，而求兵之劲，城之固，不可得也；兵不劲，城不固，而求敌之不至，不可得也；

敌至而求无危削，不灭亡，不可得也；危削灭亡举积此矣，而求安乐，是狂生者也。狂生者不胥时而落。

《春秋·庄公二十七年》曰：夏六月，公会齐侯宋公陈侯郑伯同盟于幽。《谷梁传》曰：齐侯兵车之会四，未尝有大战也，爱民也。

又《庄公二十九年》曰：春，新延厩。《谷梁传》曰：延厩者，法厩也。其言新，有故也。有故则何为书也？古之君人者，必时视民之所勤。民勤于力，则功筑罕；民勤于财，则贡赋少；民勤于食，则百事废矣。冬筑微，春新延厩，以其用民力为已悉矣。勤谓缺少。

又《庄公三十一年》曰：春，筑台于郎。夏四月，筑台于薛。秋，筑台于秦。《谷梁传》曰：不正罢民三时，虞山林薮泽之利。且财尽则怨，力尽则怼，君子危之，故谨而志之也。

《春秋繁露·王道》篇曰：作南门，刻桷，丹楹，作雉门及两观，筑三台，新延厩，讥骄溢不恤下也。

又《俞序》篇曰：子夏言，《春秋》重民，诸讥皆本此。

又《竹林》篇曰：秦穆侮蹇叔而大败，郑文轻众而丧师，《春秋》之敬贤重民如是。是故战攻侵伐虽数百起，必一二书，伤其害所重也。

《盐铁论·备胡》篇曰：《春秋》动众则书，重民也。

《春秋·僖公十九年》曰：梁亡。《公羊传》曰：此未有伐者，其言梁亡，何？自亡也。其自亡奈何？鱼烂而亡也。《春秋繁露·王道》篇曰：梁内役民无已，其民不能堪，使民比地为伍，一家亡，五家杀刑。其民曰："先亡者封，后亡者刑。"君者，将使民以孝于父母，顺于长老，守丘墓，承宗庙，世世祀其先。今求财不足，行罚如将不胜，杀戮如屠，仇雠其民，鱼烂而亡、国中尽空。《春秋》曰："梁亡。"亡者，自亡也，非人亡之也。

使民以时。"

《礼记·中庸》篇曰：时使薄敛，所以劝百姓也。

《春秋·桓公十六年》曰：冬，城向。《左氏传》曰：书，时也。

又《庄公二十九年》曰：冬十二月，城诸及防。《左氏传》曰：书，时也。凡土功，龙见而毕务，戒事也。火见而致用，水昏正而栽，日至而毕。

又《文公十二年》曰：冬，城诸及郓。《左氏传》曰：书，时也。

又《宣公八年》曰：冬，城平阳《左氏传》曰：书，时也。

又《成公九年》曰：冬十一月，城中城。《左氏传》曰：书，时也。

又《襄公十三年》曰：冬，城防。《左氏传》曰：书，事时也。于是将早城，臧武仲请俟毕农时，礼也。

又《昭公九年》曰：冬，筑郎囿。《左氏传》曰：书，时也。

　　树达按：以上皆使民以时之例。

《大戴礼记·曾子制言》上篇曰：使民不时失国，吾信之矣。

《春秋·隐公七年》曰：夏，城中丘。《左氏传》曰：书，不时也。

又《九年》曰：夏，城郎。《左氏传》曰：书，不时也。

又《庄公二十九年》曰：春，新延厩。《左氏传》曰：书，不时也。

又《僖公二十年》曰：春，新作南门。《左氏传》曰：书，不时也。凡启塞从时。

又《成公十八年》曰：八月，筑鹿囿。《左氏传》曰：书，不时也。

《左传·襄公十七年》曰：宋皇国父为太宰，为平公筑台，妨于农收。子罕请俟农功之毕，公弗许。

《说苑·贵德》篇曰：晋平公春筑台。叔向曰：不可。古老圣王贵德而务施，缓刑辟而趋民时，今春筑台，是夺民时也。夫德不施则民不归，刑不缓则百姓愁；使不归之民，役愁怨之百姓，而又夺其时，是重竭也。夫牧百姓，养育之，而重竭之，岂所以定命安存而称为人君于后世哉。平公曰：善，乃罢台役。

　　树达按：以上皆使民不以时之例。

子曰:"弟子,入则孝,出则弟,

《子罕》篇曰:子曰:出则事公卿,入则事父兄,丧事不敢不勉,不为酒困,何有于我哉?

谨而信,

《礼记·曲礼上》篇曰:幼子常视毋诳。

《先进》篇曰:鲁人为长府。闵子骞曰:"仍旧贯,如之何?何必改作。"子曰:"夫人不言,言必有中。"

《老子》曰:轻诺者寡信。

《逸周书·官人》篇曰:扬言者寡信。

树达按:谨谓寡言也。说详余《释谨篇》。见《积微居小·学金石论丛》卷一。信谓其言诚实可信也。寡言而不信,虽寡亦无当矣。夫人不言,谨也;言必有中,信也。轻诺扬言,皆不谨也。

泛爱众,而亲仁。

《大戴礼记·曾子立事》篇曰:亲人必有方,多知而无亲,君子弗与也。君子多知而择焉。

树达按:多知谓多交。

《孟子·尽心上》篇曰:仁者无不爱也,急亲贤之为务。尧舜之仁,不遍爱人,急亲贤也。

树达按:仁者无不爱,泛爱众也;急亲贤之为务,亲仁也。孔子云泛爱,孟子云不遍爱者。泛谓无差别,遍谓无遗漏,义自有别也。

行有余力,则以学文。"

子夏曰:

《史记·仲尼弟子传》曰：卜商字子夏，少孔子四十四岁。

"贤贤易色，

《子罕》篇曰：子曰：吾未见好德如好色者也。

《卫灵公》篇曰：子曰：已矣乎！吾未见好德如好色者也。

事父母能竭其力，

《孟子·离娄上》篇曰：孟子曰：天下大悦而将归己，视天下悦而归己，犹草芥也，惟舜为然。不得乎亲，不可以为人；不顺乎亲，不可以为子。舜尽事亲之道而瞽瞍厎豫，瞽瞍厎豫而天下化，瞽瞍厎豫而天下之为父子者定，此之谓大孝。

又曰：曾子养曾皙，必有酒肉；将彻，必请所与；问有余，必曰："有。"曾皙死，曾元养曾子，必有酒肉；将彻，不请所与；问有余，曰："亡矣。"将以复进也。此所谓养口体者也。若曾子，则可谓养志也，事亲若曾子者可也。

事君能致其身，

《春秋·桓公二年》曰：春王正月戊申，宋督弑其君与夷及其大夫孔父。《公羊传》曰：此何以书？贤也。何贤乎孔父？孔父可谓义形于色矣。其义形于色奈何？督将弑殇公，孔父生而存，则殇公不可得而弑也。故于是先攻孔父之家。殇公知孔父死己必死，趋而救之，皆死焉。孔父正色而立于朝，则人莫敢过而致难于其君者，孔父可谓义形于色矣。

又《庄公十二年》曰：秋八月甲午，宋万弑其君接及其大夫仇牧。《公羊传》曰：此何以书？贤也。何贤乎仇牧？仇牧可谓不畏强御矣。其不畏强御奈何？万尝与庄公战，获乎庄公，庄公归，散舍诸宫中，数月然后归之。归反，为大夫于宋。与闵公博，妇人皆在侧，万曰："甚矣鲁侯之淑，鲁侯之美也！天下诸侯宜为君者，唯鲁侯尔！"闵公矜此妇人，妒其言，顾曰："此虏也，尔虏焉故，鲁侯之美恶乎至？"万怒，搏闵公，绝其脰。仇牧闻君弑，趋而至，遇之于门，手剑而叱之。万臂摋仇牧，碎其首，齿著乎门阖。仇牧可谓不畏强御矣。

又《僖公十年》曰：晋里克弑其君卓子及其大夫荀息。《公羊传》

曰：何以书？贤也。何贤乎荀息？荀息可谓不食其言矣。其不食其言奈何？奚齐卓子者，骊姬之子也，荀息傅焉。骊姬者，国色也，献公爱之甚，欲立其子，于是杀世子申生。申生者，里克傅之。献公病，将死，谓荀息曰："士何如则可谓之信矣？"荀息对曰："使死者反生，生者不愧乎其言，则可谓信矣。"献公死，奚齐立。里克谓荀息曰："君杀正而立不正，废长而立幼，如之何？愿与子虑之。"荀息曰："君尝讯臣矣。臣对曰，使死者反生，生者不愧乎其言，则可谓信矣。"里克知其不可与谋，退弑奚齐。荀息立卓子，里克弑卓子，荀息死之。荀息可谓不食其言矣。

与朋友交，言而有信。

本篇曰，曾子曰：吾日三省吾身；为人谋而不忠乎？与朋友交而不信乎？传不习乎？

《后汉书·独行传》曰：范式，字巨卿，山阳金乡人也。少游太学，为诸生，与汝南张劭为友。劭字元伯。二人并告归乡里，式谓元伯曰："后二年当还，将过拜尊亲，见孺子焉。"乃共克期日，后期方至，元伯具以白母，请设馔以候之。母曰："二年之别，千里结言，尔何相信之审耶？"对曰："巨卿，信士，必不乖违。"母曰："若然，当为尔酝酒。"至其日，巨卿果到，升堂拜饮，尽欢而别。

虽曰未学，吾必谓之学矣。"

子曰："君子不重则不威。

《左传·襄公三十一年》曰：有威而可畏谓之威。

《礼记·玉藻》篇曰：君子之容舒迟，见所尊者齐遬。足容重，手容恭，目容端，口容止，声容静，头容直，气容肃，立容德，色容庄，坐如尸，燕居告温温。

《法言·修身》篇曰：或问："何如斯谓之人？"曰："取四重，去四轻。"曰："何谓四重？"曰："重言，重行，重貌，重好。言重则有法；行重则有德；貌重则有威；好重则有观。"

学则不固。

《淮南子·修务》篇曰：昔者仓颉作书，容成造历，胡曹为衣，后稷耕稼，仪狄作酒，奚仲为车。此六人者，皆有神明之道，圣智之迹，故人作一事而遗后世。周室以后，无六子之贤而皆修其业，当世之人无一人之才而智智与知同六贤之道者，何？教顺顺与训同施续，而知能流通。由此观之，学不可已明矣。

《中论·治学》篇曰：民之初载，其蒙未知，譬如宝在于玄室，有所求而不见；白日照焉！则群物斯辨矣。学者，心之白日也。

《阳货》篇曰：子曰："由也！女闻六言六蔽矣乎？"对曰："未也。""居！吾语女。好仁不好学，其蔽也愚；好知不好学，其蔽也荡；好信不好学，其蔽也贼；好直不好学，其蔽也绞；好勇不好学，其蔽也乱；好刚不好学，其蔽也狂。"

树达按：《广雅·释言》云：固，陋也。《左传·定公十年》云："吾伪固而授之末。"《杜注》云："伪为固陋不知礼者，以剑锋末授之。"《礼记·哀公问》曰："公曰：寡人固，不固，焉得闻此言也？"郑注释固为鄙固。学则不固，谓人能学则不至于固陋鄙倍也。此与"敬则有功，""信则人任焉"句例相同。与上句别为一事，承上句训说者非也。

主忠信。

《颜渊》篇曰：子张问崇德辨惑。子曰："主忠信，徙义，崇德也。"

《易·乾·文言》曰：忠信，所以进德也。

《礼记·礼器》篇曰：先王之立礼也，有本，有文。忠信，礼之本也；义理，礼之文也。无本不立，无文不行。

《说苑·敬慎》篇曰：颜回将西游，问于孔子曰："何以为身？"孔子曰"恭敬忠信可以为身。恭则免于众，敬则人爱之，忠则人与之，信则人恃之。人所爱，人所与，人所恃，必免于患矣。可以临国家，何况于身乎！"

《荀子·哀公》篇曰：鲁哀公问于孔子曰："请问取人。"孔子对曰："无取健，无取詌，无取口啍。健，贪也；詌，乱也；口啍，诞也。故弓调而后求劲焉，马服而后求良焉，士信悫而后求知能焉。士不信悫而有多知能焉，譬之，其豺狼也，不可以身尔与迩同也。"《韩诗外传》卷四文略同。

无友不如己者。

《吕氏春秋·骄恣》篇曰：楚庄王曰："仲虺有言曰：诸侯之德能自为取师者王；能自取友者存；其所择而莫如己者亡。"《荀子·尧问》篇文异。

又《观世》篇曰：譬之，若登山，登山者处已高矣，左右视，尚巍巍焉山在其上，贤者之所与处，有似于此。身已贤矣，行已高矣，左右视，尚尽贤于己。故周公旦曰："不如吾者，吾不与处，累我者也；与我齐者，吾不与处，无益我者也。"惟贤者必与贵于己者处。

《中论·贵验》篇曰：小人耻其面之不及子都也，君子耻其行之不如尧舜也，故小人尚明鉴，君子尚至言。至言也，非贤友则无取之，故君子必求贤友也。《诗》曰："伐木丁丁，鸟鸣嘤嘤，出自幽谷，迁于乔木。"言朋友之义，务在切直以升于善道者也。故君子不友不如己者，非羞彼而大我也，不如己者须己而植者也。然则扶人不暇，将谁相我哉？吾之债也，亦无日矣。故坟埩则水纵，友邪则己僻也。是以君子慎取友也。

《说苑·杂言》篇曰：孔子曰："丘死之后，商也日益，赐也日损。商也好与贤己者处，赐也好说不如己者。"

《史记·仲尼弟子传》曰：宓不齐字子贱。子贱为单父宰，反命于孔子曰："此国有贤不齐者五人，教不齐所以治者。"孔子曰："惜哉！不齐所治者小，所治者大，则庶几矣。"

树达按：友谓求结纳交也。纳交于胜己者，则可以进德辅仁。不如已之人而求与之交，无谓也。至不如我者以我为胜彼而求与我为交，则义不得拒也。

过则勿惮改。"

《易·象传》曰：风雷益，君子以见善则迁，有过则改。

《卫灵公》篇曰：子曰：过而不改，是谓过矣。

《子张》篇曰：子贡曰：君子之过也，如日月之食焉。过也，人皆见之；更也，人皆仰之。

又曰：子夏曰：小人之过也？必文。

《大戴礼记·曾子立事》篇曰：君子不说人之过，成人之美。朝有过夕改，则与之；夕有过朝改，则与之。

又曰：过而不能改，倦也。

又《盛德》篇曰：人情莫不有过，过而改之，是不过也。

《春秋·文公十二年》曰：秦伯使遂来聘。《公羊传》曰：遂者何？秦大夫也。秦无大夫，此何以书？贤缪公也。何贤乎缪公？以为能变也。其为能变奈何？惟谞谞善靖言，俾君子易怠，而况乎我多有之。惟一介断断焉无他技，其心休休能有容，是难也。何注云：秦穆公自伤前不能用百里子蹇叔子之言，感而自变悔，遂霸西戎。子贡曰：君子之过也，如日月之食焉。过也，人皆见之；更也，人皆仰之：此之谓也。《荀子·大略》篇曰：《春秋》贤穆公，以为能变也。

又《文公十四年》曰：晋人纳接菑于邾娄，弗克纳。《公羊传》曰：纳者何，人辞也。其言弗克纳何？大其弗克纳也。何大乎其弗克纳？晋郤缺帅师，革车八百乘以纳接菑于邾娄，力沛若有余而纳之。邾娄人言曰："接菑，晋出也；貜且，齐出也。子以其指，则接菑也四，貜且也六。子以大国压之，则未知齐晋孰有之也？贵则皆贵矣。虽然，貜且也长。"郤缺曰："非吾力不能纳也，义实不尔克也。"引师而去之。故君子大其弗克纳也。

又《成公八年》曰：春，晋侯使韩穿来言汶阳之田归之于齐。《公羊传》曰：来言者何，内辞也，胁我使归之也。曷为使我归之？鞌之战，齐师大败。齐侯归，吊死视疾，七年不饮酒，不食肉。晋侯闻之，曰："嘻，奈何使人之君七年不饮酒，不食肉！"请皆反其所取侵地。何注云："晋侯闻齐侯悔过自责，高其义，畏其德，使诸侯还齐之所丧邑。"

又《定公十年》曰：夏，公会齐侯于颊谷。公至自颊谷。《谷梁传》曰：颊谷之会，孔子相焉。两君就坛，两相相揖，齐人鼓噪而起，欲以执鲁君。孔子历阶而上，不尽一等，而视归乎齐侯，曰："两君合好，夷狄之民何为来为？"令司马止之。齐侯逡巡而谢曰："寡人之过也。"退而属其二三大夫曰："夫人率其君与之行古人之道，二三子独率我而人夷狄之俗，何为？"

《史记·孔子世家》曰：会齐侯颊谷，景公归而大恐；告其群臣曰："鲁以君子之道辅其君，而子独以夷狄之道教寡人，使得罪于鲁君，为之奈何？"有司进对曰："君子有过则谢以质，小人有过则谢以文。君若悼之；则谢以质。"于是齐侯乃归所侵鲁之郓汶阳龟阴之田以谢过。

《春秋·定公十三年》曰：晋赵鞅归于晋。《谷梁传》曰：此叛也，其以归言之，何也？贵其以地反也。贵其以地反，则是大利也，非大利也，许悔过也。

《国语·鲁语上》曰：季文子相宣成，无衣帛之妾，无食粟之马。仲孙它谏曰："子为鲁上卿，相二君矣，妾不衣帛，马不食粟，人其以子为爱，且不华国乎？"文子曰："吾亦愿之。然吾观国人，其父兄之食粗而衣恶者犹多矣，吾是以不敢。人之父兄食粗衣恶，而我美妾与马，无乃非相人乎！且吾闻：以德荣国曰华，不闻以妾与马。"文子以告孟献子。献子囚之七日。自是子服之妾，衣不过七升之布，马饩不过稂莠。文子闻之，曰："过而能改者，民之上也。"使为上大夫。

　　　　树达按：仲孙它为孟献子之子，字子服。

《左传·宣公二年》曰：晋灵公不君，赵盾士季患之，将谏。士季曰："谏而不入，则莫之继也。会请先，不入，则子继之。"三进，及溜，而后视之。曰："吾知所过矣，将改之。"稽首而对曰："人谁无过？过而能改；善莫大焉。诗曰：'靡不有初，鲜克有终。'夫如是，则能补过者鲜矣。君能有终，则社稷之固也。又曰：'衮职有阙，惟仲山甫补之；'能补过也。君能补过，衮不废矣。"犹不改。

曾子曰："慎终，

《礼记·檀弓上》篇曰：子思曰：丧三日而殡，凡附于身者必诚必信，勿之有悔焉耳矣；三月而葬，凡附于棺者必诚必信，勿之有悔焉耳矣。

又《杂记下》篇曰：子贡问丧。子曰，"敬为上，哀次之，瘠为下。"

《荀子·礼论》篇曰：礼者，谨于治生死者也。生，人之始也；死，人之终也；终始俱善！人道毕矣。故君子敬始而慎终，终始如一，是君子之道，礼义之文也。夫厚其生而薄其死，是敬其有知而慢其无知也；是奸人之道而倍叛之心也。君子以倍叛之心接臧谷，犹且羞之，而况以事其所隆亲乎。故死之为道也，一而不可得再复也。臣之所以致重其君，子之所以致重其亲，于是尽矣。故事生不忠厚，不敬文，谓之野；送死不忠厚，不敬文，谓之瘠。君子贱野而羞瘠。

追远，

《礼记·坊记》篇曰：修宗庙，敬祭祀，教民追孝也。

又《祭统》篇曰：夫祭之为物大矣，其兴物备矣，顺以备者也，其教之本与。是故君子之教也，必由其本，顺之至也，祭其是与。故曰，祭者，教之本也已。

《荀子·礼论》篇曰：故有天下者事七世，有一国者事五世，有五乘之地者事三世，有三乘之地者事二世。

民德归厚矣。"

《礼记·檀弓下》篇曰：子游曰：人死，斯恶之矣；无能也，斯倍之矣。是故制绞衾，设篓翣，为使人勿恶也。始死，脯醢之奠；将行，遣而行之；既葬而食之；未有见其飨之者也。自上世以来，未之有舍也，为使人勿倍也。

又《经解》篇曰：丧祭之礼，所以明臣子之恩也。丧祭之礼废，则臣子之恩薄，而倍死忘生者众矣。

《大戴礼记·盛德》篇曰：丧祭之礼，所以教仁爱也。

《泰伯》篇曰：君子笃于亲，则民兴于仁。

子禽问于子贡曰："夫子至于是邦也，必闻其政，求之与？抑与之与？"

《史记·仲尼弟子传》曰：端木赐，卫人，字子贡，少孔子三十一岁。

子贡曰："夫子温良恭俭让以得之。夫子之求之也，其诸异乎人之求之与！"

《贾子·道术》篇曰：接遇慎容谓之恭，反恭为媟。厚人自薄谓之让，反让为冒。欣懂可安谓之熅，反熅为鸷。熅与温通安柔不苛谓之良，反良为啮。广较自敛谓之俭，反俭为侈。

《论衡·实知》篇曰：陈子禽问子贡曰："夫子至于是邦也，必闻其政，求之与？抑与之与？"子贡曰："夫子温良恭俭让以得之。"温良恭俭让，尊行也。有尊行于人，人亲附之。人亲附之，则人告语之矣。

子曰："父在观其志，父没观其行，三年无改于父之道，可谓孝矣。"

《礼记·坊记》篇曰：子云：君子弛其亲之过而敬其美。《论语》曰："三年无改于父之道，可谓孝矣。"高宗云：三年其惟不言，言乃谨。

《大戴礼记·曾子本孝》篇曰：父死，三年不敢改父之道。

《汉书·五行志》曰：《京房易传》曰："干父之蛊，有子，考亡咎。"子三年不改父道，思慕不皇，亦重见先人之非。

《子张》篇曰：曾子曰：吾闻诸夫子；孟庄子之孝也，其他可能也，其不改父之臣与父之政，是难能也。

《书·洪范》篇曰：箕子乃言曰：我闻：在昔鲧陻洪水，汨陈其五行，帝乃震怒，不畀洪范九畴，彝伦攸斁。鲧则殛死，禹乃嗣兴，天乃锡禹洪范九畴，彝伦攸叙。

《左传·定公四年》曰：管蔡启商，惎闲王室，王于是乎杀管叔而蔡蔡叔，以车七乘，徒七十人。其子蔡仲改行帅德，周公举之，以为己卿士，见诸王而命之以蔡。其命书云，"王曰：胡！无若尔考之违王命也。"

《里仁》篇曰：事父母几谏，见志不从，又敬不违，劳而不怨。

树达按：三年无改，谓事之虽不改而无害者耳。若亲之过失，亲在尚当几谏，不当在不改之域也。鲧之汨陈五行，蔡叔之惎闲王室，大禹蔡仲为其子，岂能待三年而后改乎？

有子曰："礼之用，和为贵。先王之道，斯为美，小大由之。有所不行，知和而和，不以礼节之，亦不可行也。"

《礼记·中庸》篇曰：喜怒哀乐之未发谓之中，发而皆中节谓之和。

《贾子·道术》篇曰：刚柔得适谓之和，反和为乖。

《礼记·燕义》篇曰：和宁，礼之用也。

树达按：事之中节者皆谓之和，不独喜怒哀乐之发一事也。《说文》云：龢，调也。盉，调味也。乐调谓之龢，味调谓之盉，事之调适者谓之和，其义一也。和今言适合，言恰当，言恰到好处。礼之为用固在乎适合，然若专求适合，而不以礼为之节，则终日舍己徇人，而亦不可行矣。朱子训和为从容不迫，既与古训相违，以之释知和而和，尤不可通，恐未是也。

有子曰："信近于义，言可复也。

《左传·宣公十五年》曰：解扬曰：信载义而行之为利。

又《成公八年》曰：季文子曰：信以行义。

《大戴礼记·曾子立事》篇曰：君子行必思言之，言之必思复之，思复之，必思无悔言，亦可谓慎矣。

树达按：人初为不义之约言而后不可复，失亦甚矣。

恭近于礼，远耻辱也。

《礼记·表记》篇曰：子曰：恭近礼，俭近仁，信近情。敬让以行此，虽有过，其不甚矣。

《颜渊》篇曰：子夏曰：君子敬而无失，与人恭而有礼。

《礼记·表记》篇曰：子曰：君子慎以辟祸，笃以不揜，恭以远耻。

《泰伯》篇曰：子曰：恭而无礼则劳。

《礼记·仲尼燕居》篇曰：子曰：恭而不中礼谓之给，给夺慈仁。

《公冶长》篇曰：巧言、令色、足恭，左丘明耻之，丘亦耻之。

树达按：足恭者，恭而不近于礼者也。

因不失其亲，亦可宗也。"

《荀子·性恶》篇曰：夫人虽有性质美而心辨知，必将求贤师而事之，择良友而友之。得贤师而事之，则所闻者尧舜禹汤之道也；得良友而友之，则所见者忠信敬让之行也。身日进于仁义而不自知也者，靡使然也。

又《哀公》篇曰：所谓庸人者，不知选贤人善士托其身，以为己忧。

《说苑·杂言》篇曰：孔子曰：依贤固不困，依富固不穷，马蹄折而复行者，以辅足众也。

子曰："君子食无求饱，居无求安，

《孟子·告子上》篇曰：诗云："既醉以酒，既饱以德"，言饱乎仁义也，所以不愿人之膏粱之味也。令闻广誉施于身，所以不愿人之文绣也。

《荀子·正名》篇曰：心平愉，则色不及佣而可以养目；佣与庸同，常也。声不及佣而可以养耳；蔬食菜羹而可以养口；粗布之衣，粗紃之履，而可以养体；局室芦帘，稿蓐尚机筵，而可以养形。故无万物之美而可以养乐，无执列之位而可以养名，如是而加天下焉，其为天下多，其私乐少矣，夫是之谓重己役物。

《雍也》篇曰：子曰：贤哉！回也。一箪食，一瓢饮，在陋巷，人不堪其忧，回也不改其乐。贤哉！回也。

敏于事而慎于言。

《先进》篇曰：冉有问："闻斯行诸？"子曰："闻斯行之。"

《公冶长》篇曰：子路有闻，未之能行，惟恐有闻。

《阳货》篇曰：敏则有功。又见《尧曰》篇。

《里仁》篇曰：君子欲讷于言而敏于行。

就有道而正焉。

《荀子·劝学》篇曰：学莫便乎近其人，《礼》《乐》法而不说；《诗》《书》故而不切；《春秋》约而不速。方其人之习君子之说，则尊以遍矣，周于世矣。故曰：学莫便乎近其人。

> 树达按：《左传·襄公二十六年》云：穿封戍囚皇颉，公子围与之争之，正于伯州犁。杜注云：正曲直也，《论语》此正字义同。

可谓好学也已。"

子贡曰："贫而无谄，富而无骄，何如？"子曰："可也，

《宪问》篇曰：子曰：贫而无怨难；富而无骄易。

《左传·定公十三年》曰：卫公叔文子朝而请享灵公，退，见史鰌而告之。史鰌曰："子必祸矣。子富而君贪，其及子乎。"文子曰："然。吾不先告子，是吾罪也。君既许我矣，其若之何？"史鰌曰："无害。子臣，可以免。富而能臣，必免于难；上下闻之。戍也骄，其亡乎！富而不骄者鲜，吾唯子之见。骄而不亡者，未之有也，戍必与焉。"及文子卒，卫候始恶于公叔戍，以其富也。

未若贫而乐，

《大戴礼记·卫将军文子》篇曰：德恭而行信，终日言不在尤之内，在尤之外，贫而乐也。盖老莱子之行也。

《述而》篇曰：子曰：饭蔬食，饮水，曲肱而枕之，乐亦在其中矣。不义而富且贵，于我如浮云。

　　树达按：此孔子贫而乐也。

《雍也》篇曰：子曰：贤哉回也！一箪食，一瓢饮，在陋巷；人不堪其忧，回也不改其乐。贤哉！回也！

　　树达按：此颜子贫而乐也。

《庄子·让王》篇曰：古之得道者，穷亦乐，达亦乐，所乐非穷达也。道得于此，则穷达一也，如寒暑风雨之序矣。

富而好礼者也。"

《礼记·曲礼上》篇曰：富贵而知好礼，则不骄不淫。

《国语·晋语八》曰：赵文子为室，斲其椽而砻之。张老夕焉，而见之，不谒而归。文子闻之，驾而往，曰："吾不善，子亦告我，何其速也？"对曰："天子之室，斲其椽而砻之，加密室焉。诸侯砻之，大夫斲之，士首之。备其物，义也；从其等，礼也。今子贵而忘义，富而忘礼，吾惧不免，何敢以告。"文子归，令之勿砻也。

《礼记·坊记》篇曰：子云：小人贫斯约，富斯骄；约斯盗，骄斯乱。礼者，因人之情而为之节文以为民坊者也。故圣人之制富贵也，使民富不足以骄，贫不至于约，贵不慊于上，故乱益亡。子云：贫而好乐，富而好礼，众而以宁者，天下其几矣。

《后汉书·东平宪王苍传》曰：苍少好经书，雅有智思，为人要带十围，显宗甚爱重之。及即位，拜为骠骑将军，位在三公上。时中兴三十余年，苍以天下化平，宜修礼乐，乃与公卿共议定南北郊、冠冕、车服制度及光武庙登歌八佾舞数。苍在朝数载，多所隆益，而自以至亲辅政，声望日重，意不自安，上疏归职，帝优诏不听。后数陈乞，辞甚恳切，乃许还国。十一年，苍朝京师，月余，还国。帝临送，归宫，悽然怀思，遣使手诏国中傅曰："日者问东平王，处家何等最乐？王言：为善最乐。其言甚大，副是要腹矣。"肃宗即位，欲为原陵显节陵起县邑。苍闻之，遽上疏谏，帝从而止。六年冬，苍上疏求朝，明年正月，帝许之。苍既至，升殿乃拜，天子亲答之。苍以受恩过礼，情不自宁，上疏辞。帝省奏叹息，愈褒贵焉。论曰：孔子称：贫而无谄，富而无骄，未若贫而乐，富而好礼者也。若东平宪王，可谓好礼者也。若其辞至戚，去母后，岂欲苟立名行而忘亲遗义哉！盖位疑则隙生，累近则丧大，斯盖明哲之所为叹息。呜呼！远隙以全忠，释累以成孝，夫岂宪王之志哉。

刘宝楠云：无谄无骄者，生质之美；乐道好礼者，学问之功。

树达按：无谄无骄，止于有守而已；乐道好礼，则进而有为矣。

子贡曰："《诗》云：'如切如磋，如琢如磨'，其斯之谓与？"

《尔雅·释器》曰：骨谓之切，象谓之磋，玉谓之琢，石谓之磨。

《礼记·大学》篇曰：如切如磋者，道学也；如琢如磨者，自修也。

《荀子·大略》篇曰：人之于文学也，犹玉之于琢磨也。《诗》曰：如切如磋，如琢如磨，谓学问也。

子曰："赐也，始可与言《诗》已矣，告诸往而知来者。"

《公冶长》篇曰：子贡曰：赐也闻一以知二。

子曰："不患人之不己知，患不知人也。"

《宪问》篇曰：子曰：君子病无能焉，不病人之不己知也。

《卫灵公》篇曰：子曰：不患人之不己知，患其不能也。

《里仁》篇曰：子曰：不患莫己知，求为可知也。

　　树达按：患其不能，求为可知，此孔子教人以责己也。患不知人，此孔子教人以广己也。责己者初学者所有事，广己则进德君子之事矣。因人之不知己，反而自省我之不知人，此仁恕之极功也。

论语疏证卷第二

为政篇第二

子曰:"为政以德,譬如北辰,居其所而众星共之。"

《尔雅·释天》曰:天北极谓之北辰。

《孟子·公孙丑上》篇曰:孟子曰:尊贤使能,俊杰在位,则天下之士皆悦而愿立于其朝矣。市廛而不征,法而不廛,则天下之商皆悦而愿藏于其市矣。关讥而不征,则天下之旅皆悦而愿出于其路矣。耕者助而不税,则天下之农皆悦而愿耕于其野矣。廛无夫里之布,则天下之民皆悦而愿为之氓矣。信能行此五者,则邻国之民仰之若父母矣。

又《滕文公下》篇曰:孟子曰:汤居亳,与葛为邻,葛伯放而不祀。汤使人问之,曰:"何为不祀?"曰:"无以供牺牲也。"汤使遗之牛羊,葛伯食之,又不以祀。汤又使人问之,曰:"何为不祀?"曰:"无以供粢盛也。"汤使亳众往为之耕,老弱馈食,葛伯率其民,要其有酒食黍稻者夺之,不授者杀之。有童子以黍肉饷,杀而夺之。《书》曰:"葛伯仇饷",此之谓也。为其杀是童子而征之,四海之内皆曰:"非富天下也,为匹夫匹妇复仇也。"汤始征,自葛载,十一征而无敌于天下。东面而征西夷怨,南面而征北狄怨,曰:"奚为后我?"民之望之,若大旱之望雨也。归市者弗止，芸者不变。诛其君，吊其民，如时雨降。民大悦。《书》曰："徯我后，后来其无罚。"

又《梁惠王下》篇曰：昔者大王居邠，狄人侵之。事之以皮币，不得免焉；事之以犬马，不得免焉；事之以珠玉，不得免焉。乃属其耆老而告之，曰："狄人之所欲者，吾土地也。吾闻之也，君子不以其所以养人者害人。二三子何患乎无君！我将去之。"去邠，逾梁山，邑于岐山之下居焉。邠人曰："仁人也，不可失也。"从之者如归市。

《荀子·儒效》篇曰：仲尼将为司寇，沈犹氏不敢朝饮其羊；公慎氏出其妻；慎溃氏逾境而徙；鲁之粥牛马者不豫贾；必蚤正以待之也。

子曰："《诗》三百，一言以蔽之，曰：思无邪。"

《诗·关雎序》曰：上以风化下，下以风刺上，主文而谲谏，言之者无罪，闻之者足以戒，故曰风。至于王道衰，礼义废，政教失，国异政，家殊俗，而变风变雅作矣。国史明乎得失之迹，伤人伦之废，哀刑政之苛，吟咏情性以风其上，达于事变而怀其旧俗者也。故变风发乎情，止乎礼义。发乎情，民之性也；止乎礼义，先王之泽也。是以一国之事，系一人之本，谓之风。言天下之事，形四方之风，谓之雅。雅者，正也，言王政之所由废兴也。政有小大，故有小雅焉，有大雅焉。颂者，美盛德之形容，以其成功告于神明者也。是谓四始，《诗》之至也。然则《关雎·麟趾》之化，王者之风，故系之周公。南，言化自北而南也。《鹊巢·驺虞》之德，诸侯之风也，先王之所以教，故系之召公。《周南·召南》，正始之道，王化之基。是以《关雎》乐得淑女以配君子，忧在进贤，不淫其色，哀窈窕，思贤才，而无伤善之心焉，是《关雎》之义也。

《史记·屈原传》曰：《国风》好色而不淫；《小雅》怨诽而不乱。

子曰："道之以政，齐之以刑，民免而无耻。道之以德，齐之以礼，有耻且格。"

《礼记·缁衣》篇曰：夫民，教之以德，齐之以礼，则民有格心。教之以政，齐之以刑，则民有遁心。故君民者，子以爱之，则民亲之；信以结之，则民不倍；恭以涖之，则民有孙心。《甫刑》曰："苗民匪用命，制以刑，惟作五虐之刑，曰法。"是以民有恶德而遂绝其世也。

《孔子家语·刑政》篇曰：仲弓问于孔子曰："雍闻：至刑无所用政，桀纣之世是也；至政无所用刑，成康之世是也：信乎？"孔子曰："圣人治化，必刑政相参焉。大上，以德教民，而以礼齐之。其次，以政道民，而以刑禁之。化之弗变，道之弗从，伤义以败俗，于是乎用刑矣。"

《孔丛子·刑论》篇曰：仲弓问古之刑教与今之刑教。孔子曰："古之刑省，今之刑繁。其为教，古有礼然后有刑，是以刑省。今无礼以教，而齐之刑，刑是以繁。《书》曰：'伯夷降典。折民惟刑。'谓先礼以教之，然后继之以刑折之也。夫无礼则民无耻，而正之以刑，故民苟免。"

《荀子·议兵》篇曰：凡人之动也，为赏庆为之，则见害伤焉止矣。故赏庆刑罚埶诈不足以尽人力致人之死。为人主上者也，其所以接下之人百姓者无礼义忠信，焉虑率用赏庆刑罚埶诈，险陁其下，获其功用而已矣。大寇则至，使之持危城则必畔，遇敌处战则必北，劳苦烦辱则必奔，霍焉离耳，下反制其上。故赏庆刑罚之为道者，佣徒鬻卖之道也，不足以合大众，美国家，故古之人羞而不道也。故厚德音以先之，明礼义以道之，致忠信以爱之，尚贤使能以次之，爵服庆赏以申之，时其事，轻其任，以调齐之，长养之，如保赤子。

《汉书·贾谊传》：谊上策曰：凡人之智，能见已然，不能见将然。夫礼者禁于将然之前，而法者禁于已然之后。是故法之所为用易见，而礼之所为生难知也。若夫庆赏以劝善，刑罚以惩恶，先王执此之政，坚如金石，行此之令，信如四时，据此之公，无私如天地耳，岂顾不用哉！然而曰"礼云礼云"者，贵绝恶于未萌，而起教于微眇，使民日迁善远罪而不自知也。孔子曰："听讼吾犹人也，必也使无讼乎！"故世主欲民之善同，而所以使民善者或异。道之以德教者，德教洽而民气乐；驱之以法令者，法令极而民风哀。哀乐之感，祸福之应也。汤武置天下于仁义礼乐，而德泽洽，累子孙数十年；秦王置天下于法令刑罚，德泽亡一有，而怨毒盈于世，下憎恶之如仇雠，祸几及身，子孙诛绝：是非其明效大验邪？

《大戴礼记·礼察》篇文同。

《史记·酷吏传》曰：孔子曰："导之以政，齐之以刑，民免而无耻。导之以德，齐之以礼，有耻且格。"老氏称："上德不德，是以有德；下德不失德，是以无德。法令滋章，盗贼多有。"太史公曰：信哉是言也。法令者，治之具，而非制治清浊之源也。昔天下之网尝密矣，然奸伪萌起，其极也，上下相遁，至于不振。当是之时，吏治若救火扬沸，非武健严酷，恶能胜其任而愉快乎！言道德者溺其职矣。故曰："听讼吾犹人也，必也使无讼乎！"

《刘向·战国策叙》曰：始皇兼诸侯而有天下，无道德之教、仁义之化以缀天下之心，任刑罚以为治，信小术以为道，遂燔烧《诗》《书》，坑杀儒士，上小尧舜，下邈三王。二世愈甚，惠不下施，情不上达，君臣相疑，骨肉相疏，化道浅薄，纲纪败坏，民不见义，而悬于不宁。抚天下十四岁，天下大溃，其比王德，岂不远哉！孔子曰："道之以政，齐之以刑，民免而无耻。道之以德，齐之以礼，有耻且格。"夫使天下有所耻，故化可致也。苟以诈伪偷活取容，自上为之，何以率天下？秦之败也，不亦宜乎！《史记·孝文帝纪》曰：孝文帝从代来即位，二十三年，宫室苑囿狗马服御无所增益。有不便，辄弛以利民。尝欲作露台，召匠计之，直百金，上曰："百金，中民十家之产，吾奉先帝宫室，常恐羞之，何以台为？"上常衣绨衣，所幸慎夫人令衣不得曳地，帏帐不得文绣，以示敦朴为天下先。治霸陵，皆以瓦器，不得以金银铜锡为饰。不治坟，欲为省，毋烦民。南越王尉佗自立为武帝，然上召贵尉佗兄弟，以德报之，佗遂去帝称臣。与匈奴和亲，匈奴背约入盗，然令边备守，不发兵深入，恶烦苦百姓。吴王诈病不朝，就赐几杖。群臣如袁盎等称说虽切，常假借用之。群臣如张武等受赂遗金钱，觉，上乃发御府金钱赐之，以愧其心，勿下吏。专务以德化民，是以海内殷富，兴于礼义。

《后汉书·鲁恭传》曰：拜中牟令，恭专以德化为理，不任刑罚。讼人许伯等争田，累守令不能决，恭为平理曲直，皆退而自责，辍耕相让。亭长从人借牛而不肯还之，牛主讼于恭，恭召亭长敕令归牛者再三，犹不从。恭叹曰："是教化不行也。"欲解印绶去,掾吏泣涕共留之,亭长乃惭悔,还牛,诣狱受罪,恭贳不问。于是吏人信服。

又《刘宽传》曰:典历三郡,温仁多恕,常以为齐之以刑,民免而无耻。吏人有过,但用蒲鞭罚之,示辱而已,终不加苦。每行县,止息亭传,辄引学官祭酒及处士诸生执经对讲。见父老,慰以农里之言;少年,勉以孝悌之训。人感德兴行,日有所化。

子曰:"吾十有五而志于学。

《礼记·曲礼》篇曰:人生十年曰幼,学。

又《内则》篇曰:十年,出就外傅,居宿于外,学书计,朝夕学幼仪,请肄简谅。十有三年,学《乐》,诵《诗》,舞勺。成童,郑注云。成童十五以上。舞象,学射御。

《尚书大传》曰:古之帝王者必立大学小学,使王大子、王子、群后之子以至公卿大夫元士之适子十有三年始入小学,见小节焉,践小义焉。年二十,入大学,见大节焉,践大义焉。

树达按:《说文》云:义,己之威仪也。《大传》文之小义大义,义皆威仪之义。

《大戴礼记·保傅》篇曰:古者年八岁而出就外傅,束发而就大学。卢辨注云,束发谓成童。

《白虎通·辟雍》篇曰:古者所以年十五入大学,何?以为八岁毁齿,始有识知,入学,学书计。七八十五,阴阳备,故十五成童志明,入大学,学经术。故《曲礼》曰,"十年曰幼,学。"《论语》曰:"吾十有五而志于学,三十而立。"

树达按:古人十岁学书计与幼仪,十三学《乐》诵《诗》矣。孔子十有五而始志于学,不过晚乎?寻《述而》篇云:"志于道。"《里仁》篇云:"士志于道而耻恶衣恶食者,未足与议也。"一再言志道，不言志学。此独言志学，不言志道者，孔子之谦辞，实则志学即志道也。又按：《内则》云："十年，出就外傅，学书计。"《大戴记》则云："八岁出就外傅。"《白虎通》亦云："八岁学书计。"又《尚书大传》云，"二十入大学"，《大戴记·白虎通》则皆云十五入大学，彼此互异者，十年二十年，举成数言之。八岁与十五，举实数言之：文似异而实同也。古人云男子三十而娶，女子二十而嫁，三十二十亦皆举成数言之，不必截然三十二十也。本章下文所云三十四十五十六十七十亦如此，不必过泥也。

三十而立。

《礼记·内则》篇曰：二十而冠，始学礼，舞大夏，惇行孝弟，博学不教，内而不出。三十而有室，始理男事，博学无方，孙友视志。

《泰伯》篇曰：立于礼。《季氏》篇曰：不学礼，无以立。《尧曰》篇曰：不知礼，无以立也。

《左传·昭公七年》曰：孟僖子病不能相礼，及其将死也，召其大夫曰："礼，人之干也，无礼，无以立。"

树达按：三十而立，立谓立于礼也。盖二十始学礼，至三十而学礼之业大成，故能立也。

四十而不惑。

《子罕》篇曰：知者不惑。又见《宪问》篇。

《孟子·公孙丑上》篇曰：公孙丑问曰："夫子加齐之卿相，得行道焉，虽由此霸王，不异矣。如此，则动心否乎？"孟子曰："否，我四十不动心。"

树达按：孔子四十不惑，尽知者之能事也。孟子四十不动心,尽勇者之能事也。孔孟才性不同,故成德之功亦异矣。

五十而知天命。
《述而》篇曰:子曰:加我数年,五十以学《易》,可以无大过矣。

树达按:此盖孔子四十以后之言。《易》为穷理尽性以至命之书,学《易》数年,故五十知天命也。

《易·系辞上传》曰:乐天知命,故不忧。
《子罕》篇曰:仁者不忧。又见《宪问》篇。

树达按:孔子五十知天命,知命者不忧,已尽仁者之能事矣。

六十而耳顺。
《论衡·知实》篇曰:从知天命至耳顺,学就知明,成圣之验也。

树达按:王仲任之说甚确。《说文》云:"圣,通也。从耳,呈声。"耳顺正所谓圣通也。盖孔子五十至六十之间,已入圣通之域,所谓声入心通也。

七十而从心所欲,不逾矩。"
《孟子·尽心下》篇曰:充实之谓美,充实而有光辉之谓大,大而化之之谓圣,圣而不可知之之谓神。

树达按:孔子六十圣通,七十则由圣入神矣。

孟懿子问孝,子曰:"无违。"

《左传·昭公七年》曰：孟僖子病不能相礼。及其将死也，召其大夫曰："礼，人之干也。无礼，无以立。吾闻将有达者曰孔丘，圣人之后也。我若获没，必属说与何忌于夫子，使事之而学礼焉，以定其位。"故孟懿子与南宫敬叔师事仲尼。

樊迟御，子告之曰："孟孙问孝于我，我对曰：无违。"

《史记·仲尼弟子传》曰：樊须字子迟，少孔子三十六岁。

樊迟曰："何谓也？"子曰："生，事之以礼；死，葬之以礼；祭之以礼。"

《孟子·滕文公上》篇曰：曾子曰：生，事之以礼；死，葬之以礼；祭之以礼：可谓孝矣。

《礼记·祭统》篇曰：是故孝子之事亲也，有三道焉：生则养，没则丧，丧毕则祭。养则观其顺也，丧则观其哀也，祭则观其敬而时也。尽此三道者，孝子之行也。

又《祭义》篇曰：君子生则敬养，死则敬享，思终身弗辱也。

《大戴礼记·曾子本孝》篇曰：故孝子于亲也，生则有义以辅之；死则哀以莅焉；祭祀则莅之以敬：如此而成于孝子也。

《荀子·礼论》篇曰：礼者，谨于治生死者也。生，人之始也；死，人之终也；终始俱善，人道毕矣。故君子敬始而慎终。终始如一，是君子之道，礼义之文也。臣之所以致重其君，子之所以致重其亲，于是尽矣。

《礼记·檀弓下》篇曰：季康子之母死，公输若方小，敛，般请以机封，将从之。公肩假曰："不可。夫鲁有初，三家视桓楹。"郑注云，时僭诸侯。

　　树达按：此三家葬不以礼之事。

《八佾》篇曰：三家者以《雍》彻。子曰："相维辟公，天子穆穆，奚取于三家之堂？"

树达按：此三家祭不以礼之事。孔子此答，意在箴三家僭礼之失也。

孟武伯问孝。子曰："父母唯其疾之忧。"

《论衡·问孔》篇曰：孟武伯问孝。子曰：父母唯其疾之忧。武伯善忧父母，故曰唯其疾之忧。武伯忧亲，懿子违礼，攻其短。

子游问孝。

《史记·仲尼弟子传》曰：言偃，吴人，字子游，少孔子四十五岁。

子曰："今之孝者，是谓能养。至于犬马，皆能有养，不敬，何以别乎？"

《礼记·坊记》篇曰：子云：小人皆能养其亲，君子不敬，何以辨？

又《祭义》篇曰：曾子曰："孝有三：大孝尊亲，其次弗辱，其下能养。"

又曰：亨孰膻芗，尝而荐之，非孝也，养也。众之本教曰孝，其行曰养；养可能也，敬为难。

又《内则》篇曰：曾子曰：孝子之养老也，乐其心，不违其志；乐其耳目，安其寝处，以其饮食忠养之，孝子之身终。终身也者，非终父母之身，终其身也。是故父母之所爱，亦爱之；父母之所敬，亦敬之：至于犬马尽然，而况于人乎？

《孟子·离娄上》篇曰：曾子养曾晳，必有酒肉。将彻，必请所与。问有余，必曰："有。"曾晳死，曾元养曾子，必有酒肉。将彻，不请所与。问有余，曰："亡矣。"将以复进也，此所谓养口体者也。若曾子，则可谓养志也。事亲若曾子者可也。

又《尽心上》篇曰：孟子曰：食而弗爱，豕交之也；爱而弗敬，兽畜之也。

子夏问孝，子曰："色难。

《礼记·祭义篇》曰：孝子之有深爱者，必有和气，有和气者必有愉色，有愉色者必有婉容。孝子如执玉，如奉盈，洞洞属属然，如弗胜，如将失之。严威俨恪,非所以事亲也,成人之道也。

《说苑·建本》篇曰:父母怒之,不作于意,不见于色,深受其罪,使可哀怜,上也;父母怒之,不作于意,不见于色,其次也;父母怒之,作于意,见于色,下也。

有事,弟子服其劳;

《大戴礼记·曾子制言上》篇曰:君子之为弟也,行则为人负。

《礼记·王制》篇曰:轻任并;重任分;斑白者不提挈。郑注云:皆谓以与少者。《正义》云:任谓有担负者。俱应担负,老少并轻,则并与少者担之也。重任分者,老少并重,不可并与少者一人,则分为轻重,重与少者,轻与老者。

又《祭义》篇曰:斑白者不以其任行乎道路,而弟达乎道路矣。郑注云:不以任,少者代之。

有酒食先生馔,曾是以为孝乎?"

《吕氏春秋·孝行》览曰:养有五道:修宫室,安床笫,节饮食,养体之道也;树五色,施五采,列文章,养目之道也;正六律,龢五声,杂八音,养耳之道也;熟五谷,烹六畜,龢煎调,养口之道也;龢颜色,说言语,敬进退,养志之道也。此五者,代进而序用之,可谓善养矣。

树达按:有酒食先生馔,即前章所谓皆能有养,孟子及吕氏所谓养口体也。色难则吕氏所谓养志矣。

子曰:"吾与回言,终日不违。如愚。退而省其私,亦足以发,回也不愚。"

《史记·仲尼弟子传》曰:颜回者,鲁人也,字子渊,少孔子三十岁。

《先进》篇曰:子曰:回也非助我者也,于吾言无所不说。

树达按:惟无所不说,故终日不违如愚,正老子所谓大智若愚也。

子曰："视其所以，观其所由，察其所安，人焉廋哉？人焉廋哉？"

《大戴礼记·文王官人》篇曰：考其所为，观其所由，察其所安。

《孟子·离娄上》篇曰：存乎人者莫良于眸子，眸子不能掩其恶。胸中正，则眸子瞭焉；胸中不正，则眸子眊焉。听其言也，观其眸子，人焉廋哉？

《大戴礼记·官人》篇曰：达观其所举，富观其所予，穷观其所不为，乏观其所不取。

《逸周书·官人》篇曰：富贵者观其有礼施；贫贱者观其有德守；嬖宠者观其不骄奢；隐约者观其不慑惧。其少者，观其恭敬好学而能悌；其壮者，观其廉洁务行而胜私；其老者，观其思慎强其所不足而不逾。父子之间，观其孝慈；兄弟之间，观其和友；君臣之间，观其忠惠；乡党之间，观其信诚。省其居处，观其义方；省其丧哀，观其贞良；省其出入，观其交友；省其交友，观其任廉。设之以谋以观其智；示之以难以观其勇；烦之以事以观其治；临之以利以观其不贪；滥之以乐以观其不荒。喜之以观其轻；怒之以观其重；醉之酒以观其恭；从之色以观其常；远之以观其不二；昵之以观其不狎。复征其言以观其精；曲省其行以观其备。此之谓观诚。

《荀子·君道》篇曰：故校之以礼而观其能安敬也；与之举错迁移而观其能应变也；与之安燕而观其能无流慆也；接之以声色权利忿怒患险而观其能无离守也。彼诚有之者与诚无之者若白黑然，可诎邪哉？

树达按：以，用也。所以谓其所用之方术。由，行也。所由谓其所由行之径路，所安谓其所愿乐也。

子曰："温故而知新，可以为师矣。"

《礼记·学记》篇曰：记问之学，不足以为人师。

《荀子·致士》篇曰：师术有四，而博习不与焉。尊严而惮，可以为师；耆艾而信，可以为师；诵说而不陵不犯，可以为师；知微而论，可以为师。故师术有四，而博习不与焉。

树达按：记问博习，强识之事也；温故知新，通悟之事也。孔子之教，以通悟为上，强识次之。故温故知新可以为师，记问博习无与于师道也。所谓温故而知新者，先温故而后知新也。优游涵泳于故业之中，新知忽涌现焉，此非义袭而取、揠苗助长者之所为，而其新出乎故，故为可信也。不温故而欲知新者，其病也妄；温故而不能知新者，其病也庸：皆非孔子所许也。说详余《温故知新说》，见《积微居小学述林》二一四页。

子曰："君子不器。"

《礼记·学记》篇曰：君子曰：大德不官，大道不器，大信不约，大时不齐。

《宪问》篇曰："孟公绰为赵魏老则优，不可以为滕薛大夫，树达按：此与不器之君子异矣。

子贡问君子，子曰："先行其言而后从之。"

《礼记·坊记》篇曰：故君子约言，小人先言。

又《缁衣》篇曰：子曰：言从而行之，则言不可饰也；行从而言之，则行不可饰也。故君子寡言而行，以成其信。

《大戴礼记·曾子立事》篇曰：不能行而言之，诬也。

又曰：君子微言而笃行之。行必先人，言必后人。

《说苑·杂言》篇曰：曾子曰：吾闻夫子之三言，未之能行也。夫子见人之一善，而忘其百非，是夫子之易事也；夫子见人有善，若己有之，是夫子之不争也；闻善，必躬亲行之，然后道之，是夫子之能劳也。

树达按：躬亲行然后道之，正此所谓先行其言而后从之也。

子曰:"君子周而不比,小人比而不周。"

《左传·昭公六年》曰:宋寺人柳有宠,大子佐恶之。华合比曰:"我杀之。"柳闻之,乃坎用牲,埋书;而告公曰:"合比将纳亡人之族,既盟于北郭矣。"公使视之,有焉。遂逐华合比,合比奔卫。于是华广欲代右师;乃与寺人柳比,从为之征,曰:"闻之久矣。"公使代之。

又《昭公十四年》曰:楚令尹子旗有德于王,不知度,与养氏比而求无厌。王患之。九月甲午,楚子杀斗成然而灭养氏之族。

又《昭公二十七年》曰:郤宛直而和,国人说之。鄢将师为右领,与费无极比而恶之。令尹子常贿而信谗。无极谮郤宛焉,谓子常曰:"子恶欲饮子酒。"又谓子恶:"令尹欲饮酒于子氏。"子恶曰:"我,贱人也,不足以辱令尹。令尹将必来辱,为惠已甚,吾无以酬之,若何?"无极曰:"令尹好甲兵。子出之,吾择焉。"取五甲五兵,曰:"寘诸门,令尹至,必观之,而从以酬之"及飨日,帷诸门左。无极谓令尹曰:"吾几祸子!子恶将为子不利,甲在门矣,子必无往!且此役也,吴可以得志,子恶取贿焉而还。又误群帅,使退其师,曰:'乘乱,不详。'吴乘我丧,我乘其乱,不亦可乎?"令尹使视郤氏,则有甲焉,不往,召鄢将师而告之。将师退,遂令攻郤氏,且燕之。子恶闻之,遂自杀也。

子曰:"学而不思则罔,思而不学则殆。"

《中论·治学》篇曰:孔子曰:弗学,何以行?弗思,何以得?小子勉之!斯可以为人师矣。

《礼记·中庸》篇曰:博学之,审问之,慎思之,明辨之,笃行之。

《子张》篇曰:子夏曰:博学而笃志,切问而近思,仁在其中矣。

《卫灵公》篇曰:子曰:吾尝终日不食,终夜不寝,以思,无益,不如学也。

树达按:罔者无也,学而不思,其失止于丧己;殆者危也,思而不学,其病可以误人。殆之害甚于罔。故孔子又曰,思无益也。又按:此章与上温故知新章义相表里。温故而不能知新者,学而不思也；不温故而欲知新者，思而不学也。《论语》言温故知新可以为师，《中论》引孔子语谓学与思可以为人师，说正相合也。

子曰："攻乎异端，斯害也已。"

《礼记·中庸》篇曰：子曰：索隐行怪，后世有述焉，'吾弗为之已。

子曰："由！诲女知之乎！知之为知之，不知为不知，是知也。"

《荀子·子道》篇曰：子路盛服见孔子，孔子曰，"由！是裾裾何也？昔者江出于岷山，其始出也，其源可以滥觞。及其至江之津也，不放舟，不避风，则不可涉也。非维下流水多邪？今女衣服既盛，颜色充盈，天下且孰肯谏女矣。"子路趋而出，改服而入，盖犹若也。孔子曰，"由！志之！吾语女。奋于言者华，奋于行者伐，色知而有能者，小人也。故君子知之曰知之，不知曰不知，言之要也。能之曰能之，不能曰不能，行之至也。言要则知，行至则仁。既知且仁，夫恶有不足矣。"《韩诗外传》卷三《说苑·杂言》篇、《家语·三恕》篇文同。

又《儒效》篇曰：知之曰知之，不知曰不知，内不以自诬，外不以自欺，以是尊贤畏法而不敢怠傲，是雅儒者也。

《春秋·隐公三年》曰：春王二月己巳，日有食之。《谷梁传》曰：其不言食之者，何也？知其不可知，知也。

子张学干禄。

《史记·仲尼弟子传》曰：颛孙师，陈人，字子张，少孔子四十八岁。

子曰："多闻阙疑，慎言其余，则寡尤。

《大戴礼记·曾子立事》篇曰：君子疑则不言，未问则不言。

《春秋·桓公五年》曰：春正月甲戌己丑，陈侯鲍卒。《谷梁传》曰：鲍卒何为以二日卒之？《春秋》之义，信以传信，疑以传疑。陈侯以甲戌之日出，己丑之日得，不知死之日，故举二日以包也。

又《昭公十二年》曰：春，齐高偃纳北燕伯于阳。《公羊传》曰：伯于阳者何？公子阳生也。子曰："我乃知之矣。"在侧者曰："子苟知之，何以不革？"曰："如尔所不知何？"

多见阙殆，慎行其余，则寡悔。言寡尤，行寡悔，禄在其中矣。"

哀公问曰："何为则民服？"孔子对曰："举直错诸枉，则民服；举枉错诸直，则民不服。"

《书·尧典》曰：流共工于幽州，放欢兜于崇山，窜三苗于三危，殛鲧于羽山，四罪而天下咸服。

《左传·文公十八年》曰：昔高阳氏有才子八人，苍舒、隤敳、梼戭、大临、尨降、庭坚、仲容、叔达，齐圣广渊，明允笃诚，天下之民谓之八恺。高辛氏有才子八人，伯奋、仲堪、叔献、季仲、伯虎、仲熊、叔豹、季狸，忠肃共懿，宣慈惠和，天下之民谓之八元。此十大族也，世济其美，不陨其名，以至于尧，尧不能举。舜臣尧，举八恺，使主后土以揆百事，莫不时序，地平天成。举八元，使布五教于四方，父义，母慈，兄友，弟共，子孝，内平外成。昔帝鸿氏有不才子，掩义隐贼，好行凶德；丑类恶物，顽嚚不友，是与比周，天下之民谓之浑敦。少暤氏有不才子，毁信废忠，崇饰恶言，靖谮庸回，服谗搜慝，以诬盛德，天下之民谓之穷奇。颛顼氏有不才子，不可教训，不知话言，告之则顽，舍之则嚚，傲很明德，以乱天常，天下之民谓之梼杌。此三族也，世济其凶，增其恶名，以至于尧，尧不能去。缙云氏有不才子，贪于饮食，冒于货贿，侵欲崇侈，不可盈厌，聚敛积实，不知纪极，不分孤寡，不恤穷匮，天下之民以比三凶，谓之饕餮。舜臣尧，宾于四门，流四凶族浑敦、穷奇、梼杌、饕餮，投诸四裔以御魑魅。是以尧崩而天下如一，同心戴舜以为天子，以其举十六相，去四凶也。

又《成公十八年》曰：二月乙酉朔，晋悼公即位于朝，始命百官，使魏相士鲂魏颉赵武为卿，荀家荀会栾黡韩无忌为公族大夫，使训卿之子弟共俭孝弟。使士渥浊为大傅，使修范武子之法。右行辛为司空，使修士蒍之法。弁纠御戎，校正属焉，使训诸御知义。荀宾为右，司士属焉。使训男力之士时使。卿无共御，立军尉以摄之。祁奚为中军尉，羊舌职佐之，魏绛为司马，张老为候奄，铎遏寇为上军尉，籍偃为之司马，使训卒乘亲以听命。程郑为乘马御，六驺属焉，使训群驺知礼。凡六官之长，皆民誉也，举不失职，官不易方，爵不逾德，师不陵正，旅不逼师，民无谤言，所以复霸也。

季康子问："使民敬忠以劝，如之何？"子曰："临之以庄则敬；

《礼记·祭义》篇曰：致礼以治躬则庄敬，庄敬则严威。外貌斯须不庄不敬，而慢易之心入之矣。乐极和，礼极顺，内和而外顺，则民瞻其颜色而不与争也，望其容貌而众不生慢易焉。

《卫灵公》篇曰：知及之，仁能守之，不庄以涖之，则民不敬。

孝慈则忠；举善而教不能则劝。"

《荀子·王制》篇曰：无德不贵，无能不官，无功不赏，无罪不罚。朝无幸位，民无幸生。尚贤使能而等位不遗，折愿禁悍而刑罚不过。百姓晓然皆知夫为善于家而取赏于朝也，为不善于幽而蒙刑于显也。夫是之谓定论，是王者之论也。

《颜渊》篇曰：樊迟问仁。子曰："爱人。"问知。子曰："知人。"樊迟未达。子曰："举直错诸枉，能使枉者直。"樊迟退，见子夏。曰："乡也吾见于夫子而问知，子曰：举直错诸枉，能使枉者直，何谓也？"子夏曰："富哉言乎！舜有天下，选于众，举皋陶，不仁者远矣。汤有天下，选于众，举伊尹，不仁者远矣。"

或谓孔子曰："子奚不为政？"子曰：《书》云：'孝乎惟孝，友于兄弟。'施于有政，是亦为政，奚其为为政？"

华峤《后汉书·刘平江革传序》曰：先代石氏父子称孝，子庆相齐，人慕其言而治。此殆所谓孝乎惟孝，友于兄弟，施于有政，是以为政也。

《后汉书·郅恽传》曰：恽志在从政，谓郑敬曰："天生俊士，以为人也。鸟兽不可与同群，子从我为伊吕乎？将为巢许乎？"敬曰："吾足矣。初从生步重华于南野，谓来归为松子。今幸得全躯树类，还奉坟墓，尽学问道，虽不从政，施之有政，是亦为政也。"

子曰："人而无信，不知其可也。大车无輗，小车无軏，其何以行之哉？"

《韩非子·说林下》篇曰：齐伐鲁，索谗鼎，鲁以其雁往。齐人曰："雁也。"鲁人曰："真也。"齐曰："使乐正子春来，吾将听子。"鲁君请乐正子春，乐正子曰："胡不以其真往也？"君曰："我爱之。"答曰："臣亦爱臣之信。"《新序·节士》篇曰：齐攻鲁，求岑鼎。鲁君载岑鼎往。齐侯不信而反之，以为非也。使人告鲁君："柳下惠以为是，因请受之。"鲁君请于柳下惠，柳下惠对曰："君之欲以为岑鼎也，以免国也。臣亦有国于此，破臣之国以免君之国，此臣所难也。"鲁君乃以真岑鼎往。柳下惠可谓守信矣。非独存己之国也，又存鲁君之国。信之于人重矣，犹舆之輗軏也。故孔子曰："大车无輗，小车无軏，其何以行之哉？"此之谓也。

《韩非子·外储说左上》篇曰：曾子之妻之市，其子随之而泣。其母曰："女还，顾反，为女杀彘。"妻适市来，曾子欲捕彘杀之。妻止之曰："特与婴儿戏耳。"曾子曰："婴儿非与戏也，婴儿非有知也，待父母而学者也。听父母之教。今子欺之，是教子欺也。母欺子，子而不信其母，非以成教也。"遂烹彘也。

《韩诗外传·卷九》曰：孟子少时，东家杀豚。孟子问其母曰："东家杀豚，何为？"母曰："欲啖汝。"其母自悔而言曰："吾怀妊是子，席不正不坐，割不正不食，胎教之也。今适有知而欺之，是教之不信也。"乃买东家豚肉以食之，明不欺也。

子张问："十世可知也？"子曰："殷因于夏礼，所损益可知也。周因于殷礼，所损益可知也。

《礼记·祭法》篇曰：大凡生于天地之间者，皆曰命，其万物死皆曰折，人死曰鬼，此五代之所不变也。七代之所更立者，禘郊宗祖，其余不变也。

其或继周者，虽百世可知也。"

《汉书·董仲舒传》曰：仲舒对策曰：故王者有改制之名，亡变道之实。然夏上忠，殷上敬，周上文者，所继之救当用此也。孔子曰："殷因于夏礼，所损益可知也。周因于殷礼，所损益可知也。其或继周者，虽百世可知也。"此言百王之用以此三者矣。夏因于虞，而独不言所损益者，其道如一而所上同也。道之大原出于天，天不变，道亦不变。是以禹继舜，舜继尧，三圣相受而守一道，亡救弊之政也，故不言其所损益也。由是观之，继治世者其道同，继乱世者其道变。

《法言·五百》篇曰：或问：其有继周者，虽百世可知也。秦已继周矣，不待夏礼而治者，其不验乎？曰：圣人之言，天也，天妄乎？继周者未欲太平也，如欲太平也，舍之而用他道，亦无由至矣。

子曰："非其鬼而祭之，谄也。"

《礼记·曲礼下》篇曰：非其所祭而祭之，名曰淫祀，淫祀无福。

《左传·僖公十年》曰：狐突曰：神不歆非类，民不祀非族。

又《僖公三十一年》曰：卫成公梦康叔曰："相夺予享。"公命祀相，甯武子不可，曰："鬼神非其族类，不歆其祀。杞鄫何事，相之不享于此久矣，非卫之罪也。不可以间成王周公之命祀。请改祀命。"

《春秋·成公六年》曰：二月辛巳，立武宫。《公羊传》曰：武宫者何？武公之宫也。立者何？立者，不宜立也。立武宫，非礼也。何注云：礼，天子诸侯立五庙，受命始封之君立一庙，至于子孙，过高祖，不得复立庙。立武宫者，盖时衰多废人事而好求福于鬼神，故重而书之。《谷梁传》曰：立者，不宜立也。《左氏传》曰：季文子以鞌之功立武宫，非礼也。

又《定公元年》曰：立炀宫。《公羊传》曰：炀宫者何？炀公之宫也。立者何？立者，不宜立也。立炀宫，非礼也。《谷梁传》曰：立者，不宜立者也。《左传》曰：昭公出，故季平子祷于炀公。九月，立炀宫。

《左传·哀公六年》曰：初，昭王有疾，卜曰："河为祟。"王弗祭，大夫请祭诸郊。王曰："三代命祀，祭不越望。江汉雎漳，楚之望也。祸福之至，不是过也。不谷虽不德，河非所获罪也。"遂弗祭。孔子曰：楚昭王知天道矣，其不失国也，宜哉。《夏书》曰："惟彼陶唐，帅彼天常，有此冀方；今失其行，乱其纪纲，乃灭而亡。"又曰："允出兹在兹"，由己率常可矣。《说苑·君道》篇同。《韩诗外传三》以为楚庄王事。

《国语·鲁语上》曰：海鸟曰爰居，止于鲁东门之外，三日，臧文仲使国人祭之。展禽曰："越哉臧孙之为政也！夫祀，国之大节也，而节，政之所成也，故慎制祀以为国典。今无故而加典，非政之宜也。夫圣王之制祀也，法施于民则祀之；以死勤事则祀之；以劳定国则祀之；能御大灾则祀之；能扞大患则祀之。非是族也，不在祀典。昔烈山氏之有天下也，其子曰柱，能殖百谷百蔬。夏之兴也，周弃继之，故祀以为稷。共工氏之伯九有也，其子曰后土，能平九土，故祀以为社。黄帝能成命百物以明民共财，成命即正名也。颛顼能修之；帝喾能序三辰以固民；尧能单均刑法以仪民；舜勤民事而野死；鲧障洪水而殛死；禹能以德修鲧之功；契为司徒而民辑；冥勤其官而水死；汤以宽治民而除其邪；稷勤百谷而山死；文王以文昭；武王去民之秽。故有虞氏禘黄帝而祖颛顼，郊尧而宗舜；夏后氏禘黄帝而祖颛顼，郊鲧而宗禹；商人禘舜而祖契，郊冥而宗汤；周人禘喾而郊稷，祖文王而宗武王。幕，能帅颛顼者也，有虞氏报焉；杼，能帅禹者也，夏后氏报焉；上甲微，能帅契者也，商人报焉；高圉大王，能帅稷者也，周人报焉。凡禘、郊、祖、宗、报，此五者，国之典祀也。加之以社稷山川之神，皆有功烈于民者也；及前哲令德之人，所以为明质；及天之三辰，民所以瞻仰也；及地之五行，所以生殖也；及九州名山川泽，所以出财用也。非是，不在祀典。今海鸟至，已不知而祀之，以为国典，难以为仁且智矣。夫仁者讲功，而智者处物，无功而祀之，非仁也。不知而不能问，非智也。今兹海其有灾乎！夫广川之鸟兽恒知避其灾也。"是岁也，海多大风，冬暖。文仲闻柳下季之言，曰："信吾过也，季子之言，不可不法也。"使书以为三策。《左传·文公二年》曰：仲尼曰：臧文仲，其不仁者三，不知者三。下展禽，废六关，妾织蒲，三不仁也。作虚器，纵逆祀，祀爰居，三不知也。

《说苑·修文》篇曰：韩褐子济于河，津人告曰："夫人过于此者，未有不快用者也，而子不用乎？"韩褐子曰："天子祭海内之神，诸侯祭封域之内，大夫祭其亲，士祭其祖祢。褐也未得事河伯也。"津人申楫，舟中水而运。津人曰："向也役人固已告矣；夫子不听役人之言也，今舟中水而运，甚殆，治装衣而下游乎！"韩子曰："吾不为人之恶我而改吾志，不为我将死而改吾义。"言未已，舟洴然行。

见义不为，无勇也。"

《礼记·聘义》篇曰：有行之谓有义；有义之谓勇敢。故所贵于勇敢者，贵其能以立义也；所贵于立义者，贵其有行也；所贵于有行者，贵其行礼也。故所贵于勇敢者，贵其敢行礼义也。故勇敢强有力者，天下无事，则用之于礼义；天下有事，则用之于战胜。用之于战胜则无敌；用之于礼义则顺治。外无敌，内顺治，此之谓盛德。故圣王之贵勇敢强有力如此也。

《左传·襄公二十五年》曰：莒子朝于齐。甲戌，飨诸北郭，崔子称疾，不视事。乙亥，公问崔子。甲兴，公逾墙，又射之，中股，反队，遂弑之。晏子立于崔氏之门外，门启而入，枕尸股而哭。兴，三踊而出。人谓崔子："必杀之！"崔子曰，"民之望也，舍之，得民。"《史记·管晏列传》赞曰：方晏子伏庄公尸哭之，成礼然后去。岂所谓见义不为无勇者邪？

《列女传·续传》曰：汉冯昭仪者，孝元帝之昭仪，右将军光禄勋冯奉世之女也。始为长使，数月，为美人，生男，美人为婕妤。建昭中，上幸虎圈斗兽，后宫皆从，熊逸，出圈，攀槛，欲上殿。左右贵人傅昭仪皆惊走，而冯婕妤直当熊而立，左右格杀熊。天子问婕妤："人情皆惊惧，何故当熊？"对曰："妾闻猛兽得人而止。妾恐至御坐，故以身当之。"元帝嗟叹，以此敬重焉。君子谓昭仪勇而慕义。《诗》云："公之媚子，从公于狩。"《论语》曰："见义不为，无勇也；"昭仪兼之矣。

树达按：《史记》赞晏子，《列女传》誉冯昭仪，皆叹其见义勇为也。文浑言之，不析耳。

论语疏证卷第三

八佾篇第三

孔子谓:"季氏八佾舞于庭,是可忍也,孰不可忍也?"

《春秋·隐公五年》曰:初献六羽。《公羊传》曰:初者何?始也。六羽者何?舞也。初献六羽何以书?讥。何讥尔?讥始僭诸公也。六羽之为僭奈何?天子八佾,诸公六,诸侯四。诸公者何?天子三公称公,王者之后称公。其余大国称侯,小国称伯子男。始僭诸公昉于此乎?前此矣。前此则曷为始乎此?僭诸公犹可言也,僭天子不可言也。《左氏传》曰:九月,考仲子之宫,将万焉。公问羽数于众仲,对曰:"天子用八,诸侯用六,大夫四,士二。夫舞,所以节八音而行八风,故自八以下。"公从之。于是初献六羽,始用六佾也。

《左传·昭公二十五年》曰:将禘于襄公,万者二人,其众万于季氏。杜注云:万,舞也。

《白虎通·礼乐》篇曰:天子八佾,诸公六佾,诸侯四佾,所以别尊卑。故《春秋·公羊传》曰:"天子八佾,诸公六佾,诸侯四佾。"《诗传》曰:"大夫士琴瑟御。"佾者,列也。以八人为行列,八八六十四人也。诸公六六为行,诸侯四四为行。诸公谓三公二王后。大夫士北面之臣，非专事子民者也，故但琴瑟而已。

三家者以《雍》彻。子曰："相维辟公，天子穆穆，奚取于三家之堂？"

《毛诗·序》曰：《雝》，禘大祖也。

树达按：雝雍字同。

《周礼·春官·乐师》曰：及彻，帅学士而歌彻。郑注云：彻者歌《雍》。

《荀子·正论》篇曰：天子者，埶至重而形至佚，心至愉而志无所诎，而形不为劳，尊无上矣。食饮则重大牢而备珍怪，期臭味，曼而馈，伐皋而食，雍而彻乎五祀。

《淮南子·主术》篇曰：尧舜汤武皆坦然南面而王天下焉。当此之时，伐薯而食，奏《雍》而彻，已饭而祭灶，可谓至贵矣。

树达按：彻食奏《雍》，乃封建时代天子之礼，此三家僭天子也。

子曰："人而不仁，如礼何？人而不仁，如乐何？"

《礼记·礼器》篇曰：君子曰：甘受和，白受采，忠信之人可以学礼。苟无忠信之人，则礼不虚道；是以得其人之为贵也。

又《仲尼燕居》篇曰：子曰：制度在礼；文为在礼；行之其在人乎。

又《中庸》篇曰：礼仪三百，威仪三千，待其人然后行。故曰：苟不至德，至道不凝焉。

又《仲尼燕居》篇曰：子曰：师！尔以为必铺几筵，升降酌献酬酢，然后谓之礼乎？尔以为必行缀兆，兴羽籥，作钟鼓，然后谓之乐乎？言而履之，礼也。行而乐之，乐也。君子力此二者以南面而立，夫是以天下太平也。

林放问礼之本。子曰:"大哉问!礼,与其奢也,宁俭。

《述而》篇曰:子曰:奢则不孙,俭则固。与其不孙也,宁固。

《左传·庄公二十四年》曰:鲁御孙曰:俭,德之共也;侈,恶之大也。

《大戴礼记·曾子立事》篇曰:君子入人之国,不称其讳;不犯其禁;不服华色之服;不称惧惕之言。

故曰:与其奢也,宁俭。

《汉书·五行志上》曰:古者天子诸侯宫庙大小高卑有制;后夫人媵妾多少进退有度;九族亲疏长幼有序。孔子曰:礼,与其奢也,宁俭。故禹卑宫室,文王刑于寡妻,此圣人之所以昭教化也。

《礼记·檀弓上》篇曰:子游曰:昔者夫子居于宋,见桓司马自为石椁,三年而不成。夫子曰:若是其靡也,死不如速朽之愈也。

《春秋·成公二年》曰:八月壬午,宋公鲍卒。《左氏传》曰:宋文公卒,始厚葬,用蜃炭,益车马。始用殉,重器备,椁有四阿,棺有翰桧。君子谓华元乐举于是乎不臣。臣,治烦去惑者也。今二子者,君生则纵其惑,死又益其侈,是弃君于恶也,何臣之为?

丧,与其易也,宁戚。"

《礼记·檀弓上》篇曰:子路曰:吾闻诸夫子,丧礼,与其哀不足而礼有余也,不若礼不足而哀有余也。

《说苑·建本》篇曰:孔子曰:处丧有礼矣,而哀为本。

树达按:易,慢易也。

子曰:"夷狄之有君,不如诸夏之亡也。"

《春秋·宣公十二年》曰:楚子围郑。六月乙卯,晋荀林父帅师及楚战于邲,晋师败绩。《公羊传》曰:大夫不敌君,此其称名氏以敌楚子,何?不与晋而与楚子为礼也。庄王伐郑,胜乎皇门,放乎路衢,郑伯肉袒,左执茅旌,右执鸾刀,以逆庄王,曰:"寡人无良边垂之臣!以干天祸，是以使君王沛焉辱到敝邑。君如矜此丧人，锡之不毛之地，使帅二耆老而绥焉，请唯君王之命。"庄王曰："君之不令臣交易为言，是以使寡人得见君之玉面，而微至乎此。"庄王亲自手旌，左右抴军退舍七里。将军子重谏曰："南郢之与郑，相去数千里，诸大夫死者数人，厮役扈养死者数百人。今君胜郑而不有，无乃失民臣之力乎？"庄王曰："古者杅不穿，皮不蠹，则不出乎四方。是以君子笃于礼而薄于利，要其人而不要其土。告从，不赦，不详。吾以不详导民，灾及吾身，何日之有？"既则晋师之救郑者至。曰："请战。"庄王许诺。将军子重谏曰："晋，大国也，王师淹病矣，君请勿许也。"庄王曰："弱者吾威之，强者吾辟之，是以使寡人无以立乎天下。"令之还师而逆晋寇，庄王鼓之，晋师大败。晋众之走者舟中之指可掬矣。庄王曰："嘻，吾两君不相好，百姓何罪？"令还师而佚晋寇。《春秋繁露·竹林》篇曰：《春秋》之常辞也，不与夷狄而与中国为礼。至邲之战，偏然反之，何也？曰："《春秋》无通辞，从变而移。晋变而为夷狄，楚变而为君子，故移其辞以从其事。夫庄王之舍郑，有可贵之美，晋人不知其善而欲击之。所救已解，如挑与之战，此无善善之心，而轻救民之意也。"是以贱之，而不得使与贤者为礼。又《观德》篇曰：《春秋》常辞，夷狄不得与中国为礼。至邲之战，夷狄反道，中国不得与夷狄为礼，避楚庄也。

又《昭公二十三年》曰：秋七月戊辰，吴败顿胡沈蔡陈许之师于鸡父，获陈夏啮。《公羊传》曰：此偏战也，曷为以诈战之辞言之？不与夷狄之主中国也。然则曷为不使中国主之？中国亦新夷狄也。不与夷狄之主中国，则其言获陈夏啮，何？吴少进也。《何注》云：中国所以异乎夷狄者，以其能尊尊也。王室乱，莫肯救，君臣上下坏败，亦新有夷狄之行，故不使主之。

又《定公四年》曰：冬十有一月庚午，蔡侯以吴子及楚人战于柏莒，楚师败绩。《公羊传》曰：吴何以称子？夷狄也而忧中国。其忧中国奈何？伍子胥父诛于楚，挟弓而去楚，以干阖庐。阖庐曰："大之甚，勇之甚。"将为之兴师而复仇于楚。伍子胥复曰："诸侯不为匹夫兴师，且臣闻之，事君犹事父也，亏君之义，复父之仇，臣不为也。"于是止。蔡昭公朝于楚，有美裘焉。囊瓦求之，昭公不与。为是拘昭公于南郢，数年然后归之。于其归焉，用事乎河？曰："天下诸侯苟有能伐楚者，寡人请为之前列。"楚人闻之，怒。为是兴师，使囊瓦将而伐蔡。蔡请救于吴。子胥曰："蔡非有罪，楚无道也，君若有忧中国之心，则若此时可矣。"为是兴师而伐楚。《谷梁传》曰：吴，其称子，何也？以蔡侯之以之，举其贵者也。蔡侯之以之，则其举贵者，何也？吴信中国而攘夷狄，吴进矣，其信中国而攘夷狄，奈何？子胥父诛于楚也，挟弓持矢干阖庐。阖庐曰："大之甚，勇之甚。"为是欲兴师而伐楚。子胥谏曰："臣闻之，君不为匹夫兴师。且事君犹事父也，亏君之义，复父之仇，臣弗为也。"于是止。蔡昭公朝于楚，有美裘，襄瓦求之，昭公不与。为是拘昭公于南郢，数年然后得归。乃用事乎汉，曰："苟诸侯有欲伐楚者，寡人请为前列焉。"楚人闻之而怒，为是兴师而伐蔡。蔡请救于吴，子胥曰："蔡非有罪，楚无道也。君若有忧中国之心，则若此时可矣。"为是兴师而伐楚。

《左传·哀公元年》曰：楚子西曰：昔阖庐食不二味，居不重席，室不崇坛，器不彤镂，宫室不观，舟车不饰，衣服财用，择不取费，在国，天有菑疠，亲巡孤寡而共其乏困，在军，熟食者分而后敢食，其所尝者，卒乘与焉，勤恤其民而与之劳逸，是以民不罢劳，死知不旷。

《春秋·哀公十三年》曰：公会晋侯及吴子于黄池。《公羊传》曰：吴何以称子？吴主会也。吴主会则曷为先言晋侯？不与夷狄之主中国也。其言及吴子，何？会两伯之辞也。不与夷狄之主中国，则曷为以会两伯之辞言之？重吴也。曷为重吴？吴在是，则天下诸侯莫敢不至也。《谷梁传》曰："黄池之会。吴子进乎哉？遂子矣。吴，夷狄之国也，祝发文身，欲因鲁之礼，因晋之权，而请冠，端而袭，其籍于成周以尊天王，吴进矣。吴，东方之大国也，累累致小国以合诸侯，以合乎中国，吴能为之，则不臣乎，吴进矣。王，尊称也；子，卑称也；辞尊称而居卑称，以会乎诸侯，以尊天王。吴王夫差曰：好冠来，孔子曰：大矣哉夫差，未能言冠而欲冠也。《春秋繁露·观德》篇曰：鸡父之战，吴不得与中国为礼。至于伯莒黄池之行，变而反道，乃爵而不殊。

树达按：有君谓有贤君也，邲之战，楚庄王动合乎礼，晋变而为夷狄，楚变而为君子。鸡父之战，中国为新夷狄，而吴少进。柏莒之战，吴王阖庐忧中国而攘夷狄。黄池之会，吴王夫差藉成周以尊天王。楚与吴，皆《春秋》向所目为夷狄者也。孔子生当昭定哀之世，楚庄之事，所闻也。阖庐夫差之事，所亲见也。安得不有夷狄有君诸夏亡君之叹哉！《春秋》之义，夷狄进于中国，则中国之。中国而为夷狄，则夷狄之。盖孔子于夷夏之界，不以血统种族及地理与其他条件为准，而以行为为准。其生在二千数百年以前，恍若豫知数千年后有希特勒、东条英机等败类将持其民族优越论以祸天下而豫为之防者，此等见解何等卓越！此等智慧何等深远！《中华人民共和国宪法》有"反对大民族主义"之语，乃真能体现孔子此种伟大之精神者也。而释《论语》者，乃或谓夷狄虽有君，不如诸夏之亡君，以褊狭之见，读孔子之书，谬矣。

季氏旅于泰山，子谓冉有曰："女弗能救与？"对曰："不能。"子曰："呜呼：曾谓泰山不如林放乎？"

《礼记·王制》篇曰：天子祭天下名山大川，五岳视三公，四渎视诸侯。诸侯祭名山大川之在其地者。郑注云：鲁人祭泰山，晋人祭河是也

《礼记·曲礼》篇曰：大夫祭五祀，岁遍。注：五祀，户、灶、中溜、门、行也。

又《祭法》篇曰：大夫立三祀。

子曰："君子无所争。

《卫灵公》篇曰：子曰：君子矜而不争。

《荀子·尧问》篇曰：君子力如牛，不与牛争力；走如马，不与马争走；知如士，不与士争知。

必也射乎！揖让而升，下而饮，其争也君子。"

《仪礼·大射仪》曰：司射命设丰，司宫士奉丰，坐设于两楹西。胜者之弟子洗觯，升酌散，南面坐，奠于丰上。司射命三耦及众射者。胜者皆袒决遂，执张弓。不胜者皆袭，说决拾，却左手，右加弛弓于其上，遂以执柎一耦出，揖如升射。及阶，胜者先升，升堂少右。不胜者进，北面坐取丰上之觯。兴。少退。立。卒觯。进。坐奠于丰下。兴。揖。不胜者先降，与升饮者相左，交于阶前，相揖。适次，释弓，袭，反位。仆人师继酌射爵，取觯实之，反奠于丰上。升饮者如初。三耦卒饮，<small>此三耦二番射后揖让之事</small>。司射犹挟一个以作射，如初一耦揖升如初，司射请以乐于公，公许，司射命曰：不鼓不释，三耦卒射如初。司射命设丰实觯如初。遂命胜者执张弓，不胜者执弛弓。升饮如初。卒，退丰与觯，如初。<small>此三耦第三番射揖让之事</small>。

子夏问曰："'巧笑倩兮，美目盼兮，素以为绚兮。'何谓也？"

《诗·卫风·硕人》曰：巧笑倩兮，美目盼兮。

子曰："绘事后素。"曰："礼后乎？"子曰："起予者商也，始可与言《诗》已矣。"

《韩诗外传·卷三》曰：故学然后知不足；教然后知不究。不足，故自愧而勉；不究，故尽师而熟。由此观之，则教学相长也。子夏问《诗》，学一以知二。孔子曰："起予者商也，始可与言《诗》已矣。"

子曰："夏礼吾能言之，杞不足征也；殷礼吾能言之，宋不足征也。文献不足故也，足则吾能征之矣。"

《礼记·礼运》篇曰：孔子曰：我欲观夏道，是故之杞而不足征也，吾得夏时焉。我欲观殷道，是故之宋而不足征也，吾得坤乾焉。坤乾之义，夏时之等，吾以是观之。

又《中庸》篇曰：子曰：吾说夏礼，杞不足征也。吾学殷礼，有宋存焉。吾学周礼，今用之，吾从周。

树达按：《中庸》云：有宋存焉，与《论语》异者，《中庸》为子思居宋时所作，有所避忌也。本阎若璩说。

子曰："禘自既灌而往者，吾不欲观之矣。"

《礼记·郊特牲》篇曰：周人尚臭，灌用鬯臭，郁合鬯，臭阴达于渊泉。灌以圭璋，用玉器也。既灌然后迎牲，致阴气也。

或问禘之说，子曰："不知也。知其说者之于天下也，其如示诸斯乎！"——指其掌。

《礼记·祭统》篇曰：凡祭有四时：春祭曰礿，夏祭曰禘，秋祭曰尝，冬祭曰烝。礿禘，阳义也；烝尝，阴义也。禘者，阳之盛也；尝者，阴之盛也。故曰莫重于禘尝。古者于禘也，发爵赐服，顺阳义也。于尝也，出田邑，发秋政，顺阴义也。故记曰：尝之日，发公室，示赏也。草艾则墨，未发秋政，则民弗敢草也。故曰：禘尝之义大矣，治国之本也，不可不知也。

又《仲尼燕居》篇曰：子曰：郊社之义，所以仁鬼神也。尝禘之礼，所以仁昭穆也。馈奠之礼，所以仁死丧也。射乡之礼，所以仁乡党也。食飨之礼，所以仁宾客也。子曰：明乎郊社之义，尝禘之礼，治国其如指诸掌而已乎。

又《中庸》篇曰：郊社之礼，所以祀上帝也。宗庙之礼，所以祀乎其先也。明乎郊社之礼？禘尝之义，治国其如示诸掌乎。

又《礼运》篇曰：孔子曰：呜呼哀哉！我观周道，幽厉伤之。吾舍鲁何适矣？鲁之郊禘，非礼也，周公其衰矣。杞之郊也，禹也。宋之郊也，契也。是天子之事守也。

树达按：当时制度，天子郊禘，鲁为诸侯，不合郊禘。孔子答云不知者，不欲显言之也。

"祭如在，祭神如神在。"

《礼记·玉藻》篇曰：凡祭，容貌颜色，如见所祭者。

又《祭义》篇曰：致齐于内，散齐于外。齐之日，思其居处？思其笑语，思其志意，思其所乐，思其所嗜。齐三日，乃见其所为齐者。祭之日，入室，僾然必有见乎其位。周还出户，肃然必有闻乎其容声。出户而听，忾然必有闻乎其叹息之声。

子曰："吾不与祭，如不祭。"

《礼记·礼器》篇曰：孔子曰：我战则克，祭则受福，盖得其道矣。

《春秋繁露·祭义》篇曰：孔子曰：吾不与祭，祭神如神在，重祭事如事生。故圣人于鬼神也，畏之而不敢欺也，信之而不独任，事之而不专恃。

王孙贾问曰："与其媚于奥，宁媚于灶，何谓也？"子曰："不然，获罪于天，无所祷也。"

《春秋繁露·郊语》篇曰：天者，百神之大君也。事天不备，虽百神犹无益也。何以言其然也？不祭天而祭地神者，《春秋》讥之。孔子曰："获罪于天，无所祷也"，是其法也。

子曰："周监于二代，郁郁乎文哉！吾从周。"

《礼记·檀弓上》篇曰：有虞氏瓦棺，夏后氏堲周，殷人棺椁，周人墙置翣。周人以殷人之棺椁葬长殇，以夏后氏之堲周葬中殇下殇，以有虞氏之瓦棺葬无服之殇。

又《檀弓上》篇曰：仲宪言于曾子曰：夏后氏用明器，示民无知也。殷人用祭器，示民有知也。周人兼用之，示民疑也。

又《檀弓下》篇曰：殷既封而吊，周反哭而吊。孔子曰：殷已悫，吾从周。

又《坊记》篇曰：殷人吊于圹，周人吊于家，示民不偕也。子云：死，民之卒事也，吾从周。

《汉书·礼乐志》曰：王者必因前王之礼，顺时施宜，有所损益。即民之心稍稍制作，至大平而大备。周监于二代，礼文尤具，事为之制，曲为之防。故称礼经三百，威仪三千。孔子美之曰："郁郁乎文哉！吾从周。"

《礼记·檀弓下》篇曰：殷练而祔，周卒哭而祔，孔子善殷。

树达按：棺椁之制，周兼用夏殷周三代之礼。明器之制，周兼用夏殷二代之礼。此因而文者也。反哭之礼，殷人已悫，周改其制，此革而文者也。又按：从周其大较，孔子又未尝不善殷。

盖择善而从，无所固执也。

子入太庙，每事问。或曰："孰谓鄹人之子知礼乎？入太庙，每事问。"子闻之，曰："是礼也。"

《春秋繁露·郊事对》篇曰：孔子入太庙，每事问，慎之至也。

子曰："射不主皮，为力不同科，古之道也。"

《仪礼·乡射礼》曰：礼射不主皮。主皮之射者，胜者又射，不胜者降。

子贡欲去告朔之饩羊。子曰："赐也，尔爱其羊，我爱其礼。"

《白虎通·宗庙》篇曰：诸侯以月旦告朔于庙，何？缘生以事死。故国君月朔朝宗庙，存神爱政也。

《春秋·文公十六年》曰：夏五月，公四不视朔。《公羊传》曰：公曷为四不视朔？公有疾也。何言乎公有疾不视朔？自是公无疾不视朔也。然则曷为不言公无疾不视朔？有疾犹可言也，无疾不可言也。

《谷梁传》曰：天子告朔于诸侯，诸侯受乎祢庙，礼也。公四不视朔，公不臣也，以公为厌政以甚矣。

《蔡邕集·月令篇名》曰：古者诸侯朝正于天子，受月令以归而藏诸庙中。天子藏之于明堂，每月告朔朝庙，出而行之。周室既衰，诸侯怠于礼。鲁文公废告朔而朝，仲尼讥之。《经》曰："闰月不告朔，犹朝于庙。"自是告朔遂废，而徒用其羊。子贡非废其令而请去之。仲尼曰："赐也，尔爱其羊，我爱其礼。"庶明王复兴，君人者昭而明之，稽而用之耳。

子曰:"事君尽礼,人以为谄也。"

《说苑·敬慎》篇曰:孔子论《诗》至于《正月》之六章,慢然曰:不逢时之君子,岂不殆哉!从上依世则废道;违上离俗则危身;世不与善,己独由之,则曰非妖则孽也。

定公问:"君使臣,臣事君,如之何?"孔子对曰:"君使臣以礼。"

《晏子春秋·杂上》篇曰:晏子侍于景公,朝寒。公曰:"请进暖食。"晏子对曰:"婴,非君奉馈之臣也,敢辞。"公曰:"请进服裘。"对曰:"婴,非君茵席之臣也,敢辞。"公曰:"然。夫子于寡人何为者也?"对曰:"婴,社稷之臣也。"公曰:"何谓社稷之臣?"对曰:"夫社稷之臣,能立社稷;辨上下之义,使当其理;制百官之序,使得其宜;作为辞令,可分布于四方。"自是之后,君不以礼不见晏子。《说苑·臣术》篇大同。

《新序·杂事一》篇曰:赵简子上羊肠之坂,群臣皆偏袒推车;而虎会独担戟行歌,不推车。简子曰:"寡人上坂,群臣皆推车,会独担戟行歌不推车,是会为人臣侮其主。为人臣侮其主,其罪何若?"虎会对曰:"为人臣侮其主者,死而又死。"简子曰:"何谓死而又死?"虎会曰:"身死,妻子又死,是谓死而又死。君既已闻为人臣而侮其主者之罪矣,君亦闻为人君而侮其臣者乎?"简子曰:"为人君而侮其臣者何若?"虎会对曰:"为人君而侮其臣者,智者不为谋;辩者不为使;勇者不为斗。智者不为谋,则社稷危;辩者不为使,则使不通;勇者不为斗,则边侵。"简子曰:"善。"乃罢群臣不推车。为士大夫置酒,举群臣饮,以虎会为上客。

《魏志·明帝传》注引《魏略》曰:董寻上书谏明帝曰:建安以来,野战死亡,或门殚户尽,虽有存者,遗孤老弱。若今宫室狭小,当广大之,犹宜随时,不防农务。况乃作无益之物,黄龙凤凰,九龙承露盘,土山渊池,此皆圣明之所不兴也。今陛下既尊群臣,显以冠冕,被以文绣,载以华舆,所以异于小人。而使穿方举土,面目垢黑,沾体涂足,衣冠了鸟,毁国之光以崇无益,甚非谓也。孔子曰:"君使臣以礼,臣事君以忠。"无忠无礼,国何以立?

臣事君以忠。"

《春秋·襄公五年》曰:十有二月辛未,季孙行父卒。左氏《传》曰:季文子卒,大夫入敛,公在位,宰庀家器,为葬备,无衣帛之妾,无食粟之马,无藏金玉,无重器备,君子是以知季文子之忠于公室也。相三君矣,而无私积,可不谓忠乎?

《晏子春秋·谏下》篇曰:晏子使于鲁,比其反也,景公使国人起大台之役,岁寒不已,冻馁死者乡有焉。国人望晏子,晏子至,已复事,公乃坐,饮酒,乐。晏子曰:"君若赐臣,臣请歌之。"歌曰:"庶民之言曰,冻水洗我,若之何?太上靡散我,若之何?"歌终,喟然叹而流涕。公就止之,曰:"夫子曷为至此?殆为大台之役夫!寡人将速罢之。"晏子再拜,出而不言,遂如大台,执朴鞭其不务者,曰:"吾,细人也,皆有盖庐以辟燥湿。君为一台而不速成,何为?"国人皆曰:"晏子助天为虐。"晏子归,未至而君出令,趣罢役,车驰而人趣。仲尼闻之,喟然叹曰:"古之善为人臣者,声名归之君,祸灾归之身,入则切磋其君之不善,出则高誉其君之德义。是以虽事惰君,能使垂衣裳,朝诸侯,不敢伐其功。当此道者,其晏子是耶!"

《荀子·臣道》篇曰:有大忠者,有次忠者,有下忠者,有国贼者。以德覆君而化之,大忠也;以德调君而辅之,次忠也;以是谏非而怒之,下忠也;不恤君之荣辱,不恤国之臧否,偷合苟容,以之持禄养交而已耳,国贼也。若周公之于成王也,可谓大忠也。若管仲之于桓公,可谓次忠矣。若子胥之于夫差,可谓下忠矣。若曹触龙之于纣者,可谓国贼矣。

子曰:"《关雎》,乐而不淫,哀而不伤。"

《毛诗序》曰:是以《关雎》乐得淑女以配君子,忧在进贤,不淫其色,哀窈窕,思贤才,而无伤善之心焉。是《关雎》之义也。

《荀子·大略》篇曰:《国风》之好色也,传曰:盈其欲而不愆其止,其诚可比于金石,其声可内于宗庙。杨注云:好色谓《关雎》乐得淑女也。

哀公问社于宰我，宰我对曰："夏后氏以松，殷人以柏，周人以栗，曰：使民战栗。"子闻之曰："成事不说，遂事不谏，既往不咎。"

《周礼·大司徒》曰：设其社稷之壝而树之田主，各以其野之所宜木。

《淮南子·齐俗》篇曰：有虞氏之祀，其社用土。夏后氏，其社用松。殷人之礼，其社用石。周人之礼，其社用栗。

《白虎通·社稷》篇曰：社稷所以有树，何？尊而识之，使民望见即敬之，又所以表功也。故《周官》曰：司徒班社而树之，各以土地所宜。《尚书·逸》篇曰：大社唯松，东社唯柏，南社唯梓，西社唯栗，北社唯槐。

又《宗庙》篇曰：《论语》云：哀公问主于宰我，宰我对曰：夏后氏以松，松者，所以自辣动。殷人以柏，柏者，所以自迫促。周人以栗，栗者，所以自战栗。

子曰："管仲之器小哉！"

《孟子·公孙丑上》篇曰：公孙丑问曰："夫子当路于齐，管仲晏子之功可复许乎？"孟子曰："子诚齐人也！知管仲晏子而已矣。或问乎曾西曰：'吾子与管仲孰贤？'曾西艴然不悦，曰：'尔何曾比予于管仲！管仲得君如彼其专也，行乎国政如彼其久也，功烈如彼其卑也，尔何曾比予于是。'曰：管仲，曾西之所不为也，而子为我愿之乎？"

《荀子·王制》篇曰：管仲，为政者也，未及修礼也。

又《大略》篇曰：管仲之为人，力功不力义，力知不力仁，野人也，不可以为天子大夫。

《春秋繁露·精华》篇曰：齐桓挟贤相之能，用大国之资，即位五年，不能致一诸侯。于柯之盟见其大信，一年而近国之君毕至，鄄幽之会是也。其后二十年之间，亦久矣，尚未能大合诸侯也，至于救邢卫之事；见存亡继绝之义，而明年远国之君毕至，贯泽阳谷之会是也。故曰：亲近者不以言，召远者不以使，此其效也。其后矜功，振而自足，而不修德，故楚人灭弦而志弗忧，江黄伐陈而不往救，损人之国而执其大夫，不救陈之患而责陈不纳，不复安郑而必欲迫之以兵，功未良成而志已满矣。故曰："管仲之器小哉。"此之谓也。自是日衰，九国叛矣。

《新序·杂事四》篇曰：有司请吏于齐桓公，桓公曰："以告仲父。"有司又请，桓公曰："以告仲父。"若是者三。在侧者曰："一则告仲父，二则告仲父，易哉为君！"桓公曰："吾未得仲父则难，已得仲父，曷为其不易也？"故王者劳于求人，佚于得贤。舜举众贤在位，垂衣裳恭己无为而天下治。汤文用伊吕，成王用周召而刑措不用，兵偃而不动，用众贤也。桓公用管仲，则小也，故至于霸而不能以王。故孔子曰："小哉管仲之器！"盖善其遇桓公，惜其不能以王也。

《法言·先知》篇曰：或曰："齐得夷吾而霸，仲尼曰小器，请问大器？"曰："大器其犹规矩准绳乎！先自治而后治人之谓大器。"

或曰："管仲俭乎？"曰："管氏有三归，官事不摄，焉得俭？"

《韩非子·外储说左下》篇曰：管仲相齐，曰："臣贵矣，然而臣贫。"桓公曰："使子有三归之家。"曰："臣富矣，然而臣卑。"桓公使立于高国之上。曰："臣尊矣，然而臣疏。"乃立为仲父。孔子闻而非之，曰："泰侈逼上。"一曰：管仲出，朱盖青衣，置鼓而归，庭有陈鼎，家有三归。孔子曰：良大夫也，其侈逼上。

"然则管仲知礼乎？"曰："邦君树塞门，管氏亦树塞门。邦君为两君之好，有反坫，管氏亦有反坫。管氏而知礼，孰不知礼？"

《礼记·杂记下》篇曰：孔子曰：管仲镂簋而朱纮，旅树而反坫，山节而藻棁，贤大夫也，而难为上也。

又《郊特牲》篇曰：台门而旅树，反坫，绣黼丹朱中衣，大夫之僭礼也。

子语鲁大师乐曰："乐其可知也，始作，翕如也；从之，纯如也；皦如也，绎如也。以成。"

仪封人请见，曰："君子之至于斯也，吾未尝不得见也。"从者见之。出曰："二三子何患于丧乎？天下之无道久矣，天将以夫子为木铎。"

子谓《韶》尽美矣，又尽善也。谓《武》尽美矣，未尽善也。

《述而》篇曰：子在齐闻《韶》，三月不知肉味。曰：不图为乐之至于斯也！

《卫灵公》篇曰：颜渊问为邦，子曰：行夏之时，乘殷之辂，服周之冕，乐则《韶》舞。

《白虎通·礼乐》篇曰：合曰大武者，天下始乐周之征伐行武。故诗人歌之曰："王赫斯怒，爰整其旅。"当此之时，乐文王之怒以定天下，故乐其武也。

《左传·襄公二十九年》曰：吴公子札来聘，请观于周乐。见舞《大武》者，武王乐。曰："美哉！周之盛也，其若此乎！"见舞《韶濩》者，《韶濩》，殷汤乐。曰："圣人之弘也，而犹有惭德，圣人之难也！"杜《注》云：惭于始伐。见舞《韶箾》者，舜乐。曰："德至矣哉！大矣！如天之无不帱也！如地之无不载也！虽甚盛德，其蔑以加于此矣。"

《泰伯》篇曰：三分天下有其二，以服事殷。周之德，其可谓至德也已矣。

《礼记·礼运》篇曰：孔子曰：大道之行也，与三代之英，丘未之逮也，而有志焉。大道之行也，天下为公，选贤与能，与假为举讲信修睦。故人不独亲其亲，不独子其子。使老有所终，壮有所用，幼有所长，矜寡孤独废疾者皆有所养，男有分，女有归。货恶其弃于地也，不必藏于己；力恶其不出于身也，不必为己。是故谋闭而不兴，盗窃乱贼而不作，故外户而不闭，是谓大同。今大道既隐，天下为家。各亲其亲，各子其子。货力为己，大人世及以为礼，城郭沟池以为固，礼义以为纪。以正君臣，以笃父子，以睦兄弟，以和夫妇，以设制度，以立田里，以贤勇知，以功为己。故谋用是作而兵由此起。禹汤文武成王周公，由此其选也。此六君子者，未有不谨于礼者也。以著其义，以考其信。著有过，刑仁讲让，示民有常。如有不由此者，在执者去，众以为殃，是谓小康。

《春秋·隐公三年》曰：夏四月辛卯，尹氏卒。《公羊传》曰：尹氏者，何？天子之大夫也。其称尹氏，何？贬。曷为贬？讥世卿。世卿，非礼也。何注云：世卿者，父死子继也。礼：公卿大夫士皆选贤而用之。卿大夫任重职大，不当世，君子疾其末则正其本。

　　树达按：任重职大，有过于天子诸侯者乎？卿不当世，而谓君当世乎？卿当选贤，而谓君不当选贤乎？孔子讥世卿，实讥世君也。此《春秋》之微言也。又吾先民论政尚揖让，而征诛为不得已。文王三分天下有其二，以服事殷、孔子称其至德，善其不用武力也。《论语》称至德者二事，一赞泰伯，一赞文王，皆贵其以天下让也。吴季札观汤乐而曰有惭德，亦以其用武力也。汤有惭德，武王从可知矣。贵揖让，故非世及。《礼运》以天下为公选贤与能为大同，以大人世及谋作兵起为小康。于《春秋》则讥世卿以见非世君之意，皆其义之显白无疑者也。声音之道与政通，乐者政之发于声音者也，古人闻其乐而知其政。舜揖让传贤为大同之治，武王征诛世及为小康。故孔子称《韶》乐为尽美尽善，《武》尽美而未尽善也。孔云武未尽善，犹季札之言《濩》有惭德也。小康始于禹者，以其传子，创世及之制，违反选贤与能之道也。

子曰："居上不宽。

《阳货》篇曰：宽则得众。又见《尧曰》篇。

《大戴礼记·子张官人》篇曰：水至清则无鱼，人至察则无徒。冕而前旒，所以蔽明；黈纩充耳，所以塞聪。明有所不见，听有所不闻，举大德，赦小过，无求备于一人之义也。

《春秋繁露·仁义法》篇曰：君子攻其恶，不攻人之恶，非仁之宽与？自攻其恶，非义之全与？此之谓仁造人，义造我。是故以自治之节治人，是居上不宽也？居上不宽，则伤厚而民弗亲。

《说苑·君道》篇曰：齐宣王谓尹文曰："人君之事何如？"尹文对曰："人君之事，无为而能容下。夫事寡易从，法省易因，故民不以政获罪也。大道容众，大德容下，圣人寡为而天下理矣。《书》曰：'睿作圣。'诗人曰：'岐有夷之行，子孙其保之。'"宣王曰："善。"

《吕氏春秋·贵公》篇曰：管仲有病，桓公往问之，曰："仲父之病病矣，弗讳，寡人将谁属国？"对曰："公谁欲相？"公曰："鲍叔牙其可乎？"对曰："不可。夷吾善鲍叔牙。鲍叔牙之为人也，清廉洁直，视不己若者不比于人，一闻人之过，终身不忘。勿已，则隰朋其可乎。隰朋之为人也，上志而下求，丑不若黄帝而哀不己若者。其于国也，有不闻也，其于物也，有不知也，其于人也，有不见也。勿已乎，则隰朋可也。"夫相，大官也。处大官者不欲小察，不欲小智。故曰："大匠不斫，大庖不豆，大勇不斗，大兵不寇。"

《后汉书·朱浮传》曰：旧制：州牧奏二千石长吏不任位者事皆先下三公，三公遣掾史案验，然后黜退。帝时用明察，不复委任三府，而权归刺举之吏。浮上疏曰：陛下疾往者上威不行，下专国命。即位以来，不用旧典，信刺举之官，黜鼎辅之任。至于有所劾奏，便加退免。覆案不关三府，罪谴不蒙澄察。陛下以使者为腹心，而使者以从事为耳目。是为尚书之平，决于百石之史。故群下苛刻，各自为能。兼以私情，容长憎爱。有罪者心不厌服，无咎者坐被空文。不可经盛衰，贻后王也。论曰：吴起与田文论功，文不及者三。朱买臣难公孙弘十策，弘不得其一。终之田文相魏，公孙宰汉。诚知宰相自有体也。故曾子曰："君子所贵乎道者三，笾豆之事，则有司存。"而光武明帝躬好吏事，亦以课核三公，至有诛斥诘辱之累。朱浮议讽苛察欲速之弊然矣，焉得长者之言哉！

为礼不敬，

《左传·僖公十一年》曰：天王使召武公内史过赐晋侯命，受玉惰。过归，告王曰："晋侯其无后乎。王赐之命而惰于受瑞，先自弃也已，其何继之有？礼，国之干也；敬，礼之舆也。不敬则礼不行，礼不行则上下昏，何以长世？"

又《宣公十五年》曰：晋侯使赵同献狄俘于周，不敬。刘康公曰：不及十年，原叔必有大咎，天夺之魄矣。原叔为赵同字。

又《成公四年》曰：夏，公如晋。晋侯见公，不敬。季文子曰："晋侯必不免。诗曰：'敬之敬之，天惟显思，命不易哉。'夫晋侯之命在诸侯矣，可不敬乎？"

又《成公十三年》曰：春，晋侯使郤锜来乞师，将事，不敬。孟献子曰："郤氏其亡乎，礼，身之干也；敬，身之基也。郤子无基。且先君之嗣卿也。受命以求师，将社稷是卫，而惰，弃君命也。不亡何为？"

又曰：公及诸侯朝王，遂从刘康公成肃公会晋侯伐秦。成子受脤于社，不敬。刘子曰："吾闻之：民受天地之中以生，所谓命也。是以有动作礼义威仪之则，以定命也。能者养以之福，不能者败以取祸。是故君子勤礼，小人尽力。勤礼莫如致敬，尽力莫如敦笃。敬在养神，笃在守业。国之大事，在祀与戎。祀有执膰，戎有受脤，国之大节也。今成子惰，弃其命矣，其不反乎！"

又《襄公十年》曰：三月癸丑，齐高厚相大子光以先会诸侯于钟离，不敬。士庄子曰："高子相太子以会诸侯，将社稷是卫，而皆不敬，弃社稷也，其将不免乎！"

又《襄公二十一年》曰：会于商任，锢栾氏也。齐侯卫侯不敬。叔向曰："二君者必不免。会朝，礼之经也。礼，政之舆也。政，身之守也。怠礼失政，失政不立，是以乱也。"

又《襄公二十八年》曰：蔡侯归自晋，入于郑。郑伯享之，不敬。子产曰："蔡侯其不免乎！日其过此也，君使子展迋劳于东门之外而傲，吾曰犹将更之。今还，受享而惰，乃其心也。君小国，事大国，而惰傲以为己心，将得死乎？若不免，必由其子。其为君也，淫而不父。侨闻之，如是者恒有子祸。"

又《襄公二十八年》曰：为宋之盟故，公及宋公陈侯郑伯许男如楚。公过郑，郑伯不在，伯有迋劳于黄崖，不敬。穆叔曰："伯有无戾于郑，郑必有大咎。敬，民之主也，而弃之，何以承守？郑人不讨，必受其辜。济泽之阿，行潦之苹藻，寘诸宗室，季兰尸之，敬也。敬可弃乎？"

《国语·周语上》曰：襄王使太宰文公及内史兴赐晋文公命。上卿逆于境，晋侯郊劳。馆诸宗庙，馈九牢，设庭燎。及期，命于武官，设桑主，布几筵。大宰莅之，晋侯端委而入。大宰以王命命冕服，内史赞之，三命而后即冕服。既毕，宾飨赠饯如公命侯伯之礼，而加之以晏好。内史兴归，以告王。曰："晋不可不善也，其君必霸。逆王命敬，奉礼义成。敬王命，顺之道也；成礼义，德之则也。则德以导诸侯，诸侯必归之。且礼，所以观忠信仁义也；忠，所以行也；信，所以守也；义，所以节也。忠分则均，仁行则报，信守则固，义节则度。分均无怨，行报无匮，守固不偷，节度不携。若民不怨而财不匮，令不偷而动不携，其何事不济？中能应外，忠也；施三服义，仁也；守节不淫，信也；行礼不疚，义也。臣入晋境，四者不失。臣故曰：晋侯其能礼矣。王其善之，树于有礼，艾人必丰。"王从之，使于晋者道相逮也。及惠后之难，王出在郑，晋侯纳之。襄王十六年，立晋文公。二十一年，以诸侯朝王于衡雍，且献楚捷，遂为践土之盟。于是乎始霸也。

《左传·昭公三年》曰：四月，郑伯如晋，公孙段相，甚敬而卑，礼无违者。晋侯嘉焉，授之以策曰："子丰有劳于晋国，余闻而弗忘，赐女州田，以胙乃旧勋。"伯石再拜稽首受策以出。君子曰："礼其人之急也乎！伯石之汰也，一为礼于晋，犹荷其禄，况以礼终始乎？"

临丧不哀，

《礼记·曲礼上》篇曰：临丧则必有哀色。

又曰：临丧不笑。

《左传·成公十五年》曰：冬十月，卫定公卒。夫人姜氏既哭而息，见太子之不哀也，不内酳饮，叹曰："是夫也，将不唯卫国之败，其必始于未亡人。呜呼！天祸卫国也夫！"

又《襄公十九年》曰：卫石共子卒，悼子不哀。孔成子曰："是谓蹶其本，必不有其宗。"

又《襄公三十一年》曰："孟孝伯卒，立敬归之娣齐归之子公子裯，穆叔不欲，曰：'非适嗣，何必娣之子！且是人也，居丧而不哀，在戚而有嘉容，是谓不度。不度之人鲜不为患。若果立之，必为季氏忧。'"武子不听，卒立之。比及葬，三易衰，衰袵如故衰。于是昭公十九年矣，犹有童心。君子是以知其不能终也。

又《昭公十一年》曰：九月，葬齐归，公不戚。叔向曰："鲁公室其卑乎。君有大丧，国不废搜。有三年之丧，而无一日之戚。国不恤丧，不忌君也；君无戚容，不显亲也。国不忌君，君无顾亲，能无卑乎？殆其失国。"

又《昭公十四年》曰：八月，莒著丘公卒，郊公不戚。国人弗顺，欲立著丘公之弟庚舆。冬十二月，蒲余侯杀公子意恢，郊公奔齐。公子铎逆庚舆于齐。

吾何以观之哉？"

《大戴礼·曾子立事》篇曰：临事而不敬，居丧而不哀，祭祀而不畏，朝廷而不恭，则吾无由知之矣。

论语疏证卷第四

里仁篇第四

子曰:"里仁为美。择不处仁,焉得知?"

《孟子·公孙丑上》篇曰:孟子曰:矢人岂不仁于函人哉?矢人惟恐不伤人,函人惟恐伤人。巫匠亦然。故术不可不慎也。孔子曰:"里仁为美。择不处仁,焉得智?"夫仁,天之夺爵也,人之安宅也。莫之御而不仁,是不智也。不仁不智,无礼无义,人役也。人役而耻为役,由弓人而耻为弓,矢人而耻为矢也。如耻之,莫如为仁。仁者如射,射者正己而后发,发而不中,不怨胜己者,反求诸己而已矣。

《荀子·大略》篇曰:仁有里,义有门。仁非其里而处之,非礼也;义非其门而由之,非义也。

树达按:仁非其里,义非其门,谓仁不在其里,义不在其门也。

又《劝学》篇曰:蓬生麻中,不扶而直;白沙在涅,与之俱黑。兰槐之根是为芷,其渐之滫,君子不近,庶人不服。其质非不美也,所渐者然也。故君子居必择乡，游必就士，所以防邪僻而近中正也。

《列女传·母仪》篇曰：邹孟轲之母号孟母，其舍近墓。孟子之少也，嬉游为墓闲之事，踊跃筑埋。孟母曰：此非吾所以居处子也。乃去舍市傍，其嬉戏为贾人衒卖之事。孟母又曰：此非吾所以居处子也。复徙舍学宫之傍，其嬉戏乃设俎豆揖让进退。孟母曰：真可以居吾子矣。遂居之。及孟子长，学六艺，卒成大儒之名。君子谓孟母善以渐化。

子曰："不仁者不可以久处约，不可以长处乐。

《卫灵公》篇曰：子曰"君子固穷，小人穷斯滥矣。

《礼记·坊记》篇曰：子云：小人贫斯约，富斯骄；约斯盗，骄斯乱。

《孟子·梁惠王上》篇曰：无恒产而有恒心者，惟士为能。若民，则无恒产，因无恒心。苟无恒心，放辟邪侈，无不为已。

《荀子·不苟》篇曰：君子，小人之反也。君子见由则恭而止；见闭则敬而齐；通则文而明；穷则约而详。小人则不然：见由则兑而倨；见闭则怨而俭；通则骄而偏；穷则弃而儑。

仁者安仁，知者利仁。"

《礼记·表记》篇曰：子曰：仁有三，与仁同功而异情。与仁同功，其仁未可知也；与仁同过，然后其仁可知也。仁者安仁，知者利仁，畏罪者强仁。

又《中庸》篇曰：或安而行之，或利而行之，或勉强而行之，及其成功一也。

《史记·滑稽传集解》引钟繇华歆王朗等对问曰：前志称：仁者安仁，智者利仁，畏罪者强仁。校其仁者，功则无以殊。核其为仁者，则不得不异。安仁者，性善者也。利仁者，力行者也。强仁者，不得已者也。三者相比，则安仁优矣。

《大戴礼记·曾子立事》篇曰：仁者乐道，智者利道。

子曰："唯仁者能好人。能恶人。"

《礼记·大学》篇曰：《秦誓》曰：若有一个臣，断断兮无他技，其心休休焉，其如有容焉。人之有技，若己有之；人之彦圣，其心好之，不啻若自其口出，实能容之，以能保我子孙黎民，尚亦有利哉。人之有技，媢嫉以恶之；人之彦圣，而违之俾不通；实不能容，以不能保我子孙黎民，亦曰殆哉。唯仁人放流之，迸诸四夷，不与同中国。此谓唯仁人为能爱人，能恶人。

《后汉书·孝明八王传》注引《东观汉记》曰：和帝赐彭城王恭诏曰：孔子曰：惟仁者能好人，能恶人，贵仁者所好恶得其中也。

《礼记·缁衣》篇曰：子曰：唯君子能好其正，其恶有方。

《卫灵公》篇曰：子曰：众恶之，必察焉；众好之，必察焉。

《子路》篇曰：子贡问曰："乡人皆好之，何如？"子曰："未可也。""乡人皆恶之，何如？"子曰："未可也。不如乡人之善者好之，其不善者恶之。"

树达按：众之好恶必察，乡人皆好皆恶，孔子皆以为未可者，以众与乡人不皆仁人故也。

子曰："苟志于仁矣，无恶也。"

《春秋繁露·玉英》篇曰：《经》曰："宋督弑其君与夷"，传言庄公冯杀之，不可及于经，何也？避所善也。是故，让者，《春秋》之所善。宣公不与其子而与其弟，其弟亦不与子而反之兄子，虽不中法，皆有让高，不可弃也。故君子为之讳，避其后乱，移之宋督以存善志，此亦《春秋》之义善无遗也。若直书其篡，则宣缪之高灭而善无所见矣。难者曰："为贤者讳，皆言之。为宣缪讳，独弗言，何也？"曰："不成于贤也。其为善不法，不可取，亦不可弃。弃之，则弃善志也。取之，则害王法，故不弃，亦不载，以意见之而已。苟志于仁无恶，此之谓也。"

子曰："富与贵，是人之所欲也，不以其道得之，不处也。贫与贱，是人之所恶也，不以其道得之，不去也。

《论衡·问孔》篇曰：孔子曰：富与贵，是人之所欲也，不以其道得之，不居也。贫与贱，是人之所恶也，不以其道得之，不去也。此言人当由道义得，不当苟取也。当守节安贫，不当妄去也。

《大戴礼记·曾子制言上》篇曰：富以苟，不如贫以誉。

《述而》篇曰：子曰：饭疏食，饮水，曲肱而枕之，乐亦在其中矣。不义而富且贵，于我如浮云。

《说苑·立节》篇曰：孔子见齐景公，景公致廪丘以为养。孔子辞不受，出谓弟子曰："吾闻：君子当功以受禄。今说景公，景公未之行而赐我廪丘，其不知丘亦甚矣，"遂辞而行。

《韩诗外传·卷二》曰：子路曰：士不能勤苦，不能轻死亡，不能恬贫穷，而曰我行义，吾不信也。曾子褐衣缊褚，未尝完也；粝米之食，未尝饱也；义不合则辞上卿。不恬贫穷，焉能行此？《说苑·立节》篇文大同。

《说苑·立节》篇曰：曾子衣弊衣以耕，鲁君使人往致邑焉。曰："请以此修衣。"曾子不受。反，复往，又不受。使者曰："先生非求于人，人则献之，奚为不受？"曾子曰："臣闻之：受人者畏人，予人者骄人。纵子有赐不我骄也，我能勿畏乎？"终不受。孔子闻之，曰："参之言足以全其节也。"

《荀子·大略》篇曰：古之贤人，贱为布衣，贫为匹夫，食则饘粥不足，衣则竖褐不完，然而非礼不进，非义不受，安取此？子夏贫，衣若县鹑。人曰："子何不仕？"曰："诸侯之骄我者，吾不为臣；大夫之骄我者，吾不复见。"

《墨子·耕柱》篇曰：子墨子使管黔敖游高石子于卫，卫君致禄甚厚，设之于卿。高石子三朝，必尽言，而言无行者，去而之齐。见子墨子曰："君以夫子之故，致禄甚厚，设我于卿。石三朝必尽言，而言无行，是以去之也。卫君无乃以石为狂乎？"子墨子曰："去之苟道，受狂何伤？"高石子曰："石去之。"

《后汉书·陈蕃传》曰：灵帝即位，窦太后优诏蕃，封蕃高阳侯。蕃上疏让曰：窃惟割地之封，功德是为。臣孰自思省，前后历职，无它异能，合亦食禄，不合亦食禄。臣虽无素絜之行，窃慕君子不以其道得之不居也。若受爵不让，掩面受之，使皇天震怒，灾流下民，于臣之身，亦何所寄？"窦太后不许。蕃复固让，章前后十上，竟不受封。

君子去仁，恶乎成名？君子无终食之闲违仁，造次必于是，

《荀子·大略》篇曰：君子隘穷而不失，劳倦而不苟，临患难而不忘緅席之言。绸本误作细，兹据郝王校改正。岁不寒无以知松柏，事不难无以知君子。无日不在是。

《后汉书·郭泰传》曰：茅容，字季伟，陈留人也。年四十余，耕于野。时与等辈避雨树下，众皆夷踞相对，容独危坐愈恭。林宗行见之，而奇其异，遂与共言，因请寓宿。旦日，容杀鸡为馔，林宗谓为己设，既而以共其母，自以草蔬与客同饭。林宗起拜之，曰："卿贤乎哉！"因劝令学，卒以成德。

颠沛必于是。"

《礼记·檀弓上》篇曰：曾子寝，疾病，乐正子春坐于床下，曾元曾申坐于足，童子隅坐而执烛。童子曰："华而睆，大夫之箦与？"子春曰："止。"曾子闻之，瞿然曰："呼！"曰："华而睆，大夫之箦与？"曾子曰："然，斯季孙之赐也，我未之能易也。元起易箦！"曾元曰："夫子之病革矣，不可以变。幸而至于旦，请敬易之。"曾子曰："尔之爱我也不如彼。君子之爱人以德，细人之爱人也以姑息。吾何求哉？吾得正而毙焉，斯已矣。"举扶而易之，反席未安而没。

《左传·哀公十五年》曰：子路入，曰："大子焉用孔悝？虽杀之，必或继之。"且曰："大子无勇，若燔台半，必舍孔叔。"大子闻之，惧，下石乞盂黡敌子路，以戈击之，断缨。子路曰："君子死，冠不免。"结缨而死。

《春秋·襄公三十年》曰：五月甲午，宋灾，伯姬卒。秋七月，叔弓如宋，葬宋共姬。《公羊传》曰：外夫人不书葬，此何以书？隐之也。何隐尔？宋灾，伯姬卒焉。其称谥，何？贤也。何贤尔？宋灾，伯姬存焉。有司复曰："火至矣，请出。"伯姬曰："不可，吾闻之也：妇人夜出，不见傅母，下下堂。"傅至矣，母未至也，逮乎火而死。

《春秋·僖公二十二年》曰：冬十有一月己巳朔，宋公及楚人战于泓，宋师败绩。《公羊传》曰：偏战者日尔，此其言朔，何？《春秋》辞繁而不杀者，正也。何正尔？宋公与楚人期战于泓之阳，楚人济泓而来。有司复曰："请迨其未毕济而击之。"宋公曰："不可。吾闻之也；君子不厄人。吾虽丧国之余，寡人不忍行也。"既济，未毕陈，有司复曰："请迨其未毕陈而击之。"宋公曰："不可。吾闻之也；君子不鼓不成列。"已陈，然后襄公鼓之，宋师大败。故君子大其不鼓不成列，临大事而不忘大礼。有君而无臣，以为虽文王之战亦不过此也。又《僖公二十三年》曰：夏五月庚寅，宋公兹父卒。

《谷梁传》曰：兹父之不葬，何也？失民也。其失民何也？以其不教民战，则是弃其师也。为人君而弃其师，其民孰以为君哉？何休《谷梁废疾》曰：所谓教民战者，习之也。《春秋》贵偏战而恶诈战。宋襄公所以败于泓者，守礼偏战也，非不教其民也。孔子曰："君子去仁，恶乎成名？造次必于是，颠沛必于是。"未有守正以败而恶之也。

子曰："我未见好仁者恶不仁者。好仁者，无以尚之。恶不仁者，其为仁矣，不使不仁者加乎其身。有能一日用其力于仁矣乎？我未见力不足者。盖有之矣，我未之见也。"

《礼记·表记》篇曰：子曰：无欲而好仁者，无畏而恶不仁者，天下一人而已矣。郑注云：一人而已，喻少也。

子曰："人之过也，各于其党。观过，斯知仁矣。"

《礼记·表记》篇曰：与仁同过，然后其仁可知也。

《汉书·外戚·孝昭上官后传》曰：子路丧姊，期而不除，孔子非之。子路曰："由不幸寡兄弟，不忍除之。"故曰观过知仁。

《后汉书·吴祐传》曰：啬夫孙性私赋民钱，市衣以进其父。父得而怒，曰："有君如是，何忍欺之？"促归伏罪。性惭惧，诣阁持衣自首。祐屏左右问其故，性具谈父言。祐曰："掾以亲故，受污秽之名，所谓观过斯知仁矣。"使归谢其父，还以衣遗之。

《韩非子·说林上》篇曰：乐羊为魏将而攻中山。其子在中山，中山之君烹其子而遗之羹，乐羊坐于幕下而啜之，尽一杯。文侯谓堵师赞曰："乐羊以我故而食其子之肉。"答曰："其子而食之，且谁不食？"乐羊罢中山，文侯赏其功而疑其心。孟孙猎，得麑，使秦西巴持之归，其母随之而啼，秦西巴弗忍而与之。孟孙适至而求麑，答曰："余弗忍而与其母。"孟孙大怒，逐之。居三月，复召以为其子傅。其御曰："曩将罪之，今召以为子傅。何也？"孟孙曰："夫不忍麑，又且忍吾子乎？"故曰：巧诈不如拙诚。乐羊以有功见疑，秦巴西以有罪益信。《说苑·贵德》篇曰：乐羊以有功而见疑，秦西巴以有罪而益信，由仁与不仁也。

又《外储说左下》篇曰：梁车为邺令，其姊往看之，暮而后至，闭门，因逾郭而入，车遂刖其足。赵成侯以为不慈，夺之玺而免之令。

  树达按：观过知仁者，观其过而知其仁与不仁也。有过而仁者，有过而失之不仁者，故曰：各于其党也。子路、秦西巴、孙性，过而仁者也。乐羊、梁车，过而不仁者也。

子曰："朝闻道，夕死可矣。"

《新序·杂事一》篇曰：楚共王有疾，召令尹曰："常侍筦苏与我处，常忠我以道，正我以善。吾与处，不安也；不见，不思也。虽然，吾有得也。其功不细，必厚爵之。申侯伯与处，常纵恣吾。吾所乐者，劝吾为之；吾所好者，先吾服之。吾与处，欢乐也；不见，戚戚也。虽然，吾终无得也。其过不细，必亟遣之。"令尹曰："诺。"明日，王薨。令尹即拜筦苏为上卿，而逐申侯伯出之境。曾子曰："鸟之将死，其鸣也哀；人之将死，其言也善。"言反其本性，共王之谓也。故孔子曰："朝闻道，夕死可矣。"于以开后嗣，觉来世，犹愈没身不寤者也。

《汉书·夏侯胜传》曰：胜少孤，好学，从始昌受《尚书》及《洪范·五行传》。又从欧阳氏问：为学精孰，所问非一师也。宣帝初即位，欲褒先帝，诏丞相御史曰："孝武皇帝功德茂盛，而庙乐未称，其与列侯二千石博士议。"于是群臣大议廷中，皆曰："宜如诏书。"胜独曰："武帝虽有攘四夷广土斥境之功，然多杀士众，竭民财力，亡德泽于民，不宜为立庙乐，诏书不可用也。"于是丞相义御史大夫广明劾奏："胜非议诏书，毁先帝，不道。"及丞相长史黄霸阿纵胜，不举劾，俱下狱。胜霸既久系，霸欲从胜受经，胜辞以罪死。霸曰："朝闻道，夕死可矣。"胜贤其言，遂授之。系再更冬，讲论不怠。

子曰："士志于道而耻恶衣恶食者，未足与议也。"

《子罕》篇曰：子曰：衣敝缊袍与衣狐貉者立而不耻者，其由也与！

《孟子·告子上》篇曰：《诗》云："既醉以酒，既饱以德，"言饱乎仁义也。所以不愿人之膏粱之味也。令闻广誉施于身，所以不愿人之文绣也。

子曰："君子之于天下也，无适也，无莫也。义之与比。"

《孟子·离娄下》篇曰：孟子曰：大人者，言不必信，行不必果，惟义所在。

《韩诗外传·卷七》曰："孔子曰：昔者周公事文王，行无专制，事无由己。身若不胜衣，言若不出口。有奉持于前，洞洞焉若将失之，可谓子矣。武王崩，成王幼，周公承文武之业，履天子之位，听天子之政，征夷狄之乱，诛管蔡之罪，抱成王而朝诸侯，诛赏制断，无所顾问，威动天地，振恐海内，可谓能武矣。成王壮，周公致政，北面而事之，请然后行，无伐矜之色，可谓臣矣。故一人之身能三变者，所以应时也。

《微子》篇曰：逸民：伯夷、叔齐、虞仲、夷逸、朱张、柳下惠、少连降志辱身矣。言中伦，行中虑，其斯而已矣。谓虞仲夷逸隐居放言，身中清，废中权。我则异于是，无可无不可。

《孟子·公孙丑上》篇曰：非其君不事，非其民不使，治则进，乱则退，伯夷也。何事非君，何使非民，治亦进，乱亦进，伊尹也。可以仕则仕，可以止则止，可以久则久，可以速则速，孔子也。

子曰："君子怀德，小人怀土。"

《宪问》篇曰：子曰：士而怀居，不足以为士矣。

树达按：怀居即怀土也。

《礼记·曲礼上》篇曰：安安而能迁。
《说苑·修文》篇曰：《传》曰：安故重迁者谓之众庶。
《淮南子·修务》篇曰：孔子无黔突。《刘子·惜时》篇曰：仲尼栖栖，突不暇黔。

树达按：怀土者急于迁，所谓安土重迁者是也。安安而能迁，则与怀土怀居者异矣。此孔子劝劳动，戒安惰也。

君子怀刑。小人怀惠。"

《后汉书·李固传》固奏记曰：孔子曰：智者见变思刑，愚者睹怪讳名。

子曰："放于利而行。多怨。"

《国语·周语上》曰：厉王说荣夷公，芮良夫曰："王室其将卑乎！夫荣夷公好专利而不知大难。夫利，百物之所生也，天地之所载也，而或专之，其害多矣。天地百物将皆取焉，胡可专也？所怒甚多，而不备大难，以是教王，王能久乎？夫王人者，将导利而布之上下者也，使神人百物无不得其极，犹日怵惕，惧怨之来也。故《颂》曰：'思文后稷，克配彼天，立我蒸民，莫匪尔极。'《大雅》曰：'陈锡载周。'是不布利而惧难乎？故能载周以至于今。今王学专利，其可乎？匹夫专利，犹谓之盗，王而行之，其归鲜矣。荣公若用，周必败。"既，荣公为卿士，诸侯不享，王流于彘。

又《楚语下》曰：斗且廷见令尹子常，子常与之语，问蓄货聚马。归，以语其弟曰：'楚其亡乎！不然，令尹其不免乎！吾见令尹，令尹问蓄财积实，如饿豺狼焉，殆必亡者也。夫古者聚货不妨民衣食之利，聚马不妨民之财用，国马足以行军，公马足以称富，不是过也。公货足以宾献，家货足以共用，不是过也。夫货马邮则阙于民，民多阙则有离叛之心，将何以封矣？昔斗子文三舍令尹，无一日之积，恤民之故也。成王闻子文之朝不及夕也，于是乎每朝设脯一束，糗一筐，以羞文子，至于今令尹秩之。成王每出子文之禄，必逃，王止而后复。人谓子文曰："人生求富，而子逃之，何也？"对曰："夫从政者，以庇民也。民多旷也，而我取富焉，是勤民以自封，死无日矣。我逃死，非逃富也。"故庄王之世，灭若敖氏，唯子文之后在。至于今，处于郧，为楚良臣，是不先恤民而后己之富乎？今子常，先大夫之后也，而相楚君，无令闻于四方，民之羸馁日已甚矣。四境盈垒，道殣相望，盗贼司目，民无所放。是之不恤，而蓄聚不厌，其速怨于民多矣。积货滋多，蓄怨滋厚，不亡何待？夫民心之愠也，若防大川焉，溃而所犯必大矣。子常其能贤于成灵乎？成不礼于穆，愿食熊蹯，不获而死。灵不顾于民，一国弃之，如遗迹焉。子常为政，而无礼不顾，甚于成灵，其独何力以待之？'期年，乃有柏举之战，子常奔郑，昭王奔随。

《吕氏春秋·无义》篇曰：先王之于论也极之矣。故义者，百事之始也，万利之本也，中智之所不及也。不及则不知，不知则趋利，趋利固不可必也。以义动，则无旷事矣。公孙鞅为秦将而攻魏，魏使公子卬将而当之。公孙鞅之居魏也，固善公子卬。使人谓公子卬曰："凡所游而欲贵者，以公子之故也。今秦令鞅将，岂忍相与战哉？公子言之公子之主，鞅请亦言之主，而皆罢军。"于是将归矣，使人谓公子曰："归未有时相见，原与公子坐而相与别也。"公子曰："诺。"魏吏争之曰："不可。"公子不听，遂相与坐，公孙鞅因伏卒与车骑以取公子卬。秦孝公薨，惠王立，以此疑公孙鞅之行，欲加罪焉。公孙鞅以其私属与母归魏，庇襄不受，曰："以君之反公子卬也，吾无道知君。"赵急求李欵，李言续经与之俱如卫，抵公孙与，公孙与见而与入。续经因告卫吏，使捕之。续经以仕赵五大夫，人莫与同朝，子孙不可以交友。公孙竭与阴君之事，而反告之樗里相国，以仕秦五大夫，功非不大也，然而不得入三都，又况无此功而有其行乎？

树达按：程子曰：欲利于己，必害于人，故多怨。树达谓：怨者不惟受其害者而已也。他人之见而知其事者，人人有是非之心，不可掩也。即蒙其利者，亦人人有是非之心，不可欺也。公孙鞅之欺公子卬，为秦也，而秦惠王以此疑鞅，秦惠王非公子卬之党也，顾乃其敌也。续经之欺李歆，不肯与续经同朝，不肯交续经之子孙者，非李歆之人也。

此之谓多怨。

子曰："能以礼让为国乎？何有？

《礼记·经解》篇曰：礼之于正国也，犹衡之于轻重也；绳墨之于曲直也；规矩之于方圆也。故衡诚县，不可欺以轻重；绳墨诚陈，不可欺以曲直；规矩诚设，不可欺以方圆；君子审礼，不可诬以奸诈。是故隆礼由礼，谓之有方之士；不隆礼，不由礼，谓之无方之民：敬让之道也。故以奉宗庙，则敬；以入朝廷，则贵贱有位；以处室家，则父子亲，兄弟和；以处乡里，则长幼有序。孔子曰："安上治民，莫善于礼。"此之谓也。

又《仲尼燕居》篇曰：子曰：礼者何也？即事之治也。君子有其事必有其治。治国而无礼，譬犹瞽之无相与！伥伥乎其何之？譬如终夜有求于幽室之中，非烛何见？若无礼，则手足无所措，耳目无所加，进退揖让无所制。是故以之居处，长幼失其别；闺门三族失其和；朝廷官爵失其序；田猎戎事失其策；军旅武功失其制；宫室失其度；量鼎失其象；味失其时；乐失其节；车失其式；鬼神失其飨；丧失其哀；辨说失其党；官失其体；政事失其施；加于身而错于前，凡众之动失其宜。如此则无以祖洽于众也。

又《曲礼上》篇曰：夫礼者，所以定亲疏，决嫌疑，别同异，明是非也。道德仁义，非礼不成；教训正俗，非礼不修；分争辨讼，非礼不决；君臣上下父子兄弟，非礼不定；宦学事师，非礼不亲；班朝治军，莅官行法，非礼威严不行；祷祠祭祀，供给鬼神，非礼不诚不庄。是以君子恭敬撙节退让以明礼。

《荀子·强国》篇曰：彼国者亦有砥砺，礼义节奏是也。故人之命在天，国之命在礼。人君者隆礼尊贤而王；重法爱民而霸；好利多诈而危；权谋倾覆幽险而亡。

《左传·昭公二十六年》曰：齐侯与晏子坐于路寝。公叹曰："美哉室，其谁有此乎？"晏子曰："敢问何谓也？"公曰："吾以为在德。"对曰："如君之言，其陈氏乎！"公曰："是可若何？"对曰："唯礼可以已之。在礼，家施不及国，民不迁，农不移，工贾不变，士不滥，官不滔，大夫不将公利。"公曰："善哉！我不能矣，吾今而后知礼之可以为国也。"对曰："礼之可以为国也久矣，与天地并。君令，臣共，父慈，子孝，兄爱，弟敬，夫和，妻柔，姑慈，妇听，礼也。君令而不违，臣共而不贰；父慈而教，子孝而箴；兄爱而友，弟敬而顺；夫和而义，妻柔而正；姑慈而从，妇听而婉：礼之善物也。"公曰："善哉！寡人今而后闻此礼之上也。"对曰："先王所禀于天地，以为其民也。是以先王上之。"《晏子春秋·外篇》大同。

又《襄公十三年》曰：晋侯蒐于绵上以治兵，使士匄将中军，辞曰："伯游长，昔臣习于知伯，是以佐之，非能贤也，请从伯游。"荀偃将中军，士匄佐之。使韩起将上军，辞以赵武。又使栾黡，辞曰："臣不如韩起。韩起愿上赵武，君其听之！"使赵武将上军，韩起佐之。栾黡将下军，魏绛佐之。新军无帅，晋侯难其人，使其什吏率其卒乘官属以从于下军，礼也。晋国之民，是以大和，诸侯遂睦。君子曰："让，礼之主也。范宣子让，其下皆让，栾黡为汰，弗敢违也。晋国以平，数世赖之，刑善也夫。一人刑善，百姓休和，可不务乎？《书》曰：'一人有庆，兆民赖之，其宁惟永。'其是之谓乎。周之兴也，其《诗》曰：'仪刑文王，万邦作孚'，言行善也。及其衰也，其《诗》曰：'大夫不均，我从事独贤'，言不让也。世之治也，君子尚能而让其下；小人农力以事其上：是以上下有礼而谗慝黜远，由不争也，谓之懿德。及其乱也，君子称其功以加小人；小人伐其技以冯君子；是以上下无礼，乱虐并生，由争善也，谓之昏德。国家之敝，恒必由之。"

《说苑·君道》篇曰：虞人与芮人质其成于文王。入文王之境，则见其人民之让为士大夫；入其国，则见其士大夫让为公卿。二国者相谓曰：其人民让为士大夫，其士大夫让为公卿，然则此其君亦让以天下而不居矣。二国者未见文王之身，而让其所争以为闲田而反。孔子曰："大哉！文王之道乎，其不可加矣。不动而变，无为而成，敬慎恭己而虞芮自平。"故《书》曰："惟文王之敬忌。"此之谓也。

不能以礼让为国，如礼何？"

《礼记·礼运》篇曰：故治国不以礼，犹无耜而耕也。

《荀子·大略》篇曰：礼者，政之輓也。为政不以礼，政不行矣。

《晏子春秋·外篇》曰：上若无礼，无以使其下；下若无礼，无以事其上。人之所贵于禽兽者，以有礼也。人君无礼，无以临其邦；大夫无礼，官吏不恭；父子无礼，其家必凶；兄弟无礼，不能久同。《诗》曰："人而无礼，胡不遄死？"故礼不可去也。

《说苑·修文》篇曰：齐景公登射，晏子修礼而待。公曰："选射之礼，寡人厌之矣。吾欲得天下勇士与之图国。"晏子对曰："君子无礼，是庶人也；庶人无礼，是禽兽也。夫臣勇多则弑其君；子力多则弑其长。然而不敢者，惟礼之谓也。礼者，所以御民也。辔者，所以御马也。无礼而能治国家者，婴未之闻也。"景公曰："善"，乃饬射，更席，以为上客，终日问礼。

子曰："不患无位，患所以立。

《庄子·让王》篇曰：孔子曰：行修于内者无位而不怍。

《后汉书·崔骃传》骃献书诫窦宪曰：《传》曰："生而富者骄；生而贵者傲。"生富贵而能不骄傲者，未之有也。今宠禄初隆，百僚观行。当尧舜之盛世，处光华之显时，岂可不庶几夙夜以永众誉，弘申伯之美，致周召之事乎？《语》曰："不患无位，患所以立。"

《三国志·魏志·文帝传》注引《献帝传》曰：魏王令曰：世之所不足者，道义也；所有余者，苟安也。常人之性，贱所不足，贵所有余。故曰："不患无位，患所以立。"

不患莫己知，求为可知也。"

《宪问》篇曰：不患人之不己知，患其不能也。

《卫灵公》篇曰：君子病无能焉，不病人之不己知也。

《荀子·非十二子》篇曰：君子能为可贵，不能使人必贵己；能为可信，不能使人必信己；能为可用，不能使人必用己。故君子耻不修，不耻见污；耻不信，不耻不见信；耻不能，不耻不见用。是以不诱于誉，不恐于诽，率道而行，端然正己，不为物倾侧，夫是之谓诚君子。

《淮南子·缪称》篇曰：恨与急同。于不己知者，不自知也。诚中之人，乐而不恨，如鹄好声，熊之好经，夫有谁为矜？

《大戴礼记·曾子制言上》篇曰：弟子无曰不知我也！鄙夫鄙妇相会于墙阴，可谓密矣。明日则或扬其言矣。故士执仁与义而明，行之未笃故也，胡为其莫之闻也？

《荀子·劝学》篇曰：昔者瓠巴鼓瑟而流鱼出听，伯牙鼓琴而六马仰秣。故声无小而不闻，行无隐而不形。玉在山而草木润，渊生珠而崖不枯。为善不积邪？安有不闻者乎？

子曰："参乎！吾道一以贯之。"曾子曰："唯。"

《卫灵公》篇曰：子曰："赐也！女以予为多学而识之者与？"对曰："然。非与？"曰："非也，予一以贯之。"

子出，门人问曰："何谓也？"曾子曰："夫子之道，忠恕而已矣。"

《礼记·中庸》篇曰：忠恕违道不远。施诸己而不愿，亦勿施于人。

《卫灵公》篇曰：子贡问曰："有一言而可以终身行之者乎？"子曰："其恕乎！己所不欲，勿施于人。"

《荀子·法行》篇曰：孔子曰：君子有三恕：有君不能事，有臣而求其使，非恕也；有亲不能报，有子而求其孝，非恕也；有兄不能敬，有弟而求其听令，非恕也。士明于此三恕，则可以端身矣。《韩诗外传·卷四》文大同。

《韩诗外传·卷三》曰：己恶饥寒焉，则知天下之欲衣食也。己恶劳苦焉，则知天下之欲安佚也。己恶衰乏焉，则知天下之欲富足也。知此三者，圣王所以不降席而匡天下。故君子之道，忠恕而已矣。

子曰："君子喻于义，小人喻于利。"

《孟子·尽心上》篇曰：孟子曰：鸡鸣而起，孳孳为善者，舜之徒也。鸡鸣而起，孳孳为利者，蹠之徒也。欲知舜与蹠之分，无他，利与义之闲也。

《汉书·董仲舒传》曰：仲舒对策曰：皇皇求财利常恐乏匮者，庶人之意也。皇皇求仁义，常恐不能化民者，大夫之意也。

《淮南子·缪称》篇曰：君子非义无以生，失义则失其所以生。小人非嗜欲无以活，失嗜欲则失其所以活。故君子惧失义，小人惧失利。

又曰：君子思义而不虑利，小人贪利而不顾义。

子曰："见贤思齐焉，见不贤而内自省也。"

《荀子·修身》篇曰：见善，修然必以自存也；见不善，愀然必以自省也。

《孟子·滕文公上》篇曰：颜渊曰："舜何人也？予何人也？有为者亦若是。"

又《离娄下》篇曰：是故君子有终身之忧，无一朝之患也。乃若所忧则有之。舜，人也，我亦人也，舜为法于天下，可传于后世，我由同犹未免为乡人也，是则可忧也。忧之如何？如舜而已矣。

《说苑·杂言》篇曰：昔者南瑕子遇程大子，大子为烹鲵鱼。南瑕子曰："吾闻君子不食鲵鱼。"程大子曰："乃君子否？子何事焉？"南瑕子曰："吾闻：君子上比，所以广德也；下比，所以狭行也。比于善，自进之阶；比于恶，自退之原也。《诗》曰：'高山仰止，景行行止。'吾岂敢自以为君子哉？志向之而已。"孔子曰："见贤思齐焉，见不贤而内自省。"

《国语·晋语七》曰：悼公与司马侯升台而望，曰："乐夫！"对曰："临下之乐则乐矣，德义之乐，则未也。"公曰："何谓德义？"对曰:"诸侯之为,日在君侧,以其善行,以其恶戒,可谓德义矣。"

子曰:"事父母几谏,

《礼记·祭义》篇曰:父母有过,谏而不逆。

《大戴礼记·曾子立孝》篇曰:君子之孝也,微谏不倦。可入也,吾任其过。不可入也,吾辞其罪。《诗》云:"有子七人,莫慰母心",子之辞也。"夙兴夜寐,无忝尔所生",言不自舍也。不耻其亲,君子之孝也。

《荀子·子道》篇曰:入孝出弟,人之小行也。上顺下笃,人之中行也。从道不从君,从义不从父,人之大行也。孝子所以不从命有三:从命则亲危,不从命则亲安,孝子不从命,乃衷。从命则亲辱,不从命则亲荣,孝子不从命,乃义。从命则禽兽,不从命则修饰,孝子不从命,乃敬。故可从而不从,是不子也。未可以从而从,是不衷也。明于从不从之义,而能致恭敬忠信端悫以慎行之,则可谓大孝矣。传曰:"从道不从君,从义不从父",此之谓也。故劳苦雕萃而能无失其敬,灾祸患难而能无失其义,则不幸不顺,见恶而能无失其爱,非仁人莫能行。《诗》曰:"孝子不匮",此之谓也。

又曰:鲁哀公问于孔子曰:"子从父命,孝乎?臣从君命,贞乎?"三问,孔子不对。孔子趋出,以语子贡曰:"乡者君问丘也曰:子从父命,孝乎?臣从君命,贞乎?三问而丘不对。赐以为何如?"子贡曰:"子从父命,孝矣。臣从君命,贞矣。夫子有奚对焉?"孔子曰:"小人哉!赐不识也。昔万乘之国有争臣四人,则封疆不削;千乘之国有争臣三人,则社稷不危;百乘之家有争臣二人,则宗庙不毁。父有争子,不行无礼;士有争友,不为不义。故子从父,奚子孝?臣从君,奚臣贞?审其所以从之之谓孝之谓贞也。"

见志不从,又敬不违,劳而不怨。"

《礼记·内则》篇曰:父母有过,下气怡色,柔声以谏。谏若不入,起敬起孝。说则复谏。不说,与其得罪于乡党州闾,宁孰谏。父母怒不说,而挞之流血,不敢疾怨,起敬起孝。

树达按：朱子云：此章与《内则》之言相表里。事父母几谏，即《内则》所谓下气怡色，柔声以谏也。见志不从，又敬不违，即《内则》之谏若不入，起敬起孝，说则复谏也。劳而不怨，即《内则》所谓挞之流血，不敢疾怨也。

又《坊记》篇曰：子云：从命不忿，微谏不倦，劳而不怨，可谓孝矣。《诗》云："孝子不匮。"

又《曲礼下》篇曰：子之事亲也，三谏而不听，则号泣而随之。

《大戴礼记·曾子事父母》篇曰：单居离问于曾子曰："事父母有道乎？"曾子曰："有。爱而敬。父母之行若中道，则从；若不中道，则谏。谏而不用，行之如由己。从而不谏，非孝也；谏而不从，亦非孝也。孝子之谏，达善而不敢争辩。争辩者，作乱之所由兴也。由己为无咎，则宁；由己为贤人，则乱。"

《孟子·万章上》篇曰：父母爱之，喜而不忘；父母恶之，劳而不怨。

子曰："父母在，不远游，游必有方。"

《礼记·曲礼上》篇曰：夫为人子者，出必告，反必面。所游必有常，所习必有业。

又《玉藻》篇曰：亲老，出不易方，复不过时。

子曰："三年无改于父之道，可谓孝矣。"

证见卷一《学而》篇，此重出。

子曰："父母之年，不可不知也。一则以喜，一则以惧。"

《韩诗外传·卷九》曰：孔子行，闻哭声甚悲。孔子曰："驱！驱！前有贤者。"至则皋鱼也。被褐拥镰，哭于道傍。孔子辟车与之言，曰："子非有丧，何哭之悲也？"皋鱼曰："吾失之三矣。少而学，游诸侯，《文选·长笛赋注》引作吾少好学，周流诸侯。以后吾亲，失之一也。高尚吾志，闲吾事君，《文选注》作不事庸君而晚事无成。失之二也。与友厚而小绝之，《文选注》作少择交游，寡亲友而老无所托。失之三也。树欲静而风不止，子欲养而亲不待也。往而不可追者，年也；去而不可得见者，亲也。吾请从此辞矣。"立槁而死。孔子曰："弟子诫之！足以识矣。"于是门人辞归而养亲者十有三人。《说苑·敬慎》篇文大同，作丘吾子。皋与丘鱼与吾声同。

《大戴礼记·疾病》篇曰：故人之生也，百岁之中，有疾病焉，有老幼焉。故君子思其不可复者而先施焉。亲戚既没，虽欲孝，谁为孝？年既耆艾，虽欲弟，谁为弟？故孝有不及，弟有不时，其此之谓与。

《法言·孝至》篇曰：事父母自知不足者，其舜乎！不可得而久者，事亲之谓也。孝子爱日。

子曰："古者言之不出，耻躬之不逮也。"

《宪问》篇曰：子曰：君子耻其言而过其行。

《礼记·杂记下》篇曰：有其言，无其行，君子耻之。

《颜渊》篇曰：司马牛问仁，子曰："仁者其言也讱。"曰："其言也讱，斯谓之仁已乎？"子曰："为之难，言之得无讱乎？"

《宪问》篇曰：子曰：其言之不怍，则为之也难。

子曰："以约失之者鲜矣。"

《大戴礼记·曾子立事》篇曰：君子博学而孱守之。

《荀子·王霸》篇曰：孔子曰："知者之知固以多矣，有以守少，能无察乎？愚者之知固以少矣，有以守多，能无狂乎？"

树达按：务广者必荒。守约者得寸则进寸，得尺则进尺，故鲜失也。

子曰："君子欲讷于言而敏于行。"

《学而》篇曰：敏于事而慎于言。

《大戴礼记·曾子立事》篇曰：君子博学而孱守之，微言而笃行之。行必先人，言必后人。君子终身守此悒悒。

《史记·万石张叔传》曰：万石君名奋，姓石氏，无文学，恭谨无与比。孝景帝季年，万石君以上大夫禄归老于家。以岁时为朝请，过宫门阙，万石君必下车趋。见路马，必式焉。子孙为小吏，来归谒，万石君必朝服见之，不名。子孙有过失，不谯让，为便坐，对案不食，然后诸子相责，因长老肉袒固谢罪改之，乃许。子孙胜冠者在侧，虽燕居，必冠，申申如也。僮仆䜣䜣如也，唯谨。上时赐食于家，必稽首俯伏而食之，如在上前。其执丧，哀戚甚悼。子孙遵教亦如之。万石君家以孝谨闻乎郡国，虽齐鲁诸儒质行，皆自以为不及也。建元二年，郎中令王臧以文学获罪，皇太后以为儒者文多质少。今万石君家不言而躬行，乃以长子建为郎中令，少子庆为内史。建每五日洗沐归，谒亲，入子舍，窃问侍者，取亲中帬厕牏，身自浣涤，复与侍者，不敢令万石君知，以为常。内史庆醉归，入外门，不下车。万石君闻之，不食。庆恐，肉袒请罪，不许。举宗及兄建肉袒。万石君让曰："内史贵人，入闾里，里中长老皆走匿，而内史坐车中自如，固当。"乃谢罢庆。庆及诸子弟入里门，趋至家，万石君以元朔五年中卒。长子建哭泣哀思，扶杖乃能行。岁余，建亦死。诸子孙咸孝。然建最甚，甚于万石君。建为郎中令，书奏事。事下，建读之，曰："误书马者，与尾当五。今乃四，不足一，上谴死矣。"甚惶恐。其为谨慎，虽他皆如是。庆为太仆，御出，上问车中几马，庆以策数马，毕，举手曰："六马。"庆于诸子中最为简易矣，然犹如此。为齐相，举齐国皆慕其家行，不言而齐国大治，为立石相祠。卫绾者，代大陵人也。事文帝，功次迁为中郎将，醇谨无他。景帝立，上赐之剑。绾曰："先帝赐臣剑凡六剑，不敢奉诏。"上曰："剑，人之所施易，独至今乎。"绾曰："具在。"上使取六剑，剑尚盛，未尝服也。郎官有谴，常蒙其罪，不与他将争。有功，常让他将。上以为廉忠，实无他肠，乃拜绾为河闲王太傅。孝景前六年中，封绾为建陵侯。御史大夫张叔者，名欧。孝文时，以治刑名言事太子。然欧虽治刑名家，其人长者。自欧为史，未尝言案人，专以诚长者处官。官属以为长者，亦不敢大欺。上具狱事，有可却，却之。不可者，不得已，为涕泣面对而封之。其爱人如此。赞曰：太史公曰：仲尼有言曰："君子欲讷于言而敏于行"，其万石建陵张叔之谓邪！是以其教不肃而成，不严而治。

子曰："德不孤，必有邻。"

《大戴礼记·曾子立事》篇曰：君子义则有常，善则有邻。

《荀子·不苟》篇曰：君子絜其身而同焉者合矣，善其言而类焉者应矣。故马鸣而马应之，牛鸣而牛应之，非知也，其势然也。又见《韩诗外传·卷一》。

《盐铁论·论诽》篇曰：檀柘而有乡，藿苇而有丛，言物类之相从也。孔子曰："德不孤，必有邻。"故汤兴而伊尹至，不仁者远矣，未有明君在上而乱臣在下也。

子游曰："事君数，斯辱矣。

《宪进》篇曰：所谓大臣者，以道事君，不可则止。

《说苑·正谏》篇曰：吴以伍子胥孙武之谋，西破强楚，北服齐晋，南伐越，越王勾践迎击之，败吴于姑苏，伤阖庐指，军却。阖庐谓太子夫差曰："尔忘勾践杀而父乎？"夫差对曰："不敢。"是夕，阖庐死。夫差既立为王，以伯嚭为太宰，习战射。三年伐越，败之于夫湫。越王勾践乃以兵五千人栖于会稽山上，使大夫种厚币遗吴太宰嚭以请和，委国为臣妾。吴王将许之。伍子胥谏曰："越王为人，能辛苦。今王不灭，后必悔之。"吴王不听。用太宰嚭计，与越平。其后五年，吴王闻齐景公死，而大臣争宠，新君弱，乃兴师北伐齐。子胥谏曰："不可。勾践食不重味，吊死问疾，齐犹疥癣耳，而王不先越，乃务伐齐，不亦缪乎？"吴王不听，伐齐，大败齐师于艾陵。遂与邹鲁之君会以归。益疏子胥之言。其后四年，吴将复伐齐。越王勾践用子贡之谋，乃率其众以助吴，而重宝以献遗太宰嚭。太宰嚭数受越赂，其爱信越殊甚，日夜为言于吴王，王信用嚭之计。伍子胥谏曰："夫越，腹心之疾，今信其游辞伪诈而贪齐，譬犹石田，无所用之。《盘庚》曰：古人有颠越不恭，是商所以兴也。愿王释齐而先越。不然，将悔之，无及也已。"吴王不听，使子胥于齐。子胥谓其子曰："吾谏王，王不我用。吾见吴之灭矣。尔与吴俱亡，无为也。"乃属其子于齐鲍氏，而归报吴王。太宰嚭既与子胥有隙，因谗曰："子胥为人刚暴少恩，其怨望猜贼为祸也。深恨前日王欲伐齐，子胥以为不可，王卒伐之而有大功。子胥计谋不用，乃反怨望。今王又复伐齐，子胥专愎强谏，沮毁作事，徼幸吴之败，以自胜其计谋耳。今王自行，悉国中武力以伐齐，而子胥谏不用，因辍佯病不行。王不可以不备，此起祸不难。且臣使人微伺之，其使齐也，乃属其子于鲍氏。夫人臣内不得意，外交诸侯。自以先王谋臣，今不用，常怏怏，愿王蚤图之！"吴王曰："微子之言，吾亦疑之。"乃使使赐子胥属镂之剑，曰："子以此死！"子胥曰："嗟乎！谗臣宰嚭为乱，王顾反诛我。我令若父霸，又立若。诸子弟争立，我以死争之于先王，几不得立。若既立，欲分吴国与我，我顾不敢当。然若之何听谗臣杀长者？"乃告舍人曰："必树吾墓上以梓，令可以为器。而抉吾眼著之吴东门，以观越寇之灭吴也。"乃自刺杀。吴王闻之，大怒。乃取子胥尸，盛以鸱夷革，浮之江中。吴人怜之，为立祠于江上，因名曰胥山。

朋友数，斯疏矣。"

《颜渊》篇曰：子贡问友，子曰：忠告而善道之，不可则止，无自辱焉。

树达按：孔子于事君处友并云不可则止。数者，不可而不止之谓也。不可而不止，则见辱与疏矣。君臣朋友皆以义合，合则相与，不合则不必强也。

论语疏证卷第五

公冶长篇第五

子谓:"公冶长可妻也,虽在缧绁之中,非其罪也。"以其子妻之。

《史记·仲尼弟子传》曰:公冶长,齐人,字子长。

皇侃《论语义疏》引《论释》曰:公冶长从卫反鲁,行至二堺上,闻鸟相呼往清溪食死人肉。须臾,见一老妪当道而哭。冶长问之。妪曰:"儿前日出行,于今不反,当是已死亡,不知所在?"冶长曰:"向闻鸟相呼往清溪食肉,恐是妪儿也。"妪往看,即得其儿也,已死。即妪告村司。村司问妪:"从何得知之?"妪曰:"见冶长,道如此。"村官曰:"冶长不杀人,何缘知之?"因录冶长付狱。主问冶长:"何以杀人?"冶长曰:"解鸟语,不杀人。"主曰:"当试之,若必解鸟语,便相放也。若不解,当令偿死。"驻冶长,在狱六十日。卒日,有雀子缘狱栅上相呼,嘖嘖嘈嘈。冶长含笑,吏启主:"冶长笑雀语,是似解鸟语。"主教问冶长:"雀何所道而笑之?"冶长曰:"雀鸣嘖嘖嘈嘈,白莲水边有车翻,覆黍粟,牡牛折角。收敛不尽,相呼往啄。"狱主未信,遣人往看,果如其言。复又解猪及燕语,屡验,于是得放。

《绎史·九十五》引《留青日札》曰:公冶长贫而闲居,无以给食,其雀飞鸣其舍，呼之曰："公冶长，公冶长！南山有个虎驮羊，尔食肉，我食肠，当急取之勿彷徨。"子长如其言，往取食之。及亡羊者迹之，得其角，乃以为偷，讼之鲁君。鲁君不信鸟语，逮系之狱。孔子素知之，为之白于鲁君，亦不解也。于是叹曰："虽在缧绁之中，非其罪也。"未几，子长在狱舍，雀复飞鸣其上，呼之曰："公冶长，公冶长！齐人出师侵我疆。沂水上，峄山旁，当亟御之勿彷徨。"子长介狱吏白之鲁君，鲁君亦勿信也。姑如其言往迹之，则齐师果将及矣。急发兵应敌，遂获大胜。因释公冶长而厚赐之，欲爵为大夫，辞不受，盖耻因禽语以得禄也。后世遂废其学。

树达按：此事殊不可信，姑存之以备一说。《左传·僖公二十九年》记介葛卢识牛鸣，《韩非子·解老》篇记詹何亦然。《周礼·秋官》夷隶、貉隶二职，掌与牛马鸟兽言，此亦其类也。

子谓："南容邦有道，不废；邦无道，免于刑戮。"以其兄之子妻之。

《史记·仲尼弟子传》曰：南宫括，字子容。

《先进》篇曰：南容三复《白圭》，孔子以其兄之子妻之。

子谓："子贱，君子哉若人！鲁无君子者，斯焉取斯？"

《史记·仲尼弟子传》曰：宓不齐，字子贱，少孔子四十九岁。

《新序·杂事篇二》曰：鲁君使宓子贱为单父宰，子贱辞去，因请借善书二人，使书宪书教品，鲁君与之。

至单父，使书，子贱从旁引其肘。书丑则怒之；欲好书，则又引之。书者患之，请辞而去。归，以告鲁君。鲁君曰："子贱苦吾扰之，使不得施其善政也。"乃命有司无得擅征发单父，单父之化大治。故孔子曰："君子哉子贱！鲁无君子者，斯安取斯？"美其德也。

《说苑·政理》篇曰：孔子弟子有孔蔑者，与宓子贱皆仕。孔子往过孔蔑,问之曰:"自子之仕者,何得?何亡?"孔蔑曰:"自吾仕者,未有所得而有所亡者三;曰:王事若袭,学焉得习?以是学不得明也。所亡者一也。奉禄少,鬻鬻不足及亲戚,亲戚益疏矣。所亡者二也。公事多急,不得吊死视病,是以朋友益疏矣。所亡者三也。"孔子不说,而复往见子贱,曰:"自子之仕,何得?何亡?"子贱曰:"自吾之仕,未有所亡,而所得者三;始诵之文,今履而行之,是学日益明也。所得者一也。奉禄虽少,鬻鬻得及亲戚,是以亲戚益亲也。所得者二也。公事虽急,夜勤吊死视病,是以朋友益亲也。所得者三也。"孔子谓子贱曰:"君子哉若人!君子哉若人!鲁无君子者,斯焉取斯?"二鬻字本皆误作鬻,今据文义改正。

子贡问曰:"赐也何如?"子曰:"女,器也。"曰:"何器也?"曰:"瑚琏也。"

《礼记·明堂位》篇曰:有虞氏之两敦,夏后氏之四琏,殷之六瑚,周之八簋。《郑注》云:皆黍稷器。

或曰:"雍也仁而不佞。"子曰:"焉用佞?御人以口给,屡憎于人。不知其仁,焉用佞?"

《史记·仲尼弟子传》曰:冉雍字仲弓。

《先进》篇曰:是故恶夫佞者。

子使漆雕开仕。对曰:"吾斯之未能信。"子说。

《史记·仲尼弟子传》曰:漆雕开,字子开。

子曰:"道不行,乘桴浮于海,从我者其由与!"子路闻之,喜。子曰:"由也好勇过我,无所取材。"

《子罕》篇曰:子欲居九夷。或曰:"陋。"子曰:"君子居之,何陋之有?"

《汉书·地理志》曰:元菟、乐浪,皆朝鲜濊貊句骊蛮夷。殷道衰,箕子去之朝鲜,教其民以礼义田蚕织作。乐浪朝鲜民犯禁八条:相杀,以当时偿杀。相伤,以谷偿。相盗者,男没入为其家奴,女子为婢。欲自赎者,人五十万。虽免为民,俗犹羞之,嫁取无所仇。是以其民终不相盗,无门户之闭。妇人贞信不淫辟。可贵哉！仁贵之化也。然东夷天性柔顺，异于三方之外。故孔子悼道不行，设浮于海，欲居九夷，有以也。

《说文解字》四篇上《羊部》曰：羌，西戎羊种也。从羊儿，羊亦声。南方蛮闽，从虫。北方狄，从犬。东方貉，从豸。西方羌，从羊。此六种也。西南僰人僬侥，从人，盖在坤地，颇有顺理之性。唯东夷从大，大，人也。夷俗仁，仁者寿，有君子不死之国。孔子曰：道不行，欲居九夷，乘桴浮于海。有以也。

孟武伯问："子路仁乎？"子曰："不知也。"又问。子曰："由也，千乘之国，可使治其赋也。不知其仁也。"

《先进》篇曰：子路冉有公西华侍坐。子曰："以吾一日长乎尔，毋吾以也！居则曰：不吾知也，如或知尔，则何以哉？"子路率尔而对曰："千乘之国，摄乎大国之间，加之以师旅，因之以饥馑，由也为之，比及三年，可使有勇，且知方也。"

"求也何如？"子曰："求也，千室之邑，百乘之家，可使为之宰也。不知其仁也。"

《先进》篇曰："求，尔何如？"对曰："方六七十，如五六十，求也为之，比及三年，可使足民。如其礼乐，以俟君子。""赤也何如？"子曰："赤也，束带立于朝，可使与宾客言也。不知其仁也。"

《先进》篇曰："赤，尔何如？"对曰："非曰能之，愿学焉。宗庙之事，如会同，端章甫，愿为小相焉。"

子谓子贡曰："女与回也孰愈？"对曰："赐也何敢望回，回也闻一以知十，

《新序·杂事二》篇曰：昔者邹忌以鼓琴见齐宣王，宣王善之。邹忌曰："夫琴，所以象政也。"遂为王言琴之象政状及霸王之事。宣王大悦。与语三日，遂拜以为相。齐有稷下先生，喜议政事。邹忌既为齐相，稷下先生淳于髡之属七十二人皆轻忌，以谓：设以辞，邹忌不能及，乃相与俱往见邹忌。淳于髡之徒礼倨，邹忌之礼卑。淳于髡等曰："狐白之裘，补之以弊羊皮，何如？"邹忌曰："敬诺。请不敢杂贤以不肖。"淳于髡曰:"方内而员釭,何如?"邹忌曰:"敬诺。请谨门内,不敢留宾客。"淳于髡等曰:"三人共牧一羊,羊不得食,人亦不得息,何如?"邹忌曰:"敬诺。减吏省员,使无扰民也。"淳于髡等三称,邹忌三知之,如应响。淳于髡等辞屈而去,邹忌之礼倨,淳于髡等之礼卑。故所以尚干将莫邪者,贵其立断也;所以贵骐骥者,为其立至也。必且历日旷久乎?丝氂犹能挈石,驽马亦能致远。是以聪明捷敏,人之美材也。子贡曰:"回也闻一以知十",美敏捷也。

赐也闻一以知二。"

《学而》篇曰:子贡曰:"贫而无谄,富而无骄,何如?"子曰:"可也。未若贫而乐,富而好礼者也。"子贡曰:"《诗》云:'如切如磋,如琢如磨,'其斯之谓与?"子曰:"赐也始可与言《诗》已矣,告诸往而知来者。"

《述而》篇曰:冉有曰:"夫子为卫君乎?"子贡曰:"诺。吾将问之。"入曰:"伯夷叔齐何人也?"曰:"古之贤人也。"曰:"怨乎?"曰:"求仁而得仁,又何怨?"出曰:"夫子不为也。"

   树达按:子贡因贫富之问而悟《诗》切磋之义,因孔子赞夷齐而知其不为卫君,皆闻一知二之事也。

子曰:"弗如也,吾与女,弗如也。"

宰予昼寝。子曰:"朽木不可雕也,粪土之墙不可圬也,于予与何诛?"

《礼记·檀弓上》篇曰:夫昼居于内,问其疾可也;夜居于外,吊之可也。故君子非有大故,不宿于外;非致齐也,非疾也,不昼夜居于内。

   树达按:宰予非疾而昼寝,故孔子严责之。此亦孔子奖劳戒惰之事也。

子曰:"始吾于人也,听其言而信其行;今吾于人也,听其言而观其行。于予与改是。"

《大戴礼记·五帝德》篇曰:孔子曰:"吾欲以颜色取人,于灭明邪改之;吾欲以语言取人,于予邪改之;吾欲以容貌取人,于师邪改之。"

《韩非子·显学》篇曰:澹台子羽,君子之容也,仲尼几而取之,与处久而行之不称其貌。宰予之辞雅而文也,仲尼几而取之,与处而智不充其辩。故孔子曰:"以容取人乎?失之子羽;以言取人乎?失之宰予。"

子曰:"吾未见刚者。"或对曰:"申枨。"子曰:"枨也欲,焉得刚?"

《汉书·孙宝传》曰:征为京兆尹,故吏侯文以刚直不苟合,常称疾不肯仕。宝以恩礼请文,欲为布衣友,日设酒食,妻子相对。文求受署为掾,进见如宾礼。数月,以立秋日,署文东部督邮。入见,敕曰:"今日鹰隼始击,当顺天气,取奸恶,以成严霜之诛,掾部渠有其人乎?"文卬曰:"无其人,不敢空受职。"宝曰:"谁也?"文曰:"霸陵杜穉季。"宝曰:"其次?"文曰:"豺狼横道,不宜复问狐狸。"宝默然。穉季者,大侠,与卫尉淳于长大鸿胪萧育等皆厚善。宝前失车骑将军,与红阳侯有郤,自恐见危。时淳于长方贵幸,友宝,宝亦欲附之。始视事而长以穉季托宝,故宝穷,无以复应文。文怪宝气索,知其有故,因曰:"明府素著威名,今不敢取穉季,当且阖阁勿有所问。如此竟岁,吏民未敢诬明府也。即度穉季而遣它事,众口谨哗,终身自堕。"宝曰:"受教。"《毋将隆传》曰:哀帝崩。莽秉政,使大司徒孔光奏:"隆前为冀卅牧,治中山冯太后狱,宛陷无辜,不宜位在中土。"本中谒者令史立侍御史丁玄自典考之,但与隆连名奏事。史立时为中太仆,丁玄,泰山太守,及尚书令赵昌谮郑崇者为河内太守,皆免官,徙合浦。赞曰:"孔子曰:吾未见刚者。以数子之名迹,然毋将污于冀州,孙宝桡于定陵,淳于长封定陵侯。况俗人乎?"

子贡曰:"我不欲人之加诸我也,吾亦欲无加诸人。"

《卫灵公》篇曰:子贡问曰:"有一言而可以终身行之者乎?"子

曰："其恕乎！己所不欲，勿施于人。"

《礼记·中庸》篇曰：忠恕违道不远，施诸己而不愿，亦勿施于人。

又《大学》篇曰：所恶于上，毋以使下；所恶于下，毋以事上；所恶于前，毋以先后；所恶于后，毋以从前；所恶于右，毋以交于左；所恶于左，毋以交于右：此之絜矩之道。

子曰："赐也！非尔所及也。"

树达按：己所不欲，勿施于人，忠恕之道也。行忠恕之道，于才质沈潜者为易，而子贡则高明之才也；故孔子因其自言而姑抑之，亦欲激厉之，使其自勉云尔。孔子之答问也必因材；子贡有一言终身之问，而夫子以恕教之，亦可证此章之义矣。朱子谓"无加于人为仁，勿施于人为恕，恕则子贡能勉，仁则非所及"，似不免强生分别之病，殆未是也。

子贡曰："夫子之文章，可得而闻也。夫子之言性与天道，不可得而闻也。"

子路有闻，未之能行，唯恐有闻。

《礼记·杂记下》篇曰：君子有三患：未之闻，患弗得闻也；既闻之，患弗得学也；既学之，患弗能行也。

《韩诗外传·卷一》曰："孔子曰：君子有三忧：弗知，可无忧与？知而不学，可无忧与？学而不行，可无忧与？

《先进》篇曰：由也兼人。

子贡问曰："孔文子何以谓之文也？"子曰："敏而好学，不耻下问，是以谓之文也。"

《逸周书·谥法》篇曰：勤学好问曰文。

子谓子产，有君子之道四焉：其行己也恭；

《左传·襄公二十六年》曰：郑伯赏入陈之功。三月甲寅朔，享子展，赐之先路三命之服，先八邑。赐子产次路再命之服，先六邑。子产辞邑。曰："自上以下，隆杀以两，礼也。臣之位在四，且子展之功也，臣不敢及赏礼，请辞邑。"公固与之，乃受三邑。公孙挥曰："子产其将知政矣，让不失礼。"

又《襄公三十一年》曰：郑人游乡校以论执政。然明谓子产曰："毁乡校，如何？"子产曰："何为乎？夫人朝夕退而游焉以议执政之善否，其所善者，吾则行之，其所恶者，吾则改之，是吾师也。若之何毁之？我闻忠善以损怨，不闻作威以防怨。岂不遽止？然犹防川。大决所犯，伤人必多，吾不克救也，不如小决使道。不如吾闻而药之也。"然明曰："蔑也今而后知吾子之信可事也。小人实不才，若果行此，其郑国实赖之，岂唯二三臣。"仲尼闻是语也，曰："以是观之，人谓子产不仁，吾不信也。"

《吕氏春秋·下贤》篇曰：子产相郑，往见壶丘子林，与其弟子坐，必以年，是倚其相于门。

其事上也敬；其养民也惠；

《左传·昭公十二年》曰：郑简公卒，将为葬除，及游氏之庙，将毁焉。子大叔使其除徒执用以立，而无庸毁。曰："子产过女，而问何故不毁，乃曰：'不忍庙也。诺。将毁矣。'"既如是，子产乃使辟之。司墓之室有当道者，毁之，则朝而塴；弗毁，则日中而塴。子大叔请毁之。曰："无若诸侯之宾何？"子产曰："诸侯之宾能来会吾丧，岂惮日中！无损于宾而民不害，何故不为？"遂弗毁，日中而葬。君子谓子产于是乎知礼，礼、无毁人以自成也。

又《昭公二十年》曰：子产卒，仲尼闻之，出涕，曰："古之遗爱也。"

其使民也义。"

《左传·襄公三十年》曰：子产使都鄙有章；上下有服；田有封洫；庐井有伍。大人之忠俭者，从而与之；泰侈者因而毙之。从政一年，舆人诵之曰："取我衣冠而褚之；取我田畴而伍之；孰杀子产？吾其与之。"及三年，又诵之曰："我有子弟，子产诲之；我有田畴，子产殖之；子产而死，谁其嗣之？"

《后汉书·陈宠传》注引《新序》曰：臧孙行猛政，子贡非之，曰："独不闻子产之相郑乎？推贤举能，抑恶扬善。有大略者不问其短，有厚德者不非小疵。家给人足，囹圄空虚。子产卒，国人皆叩心流涕，三月不闻竽琴之音。其生也见爱，死也可悲。"

子曰："晏平仲善与人交，久而敬之。

《史记·管晏列传》曰：晏平仲，莱之夷维人也。

又《张耳陈余传》曰：余年少，父事张耳，两人相与为刎颈交。张耳与赵王歇走入巨鹿城，王离围之。陈余北收常山兵，得数万人，军巨鹿北。王离兵食多，急攻巨鹿。巨鹿城中食尽兵少，张耳数使人召前陈余。余自度兵少，不敌秦，不敢前。数月，张耳大怒，怨陈余。使张黡陈泽往让陈余曰："始吾与公为刎颈交，今王与耳旦暮且死；而公拥兵数万，不肯相救，安在其相为死？苟必信，胡不赴秦军俱死？且有十一二相全。"陈余曰："吾度前终不能救赵，徒尽亡军。今必俱死，如以肉委饿虎，何益？"张黡陈泽曰："事已急，要以俱死立信。安知后虑？"余乃使五千人令张黡陈泽先尝秦军，至皆没。项羽悉引兵渡河，赵王歇张耳乃得出巨鹿。张耳与陈余相见，责陈余以不肯救赵。及问张黡陈泽所在，陈余怒曰："张黡陈泽以必死责臣，臣使将五千人先尝秦军，皆没不出。"张耳不信，以为杀之，数问陈余。陈余曰："不意君之望臣深也！岂以臣为重去将哉？"乃脱解印绶推予张耳，张耳遂收其兵。陈余独与麾下所善数百人之河上泽中渔猎，由此陈余张耳遂有郤。汉元年，项羽立诸侯王，分赵，立张耳为常山王，以南皮旁三县封陈余，陈余愈益怒，因悉三县兵袭常山王张耳，张耳败走。汉二年，东击楚，使使告赵，欲与俱。陈余曰："汉杀张耳乃从。"于是汉王求人类张耳者，斩之，持其头遗陈余，陈余乃遣兵助汉。汉之败于彭城西，陈余亦复觉张耳不死，即背汉。汉三年，韩信已定魏地，遣张耳与韩信击破赵井陉，斩陈余泜水上。太史公曰：张耳陈余始居约时，相然信以死，岂顾问哉？及据国争权，卒相灭亡。何乡者相慕用之诚，后相倍之戾也？岂非以利哉？名誉虽高，宾客虽盛，所由殆与太伯延陵季子异矣。

《汉书·萧育传》曰：育少与陈咸朱博为友，著闻当世，往者有王阳贡公。故长安语曰："萧朱结绶，王贡弹冠。"言其相荐达也。始育与陈咸俱以公卿子显名，咸最先进，年十八，为左曹，二十余，御史中丞。时朱博尚为杜陵亭长，为咸育所攀援，入王氏，后遂并历刺史郡守相。及为九卿，而博先至将军上卿，历位多于咸育，遂至丞相。育与博后有隙，不能终，故世以交为难。

《后汉书·王丹传》曰：丹子有同门生丧亲，家在中山，白丹欲往奔慰，结侣将行，丹怒而挞之，令寄缣以祠焉。或问其故，丹曰："交道之难，未易言也。世称管鲍，次则王贡，张陈凶其终，萧朱隙其末。故知全之者鲜矣。"时人服其言。

臧文仲居蔡，山节藻棁，何如其知也？"

《左传·文公二年》曰：仲尼曰：臧文仲，其不仁者三，不知者三。下展禽，废六关，妾织蒲，三不仁也。作虚器，纵逆祀，祀爰居，三不知也。《杜注》云：作虚器，谓居蔡山节藻棁也。

《礼记·明堂位》篇曰：山节藻棁，天子之庙饰也。

子张问曰："令尹子文三仕为令尹，无喜色；三已之，无愠色；旧令尹之政，必以告新令尹。何如？"子曰："忠矣。"曰："仁矣乎？"曰："未知。焉得仁？"崔子弑齐君，陈文子有马十乘，弃而违之，至于他邦，则曰：'犹吾大夫崔子也。'违之，之一邦，则又曰：'犹吾大夫崔子也。'违之。何如？"子曰："清矣。"曰："仁矣乎？"曰："未知。焉得仁？"

《国语·楚语下》曰：斗且曰："昔斗子文三舍令尹，无一日之积。"

季文子三思而后行。子闻之，曰："再斯可矣。"

《左传·文公六年》曰：季文子将聘于晋，使求遭丧之礼以行。其人曰："将焉用之？"文子曰："备豫不虞，古之善教也。求而无之实难，过求何害？"《杜注》云：所谓文子三思。

又《哀公二十七年》曰：中行文子告成子曰："有自晋师告寅者，将为轻车千乘以厌齐师之门，则可尽也。"成子曰："寡君命恒曰：无及寡，无畏众，虽过千乘，敢辟之乎？将以子之命告寡君。"文子曰："吾乃今知所以亡。君子之谋也，始衷终皆举之，而后入焉。今我三不知而入之，不亦难乎？"杜《注》云：谋一事则当虑此三变，然后入而行之，所谓君子三思。

子曰："宁武子，邦有道则知，邦无道则愚。"

《左传·僖公二十八年》曰：晋人复卫侯，宁武子与卫人盟于宛濮。曰："天祸卫国，君臣不协，以及此忧也。今天诱其衷，使皆降心以相从也。不有居者，谁守社稷？不有行者，谁扞牧圉？不协之故，用昭乞盟于尔大神，以诱天衷。自今日以往，既盟之后，行者无保其力，居者无惧其罪，有渝此盟，以相及也，明神先君是纠是殛。"国人闻此盟也，而后不贰。

又《僖公二十八年》曰：卫侯与元咺讼，卫侯不胜。执卫侯，归之于京师，寘诸深室。宁子职纳橐饘焉。

又《三十年》曰：晋侯使医衍酖卫侯，宁俞武子名俞货医，使薄其酖，不死。

子在陈，曰："归与！归与！吾党之小子狂简，斐然成章，不知所以裁之。"

《孟子·尽心下》篇曰：万章问曰："孔子在陈，曰：'盍归乎来？吾党之小子狂简，进取不忘其初。'孔子在陈，何思鲁之狂士？"孟子曰："孔子不得中道而与之，必也狂狷乎！狂者进取，狷者有所不为也。孔子岂不欲中道哉？不可必得，故思其次也。""敢问：何如斯可谓狂矣？"曰："如琴张曾皙牧皮者，孔子之所谓狂矣。""何以谓之狂也？"曰："其志嘐嘐然，曰：'古之人，古之人，'夷考其行而不掩焉者也。狂者又不可得，欲得不屑不洁之士而与之，是狷也，是又其次也。"

《史记·孔子世家》曰：孔子居陈三岁，会晋楚争强，更伐陈。及吴侵陈，陈常被寇。孔子曰："归与！归与！吾党之小子狂简，进取不忘其初。"于是孔子去陈。过蒲，适卫。去卫，将西见赵简子。临河，乃还反乎卫。又去卫，复如陈。是岁鲁哀公三年，而孔子年六十矣。季桓子卒，康子代立，使使召冉求。冉求将行，孔子曰："鲁人召求，非小用之，将大用之也。"是日，孔子曰："归乎！归乎！吾党之小子狂简，斐然成章，吾不知所以裁之。"子赣知夫子思归，送冉求，因诫曰："即用，以孔子为招云。"

子曰："伯夷叔齐不念旧恶，怨是用希。"

《大戴礼记·卫将军文子》篇曰：孔子曰：不克不忘，不念旧恶，盖伯夷叔齐之行也。

《后汉书·寇恂传》曰：恂复拜颍川太守。执金吾贾复在汝南，部将杀人于颍川，恂捕得，系狱。时尚草创，军营犯法率多相容，恂乃戮之于市，复以为耻。还过颍川，谓左右曰："吾与寇恂并列将帅，而今为其所陷。大丈夫岂有怀侵怨而不决之者乎？今见恂，必手剑之。"恂知其谋，不欲与相见。谷崇曰："崇，将也，得带剑侍侧。卒有变，足以相当。"恂曰："不然。昔蔺相如不畏秦王而屈于廉颇者，为国也。区区之赵，尚有此义，吾安可以忘之乎？"乃敕属县盛供具，储酒醪，执金吾军入界，一人皆兼二人之馔。恂乃出迎于道，称疾而还。贾复勒兵欲追之，而吏士皆醉，遂过去。恂遣谷崇以状闻，帝乃征恂。恂至，引见，时复先在坐，欲起相避。帝曰："天下未定，两虎安得私斗？今日朕分之。"于是并坐极欢，遂共车同出，结友而去。论曰：传称喜怒以类者鲜矣。夫喜而不比，怒而思难者，其唯君子乎！子曰："伯夷叔齐，不念旧恶，怨是用希"，于寇公而见之矣。

子曰："孰谓微生高直？或乞醯焉，乞诸其邻而与之。"

子曰："巧言、令色、足恭，左丘明耻之，丘亦耻之。"

《学而》篇曰：子曰：巧言令色，鲜矣仁！

又曰：恭近于礼，远耻辱也。

《大戴礼记·曾子立事》篇曰：足恭而口圣而无常位者，君子弗与也。巧言令色，能小行而笃，难于仁矣。

匿怨而友其人，左丘明耻之，丘亦耻之。

颜渊季路侍。子曰："盍各言尔志？"子路曰："愿车马，衣轻裘，与朋友共，敝之而无憾。"

《卫灵公》篇曰：吾犹及史之阙文也，有马者借人乘之，今亡矣夫。

《白虎通·三纲六纪》篇曰：朋友者，何谓也？朋者，党也。友者，有也。《礼记》曰："同门曰朋，同志曰友。"朋友之交，货则通而不计，共忧患而相救。故《论语》曰："子路云：愿车马，衣轻裘，与朋友共，敝之。"

颜渊曰："愿无伐善，

《老子》曰：不自伐，故有功；不自矜，故长。自伐者无功；自矜者不长。

《伪尚书·大禹谟》篇曰：汝惟不矜，天下莫与汝争能；汝惟不伐，天下莫与汝争功。

无施劳。"

《荀子·修身》篇曰：劳苦之事则争先，饶乐之事则能让。横行天下，虽困四夷，人莫不任。劳苦之事，则偷儒转脱，饶乐之事，则佞兑而不曲。横行天下，虽达四方，人莫不弃。

子路曰："愿闻子之志。"子曰："老者安之，朋友信之，少者怀之。"

《礼记·礼运》篇曰：大道之行也，天下为公。选贤与能，讲信修睦。故人不独亲其亲，不独子其子。使老有所终，壮有所用，幼有所长，矜寡孤独废疾者皆有所养，男有分，女有归。

《孟子·梁惠王上》篇曰：老吾老以及人之老，幼吾幼以及人之幼，天下可运于掌。

子曰："已矣乎！吾未见能见其过而内自讼者也。"

《后汉书·张奂传》曰：时窦太后临朝，大将军窦武与太傅陈蕃谋诛宦官，事泄，中常侍曹节等于中作乱。以奂新征，不知本谋，矫制使奂与少府周靖率五营士围武，武自杀。蕃因见害。奂迁少府，又拜大司农，以功封侯。奂深病为节所卖，上书固让，封还印绶，卒不肯当。

子曰："十室之邑，必有忠信如丘者焉，不如丘之好学也。"

《述而》篇曰：叶公问孔子于子路，子路不对。子曰："女奚不曰：其为人也，发愤忘食，乐以忘忧，不知老之将至云尔。"又曰：子曰："若圣与仁，则吾岂敢。抑为之不厌，诲人不倦，则可谓云尔已矣。"公西华曰："正唯弟子不能学也。"

《孟子·公孙丑上》篇曰：昔者子贡问于孔子曰："夫子圣矣乎？"孔子曰："圣则吾不能，我学不厌而教不倦也。"

论语疏证卷第六

雍也篇第六

子曰:"雍也可使南面。"

《史记·仲尼弟子传》曰:冉雍字仲弓。孔子以仲弓为有德行,曰:"雍也,可使南面。"

《说苑·修文》篇曰:上无明天子,下无贤方伯,天下为无道,臣弑其君,子弑其父。力能讨之,讨之可也。当孔子之时,上无明天子也,故言雍也可使南面。南面者,天子也。

  树达按:古之人君乡明而治,天子诸侯皆南面,不独天子也。

仲弓问子桑伯子。子曰:"可也简。"仲弓曰:"居敬而行简以临其民,不亦可乎?居简而行简,无乃太简乎?"子曰:"雍之言然。"

《楚辞·涉江》曰:桑扈裸行。王《注》云:去衣裸裎,效夷狄也。

《说苑·修文》篇曰:孔子曰:"可也简。"简者,易野也。易野者,无礼文也。孔子见子桑伯子,子桑伯子不衣冠而处。弟子曰:"夫子何为见此人乎？"曰："其质美而无文，吾欲说而文之。"孔子去，子桑伯子门人不说，曰："何为见孔子乎？"曰："其质美而文繁，吾欲说而去其文。"故曰：文质修者谓之君子；有质而无文，谓之易野。子桑伯子易野，欲同人道于牛马。故仲弓曰"太简。"子曰："雍之言然。"仲弓通于化术，孔子明于王道，而无以加仲弓之言。

  树达按：简者易也，太简则野矣。又按：邢《疏》及朱子《集注》皆以此章与上章连为一章。皇侃《疏》别为二章，是也，今从之。

哀公问："弟子孰为好学？"孔子对曰："有颜回者好学，不迁怒，不贰过。

《易·系辞下》篇曰：子曰：颜氏之子其殆庶几乎！有不善，未尝不知；知之，未尝复行也。

《大戴礼记·卫将军文子》篇曰：子贡曰：夙兴夜寐，讽诵崇礼，行不贰过，称言不苟，是颜渊之行也。

不幸短命死矣，今也则亡，未闻好学者也。"

《史记·仲尼弟子传》曰：回年二十九，发尽白，蚤死。

子华使于齐，

《史记·仲尼弟子传》曰：公西赤，字子华，少孔子四十二岁。

冉子为其母请粟，子曰："与之釜。"请益。曰："与之庾。"冉子与之粟五秉。

《仪礼·聘礼记》曰：十斗曰斛，十六斗曰籔，十籔曰秉。

子曰："赤之适齐也？乘肥马，衣轻裘。吾闻之也，君子周急不继富。"

原思为之宰，与之粟九百，辞。子曰："毋，以与尔邻里乡党乎。"

子谓仲弓曰："犁牛之子骍且角，虽欲勿用，山川其舍诸？"

《史记·仲尼弟子传》曰：仲弓父，贱人。孔子曰：犁牛之子骍且角，虽欲勿用，山川其舍诸？

《汉书·樊郦滕灌傅靳周传赞》曰：仲尼称："犁牛之子骍且角，虽欲勿用，山川其舍诸？"言士不系于世类也。

子曰："回也，其心三月不违仁；其余则日月至焉而已矣。"

季康子问："仲由可使从政也与？"子曰："由也果，于从政乎何有？"

《公冶长》篇曰：孟武伯问："子路仁乎？"子曰："不知也。"又问，子曰："由也，千乘之国，可使治其赋也。不知其仁也。"

《礼记·礼器》篇曰：子路为季氏宰。季氏祭，逮暗而祭。日不足，继之以烛。虽有强力之容，肃敬之心，皆倦怠矣。有司跛倚以临祭，其为不敬大矣。他日祭，子路与。室事交乎户，堂事交乎阶。质明而始行焉，晏朝而退。孔子闻之，曰："谁谓由也而不知礼乎？"

《韩诗外传·卷六》曰：子路治蒲三年，孔子过之，入境而善之，曰："由恭敬以信矣。"入邑，曰："善哉！由忠信以宽矣。"至庭，曰："善哉！由明察以断矣。"子贡执辔而问曰："夫子未见由而三称善，可得闻乎？"孔子曰："入其境，田畴甚易，草莱甚辟，此恭敬以信，故民尽力。入其邑，墉屋甚尊，树木甚茂，此忠信以宽，其民不偷。入其庭，甚闲，此明察以断，故民不扰也。"

曰："赐也可使从政也与？"曰："赐也达，于从政乎何有？"

曰："求也可使从政也与？"曰："求也艺，

《宪问》篇曰：子路问成人？子曰："若臧武仲之知，公绰之不欲，卞庄子之勇，冉求之艺，亦可以为成人矣。"

于从政乎何有？"

《先进篇》曰：政事，冉有，季路。

《公冶长》篇曰：孟武伯问："求也何如？"子曰："求也，千室之邑，百乘之家，可使为之宰也。不知其仁也。"

季氏使闵子骞为费宰。闵子骞曰："善为我辞焉。如有复我者，则吾必在汶上矣。"

《史记·仲尼弟子传》曰：闵损字子骞，少孔子十五岁。不仕大夫，不食污君之禄，如有复我者，必在汶上矣。

伯牛有疾，子问之，自牖执其手，曰："亡之，命矣夫！斯人也而有斯疾也！斯人也而有斯疾也！"

《史记·仲尼弟子传》曰：冉耕字伯牛，孔子以为有德行。伯牛有恶疾，孔子往问之，自牖执其手，曰："命矣夫！斯人也而有斯疾。命矣夫！"

《白虎通·寿命》篇曰：遭命者，逢世残贼，若上逢乱君，下必灾变暴至，夭绝人命。沙鹿崩于受邑，是也。冉伯牛危行正言，而遭恶疾。孔子曰："命矣夫，斯人也而有斯疾也！斯人也而有斯疾也！"《淮南子·精神》篇曰：冉伯牛为厉。

子曰："贤哉！回也！一箪食，一瓢饮，在陋巷，人不堪其忧；回也不改其乐。贤哉！回也！"

《述而》篇曰：子曰：饭疏食，饮水，曲肱而枕之，乐亦在其中矣。不义而富且贵，于我如浮云。

> 树达按："孔子疏食饮水，乐在其中；颜渊箪食瓢饮，不改其乐，此孔门弟子中颜渊所以独为孔子所称也。

《孟子·离娄下》篇曰：禹稷当平世，三过其门而不入，孔子贤之。颜子当乱世，居于陋巷，一箪食，一瓢饮，人不堪其忧，颜子不改其乐，孔子贤之。孟子曰：禹稷颜回同道，禹思："天下有溺者，由己溺之也。"稷思："天下有饥者，由己饥之也。"是以如是其急也。禹稷颜子易地则皆然。

《庄子·让王》篇曰：孔子谓颜回曰："回来，家贫居卑，胡不仕乎？"颜回对曰："不愿仕。回有郭外之田五十亩，足以给饘粥；郭内之田十亩，足以为丝麻。鼓琴足以自娱，所学夫子之道者足以自乐也。回不愿仕。"孔子愀然变容曰："善哉回之意。丘闻之，'知足者不以利自累也，审自得者失之而不惧，行修于内者无位而不怍'，丘诵之久矣，今于回而后见之，是丘之得也。"

《法言·学行》篇曰：或曰："使我纡朱怀金，其乐不可量已。"曰："纡朱怀金者之乐不如颜氏子之乐。颜氏子之乐也内，纡朱怀金者之乐也外。"或曰："请问屡空之内？"曰："颜不孔，虽得天下，不足以为乐。"

冉求曰："非不说子之道，力不足也。"子曰："力不足者中道而废，今女画。"

《里仁》篇曰：有能一日用其力于仁矣乎？我未见力不足者。

《法言·学行》篇曰：或曰："耕不获，猎不飨，耕猎乎？"曰："耕道而得道，猎德而得德，是获飨已。"吾不睹参辰之相比也，是以君子贵迁善。迁善者，圣人之徒与。百川学海而至于海，丘陵学山，不至于山，是故恶夫画也。

子谓子夏曰："女为君子儒！无为小人儒！"

《荀子·非十二子》篇曰：弟佗其冠，神禫其辞，禹行而舜趋，是子张氏之贱儒也。正其衣冠，齐其颜色，嗛然而终日不言，是子夏氏之贱儒也。偷儒惮事，无廉耻而耆饮食，必曰君子固不用力，是子游氏之贱儒也。

树达按：荀子所谓贱儒，盖即孔子所谓小人儒也。

子游为武城宰，子曰："女得人焉尔乎？"曰："有澹台灭明者，行不由径，非公事，未尝至于偃之室也。"

《史记·仲尼弟子传》曰：澹台灭明，武城人，字子羽。状貌甚恶，欲事孔子，孔子以为材薄。既以受业，退而修行，行不由径，非公事不见卿大夫。南游至江，从弟子三百人，设取予去就，名施乎诸侯。孔子闻之，曰："吾以言取人，失之宰予；以貌取人，失之子羽。"

《在戴礼记·卫将军文子》篇曰：贵之不喜，贱之不怒，苟于民利矣，廉于其事上也以佐其下，是澹台灭明之行也。孔子曰："独贵独富，君子耻之，夫也中之矣。"

子曰："孟之反不伐，奔而殿，将入门，策其马，曰：'非敢后也，马不进也。'"

《左传·哀公十一年》曰：齐国书高无平帅师伐我，师及齐师战于郊。孟孺子泄帅右师，冉求帅左师。师入齐军，右师奔，齐人从之，孟之侧后入以为殿，抽矢策其马，曰："马不进也。"

树达按：孟之反名侧，鲁大夫。

子曰："不有祝鮀之佞，

《左传·定公四年》曰：春三月，刘文公合诸侯于召陵。将会，卫子行敬子言于灵公曰："会同难，啧有烦言，莫之治也，其使祝佗从。"佗鮀同。公曰："善。"乃使子鱼。鮀字子鱼。及皋鼬，将长蔡于卫。卫侯使祝佗私于苌弘曰："闻诸道路，不知信否？若闻蔡将先卫，信乎？"苌弘曰："信。蔡叔，康叔之兄也。先卫，不亦可乎？"子鱼曰："以先王观之，则尚德也。昔武王克商，成王定之，选建明德以藩屏周。故周公相王室以尹天下，于周为睦。分鲁公以七路，大旂，夏后氏之璜，封父之繁弱。殷民六族：条氏、徐氏、萧氏、索氏、长勺氏、尾勺氏，使帅其宗氏，辑其分族，将其类丑，以法则周公，用即命于周。是使之职事于鲁，以昭周公之明德，分之土田倍敦，祝宗卜史，备物典策，官司彝器，因商奄之民，命以伯禽，而封于少皞之虚。分康叔以大路、少帛、綪茷、旃旌、大吕，殷民七族：陶氏、施氏、繁氏、锜氏、樊氏、饥氏、终葵氏，封畛土略，自武父以南及圃田之北境，取于有阎之土，以共王职。取于相土之东都，以会王之东搜。聃季授土，陶叔授民，命以《康诰》而而封于殷虚。皆启以商政，疆以周索。分唐叔以大路、密须之鼓、阙巩、沽洗，怀姓九宗，职官五正，命以《康诰》而封于夏虚。启以夏政，疆以戎索。三者皆叔也，而有令德，故昭之以分物。不然，文武成康之伯犹多，而不获是分也，唯不尚年也。管蔡启商，惎间王室，王于是乎杀管叔而蔡蔡叔，以车七乘，徒七十人。其子蔡仲改行帅德，周公举之以为己卿士，见诸王而命之以蔡。其命书云：'王曰：胡！无若尔考之违王命也'，若之何其使蔡先卫也？武王之母弟八人，周公为太宰，康叔为司寇，聃季为司空，五叔无官，岂尚年哉？曹，文之昭也；晋，武之穆也。曹为伯甸，非尚年也。今将尚之，是反先王也。晋文公为践土之盟，卫成公不在，夷叔其母弟也，犹先蔡。其载书云：'王若曰：晋重、鲁申、卫武、蔡甲午、郑捷、齐潘、宋王臣、莒期。'藏在周府，可覆视也。吾子欲复文武之略，而不正其德，将如之何？"苌弘说，告刘子，与范献子谋之，乃长卫侯于盟。

而有宋朝之美，

《左传·昭公二十年》曰：公子朝通于襄夫人宣姜，惧而欲以作乱，故齐豹北宫喜褚师圃公子朝作乱。杜注云：宣姜，灵公嫡母。

又定《公十四年》曰：卫侯为夫人南子召宋朝。杜注云：南子，宋女也。朝，宋公子，旧通于南子；在宋，呼之。

难乎免于今之世矣。"

子曰："谁能出不由户？何莫由斯道也？"

《易·系辞上传》曰：仁者见之谓之仁，知者见之谓之知，百姓日用而不知，故君子之道鲜矣。

《礼记·中庸》篇曰：君子之道费而隐。夫妇之愚，可以与知焉；及其至也，虽圣人亦有所不知焉。夫妇之不肖，可以能行焉；及其至也，虽圣人亦有所不能焉。君子之道，造端乎夫妇；及其至也，察乎天地。

《孟子·尽心上》篇曰：孟子曰：行之而不著焉，习矣而不察焉，终身由之而不知其道者，众也。

子曰："质胜文则野，文胜质则史。文质彬彬，然后君子。"

《颜渊》篇曰：棘子成曰："君子质而已矣，何以文为？"子贡曰："惜乎！夫子之说，君子也，驷不及舌。文犹质也，质犹文也，虎豹之鞟犹犬羊之鞟。"

《贾子·容经》篇曰：语曰：审乎明王，执中履衡，言秉中适而据乎宜。故威胜德则淳，德胜威则施。威之与德，交若缪缪，且畏且怀，君道正矣。质胜文则野，文胜质则史，文质彬彬，然后君子。

《淮南子·缪称》篇曰：文者，所以接物也，情系于中而欲发外者也。以文灭情则失情，以情灭文则失文；文情理通，则凤鳞极矣。

子曰："人之生也直，罔之生也幸而免。"

《汉纪六·高后纪》荀悦论曰：疾病有不治能自瘳者，有治之则瘳者，有不治则不瘳者，有虽治而终身不可愈者。昔虢太子死，扁鹊治而生之。鹊曰："我不能治死为生也，能使可生者生耳。"然太子不遇鹊，亦不生矣。若夫膏肓之疾，虽医和亦不能治矣。故孔子曰："死生有节。"又曰："不得其死然。"又曰："幸而免。"死生有节，其正理也。不得其死，未可以死而死。幸而免者，可以死而不死。

子曰："知之者不如好之者，好之者不如乐之者。"

《淮南子·缪称》篇曰：故同味而嗜厚膊者，必其甘之者也；同师而超群者，必其乐之者也。弗甘弗乐而能为表者，未之闻也。

子曰："中人以上，可以语上也；中人以下，不可以语上也。"

《阳货》篇曰：子曰：性相近也，习相远也。子曰：唯上知与下愚不移。

《谷梁传·僖公二年》曰：且夫玩好在耳目之前，而患在一国之后，此中知以上乃能虑之。臣料：虞君，中知以下也。

《汉书·古今人表》曰：孔子曰："中人以下，可以语上也"，"唯上智与下愚不移。"《传》曰：譬如尧舜，禹稷卨与之为善，则行；鲧讙兜欲与为恶，则诛。可以为善，不可与为恶，是谓上智。桀纣，龙逢比干欲与之为善，则诛；干莘崇侯与之为恶，则行。可与为恶，不可与为善，是谓下愚。齐桓公，管仲相之则霸，竖貂辅之则乱。可与为善，可与为恶，是谓中人。

树达按：上知与下愚不移，上知谓中人以上也，下愚谓中人以下也。《谷梁传》称中知以上中知以下，中人即彼中知矣。

樊迟问知。子曰："务民之义，敬鬼神而远之，可谓知矣。"

《左传·僖公十九年》曰：民，神之主也。是以圣王先成民而后致力于神。

树达按：务民之义，所谓先成民也，今言尽力于人事。

《礼记·表记》篇曰：子曰：夏道尊命，事鬼敬神而远之，近人而忠焉；殷人尊神，率民以事神，先鬼而后礼；周人尊礼尚施，事鬼敬神而远之，近人而忠焉。

树达按：今观龟甲卜辞，殷人尊神之说信矣。

《左传·庄公三十二年》曰：史嚚曰：国将兴，听于民；将亡，听于神。

《礼记·檀弓上》篇曰：孔子曰：之死而致死之，不仁而不可为也；之死而致生之，不知而不可为也。

《国语·楚语》曰：观射父曰：古者民神异业，敬而不渎，故神降之嘉生，民以物享，祸灾不至，求用不匮。及少皞之衰也，九黎乱德，民神杂糅，不可方物。夫人作享，家为巫史，无有要质，民匮于祀，而不知其福，烝享无度，民神同位，民渎齐盟，无有严威，神狎民则，不蠲其为，嘉生不降，无物以享，祸灾荐臻，莫尽其气。颛顼受之，乃命南正重司天以属神，命火正黎司地以属民，使复旧常，无相侵渎，是谓绝地天通。

问仁，曰："仁者先难而后获，可谓仁矣。"

《颜渊》篇曰：樊迟从游于舞雩之下，曰："敢问崇德、修慝、辨惑。"子曰："善哉问！先事后得，非崇德与？"

树达按：先事后得，即此先难后获也。夫子一再以此告樊迟，盖意在救其短与。

《晏子春秋·问下》篇曰：叔向问晏子曰："人何以则可谓保其身？"晏子对曰："《诗》云：'既明且哲，以保其身，夙夜匪懈，以事一人'；不庶几，不要幸，先其难乎而后幸得之，时其所也；失之，非其罪也。可谓保其身矣。"

子曰："知者乐水。

《韩诗外传·卷三》曰：问者曰："夫智者何以乐于水也？"曰："夫水者，缘理而行，不遗小闲，似有智者；动而下之，似有礼者；蹈深不疑，似有勇者；障防而清，似知天命者；历险致远，卒成不毁，似有德者。天地以成，群物以生，国家以宁，万事以平，品物以正，此智者所以乐于水也。"《说苑·杂言》篇同。

仁者乐山。

《尚书大传》曰：子张曰："仁者何乐于山也？"孔子曰："夫山者，岿然高，岿然高则何乐焉？山，草木生焉，鸟兽蕃焉，财用殖焉，生财用而无私为，四方皆伐焉，每无私予焉，出云风以通乎天地之闲；阴阳和合，雨露之泽，万物以成，百姓以飨，此仁者之所以乐于山者也。《韩诗外传·卷三》、《说苑·杂言》篇文并略同。

知者动，仁者静。知者乐，仁者寿。"

《春秋繁露·循天之道》篇曰：故仁人之所以多寿者，外无贪而内清净，心和平而不失中正，取天地之美以养其身，是其且多且治。

《申鉴·俗嫌》篇曰：或问："仁者寿，何谓也？"曰："仁者内不伤性，外不伤物；上不违天，下不违人；处正居中，形神以和：故咎征不至，而休嘉集之；寿之术也。"曰："颜冉何？"曰："命也。麦不终夏，花不济春。如和气何？虽云其短，长亦在其中矣。"

《中论·夭寿》篇曰：或问：孔子称仁者寿，而颜渊早夭。积善之家，必有余庆，而比干子胥身陷大祸。岂圣人之言不信而欺人邪？故司空颍川荀爽以为："形体者，人之精魄也。德义令闻者，精魄之荣华也。形体固自朽弊消亡之物，寿与不寿不过数十岁，德义立与不立，差数千岁，岂可同日言也哉！颜渊时有百年之人，今宁复知其姓名邪？《诗》云：'万有千岁，眉寿无有害。'人岂有万寿千岁者，皆令德之谓也。仁者寿，岂不信哉？"北海孙翱以为："死生有命，非他人之所致也。若积善有庆，行仁得寿，乃教化之义，诱人而纳于善之理也。若曰积善不得报，行仁者凶，则愚惑之民将走于恶以反天常。故曰：'民可使由之，不可使知之。'干以为：二论皆非其理也。夫寿有三：有王泽之寿，有声闻之寿，有行仁之寿。《书》曰：'五福，一曰寿'，此王泽之寿也。《诗》云：'其德不爽，寿考不忘'，此声闻之寿也。孔子曰：'仁者寿'，此行仁之寿也。"孔子云尔者，以仁者利养万物，万物亦受利矣，故必寿也。自尧至于武王，自稷至于周召，皆仁人也。君臣之数，不为少矣；考其年寿，不为夭矣。斯非仁者寿之验也？又七十子岂残酷者哉？顾其仁有优劣耳。其夭者惟颜回，据一颜回而多疑其余，无异以一钩之金权于一车之羽，云金轻于羽也。

子曰："齐一变，至于鲁；鲁一变，至于道。"

《说苑·政理》篇曰：齐之所以不如鲁者，太公之贤不如伯禽。伯禽与太公俱受封而各之国，三年，太公来朝。周公问曰："何治之疾也？"对曰："尊贤，先疏后亲，先义后仁也。"此霸者之迹也。周公曰：太公之泽及五世。"五年，伯禽来朝，周公问曰："何治之难？"对曰："亲亲，先内后外，先仁后义也。"此王者之迹也。周公曰："鲁之泽及十世。"此鲁有王迹者，仁厚也；齐有霸迹者，武政也。齐之所以不如鲁，太公之贤不如伯禽也。

《淮南子·齐俗》篇曰：昔太公望周公旦受封而相见。太公问周公曰："何以治鲁？"周公曰："尊尊亲亲。"太公曰："鲁从此弱矣。"周公问太公曰："何以治齐？"太公曰："举贤而上功。"周公曰："后世必有劫杀之君。"其后齐日以大,至霸,二十四世而田氏代之。鲁削,至三十二世而亡。按此说与《说苑》小异而大同。

《左传·闵公元年》曰:齐仲孙湫来省难。仲孙归,公曰:"鲁可取乎?"对曰:"不可。犹秉周礼,周礼,所以本也。臣闻之:国将亡,本必先颠,而后枝叶从之。鲁不弃周礼,未可动也。"

又《昭公二年》曰:晋侯使韩宣子来聘;观书于大史氏,见《易象》与《鲁春秋》,曰:"周礼尽在鲁矣!吾乃今知周公之德与周之所以王也。"

《礼记·礼运》篇曰:孔子曰:"呜呼哀哉!我观周道,幽厉伤之,吾舍鲁何适矣?"

又《明堂位》篇曰:凡四代之服器官,鲁兼用之。是故,鲁,王礼也,天下传之久矣。礼乐刑法政俗,未尝相变也。天下以为有道之国,是故天下资礼乐焉。

树达按:齐为霸业,鲁秉周礼,则王道也。齐一变至于鲁,由霸功变为王道也。《礼运》以禹汤文武成王周公六君子为小康,见卷三《子谓韶》章引。是王道为小康也。鲁一变至于道者,由小康变为大同也。《礼运》言大道之行天下为公,此道正彼文所谓大道矣。

子曰:"觚不觚,觚哉!觚哉!"

《颜渊》篇曰:齐景公问政于孔子,孔子对曰:"君君,臣臣,父父,子子。"

树达按:此皆孔子正名之义也。觚可不觚则名实乱矣。孔子即小物而兴感,岂拘拘于一器一物之形制云尔哉。君君,臣臣,父父,子子,则与觚不觚者异矣。

宰我问曰："仁者。虽告之曰：并有仁焉，其从之也？"子曰："何为其然也？君子可逝也，不可陷也；可欺也，不可罔也。"

《孟子·万章上》篇曰：昔者有馈生鱼于郑子产，子产使校人畜之池。校人烹之，反命曰："始舍之，圉圉焉；少则洋洋焉；攸然而逝。"子产曰："得其所哉！得其所哉！"校人出，曰："孰谓子产知？予既烹而食之，曰：得其所哉！得其所哉！"故君子可欺以其方，难罔以非其道。

子曰："君子博学于文，

《吕氏春秋·用众》篇曰：善学者若齐王之食鸡也，必食其跖数千而后足。虽足，犹若有跖。

《说苑·建本》篇曰：孟子曰：人知粪其田，莫知粪其心。粪田莫过利苗得粟，粪心易行而得其所欲。何为粪心？博学多闻。何为易行？一性止淫也。

约之以礼，亦可以弗畔矣夫。"

《子罕》篇曰：颜渊喟然叹曰：夫子循循然善诱人，博我以文，约我以礼。

《汉纪·卷二十五·成帝纪·荀悦论》曰：季路之言："何必读书，然后为学？"棘子成曰："君子质而已矣，何以文为？"夫潜地窟者而不睹天明，守冬株者而不识夏荣，非通照之术也。然博览之家，不知其秽，兼而善之，是大田之莠与苗并兴，则良农之所悼也；质朴之士，不择其美，兼而弃之，是昆山之玉与石俱捐，则卞和之所痛也。故孔子曰："博学于文，约之以礼，亦可以弗畔矣夫。"

《后汉书·范升传》曰：升奏曰：孔子曰："博学约之，弗畔矣失？"夫学而不约，必叛道也。颜渊曰："博我以文，约我以礼。"孔子可谓知教，颜渊可谓善学矣。

《法言·吾子》篇曰：多闻则守之以约，多见则守之以卓，寡闻则无约也，寡见则无卓也。

《申鉴·时事》篇曰：或曰：至德要道，约尔。典籍甚富，如何博之以求约也？语有之曰，有鸟将来，张罗待之，得鸟者一目也。今为一目之罗，无时得鸟矣。道虽要也，非博无以通矣。博其方，约其说。

子见南子，子路不说。夫子矢之曰："予所否者，天厌之！天厌之！"

《史记·孔子世家》曰：反乎卫，主蘧伯玉家。灵公夫人有南子者，使人谓孔子曰："四方之君子不辱欲与寡君为兄弟者，必见寡小君；寡小君愿见。"孔子辞谢，不得已而见之。夫人在絺帷中，孔子入门，北面稽首。夫人自帷中再拜，环佩玉声璆然。孔子曰：吾乡为弗见，见之礼答焉。

《汉书·王莽传上》曰：太后下诏曰：是以孔子见南子，周公居摄，盖权时也。

《法言·五百》篇曰：或问："圣人有诎乎？"曰："有。""焉诎乎？"曰："仲尼于南子，所不欲见也；于阳虎，所不欲敬也。见所不见，敬所不敬，不诎，如何？"

子曰："中庸之为德也，其至矣乎！民鲜久矣。"

《礼记·中庸》篇曰：子曰：中庸其至矣乎！民鲜能久矣。

又曰：天下国家可均也，爵禄可辞也，白刃可蹈也，中庸不可能也。

又曰：子曰：人皆曰予知，择乎中庸而不能期月守也。

又曰：子曰：道之不行也，我知之矣，知者过之，愚者不及也。道之不明也，我知之矣，贤者过之，不肖者不及也。人莫不饮食也，鲜能知味也。

又曰：仲尼曰：君子中庸，小人反中庸。君子之中庸也，君子而时中；小人之中庸也，小人而无忌惮也。

又曰：子曰：舜其大知也与！舜好问而好察迩言；隐恶而扬善；执其两端，用其中于民：其斯以为舜乎！

又曰：子曰：回之为人也，择乎中庸，得一善，则拳拳服膺而弗失之矣。

又曰：君子依乎中庸，遁世不见知而不悔，唯圣者能之。

子贡曰："如有博施于民而能济众，何如？可谓仁乎？"子曰："何事于仁！必也圣乎！尧舜其犹病诸！

《述而》篇曰：子曰：若圣与仁，则吾岂敢。

树达按：孔子论德，以圣为第一，而仁次之，此两章义可互证也。

夫仁者己欲立而立人，己欲达而达人。

《礼记·中庸》篇曰：诚者，自成也；而道自道也。诚者，物之终始，不诚无物。是故君子诚之为贵。诚者，非自成己而已也；所以成物也。成己，仁也；成物，知也；性之德也，合外内之道也，故时措之宜也。

《孟子·万章上》篇曰：伊尹曰：天之生此民也，使先知觉后知，使先觉觉后觉也。予，天民之先觉者也，予将以斯道觉斯民也。非予觉之而谁也？

能近取譬，可谓仁之方也已。"

《新语·术事》篇曰：善言古者合之于今，能术远者考之于近。故说事者上陈五帝之功而思之于身，下列桀纣之败而戒之于己，则德可以配日月，行可以合神灵。

树达按：能近取譬为行仁之方者，万事万物在此身之外者，皆引之于人身而求其相合。以《易》言之，天行健，君子以自强不息；地势坤，君子以厚德载物；山上有水，蹇，君子以反身修德；洊雷震，君子以恐惧修省；天地不交，否，君子以俭德免难。凡《易·大象传》所称君子以云云者，皆近取譬之事也。以《诗》言之，因素以为绚悟礼后之义，因于缉熙敬止而明君臣父子之道，近取譬也。以本书言之，子欲无言而及天之四时行万物生，子在川上而叹其不舍昼夜，何莫非近取譬之事也？

论语疏证卷第七

述而篇第七

子曰:"述而不作,信而好古,

《礼记·中庸》篇曰:仲尼祖述尧舜,宪章文武。

本篇曰:子曰:盖有不知而作之者,我无是也。

又曰:子曰:我非生而知之者;好古,敏以求之者也。

《汉书·儒林传》曰:周道既衰,坏于幽厉,礼乐征伐,自诸侯出,陵夷二百余年而孔子兴。以圣德遭季世,知言之不用而道不行,于是叙《书》则断《尧典》;称乐则法《韶》舞;论《诗》则首《周南》。缀周之礼,因《鲁春秋》、举十二公行事,绳之以文武之道,成一王法,至获麟而止。盖晚而好《易》,读之韦编三绝而为之传,皆因近圣之事以立先王之教。故曰:"述而不作,信而好古。"

《说苑·建本》篇曰:子路问于孔子曰:"请释古之学而行由之意,可乎?"孔子曰:"不可。昔者东夷慕诸夏之义,有女,其夫死,为之内私婿,终身不嫁。不嫁则不嫁矣,然非贞节之义也。苍梧之弟娶妻而美好,请与兄易。忠则忠矣,然非礼也。今子欲释古之学而行子之意,庸知子用非为是,用是为非乎?不顺其初,虽欲悔之,难哉!"按顺读为慎。

窃比于我老彭。"

《大戴礼记·虞戴德》篇曰：昔老彭及仲傀，政之教大夫，官之教士，技之教庶人，扬则抑，抑则扬，缀以德行，不任以言。

子曰："默而识之，

本篇曰：子曰：盖有不知而作之者，我无是也。多闻，择其善者而从之；多见而识之：知之次也。

学而不厌，诲人不倦，何有于我哉？"

本篇曰：子曰：若圣与仁，则吾岂敢。抑为之不厌，诲人不倦，则可谓云尔已矣。公西华曰：正唯弟子不能学也。

《孟子·公孙丑上》篇曰：昔者子贡问于孔子曰："夫子圣矣乎？"孔子曰："圣则吾不能，我学不厌而教不倦也。"

《吕氏春秋·尊师》篇曰：子贡问孔子曰："后世将何以称夫子？"孔子曰："吾何足以称哉！勿已者，则好学而不厌，好教而不倦，其惟此邪"！

树达按：此章与本篇下文若圣与仁章意皆相反。盖此为圣人谦辞，而言之殆亦非一时也。

子曰："德之不修，

《易·象传》曰：山上有水，蹇，君子以反身修德。

学之不讲；

《易·象传》曰：丽泽，兑，君子以朋友讲习。

《后汉书·献帝纪》曰：诏曰：孔子叹学之不讲，不讲则所识日忘。

闻义不能徙，不善不能改：是吾忧也。"

《易·象传》曰：风雷，益，君子以见善则迁，有过则改。

《颜渊》篇曰：子张问崇德辨惑。子曰："主忠信，徙义，崇德也。"

《荀子·大略》篇曰：君子之学如蜕，幡然迁之。故其行效，其立效,其坐效,其置颜色出辞气效。无留善;无宿问。

子之燕居,申申如也,夭夭如也。

子曰:"甚矣!吾衰也!久矣吾不复梦见周公。"

《吕氏春秋·专志》篇曰:盖闻孔子墨翟昼日讽诵习业,夜亲见文王周公旦而问焉。用志如此其精也,何事而不达?何为而不成?故曰:精而熟之,鬼将告之。非鬼告之也,精而熟之也。

子曰:"志于道。

《礼记·学记》篇曰:凡学,官先事,士先志。

《孟子·尽心上》篇曰:王子垫问曰:"士何事?"孟子曰:"尚志。"曰:"何谓尚志?"曰:"仁义而已矣。"

《里仁》篇曰:士志于道而耻恶衣恶食者,未足与议也。

据于德。

《礼记·乐记篇》曰:德者得也。

又《中庸》篇曰:回之为人也,择乎中庸,得一善,则拳拳服膺而弗失之矣。

依于仁。

《里仁》篇曰:君子无终食之间违仁。造次必于是,颠沛必于是。

游于艺。"

《礼记·少仪》篇曰:士依于德;游于艺。

又《学记》篇曰:不兴其艺,不能乐学。故君子之于学也,藏焉,修焉,息焉,游焉。夫然,故安其学而亲其师,乐其友而信其道。是以虽离师辅而不反。

子曰:"自行束脩以上,吾未尝无诲焉。"

子曰:"不愤不启,不悱不发。

《礼记·学记》篇曰:记问之学,不足以为人师,必也其听语乎!力不能问,然后语之;语之而不知,虽舍之可也。

又曰:君子之教谕也,开而弗达,开而弗达则思。

《孟子·尽心下》篇曰:君子引而不发,跃如也。

举一隅，不以三隅反，则不复也。"

《春秋·庄公四年》曰：冬，公及齐人狩于郜。《公羊传》曰：公曷为与微者狩？齐侯也。齐侯则其称人，何？讳与仇狩也。前此者有事矣，后此者有事矣，则曷为独于此焉讥？于仇者将壹讥而已。故择其重者而讥焉。莫重乎其与仇狩也。于仇者则曷为将壹讥而已？仇者无时可与通，通则为大讥。不可胜讥，故将壹讥而已。其余从同。

树达按：《春秋》之择重为讥，正举一隅之义也。

子食于有丧者之侧，未尝饱也。

《礼记·檀弓上》篇曰：食于丧者之侧，未尝饱也。

子于是日哭，则不歌。

《礼记·曲礼上》篇曰：哭日不歌。

《论衡·感类》篇曰：子于是日也哭，则不歌。《周礼》：子卯，稷食菜羹。哀乐不并行。

《白虎通·丧服》篇曰：凶服不敢入公门者，明尊朝廷，吉凶不相干。故《周官》曰："凶服不入公门。"《曲礼》曰："居丧不言乐，祭事不言凶，公廷不言妇女。"《论语》曰："子于是日哭，则不歌。"

《礼记·檀弓下》篇曰：吊于人，是日不乐。

子谓颜渊曰："用之则行，舍之则藏，

《季氏》篇曰：孔子曰：隐居以求其志，行义以达其道；吾闻其语矣，未见其人也。

树达按：行义以达其道，用之则行也；隐居以求其志，舍之则藏也。

《孟子·尽心上》篇曰：故士穷不失义，达不离道。古之人，得志，泽加于民；不得志，修身见于世。穷则独善其身，达则兼善天下。

唯我与尔有是夫。"

《孟子·公孙丑上》篇曰：可以仕则仕，可以止则止，孔子也。

又《万章下》篇曰：可以处而处，可以仕而仕，孔子也。

《韩诗外传·卷九》曰：孔子与子贡子路颜渊游于戎山之上。孔子喟然叹曰："二三子各言尔志。由！尔何如？"对曰："得白羽如月，赤羽如日，击钟鼓者上闻于天，下槊于地，使将而攻之，惟由为能。"孔子曰："勇士哉！""赐！尔何如？"对曰："得素衣缟冠，使于两国之间，不持尺寸之兵，升斗之粮，使两国相亲如弟兄。"孔子曰："辩士哉！""回！尔何如？"颜渊曰："愿得明王圣主，为之相，使城郭不治，沟池不凿，阴阳和调，家给人足，铸库兵以为农器。"孔子曰："大士哉！由来！区区汝何攻？赐来！便便汝何使？愿得衣冠，为子宰焉。"《外传》卷七别一条略同，《说苑·指武》篇文亦略同，末云，子路举手问曰，原闻夫子之意。孔子曰，吾所愿者颜氏之计，吾愿负衣冠而从颜氏子也。

　　树达按：颜子欲铸库兵为农器而孔子称之，此又孔子尚和平反武力之一事也。

子路曰："子行三军，则谁与？"

《周礼·夏官·序官》曰：凡制军，万有二千五百人为军。王六军，大国三军，次国二军，小国一军。

子曰："暴虎冯河死而无悔者，吾不与也；

《尔雅·释训》曰：暴虎，徒搏也。冯河，徒涉也。

必也临事而惧，好谋而成者也。"

《尸子·发蒙》篇曰：孔子曰：临事而惧，希不济。

《大戴礼记·曾子立事》篇曰：居上位而不淫，临事而栗者，鲜不济矣。

子曰："富而可求也，虽执鞭之士，吾亦为之。

《周礼·秋官》曰：条狼氏，掌执鞭以趋辟，王出入则八人夹道，公则六人，侯伯则四人，子男则二人。凡誓，执鞭以趋于前，且命之。

树达按：《秋官·序官：》，条狼氏是下士，故云执鞭之士。

如不可求，从吾所好。"

《颜渊》篇曰：子夏曰：商闻之矣，死生有命，富贵在天。

《韩诗外传·卷一》曰：卑贱贫穷，非士之耻也。士之所耻者，天下举忠而士不与焉；举信而士不与焉；举廉而士不与焉。三者存乎身，名传于后世，与日月并而不息。然则非恶生而乐死也，非恶富贵而好贫贱也。由其理，尊贵及己而仕，不辞也。孔子曰："富而可求，虽执鞭之士，吾亦为之。"故阸穷而不悯，劳辱而不苟，然后能有致也。《说苑·立节》篇同。

《盐铁论·贫富》篇曰：孔子云："富而可求，虽执鞭之事，吾亦为之。如不可求，从吾所好。"君子求义，非苟富也。故刺子贡不受命而货殖焉。

子之所慎：齐、

《乡党》篇曰：齐必变食，居必迁坐。

战、

本篇曰：子路曰："子行三军，则谁与？"子曰："暴虎冯河死而无悔者，吾不与也；必也临事而惧，好谋而成者也。"《礼记·礼器》篇曰：子曰：我战则克，祭则受福，盖得其道矣。

疾。

《乡党》篇曰：康子馈药，拜而受之，曰：丘未达，不敢尝。

子在齐闻《韶》，三月不知肉味。曰："不图为乐之至于斯也！"

《八佾》篇曰：子谓：《韶》尽美矣，又尽善也。

《史记·孔子世家》曰：鲁乱，孔子适齐，与太师语乐。闻《韶》音，学之，三月不知肉味。

《汉书·礼乐志》曰：夫乐本情性，浃肌肤而臧骨髓。虽经乎千载，其遗风余烈尚犹不绝。春秋时，陈公子完奔齐。陈，舜之后，《韶》乐存焉。故孔子适齐，闻《韶》，三月不知肉味。曰："不图为乐之至于斯！"美之甚也。

《说苑·修文》篇曰：孔子至齐郭门之外，遇一婴儿，挈一壶，相与俱行。其视精，其心正，其行端。孔子谓御曰：趣驱之！趣驱之！《韶》乐方作。孔子至彼，闻《韶》，三月不知肉味。故乐非独以自乐也，又以乐人；非独以自正也，又以正人矣哉。于此乐者，不图为乐至于此。

《太平御览·八十一》引《乐动声仪》曰：孔子曰：《箫韶》者，舜之遗音也。温润以和，似南风之至。其为音如寒暑风雨之动物，如物之动人，雷动兽禽，风雨动龙鱼，仁义动君子，财色动小人，是以圣人务其本。

冉有曰："夫子为卫君乎？"子贡曰："诺，吾将问之。"

《史记·卫世家》曰：太子蒯聩与灵公夫人南子有恶，欲杀南子。灵公怒，太子蒯聩奔宋，已而之晋赵氏。灵公卒，夫人命子郢为太子。郢曰："亡人太子蒯聩之子辄在也。"于是卫乃以辄为君，是为出公。赵简子欲入蒯聩，卫人闻之，发兵击蒯聩，蒯聩不得入。

树达按：冉有所问之卫君谓出公也。

入曰："伯夷叔齐何人也？"曰："古之贤人也。"曰："怨乎？"曰："求仁而得仁，又何怨？"

《史记·伯夷列传》曰：伯夷叔齐，孤竹君之二子也。父欲立叔齐。及父卒，叔齐让伯夷。伯夷曰："父命也，"遂逃去。叔齐亦不肯立而逃之。国人立其中子。

出曰："夫子不为也。"

《春秋·哀公二年》曰：晋赵鞅帅师纳卫世子蒯聩于戚。《谷梁传》曰：纳者，内弗受也。帅师而后纳者，有伐也，何用弗受也？以辄不受父之命，受之王父也；信父而辞王父，则是不尊王命也。其弗受，以尊王父也。又三年曰：春，齐国夏卫石曼姑帅师围戚。《公羊传》曰："齐国夏曷为与卫石曼姑帅师围戚？""伯讨也。""此其为伯讨奈何？""曼姑受命于灵公而立辄，以曼姑之义为固可以距之也。""辄者，曷为者也？""蒯聩之子也。""然则曷为不立蒯聩而立辄？""蒯聩为无道，灵公逐蒯聩而立辄。""然则辄之义可以立乎？"曰："可。""其可奈何？""不以父命辞王父命。以王父命辞父命，是父之行乎子也，不以家事辞王事。以王事辞家事，是上之行乎下也。"

《子路》篇曰：叶公语孔子曰："吾党有直躬者，其父攘羊而子证之。"孔子曰："吾党之直者异于是。父为子隐，子为父隐，直在其中矣。"

《孟子·尽心上》篇曰：桃应问曰："舜为天子，皋陶为士。瞽瞍杀人，则如之何？"孟子曰："执之而已矣。""然则舜不禁与？"曰："夫舜恶得而禁之？夫有所受之也？""然则舜如之何？"曰："舜视弃天下犹弃敝屣也，窃负而逃，遵海滨而处，终身䜣然乐而忘天下。"

子曰："饭疏食，饮水，曲肱而枕之，乐亦在其中矣。

《礼记·中庸》篇曰：君子素其位而行，不愿乎其外。素富贵，行乎富贵；素贫贱，行乎贫贱；素夷狄，行乎夷狄；素患难，行乎患难。君子无入而不自得焉。故君子居易以俟命，小人行险以徼幸。

《庄子·让王》篇曰：子贡曰：古之得道者，穷亦乐，通亦乐。所乐非穷通也，道得于此，则穷通为寒暑风雨之序矣。《吕氏春秋·慎人篇》、《风俗通·卷七》文同。

不义而富且贵，于我如浮云。"

《里仁》篇曰：富与贵，是人之所欲也，不以其道得之，不处也。贫与贱，是人之所恶也，不以其道得之，不去也。

《孟子·公孙丑上》篇曰：公孙丑问曰："伯夷伊尹于孔子，有同与？"曰："有。得百里之地而君之，皆能以朝诸侯，有天下；行一不义杀一不辜而得天下，皆不为也。是则同。"

《吕氏春秋·离俗览·高义》篇曰：孔子见齐景公，景公致廪丘以为养，孔子辞不受。入谓弟子曰："吾闻君子当功以受禄。今说景公，景公未之行，而赐之廪丘，其不知丘亦甚矣。"令弟子趣驾而行。《说苑·立节》篇文同。

子曰："加我数年，五十以学《易》，可以无大过矣。"

《史记·孔子世家》曰：孔子晚而喜《易》，序《彖·系·象·说卦·文言》。读《易》，韦编三绝。曰："假我数年，若是，我于《易》则彬彬矣。"

《易·系辞·上传》曰：君子所居而安者，易之序也；所乐而玩者，爻之辞也。是故君子居则观其象而玩其辞，动则观其变而玩其占。是以自天祐之，吉无不利。

子所雅言：《诗》《书》执礼，皆雅言也。

《礼记·文王世子》篇曰：瞽宗秋学礼，执礼者诏之。

《周礼·春官·大史》曰：凡射事饰中，舍算，执其礼事。

树达按：刘宝楠云，雅之为言夏也。孙卿《荣辱》篇云："越人安越，楚人安楚，君子安雅，是非知能材性然也，是注错习俗之节异也。"又《儒效》篇云："居楚而楚，居越而越，居夏而夏，是非天性也，积靡使然也。"然则雅夏古字通。夫子生长于鲁，不能不鲁语。惟诵《诗》读《书》执礼必正言其言，所以重先王之训典，谨末学之流失也。

叶公问孔子于子路，子路不对。子曰："女奚不曰？其为人也，发愤忘食，

《大戴礼记·制言中》篇曰：是故君子思仁义，昼则忘食，夜则忘寝。

乐以忘忧，

本篇曰：子曰：饭疏食，饮水，曲肱而枕之，乐亦在其中矣。不义而富且贵，于我如浮云。

不知老之将至云尔。"

《礼记·中庸》篇曰：子曰：君子遵道而行，半涂而废，吾弗能已矣。

又《表记》篇曰：《小雅》曰："高山仰止，景行行止。"子曰："《诗》之好仁如此，乡道而行，中道而废，忘身之老也，不知年数之不足也，俛焉日有孳孳，毙而后已。"

树达按：孔子五十而知天命。《易·系辞·上传》云：乐天知命，故不忧。此云乐以忘忧，不知老之将至，殆孔子五十以后之言也。

子曰："我非生而知之者；

《季氏》篇曰：孔子曰：生而知之者，上也；学而知之者，次也；困而学之，又其次也；困而不学，民斯为下矣。

《礼记·中庸》篇曰：或生而知之，或学而知之，或困而知之。及其知之，一也。

好古，敏以求之者也。"

本篇曰：子曰：述而不作，信而好古，窃比于我老彭。

树达按：此孔子自谓学而知之也。

子不语：怪、力、乱、神。

《困学纪闻五》引子思子曰：夫子之教必始于《诗》《书》而终于《礼》《乐》，杂说不与焉。

《礼记·中庸》篇曰：子曰：素隐行怪，后世有述焉，吾弗为之矣。

《荀子·荣辱》篇曰：仁义德行，常安之术也，然而未必不危也；污僈突盗，常危之术也，然而未必不安也。故君子道其常，而小人道其怪。

又《天论》篇曰：星队木鸣，国人皆恐。曰：是何也？曰：无何也。是天地之变，阴阳之化，物之罕至者也，怪之可也，而畏之，非也。夫日月之有蚀，风雨之不时，怪星之党见，是无世而不常有之。上明而政平，则是虽并世起，无伤也；上暗而政险，则是虽无一至者，无益也。《传》曰：万物之怪，书不说。无用之辩，不急之察，弃而不治。若夫君臣之义，父子之亲，夫妇之别，则日切磋而不舍也。

《左传·宣公十五年》曰：民反德为乱。

《淮南子·主术》篇曰：孔子作为《春秋》，不道鬼神。

《大戴礼记·曾子立事》篇曰：君子乱言而弗殖，神言弗致也。

子曰："三人行，必有我师焉。

《子张》篇曰：卫公孙朝问于子贡曰："仲尼焉学？"子贡曰："文武之道未坠于地，在人，贤者识其大者，不贤者识其小者，莫不有文武之道焉。夫子焉不学？而亦何常师之有。"

《老子》曰：善人，不善人之师；不善人，善人之资。

《吕氏春秋·骄恣》篇曰：楚庄王曰：仲虺有言曰：诸侯之德能自为取师者王；能自取友者存；其所择而莫如己者亡。

树达按：孔子于三人之行必有我师，正仲虺所谓能自为取师者也。

择其善者而从之，其不善者而改之。"

《国语·晋语七》曰：悼公与司马侯升台而望，曰："乐夫！"对曰："临下之乐，则乐矣；德义之乐，则未也。"公曰："何谓德义？"对曰："诸侯之为，日在君侧，以其善行，以其恶戒，可谓德义矣。"

子曰："天生德于予，桓魋其如予何？"

《史记·孔子世家》曰：孔子去曹，适宋，与弟子习礼大树下。宋司马桓魋欲杀孔子，拔其树。孔子去，弟子曰："可以速矣。"孔子曰："天生德于予，桓魋其如予何？"

子曰："二三子以我为隐乎？吾无隐乎尔。吾无行而不与二三子者，是丘也。"

《阳货》篇曰：子曰："予欲无言。"子贡曰："子如不言，则小子何述焉？"子曰："天何言哉？四时行焉，百物生焉，天何言哉？"

树达按：孔子语默动作皆所以教弟子，不独以言，故云无行而不与。天不言而以四时行百物生示人，孔子以自然为师也。

子以四教：文、行、忠、信。

《子罕》篇曰：颜渊喟然叹曰：夫子循循然善诱人，博我以文，约我以礼。

《公冶长》篇曰：子贡曰：夫子之文章，可得而闻也。

《颜渊》篇曰：子张问崇德辨惑，子曰："主忠信，徙义，崇德也。"

《卫灵公》篇曰：子张问行，子曰：言忠信，行笃敬，虽蛮貊之邦行矣；言不忠信，行不笃敬，虽州里行乎哉？

子曰："圣人，吾不得而见之矣；得见君子者，斯可矣。"

《荀子·修身》篇曰：好德而行，士也；笃志而体，君子也；齐明而不竭，圣人也。

又《儒效》篇曰：彼学者，行之，曰士也；敦慕焉，君子也；知之，圣人也。

又《哀公》篇曰：孔子曰：人有五仪：有庸人，有士，有君子，有贤人，有大圣。哀公曰："敢问：何如斯可谓之君子矣？"孔子对曰："所谓君子者，言忠信而心不德，仁义在身而色不伐，思虑明通而辞不争，故犹然如将可及者，君子也。"哀公曰："敢问：何如斯可谓大圣矣？"孔子对曰："所谓大圣者，知通乎大道，应变而不穷，辨乎万物之情性者也。大道者，所以变化遂成万物也；情性者，所以理然不取舍也。是故其事大辨遍同。乎天地，明察乎日月，总要万物于风雨，缪缪肫肫，其事不可循；若天之嗣，其事不可识；百姓浅然不识其邻：若此则可谓大圣矣。"

《韩诗外传·卷三》曰：言行多当，未安愉也；知虑多当，未周密也：是笃厚君子，未及圣人也。若夫百王之法，若别黑白；应当世之变，若数三纲；行礼要节，若性四支；因化之功，若推四时；天下得序，群物安居：是圣人也。

子曰："善人，吾不得而见之矣；得见有恒者斯可矣。

《先进》篇曰：子张问善人之道，子曰："不践迹，亦不入于室。"

《孟子·尽心下》篇曰：浩生不害问曰："乐正子何人也？"孟子曰："善人也；信人也。""何谓善？何谓信？"曰："可欲之谓善；有诸己之谓信。"

亡而为有，虚而为盈，约而为泰，难乎有恒矣。"

子钓而不纲，弋不射宿。

《贾子·礼》篇曰：不合围，不掩群，不射宿，不涸泽。

子曰："盖有不知而作之者，我无是也。多闻，择其善者而从之；

《说苑·建本》篇曰：吴子曰：多闻而择焉，所以明智也。

《先进》篇曰：子曰：先进于礼乐，野人也；后进于礼乐，君子也。如用之，则吾从先进。

《子罕》篇曰：子曰：麻冕，礼也。今也纯，俭，吾从众。拜下，礼也。今拜乎上，泰也。虽违众，吾从下。"

《礼记·檀弓下》篇曰：殷既封而吊，周反哭而吊。孔子曰："殷已悫；吾从周。"又《坊记》篇曰：殷人吊于圹，周人吊于家，示民不偝也。子云："死，民之卒事也。吾从周。"

《卫灵公》篇曰：颜渊问为邦。子曰：行夏之时，乘殷之辂，服周之冕，乐则《韶》舞。

树达按：礼乐从先进，纯冕从众，拜下从下，反哭从周，及答颜渊为邦之问，皆所谓择善而从也。

多见而识之，

《广韵十三·末鸹字》注引《韩诗》曰：孔子渡江，见之，异，众莫能名。孔子尝闻河上人歌曰："鸹兮鸹兮，逆毛衰兮，一身九尾长兮"，鸧鸹也。《绎史·孔子类记四》引《冲波传》曰：有鸟九尾，孔子与子夏见之，人以问孔子，曰："鸹也。"子夏曰："何以知之？"孔子曰：河上之歌云："鸹兮鸹兮，逆毛衰兮，一身九尾长兮。"

《论衡·实知》篇曰：孔子未尝见狌狌，至辄能名之。然而孔子名狌狌，闻昭人之歌。

知之次也。"

《季氏》篇曰：孔子曰：生而知之者，上也；学而知之者，次也。

本篇曰：子曰：我非生而知之者，好古，敏以求之者也。

树达按：孔子不以生知自居，自谓学而知之，故云知之次。多闻多见皆学之事也。

互乡难与言，童子见，门人惑。

《卫灵公》篇曰：子曰：可与言而不与之言，失人；不可与言而与之言，失言。

树达按：互乡难与言而孔子见其童子，门人疑孔子有失言之病，故惑也。

子曰："人洁己以进，与其洁也，不保其往也；与其进也，不与其退也。唯何甚？"

《卫灵公》篇曰：子曰：有教无类。

《孟子·尽心下》篇曰：夫子之设科也，往者不追，来者不距。苟以是心至，斯受之而已矣。

树达按：孟子来者不距，与孔子正同也。

《后汉书·郭泰传》曰：贾淑，字子厚，林宗乡人也。虽世有冠冕，而性险害，邑里患之。林宗遭母忧，淑来修吊，既而巨鹿孙威直亦至。威直以林宗贤而受恶人吊，心怪之，不进而去。林宗追而谢之，曰："贾子厚诚实凶德，然洗心向善，仲尼不逆互乡，故吾许其进也。"淑闻之，改过自厉，终成善士。乡里有忧患者，淑辄倾身营救，为州闾所称。

树达按：与其进也三句本错简在子曰句下，今依朱子说校乙。

子曰："仁远乎哉？我欲仁，斯仁至矣。"

《颜渊》篇曰：颜渊问仁。子曰：克己复礼为仁。一日克己复礼，天下归仁焉。为仁由己，而由人乎哉？

《子罕》篇曰：唐棣之华，偏其反而，岂不尔思？实是远而。子曰："未之思也，夫何远之有？"

陈司败问："昭公知礼乎？"孔子曰："知礼。"

《春秋·昭公五年》曰：公如晋。《左氏传》曰：公如晋，自郊劳至于赠贿，无失礼。晋侯谓女叔齐曰："鲁侯不亦善于礼乎？"对曰："鲁侯焉知礼！"公曰："何为？"对曰："是仪也，不可谓礼。"

又《昭公二十五年》曰：齐侯唁公于野井。《公羊传》曰：齐侯唁公于野井。曰："奈何君去鲁国之社稷？"昭公曰："丧人不佞，失守鲁国之社稷，执事以羞。"再拜颡。庆子家驹曰："庆子免于于大难矣。"子家驹曰："臣不佞，陷君于大难，君不忍加之以铁锧，赐之以死。"再拜颡高子执箪食与四脡脯，国子执壶浆，曰："吾寡君闻君在外，餕饔未就，敢致糗于从者。"昭公曰："君不忘吾先君，延及丧人，锡之以大礼。"再拜稽首，以衽受。高子曰："有夫不祥，君无辱大礼！"昭公盖祭而不尝。景公曰:"寡人有不腆先君之服,未之敢服;有不腆先君之器,未之敢用。敢以请。"昭公曰:"丧人不佞,失守鲁国之社稷,执事以羞,敢辱大礼!敢辞。"景公曰:"寡人有不腆先君之服,未之敢服;有不腆先君之器,未之敢用。敢固以请。"昭公曰:"以吾宗庙之在鲁也,有先君之服,未之能以服;有先君之器,未之能出;敢固辞。"景公曰:"寡人有不腆先君之服,未之敢服;有不腆先君之器,未之敢用。请以飨乎从者。"昭公曰:"丧人其何称?"景公曰:"孰君而无称?"昭公于是嗷然而哭,诸大夫皆哭。既哭,以人为菑,以劈为席,以鞍为几,以遇礼相见。孔子曰:"其礼与?其辞足观矣。"

树达按:据此二事,知照公本习于容仪,盖当时有知礼之名,故陈司败以为问也。

《白虎通·谏诤》篇曰:所以为君隐恶,何?君至尊,故设辅弼,置谏官,本不当有遗失。《论语》曰:"陈司败问:昭公知礼乎?孔子曰:知礼",此为君隐也。

孔子退,揖巫马期而进之,

《史记·仲尼弟子传》曰:巫马施,字子旗,少孔子三十岁。

曰:"吾闻君子不党,君子亦党乎?

《卫灵公》篇曰:君子矜而不争,群而不党。

君取于吴,为同姓,

《礼记·坊记》篇曰:子云:取妻不取同姓,以厚别也。故买妾不知其姓,则卜之。

又《大传》篇曰:系之以姓而弗别,缀之以食而弗殊,虽百世而婚姻不通者,周道然也。

谓之吴孟子。君而知礼,孰不知礼?"

《春秋·哀公十二年》曰:夏五月甲辰,孟子卒。《公羊传》曰:孟子者何?昭公之夫人也。其称孟子,何?讳娶同姓,盖吴女也。何注云:

《春秋》不系吴者，礼，妇人系姓，不系国；不称夫人，不言薨，不书葬者，深讳之。《谷梁传》曰：孟子者，何也？昭公夫人也。其不言夫人，何也？讳娶同姓也。《左氏传》曰：昭公娶于吴，故不书姓。

《白虎通·嫁娶》篇曰：不娶同姓者，重人伦，防淫泆，耻与禽兽同也。《论语》曰："君娶于吴，为同姓，谓之吴孟子。《曲礼》曰："买妾不知其姓，则卜之。"

巫马期以告。子曰："丘也幸，苟有过，人必知之。"

《史记·仲尼弟子传》曰：臣不可言君亲之恶，为讳也，礼也。

《公羊传·闵公元年》曰：《春秋》为尊者讳。

《荀子·子道》篇曰：子路问于孔子曰："鲁大夫练而床，礼邪？"孔子曰："吾不知也。"子路出，谓子贡曰："吾以夫子为无所不知，夫子徒有所不知。"子贡曰："女何问哉？"子路曰："由问：鲁大夫练而床，礼邪？夫子曰：吾不知也。"子贡曰："吾将为女问之。"子贡问曰："练而床，礼邪？"孔子曰："非礼也。"子贡出，谓子路曰："女谓夫子为有所不知乎？夫子徒无所不知，女问非也。礼，居是邑，不非其大夫。"

树达按：居是邦不非其大夫，不非其君可知矣。

子与人歌而善，必使反之，而后和之。

子曰："文，莫吾犹人也，躬行君子，则吾未之有得。"

子曰："若圣与仁，则吾岂敢。抑为之不厌，诲人不倦，则可谓云尔已矣。"公西华曰："正唯弟子不能学也。"

《孟子·公孙丑上》篇曰：昔者子贡问于孔子曰："夫子圣矣乎？"孔子曰："圣则吾不能，我学不厌而教不倦也。"子贡曰："学不厌，智也；教不倦，仁也。仁且智，夫子既圣矣。"

《吕氏春秋·尊师》篇曰：子贡问孔子曰："后世将何以称夫子？"孔子曰："吾何足以称哉？勿已者，则好学而不厌，好教而不倦，其惟此邪。"

《说苑·说丛》篇曰：学问不倦，所以治己也；教诲不厌，所以治人也。

子疾病，子路请祷。子曰："有诸？"子路对曰："有之。诔曰：祷尔于上下神祇。"子曰："丘之祷久矣。"

《论衡·感虚》篇曰：圣人修身正行，素祷之日久，天地鬼神知其无罪，故曰祷久矣。

《太平御览》引《庄子》曰：孔子病，子贡出卜。孔子曰："吾坐席不敢先，居处若齐，饮食若祭，吾卜之久矣。"据《困学·纪闻》引。

子曰："奢则不孙，俭则固。

《礼记·杂记下》篇曰：孔子曰：管仲镂簋而朱纮，旅树而反坫，山节藻棁，贤大夫也，而难为上也。晏平仲祀其先人，豚肩不掩豆？贤大夫也，而难为下也。君子上不僭上，下不逼下。

又《礼器》篇曰：是故君子大牢而祭谓之礼，匹士大牢而祭谓之攘。管仲镂簋朱纮，山节藻棁，君子以为滥矣。晏平仲祀其先人，豚肩不掩豆，浣衣濯冠以朝，君子以为隘矣。

树达按：上二节皆谓管仲失之奢，晏子失之俭也。

《盐铁论·通有》篇曰：昔孙叔敖相楚，妻不衣帛，马不秣粟。孔子曰："不可。太俭极下，此《蟋蟀》所为作也。"

《说苑·权谋》篇曰：孔子曰："奢则不逊。"夫不逊者必侮上，侮上者，逆之道也。

《汉书·董仲舒传》曰：对策曰："臣闻：制度文采玄黄之饰？所以明尊卑，异贵贱，而劝有德也。故《春秋》受命，所先制者，改正朔，易服色，所以应天也。然则宫室旌旗之制，有法而然者也。故孔子曰：'奢则不逊，俭则固。'俭非圣人之中制也。"

与其不孙也，宁固。"

《八佾》篇曰：林放问礼之本。子曰："大哉问！礼，与其奢也，宁俭；丧，与其易也，宁戚。"

《礼记·檀弓下》篇曰：曾子曰："晏子可谓知礼也已，恭敬之有焉。"有若曰："晏子一狐裘三十年，遣车一乘，及墓而反。国君七个，遣车七乘；大夫五个，遣车五乘，晏子焉知礼？"曾子曰："国无道，君子耻盈礼焉。国奢则示之以俭，国俭则示之以礼。"

子曰："君子坦荡荡，小人长戚戚。"

《荀子·子道》篇曰：子路问于孔子曰："君子亦有忧乎？"孔子曰："君子，其未得也，则乐其意；既已得之，又乐其治。是以有终身之乐，无一日之忧。小人者，其未得也，则忧不得；既已得之，又恐失之。是以有终身之忧，无一日之乐也。"

子温而厉，

《子张》篇曰：子夏曰：君子有三变：望之俨然，即之也温，听其言也厉。

《贾子·道术》篇曰：欣憘可安谓之熅，熅与温通。反熅为鸷。

威而不猛，

《左传·襄公三十一年》曰：有威而可畏谓之威。

《尧曰》篇曰：子夏曰：君子正其衣冠，尊其瞻视，俨然人望而畏之，斯不亦威而不猛乎？

恭而安。

《贾子·道术》篇曰：接遇慎容谓之恭，反恭为媟。

论语疏证卷第八

泰伯篇第八

子曰:"泰伯,其可谓至德也已矣!三以天下让,民无得而称焉。"

《史记·周本纪》曰:古公有长子曰太伯、太同泰。次曰虞仲。太姜生少子季历,季历生昌,有圣瑞。古公曰:"我世当有兴者,其在昌乎!"太伯虞仲知古公欲立季历以传昌,乃二人亡如荆蛮,文身断发以让季历。古公卒,季历立,是为公季。公季卒,子昌立;是为西伯,谥为文王。

本篇曰:三分天下有其二,以服事殷,周之德,其可谓至德也已矣!

树达按:《论语》称至德者二,一赞泰伯,一赞文王,皆以其能让天下也。此孔子赞和平,非武方之义也。

子曰:"恭而无礼则劳。

《礼记·仲尼燕居》篇曰:敬而不中礼谓之野,恭而不中礼谓之给。又《曲礼上》篇曰:道德仁义,非礼不成。

《颜渊》篇曰:子夏曰:君子敬而无失,与人恭而有礼。

《学而》篇曰:有子曰:恭近于礼,远耻辱也。

《礼记·表记》篇曰：子曰：恭近礼，俭近仁，信近情。敬让以行此，虽有过，其不甚矣。

慎而无礼则葸。

《公冶长》篇曰：季文子三思而后行。子闻之，曰："再斯可矣。"

勇而无礼则乱。

《左传·宣公十五年》曰：民反德为乱。

《阳货》篇曰：子曰：好勇不好学，其蔽也乱。

又曰：子路曰："君子尚勇乎？"子曰："君子义以为上，君子有勇而无义为乱，小人有勇而无义为盗。"

《礼记·仲尼燕居》篇曰：勇而不中礼谓之逆。

《左传·哀公十六年》曰：楚太子建之遇谗也，自城父奔宋。又辟华氏之乱于郑，郑人甚善之。又适晋，与晋人谋袭郑，乃求复焉。郑人复之，如初。晋人使谋于子木，子木即建也。请行而期焉。子木暴虐于其私邑，邑人诉之，郑人省之，得晋谍焉，遂杀子木。其子曰胜，在吴，子西欲召之。叶公曰："吾闻，胜也诈而乱，无乃害乎？"子西曰："吾闻胜也信而勇，不为不利，舍诸边境，使卫蕃焉。"叶公曰："周仁之谓信，率义之谓勇。吾闻胜也好复言，而求死士，殆有私乎。复言，非信也；期死，非勇也。子必悔之。"弗从，召之，使处吴境，为白公。请伐郑，子西曰："楚未节也，不然，吾不忘也。"他日又请，许之。未起师，晋人伐郑，楚救之，与之盟。胜怒曰："郑人在此，仇不远矣。"胜自厉剑，子期之子平见之。曰："王孙何自厉也？"曰："胜以直闻，不告女，庸为直乎？将以杀尔父。"平以告子西，子西曰："胜如卵；余翼而长之。楚国第，我死，令尹司马非胜而谁？"胜闻之，曰："令尹之狂也，得死乃非我。"子西不悛。吴人伐慎，白公败之，请以战备献，许之，遂作乱。秋七月；杀子西子期于朝而劫惠王；子西以袂掩面而死。

树达按：叶公称白公胜为乱，而子西则称胜为勇，乱非勇而与勇至相似故也。

直而无礼则绞。

《阳货》篇曰：子曰：好直不好学，其蔽也绞。

《子路》篇曰：叶公语孔子曰："吾党有直躬者，其父攘羊而子证之。"孔子曰："吾党之直者异于是。父为子隐，子为父隐，直在其中矣。"

树达按：本章言勇而无礼则乱；直而无礼则绞。而《阳货》篇则曰，好直不好学，其蔽也绞；好勇不好学，其蔽也乱。勇之弊同为乱，直之弊同为绞。然则二章义实同。特彼言不好学，举其因，此章言无礼，明其果，为异耳。此知不好学者正谓不学礼也。

君子笃于亲，则民兴于仁。

《学而》篇曰：曾子曰：慎终追远，民德归厚矣。

故旧不遗，则民不偷。"

《毛诗·小雅序》曰：《伐木》，燕朋友故旧也。自天子至于庶人，未有不须友以成者。亲亲以睦，友贤不弃，不遗故旧，则民德归厚矣。

《微子》篇曰：周公谓鲁公曰：君子不施其亲，不使大臣怨乎不以。故旧无大故，则不弃也。

《荀子·宥坐》篇曰：孔子曰：吾有鄙也，去其故乡，事君而达，卒遇故人，曾无旧言，吾鄙之。

曾子有疾，召门弟子曰："启予足！启予手！《诗》云：'战战兢兢，如临深渊，如履薄冰。'而今而后，吾知免夫。小子！"

《孝经》曰：子曰：身体发肤，受之父母，不敢毁伤，孝之始也。

《礼记·祭义》篇曰：乐正子春下堂而伤其足，数月不出，犹有忧色。门弟子曰："夫子之足瘳矣，数月不出，犹有忧色，何也？"乐正子春曰："善如尔之问也。吾闻诸曾子，曾子闻诸夫子曰：'天之所生，地之所养，无人为大。父母全而生之，子全而归之，可谓孝矣。不亏其体，不辱其身，可谓全矣。'故君子顷步而弗敢忘孝也。今予忘孝之道，予是以有忧色也。'《大戴礼记·曾子大孝》篇、《吕氏春秋·孝行览》文略同。

《论衡·四讳》篇曰：先祖全而生之，子孙亦当全而归之。曾子重慎，临绝效全，喜免毁伤之祸也。

《礼记·檀弓上》篇曰：子张病，召申祥而语之，曰："君子曰终，小人曰死，吾今日其庶几乎！"

　　树达按：此事与曾子正同。可见孔门弟子之于学，至死不息，大都皆尔，不惟曾子一人也。

曾子有疾，孟敬子问之。曾子言曰："鸟之将死，其鸣也哀；人之将死，其言也善。

《新序·杂事一》篇曰：楚共王有疾，召令尹曰："常侍筦苏与我处，常忠我以道，正我以善。吾与处，不安也；不见，不思也。虽然，吾有得也。其功不细，必厚爵之。申侯伯与处，常纵恣吾。吾所乐者，劝吾为之；吾所好者，先吾服之。吾与处，欢乐之；不见，戚戚也。虽然，吾终无得也。其过不细，必亟遣之。"令尹曰："诺。"明日，王薨。令尹即拜筦苏为卿，而逐申侯伯出之境。曾子曰："鸟之将死，其鸣也哀；人之将死，其言也善。"言返其本性，共王之谓也。

《史记·滑稽东方朔传》曰：至老，朔且死时，谏曰："《诗》云：'营营青蝇，止于蕃；恺悌君子，无信谗言。谗言罔极，交乱四国。'愿陛下远巧佞，退谗言。"帝曰："今顾东方朔多善言。"怪之。居无何，朔果病死。传曰："鸟之将死，其鸣也哀；人之将死，其言也善。"此之谓也。

君子所贵乎道者三：动容貌，斯远暴慢矣；正颜色，斯近信矣；出辞气，斯远鄙倍矣。

《礼记·冠义》篇曰：礼义之始，在于正容体，齐颜色，顺辞令。容体正，颜色齐，辞令顺，而后礼义备。

又《表记》篇曰：子曰："君子不失足于人，不失色于人，不失口于人。是故君子貌足畏也，色足惮也，言足信也。"

又《玉藻》篇曰：君子之容舒迟，见所尊者齐遫。足容重，手容恭，目容端，口容止，声容静，头容直，气容肃，立容德，色容庄，坐如尸，燕居告温温。

《韩诗外传·卷九》曰：传曰：孔子过康子，子张子夏从，孔子入坐，二子相与论，终日不决。子夏辞气甚隘，颜色甚变。子张曰："子亦闻夫子之议论邪？徐言訚訚，威仪翼翼，后言先默，得之推让。巍巍乎，荡荡乎，道有归矣。小人之论也，专意自是，言人之非，瞋目扼腕，疾言喷喷，口沸目赤。一幸得胜，疾笑嗌嗌，威仪固陋，辞气鄙俗。是以君子贱之也。"

笾豆之事，则有司存。"

《礼记·乐记》篇曰：铺筵席，陈尊俎，列笾豆，以升降为礼者，礼之末节也；故有司掌之。

《说苑·修文》篇曰：曾子有疾，孟仪往问之。曾子曰："鸟之将死，必有悲声；君子集大辟，必有顺辞。礼有三仪，知之乎？"对曰："不识也。"曾子曰："坐！吾语汝。君子修礼以立志，则贪欲之心不来；君子思礼以修身，则怠惰慢易之节不至；君子修礼以仁义，则忿争暴乱之辞远。若夫置樽俎，列笾豆，此有司之事也。君子虽勿能可也。"

树达按：此与《论语》少异。

曾子曰："以能问于不能，以多问于寡。

《诗·大雅·板》曰：先民有言，询于刍荛。

《伪尚书·仲虺之诰》曰：好问则裕，自用则小。

《荀子·大略》篇曰：迷者不问路，溺者不问遂，亡人好独。《诗》

曰："我言维服，勿用为笑，先民有言，询于刍荛"，言博问也。

《淮南子·主术》篇曰：文王智而好问，故圣；武王勇而好问，故胜。

《说苑·建本》篇曰：夫问讯之士，日夜兴起，厉中益知，以分别理。是故处身则全，立身不殆。士苟欲深明博察以垂荣名，而不好问讯之道，则是伐智本而塞智原也，何以立躯也？

又《说丛》篇曰：君子不羞学，不羞问。问讯者，知之本；念虑者，知之道也。此言贵因人知而加知之，不贵独自用其知而知之。

《吕氏春秋·观世》篇曰：譬之，若登山，登山者处已高矣，左右视，尚巍巍焉山在其上。贤者之所与处，有似于此。身已贤矣，行已高矣，左右视，尚尽贤于己。

《韩非子·说林上》篇曰："管仲隰朋从桓公伐孤竹，春往，冬反，迷惑失道。管仲曰："老马之智可用也。"乃放老马而随之，遂得道。行山中，无水。隰朋曰："蚁冬居山之阳，夏居山之阴，蚁壤寸而有水。"乃掘地，遂得水。以管仲之圣而隰朋之智，至其所不知，不难师于老马与蚁。今人不知以其愚心而师圣人之智，不亦过乎！

有若无，实若虚。

《大戴礼记·曾子制言上》篇曰：良贾深藏如虚；君子有盛教如无。

《老子》曰：良贾深藏若虚；君子盛德，容貌若愚。

《中论·虚道》篇曰：人之为德，其犹虚器欤！器虚则物注，满则止焉。故君子常虚其心，士恭其容貌，不以逸群之才加乎众人之上，视彼犹贤，自视犹不足也，故人愿告之而不倦。《易》曰："君子以虚受人。"《诗》曰："彼姝者子，何以告之？"君子之于善道也，大则大识之，小则小识之。善无大小，咸在于心，然后举而行之。我之所有，既不可夺；而我之所无，又取于人。是以功常前人而人后之也。

《淮南子·缪称》篇曰：后稷广利天下，犹不自矜。禹无废功，无废财，自视犹觖如也。满如陷，实如虚，尽之者也。

《大戴礼记·卫将军文子》篇曰：满而不漏，实如虚，过之如不及，是曾参之行也。

树达按：据此，曾子于此章虽称其友，而曾子亦自实践其言也。

犯而不校，昔者吾友尝从事于斯矣。"

《韩诗外传·卷九》曰：子路曰："人善我，我亦善之；人不善我，我不善之。"子贡曰："人善我，我亦善之；人不善我，我则引之进退而已耳。"颜回曰："人善我，我亦善之；人不善我，我亦善之。"三子所持各异，问于夫子，夫子曰："由之所言，蛮貊之言也；赐之所言，朋友之言也；回之所言，亲属之言也。"

树达按：吾友，先儒皆谓指颜子，据《外传》颜回之言，正与犯而不校之义相合也。

曾子曰："可以托六尺之孤，

《列女传·节义传》曰：鲁孝义保者，鲁孝公称之保母，臧氏之寡也。初，孝公父武公，与其二子长子括中子戏朝周宣王，宣王立戏为鲁太子。武公薨，戏立，是为懿公。孝公时号公子称，最少，义保与其子俱入宫，养公子称。括之子伯御与鲁人作乱，攻杀懿公而自立，求公子称于宫，将杀之。义保闻伯御将杀称，乃衣其子以称之衣，卧于称之处，伯御杀之。义保遂抱称以出；遇称舅鲁大夫于外。舅问："称死乎？"义保曰："不死，在此。"舅曰："何以得免？"义保曰："以吾子代之。"义保遂以逃。十一年，鲁大夫皆知称之在保，于是请周天子，杀伯御，立称，是为孝公。鲁人高之。《论语》曰："可以托六尺之孤"，其义保之谓也。

《史记·赵世家》曰：晋景公时，赵盾卒，谥为宣孟。子朔嗣。三年，大夫屠岸贾欲诛赵氏，韩厥告赵朔："趣亡。"朔不肯，曰："子不绝赵祀，朔死不恨。"韩厥许诺，称疾不出。贾不请而擅与诸将攻赵氏于下宫，杀赵朔赵同赵括赵婴齐，皆灭其族。赵朔妻，成公姊，有遗腹，走公宫匿。赵朔客曰公孙杵臼，杵臼谓朔友人程婴曰："胡不死？"程婴曰："朔之妇有遗腹，若幸而男，吾奉之；即女也，吾徐死耳。"居无何，而朔妇免身，生男。屠岸贾闻之，索于宫中，夫人置儿袴中，祝曰："赵宗灭乎？若号！即不灭，若无声。"及索，儿竟无声。已脱，程婴谓公孙杵臼曰："今一索不得，后必且复索之，奈何？"公孙杵臼曰："立孤与死孰难？"婴曰："死易，立孤难耳。"公孙杵臼曰："赵氏先君遇子厚，子强为难者，吾为其易者，请先死。"乃二人谋取他人婴儿，负之，衣之以文葆，匿山中。程婴出，谬谓诸将军曰："婴不肖，不能立赵孤。谁能与我千金？吾告赵氏孤处。"诸将皆喜，许之。发师随程婴攻公孙杵臼。杵臼谬曰："小人哉程婴！昔下宫之难，不能死，与我谋匿赵氏孤儿。今又卖我，纵不能立，而忍卖之乎？"抱儿呼曰："天乎！天乎！赵氏孤儿何罪？请活之！独杀杵臼可也！"诸将不许，遂杀杵臼与孤儿。诸将以为赵氏孤儿良已死，皆喜。然赵氏真孤乃反在，程婴卒与俱匿山中。居十五年，晋景公疾，卜之，"大业之后不遂者为祟。"景公问韩厥，厥知赵孤在，具以实告。于是景公乃与韩厥谋立赵孤儿，召而匿之宫中。诸将入问疾，景公因韩厥之众以胁诸将而见赵孤。赵孤名曰武；于是召赵武。程婴遍拜诸将，诸将遂反与程婴赵武攻屠岸贾，灭其族。复与赵武田邑如故。及赵武冠，为成人，程婴乃辞诸大夫，谓赵武曰："昔下宫之难，皆能死。我非不能死，我思立赵氏之后。今赵武既立，为成人，复故位，我将下报赵宣孟与公孙杵臼。"赵武啼泣，顿首固请曰："武愿苦筋骨以报子至死，而子忍去我死乎？"程婴曰："不可。彼以我为能成事，故先我死。今我不报，是以我事为不成。"遂自杀。赵武服齐衰三年，为之祭邑，春秋祀之，世世勿绝。《后汉书·李固传》曰：固既策罢，知不免祸，乃遣三子归乡里。时燮年十三，姊文姬为同郡赵伯英妻，贤而有智，密与二兄谋，豫藏匿燮，托言还京师，人咸信之。有顷，难作，下郡，收回三子，二兄受害，文姬乃告父门生王成曰："君执义先公，有古人之节，今委君以六尺之孤，李氏存灭，其在君矣。"成感其义，乃将燮乘江东下，入徐州界内，令燮名姓为酒家佣，而成卖卜于市，阴相往来，燮从受学。酒家异之，意非恒人，以女妻燮。燮专精经学，十余年间，梁冀既诛，而灾眚屡见。明年，史官上言，当存录大臣冤死者子孙，于是求固后嗣。燮乃以本末告酒家，酒家具车重厚遣之，遂还乡里，追服。姊弟相见，悲感傍人。后王成卒，燮以礼葬之；每四节，为设上宾之位而祠焉。

可以寄百里之命。

《白虎通·封公侯》篇曰：诸侯封不过百里，象雷震百里，所润云雨同也。

临大节而不可夺也。

《吕氏春秋·知分》篇曰：晏子与崔杼盟，其辞曰："不与崔氏而与公孙氏者，受其不祥。"晏子俯而饮血，仰而呼天，曰："不与公孙氏而与崔氏者，受此不祥。"崔杼不说，直兵造胸，句兵钩颈，谓晏子曰："子变子言，则齐国吾与子共之；子不变子言，则今是已。"晏子曰："崔子！子独不为夫《诗》乎？《诗》曰：'莫莫葛藟，延于条枚，凯弟君子，求福不回。'婴且可以回而求福乎？子惟之矣！"崔杼曰："此贤者，不可杀也。"罢兵而去。

《后汉书·耿恭传》曰：时焉耆龟兹攻没都护陈睦，北虏亦围关宠于柳中。会显宗崩，救兵不至，车师复畔，与匈奴共攻恭，恭厉士众击走之。后王夫人，先世汉人，常私以虏情告恭，又给以粮饷。数月，食尽穷困，乃煮铠弩，食其筋革，恭与士推诚同死生，故皆无二心，而稍稍死亡，余数十人。单于知恭已困，欲必降之，复遣使招恭曰："若降者，当封为白屋王，妻以女子。"恭乃诱其使上城，手击杀之，炙诸城上。虏官属望见，号哭而去。单于大怒，更益兵围恭，不能下。初。关宠上书求救，肃宗遣征西将军耿秉屯酒泉，行太守事，遣秦彭与谒者王蒙皇甫援发张掖酒泉敦煌三郡及鄯善兵合七千余人。建初元年正月，会柳中，击车师，攻交河城，斩首三千八百级，北虏惊走，车师复降。会关宠已没，蒙等闻之，便欲引兵还。先是恭遣军吏范羌至敦煌迎兵士寒服，羌因随王蒙军出塞，羌固请迎恭，诸将不敢前，乃分兵二千人与羌，从山北迎恭。遇大雪丈余，军仅能至，城中夜闻兵马声，以为虏来，大惊。羌乃遥呼曰："我范羌也，汉遣军迎校尉耳。"城中皆称万岁，开门，共相持涕泣。明日，遂相随俱归，虏兵追之，且战且行。吏士素饥困，发疏勒时，尚有二十六人，随路死没，三月，至玉门，唯余十三人，衣屦穿决，形容枯槁。中郎将郑众为恭以下洗沐易衣冠。上疏曰："耿恭以单兵固守孤城，卒全忠勇，不为大汉耻。恭之节义，古今未有，宜蒙显爵以厉将帅。"及恭至雒阳，鲍昱奏："恭节过苏武，宜蒙爵赏。"于是拜为骑都尉。

君子人与？君子人也。"

曾子曰："士不可以不弘毅，任重而道远。

《礼记·表记》篇曰：子曰：仁之为器重，其为道远。举者莫能胜也；行者莫能致也。取数多者，仁也。夫勉于仁者，不亦难乎！

仁以为己任，不亦重乎？

《卫灵公》篇曰：子曰：当仁不让于师。

死而后已，不亦远乎？"

《礼记·表记》篇曰：乡道而行，中道而废，忘身之老也，不知年数之不足也，俛焉日有孳孳，毙而后已。

《荀子·劝学》篇曰："学恶乎始？恶乎终？"曰："其数，则始乎诵经，终乎读礼；其义，则始乎为士？终乎为圣人。真积力久则入，学至乎没而后止也。故学数有终，若其义，则不可须臾舍也。"

《韩诗外传·卷八》曰：孔子燕居，子贡摄齐而前曰："弟子事夫子有年矣，才竭而智罢，振于学问，不能复进，请一休焉。"孔子曰："赐也欲焉休乎？"曰："赐欲休于事君。"孔子曰："《诗》云：'夙夜匪懈，以事一人。'为之若此其不易也，若之何其休也？"曰："赐欲休于事父。"孔子曰："《诗》云：'孝子不匮，永锡尔类。'为之若此其不易也，如之何其休也？"曰："赐欲休于事兄弟。"孔子曰："《诗》云：'妻子好合，如鼓瑟琴，兄弟既翕，和乐且耽。'为之若此其不易也，如之何其休也？"曰："赐欲休于耕田。"孔子曰："《诗》云：'昼尔于茅，宵尔索绹，亟其乘屋，其始播百谷。'为之若此其不易也，若之何其休也？"子贡曰："君子亦有休乎？"孔子曰："阖棺兮，乃止播兮，不知其时之易迁兮，此之谓君子所休也。"故学而不已，阖棺乃止。《荀子·大略》篇文大同。

《礼记·檀弓上》篇曰：曾子寝疾病，乐正子春坐于床下，曾元曾申坐于足，童子隅坐而执烛。童子曰："华而睆，大夫之箦与？"子春曰："止。"曾子闻之，瞿然曰："呼。"曰："华而睆，大夫之箦与？"曾子曰："然。斯季孙之赐也，我未之能易也，元起易箦！"曾元曰："夫子之病革矣，不可以变。幸而至于旦，请敬易之。"曾子曰："尔之爱我也不如彼。君子之爱人也以德，细人之爱人也以姑息。吾何求哉？吾得正而毙焉斯已矣。"举扶而易之，反席未安而没。

子曰："兴于《诗》；

《阳货》篇曰：子曰：《诗》，可以兴。

立于礼；

《季氏》篇曰：伯鱼曰：他日又独立，鲤趋而过庭。曰："学礼乎？"对曰："未也。""不学礼，无以立。"鲤退而学礼。《尧曰》篇曰：子曰：不知礼，无以立也。

《左传·昭公七年》曰：孟僖子将死，召其大夫曰："礼，人之干也，无礼，无以立。"

《荀子·修身》篇曰：凡用血气志意知虑，由礼则治通，不由礼则勃乱提僈。食饮衣服居处动静，由礼则和节，不由礼则触陷生疾。容貌态度进退趋行，由礼则雅，不由礼则夷固僻违，庸众而野。故人无礼则不生，事无礼则不成，国家无礼则不宁。《韩诗外传·卷一》文大同。

成于乐。"

《礼记·乐记》篇曰：是故先王本之情性，稽之度数，制之礼义，合生气之和，道五常之行，使之阳而不散，阴而不密，刚气不怒，柔气不慑，四肢交畅于中而发作于外，皆安其位而不相夺也。然后立之学等，广其节奏，省其文采，以绳德厚。律小大之称，比终始之序，以象事行，使亲疏贵贱长幼男女之理皆行见于乐。故曰：乐观其深矣。

《困学纪闻》五引《子思子》曰：夫子之教必始于《诗》《书》而终于《礼》《乐》，杂说不与焉。《孔丛子·杂训》篇同。

子曰："民可使由之，不可使知之。"

《雍也》篇曰：子曰：谁能出不由户？何莫由斯道也。

《易·系辞上传》曰：仁者见之谓之仁，知者见之谓之知，百姓日用而不知，故君子之道鲜矣。

《孟子·尽心上》篇曰：孟子曰：行之而不著焉，习矣而不察焉，终身由之而不知其道者，众也。

《吕氏春秋·乐成》篇曰：禹之决洪水也，民聚瓦砾。事已成，功已立，为万世利。禹之所见者远也，而民莫之知。故民不可与虑化举始，而可以乐成功。孔子始用于鲁，鲁人鹥诵之曰："麛裘而韠，投之无戾，韠而麛裘，投之无邮。"用三年，男子行乎涂右，女子行乎涂左，财物之遗者，民莫之举。大智之用，固难逾也。子产始治郑，使田有封洫，都鄙有服。民相与诵之曰："我有田畴，而子产赋之；我有衣冠，而子产贮之。孰杀子产？吾其与之。"后三年；民又诵之曰："我有田畴，而子产殖之；我有子弟，而子产诲之。子产若死，其使谁嗣之？"使郑简鲁哀当民之诽訑也而因弗遂用，则国必无功矣，子产孔子必无能矣。舟车之始见也，三世然后安之，夫开善岂易哉。

又曰：魏襄王与群臣饮酒，酣，王为群臣祝，令群臣皆得志。史起兴而对曰："群臣或贤或不肖，贤者得志则可，不肖者得志则不可。"王曰："皆如西门豹之为人臣也。"史起对曰："魏氏之行田也以百亩，邺独二百亩，是田恶也；漳水在其旁，而西门豹弗知用，是其愚也；知而弗言，是不忠也。愚与不忠；不可效也。"魏王无以应之。明日，召史起而问焉，曰："漳水犹可以灌邺田乎？"史起对曰："可。"王曰："子何不为寡人为之？"史起曰："臣恐王之不能也。"王曰："子诚能为寡人为之，寡人尽听子矣。"史起敬诺，言之于王曰："臣为之，民必大怨臣。大者死，其次乃藉臣。臣虽死藉，愿王之使他人遂之也。"王曰："诺。"使之为邺令。史起因往为之，邺民大怨，欲藉史起，史起不敢出而避之，王乃使他人遂为之。水已行，民大得其利，相与歌之。"邺有圣令，时为史公，决漳水，灌邺旁，终古斥卤，生之稻粱。"使民知可与不可，则无所用智矣。魏襄王可谓能决善矣。诚能决善，众虽喧哗而弗为变。功之难立也，其必由呴呴邪！国之残亡，亦犹此也。故呴呴之中，不可不味也。中主以之呴呴也止善，贤主以之呴呴也立功。

《说苑·政理》篇曰：齐桓公谓管仲曰："吾欲举事于国，昭然如日月，无愚夫愚妇皆曰善，可乎？"仲对曰："夫短绠不可以汲深井，知鲜不可以语圣人之言。慧士可以辨物，智士可与辨无方，圣人可与辨神明。夫圣人之所为，非众人之所及也。是故民不可稍而掌也；可并而牧也。众不可户说也，可举而示也。

《淮南子·泛论》篇曰：天下之怪物，圣人之所独见；利害之反覆，知者之所独明达也。同异嫌疑者，世俗之所眩惑也。夫见不可布于海内，闻不可明于百姓；是故因鬼神讥祥而为之立禁，总形推类而为之变象。何以知其然也？世俗言曰："飨大高者而彘为上牲，葬死人者裘不可以藏，相戏以刃者，太祖䩞其肘，枕户橉而卧者，鬼神跖其首。"此皆不著于法令，而圣人之所不口传也。夫飨大高而彘为上牲者，非彘能贤于野兽麋鹿也，而神明独飨之，何也？以为：彘者，家人所常畜而易得之物也，故因其便以尊之。裘不可以藏者，非能具绨绵缦帛温暖于身也，世以为：裘者，难得贵贾之物也，而可传于后世，无益于死者，而足以养生，故因其资以奢之。相戏以刃，太祖䩞其肘者，夫以刃相戏，必为过失；过失相伤，其患必大。无涉血之仇争忿斗，而以小事自内于刑戮，愚者所不知忌也，故因太祖以累其心。枕户橉而卧，鬼神履其首者，使鬼神能玄化，则不待户牖而行，若循虚而出入，则亦无能履也。夫户牖者，风气之所从往来，而风气者，阴阳相犓者也，离者必病，故托鬼神以伸诫之也。凡此之属，皆不可胜著于书策竹帛，而藏于官府者也，故以机祥明之，为愚者之不知其害，乃借鬼神之感以声其教，所由来者远矣。而愚者以为机祥，而很者以为非,唯有道者能通其志。

树达按:孔子此语似有轻视教育之病,若能尽心教育,民无不可知也。以民为愚不可知,于是乃假手于鬼神以恐之,《淮南子》所云是也,此为民不可知必然之结论。即《淮南子》所举四事言之,皆人所易知之事,民决无不可知之理也。

子曰:"好勇疾贫,乱也。
本篇曰:勇而无礼则乱。
人而不仁,疾之已甚,乱也。"
《大戴礼记·曾子立事》篇曰:君子恶人之为不善,而弗疾也。
《后汉书·郭泰传》曰:泰字林宗,太原界休人也。性明知人,好奖训士类。左原者,陈留人也,为郡学生,犯法,见斥。林宗尝遇诸路,为设酒肴以慰之。谓曰:"昔颜涿聚,梁甫之巨盗,段干木,晋国之大驵,卒为齐之忠臣,魏之名贤,尚不能无过,况其余乎?慎勿恚恨,责躬而已。"原纳其言而去。或有讥林宗不绝恶人者,对曰:"人而不仁,疾之已甚,乱也。"原后忽更怀忿,结客,欲报诸生。其日林宗在学,原愧负前言,因遂罢去。后事露,众人咸谢服焉。

又《陈寔传》曰:时中常侍张让权倾天下,让父死,归葬颍川,虽一郡毕至,而名士无往者,让甚耻之,寔乃独吊焉。及后复诛党人,让感寔故,多所全宥。

《荀子·臣道》篇曰:仁者必敬人。凡人,非贤,则案不肖也。人贤而不敬,则是禽兽也;人不肖而不敬,则是狎虎也。禽兽则乱,狎虎则危,灾及其身矣。《诗》曰:"不敢暴虎,不敢冯河,人知其一,莫知其它。战战兢兢,如临深渊,如履薄冰。"此之谓也。故仁者必敬人。敬人有道,贤者则贵而敬之,不肖者则畏而敬之。贤者则亲而敬之,不肖者则疏而敬之。其敬一也,其情二也。若夫忠信端悫而不害伤,则无接而不然,是仁人之质也。

《韩非子·说林》下篇曰：卫将军文子见曾子，曾子不起而延于坐。席正，身见于奥。文子谓其御曰："曾子愚人也哉！以我为君子也？君子安可毋敬也！以我为暴人也？暴人安可侮也！曾子不僇，命也。"

子曰："'如有周公之才之美，使骄且吝，其余不足观也已。'"

《逸周书·寤儆》篇曰：不骄不恪，俗吝字。时乃无敌。

《韩诗外传·卷三》曰：周公践天子之位七年，布衣之士所贽而师者十人，所友见者十二人，穷巷白屋所先见者四十九人，时进善百人，教士千人，官朝者万人。当此之时，诚使周公骄而且吝，则天下贤士至者寡矣。成王封伯禽于鲁，周公诫之曰："往矣！子无以鲁国骄士！吾，文王之子，武王之弟，成王之叔父也，又相天子，吾于天下亦不轻矣。然一沐三握发，一饭三吐哺，犹恐失天下之士。吾闻：德行宽裕，守之以恭者荣；土地广大，守之以俭者安；禄位尊盛，守之以卑者贵；人众兵强，守之以畏者胜；聪明睿知，守之以愚者善；博文强记，守之以浅者智。夫此六者，皆谦德也。"《说苑·敬慎》篇文同。

子曰："三年学，不至于谷，不易得也。"

子曰："笃信好学。

《子张》篇曰：执德不弘，信道不笃，焉能为有？焉能为亡？

守死善道。

《春秋·宣公十七年》曰：冬十有一月壬午，公弟叔肸卒。《谷梁传》曰：其曰公弟叔肸，贤之也。其贤之，何也？宣弑而非之也。非之，则胡为不去也？曰：兄弟也，何去而之？与之财，则曰："我足矣。"织屦而食，终身不食宣公之食。君子以是为通恩也，以取贵乎《春秋》。《公羊》无传。《何注》曰：称字者，贤之。宣公篡立，叔肸不仕其朝，不食其禄，终身于贫贱。孔子曰："笃信好学，守死善道；危邦不入，乱邦不居；天下有道则见，无道则隐。"此之谓也。

《汉书·龚胜传》曰：王莽既篡国，遣使者奉玺书太子师友祭酒印绶，安车驷马迎胜，即拜，秩上卿。使者与郡太守县长吏三老官属行义诸生千人以上入胜里致诏。胜称病笃，为床室中户西牖下，使者入户致诏，付玺书，奉印绶，内安车驷马，以印绶就加胜身，胜辄推不受。胜自知不见听，即谓门人高晖等："吾受汉家厚恩，亡以报。今年老矣，旦暮入地，谊岂以一身事二姓，下见故主哉？"胜因敕以棺敛丧事。语毕，遂不复开口饮食，积十四日死，死时年七十九矣。赞曰："守死善道，胜实蹈焉。"

危邦不入，乱邦不居。

《大戴礼记·盛德》篇曰：是故官属不理，分职不明，法政不一，百事失纪，曰乱也。地宜不殖，财物不蕃，万民饥寒，教训失道，风俗淫僻，百姓流亡，人民散败，曰危也。

《申鉴·政体》篇曰：上多欲，下多端，法不定，政多门，此乱国之风也。上下相疏，内外相蒙，小臣争宠，大臣争权，此危国之风也。

《晏子春秋·问下》篇曰：晏子聘于吴，吴王问曰："国如何则可处？如何则可去也？"晏子对曰："婴闻之：亲疏得处其伦，大臣得尽其忠，民无怨治，国无虐刑，则可处矣。是以君子怀不逆之君，居治国之位。亲疏不得居其伦，大臣不得尽其忠，民多怨治，国有虐刑，则可去矣。是以君子不怀暴君之禄，不处乱国之位。"

《说苑·说丛》篇曰：君子虽穷，不处亡国之势。

《春秋·襄公二十九年》曰：吴子使札来聘。《公羊传》曰：吴无君无大夫，此何以有君有大夫？贤季子也。何贤乎季子？让国也。其让国奈何？谒也，余祭也，夷昧也，与季子同母者四。季子弱而才，兄弟皆爱之，同欲立之以为君。谒曰："今若是迮而与季子国，季子犹不受也。请无与子而与弟，弟兄迭为君而致国乎季子。"皆曰："诺。"故诸为君者皆轻死为勇，饮食必祝，曰："天苟有吴国，尚速有悔于予身。"故谒也死，余祭也立，余祭也死，夷昧也立，夷昧也死，则国宜之季子者也，季子使而亡焉。僚者，长庶也，即之，季子使而反，至而君之尔。阖庐曰："先君之所以不与子国而与弟者，凡为季子故也。将从先君之命与？则国宜之季子者也。如不从先君之命与？则我宜立者也，僚恶得为君乎？"于是使专诸刺僚，而致国乎季子。季子不受。曰："尔弑吾君，吾受尔国，是吾与尔为篡也。尔杀吾兄，吾又杀尔，是父子兄弟相杀终身无已也。"去之延陵，终身不入吴国。故君子以其不受为义，以其不杀为仁。

《后汉书·独行·李业传》曰：及公孙述僭号，素闻业贤，征之，欲以为博士，业固疾不起。数年，述羞不致之，乃使大鸿胪尹融持毒酒奉诏命以劫业。"若起，则受公侯之位；不起，赐之以药。"融譬旨，业叹曰："危国不入，乱国不居。亲于其身为不善者，义所不从。君子见危授命，何乃诱以高位重饵哉？"遂饮毒而死。

天下有道则见，无道则隐。

《史记·蔡泽传》曰：进退盈缩，与时变化，圣人之常道也。故国有道则仕，国无道则隐。

《卫灵公》篇曰：君子哉蘧伯玉！邦有道则仕；邦无道，则可卷而怀之。

《后汉书·周燮黄宪传》曰：桓帝时，安阳人魏桓字仲英，亦数被征，其乡人劝之行。桓曰："夫干禄求进，所以行其志也。今后宫千数，其可损乎？厩马万匹，其可减乎？左右悉权豪，其可去乎？"皆对曰："不可。"桓乃慨然叹曰："使桓生行死归，于诸子何有哉？"遂隐身不出。

邦有道，贫且贱焉，耻也；邦无道，富且贵焉，耻也。"

《宪问》篇曰：宪问耻，子曰：邦有道，谷。邦无道，谷，耻也。

《说苑·说丛》篇曰：君子虽贫，不受乱君之禄。尊乎乱世，同乎暴君，君子之耻也。

《中论爵禄》篇曰：古之制爵禄也，爵以居有德，禄以养有功。功大者其禄厚，德远者其爵尊；功小者其禄薄，德近者其爵卑。是故观其爵则别其人之德也，见其禄则知其人之功也。古之君子贵爵禄者，盖以此也。孔子曰："邦有道，贫且贱焉，耻也。"自时厥后，文武之教衰，黜陟之道废，诸侯僭恣，大夫世位。爵人不以德，禄人不以功。窃国而贵者有之，窃地而富者有之。奸邪得愿，仁贤失志，于是则以富贵相诟病矣。故孔子曰："邦无道，富且贵焉，耻也。"

子曰:"不在其位,不谋其政。"

《易·象传》曰:兼山,艮、君子以思不出其位。

《宪问》篇曰:曾子曰:君子思不出其位。

《庄子·逍遥游》篇曰:庖人虽不治庖、尸祝不越樽俎而代之矣。

《孟子·离娄上》篇曰:位卑而言高,罪也。

又《离娄下》篇曰:曾子居武城,有越寇。或曰:"寇至,盍去诸?"曰:"无寓人于我室,毁伤其薪木。"寇退,则曰:"修我墙屋,我将反。"寇退,曾子反。左右曰:"待先生如此其忠且敬也。寇至则先去以为民望,寇退则反,殆于不可。"沈犹行曰:"是非汝所知也。昔沈犹有负刍之祸,从先生者七十人,未有与焉。"子思居于卫,有齐寇。或曰:"寇至,盍去诸?"子思曰:"如伋去,君谁与守?"孟子曰:"曾子子思同道。曾子,师也,父兄也。子思,臣也,微也。曾子子思易地则皆然。"

树达按:子思在位,曾子不在其位,故处之不同,此古人之辨证法也。

《左传·文公六年》曰:晋蒐于夷,舍二军,使狐射姑将中军,赵盾佐之。阳处父至自温,改蒐于董,易中军。阳子,成季之属也,故党于赵氏,且谓赵盾能。曰:"使能,国之利也",是以上之。宣子于是乎始为国政。贾季即《狐射姑》。怨阳子之易其班也,本中军帅,易之为佐。九月,贾季使续鞫居杀阳处父。书曰:晋杀其大夫。侵官也。

树达按:侵官者,不在其位而谋其政也。

《韩非子·二柄》篇曰:昔者韩昭侯醉而寝,典冠者见君之寒也,故加衣于君之上。觉寝而说,问左右曰:"谁加衣者?"左右对曰:"典冠。"君曰:"兼罪典衣与典冠。"其罪典衣,以为失其事也;其罪典冠，以为越其职也。非不恶塞也，以为侵官之害甚于寒。故明主之畜臣，臣不得越官而有功，不得陈言而不当。越官则死，不当则罪。

《左传·僖公三十二年》曰：杞子自郑使告于秦曰："郑人使我掌其北门之管，若潜师以来，国可得也。"穆公访诸蹇叔，蹇叔曰："劳师以袭远，非所闻也。师劳力竭，远主备之，无乃不可乎？师之所为，郑必知之。勤而无所，必有悖心。且行千里，其谁不知？"公辞焉。召孟明、西乞、白乙，使出师于东门之外。秦师遂东。三十三年春，秦师过周北门。及滑，郑商人弦高将市于周，遇之。以乘韦先牛十二犒师曰："寡君闻吾子将步师出于敝邑，敢犒从者。不腆敝邑为从者之淹，居者具一日之积，行则备一夕之卫。"且使遽告于郑。郑穆公使视客馆，则束载厉兵秣马矣。使皇武子辞焉。曰："吾子淹久于敝邑，唯是脯资饩牵竭矣，为吾子之将行也。郑之有原圃，犹秦之有具囿也，吾子取其麋鹿以闲敝邑，若何？"杞子奔齐、逢孙杨孙奔宋。孟明曰："郑有备矣，不可冀也。攻之，不克；围之，不继。吾其还也。"灭滑而还。

> 树达按：不在其位，不谋其政，经也；弦高佯为郑吏以犒秦，权也。国家存亡在呼吸之顷，如弦高以不在其位而不谋，则悖矣。此又古人行事深合辨证法者也。

《说苑·善说》篇曰：晋献公之时，东郭民有祖朝者，上书献公曰：草茅臣东郭民祖朝愿请问国家之计。献公使使出告之曰："肉食者已虑之矣，藿食者尚何与焉？"祖朝对曰："大王独不闻古之将曰桓司马者，朝朝其君，举而晏。御呼车，骖亦呼车。御肘其骖曰：'子何越云为乎？何为藉呼车？'骖谓其御曰：'当呼者呼，乃吾事也。子当御，正子之辔衔耳。子今不正辔衔，使马卒然惊，妄轹道中行人，必逢大敌。下车免剑，涉血履肝者，固吾事也。子宁能辟子之辔下佐我乎？其祸亦及吾身，与有深忧，吾安得无呼车乎？'今大王曰：'食肉者已虑之矣。'设使食肉者一旦失计于庙堂之上，若臣等之藿食者宁得无肝胆涂地于中原之野与？其祸亦及臣之身，臣与有其深忧，安得无与国家之计乎？"献公召而见之，三日与语，立以为师也。

子曰："师挚之始，《关雎》之乱，洋洋乎盈耳哉！"

子曰："狂而不直，侗而不愿，悾悾而不信，吾不知之矣。"

子曰："学如不及，犹恐失之。"

《大戴礼记·曾子立事》篇曰：君子爱日以学，及时以行。

《荀子·修身》篇曰：道虽迩，不行不至；事虽小，不为不成。其为人也多暇日者，其出人不远矣。

《淮南子·缪称》篇曰：文王闻善如不及，宿不善如不祥。非为日不足也，其忧寻推之也。

又《泰族》篇曰：人莫不知学之有益于己也，然而不能者，嬉戏害之也。人皆多以无用害有用，故智不博而日不足。以凿观池之力耕，则田野必辟矣；以积土山之高修堤防，则水用必足矣；以食狗马鸿雁之费养士，则名誉必荣矣；以弋猎博弈之日诵诗读书，则闻识必博矣。'

《说苑·建本》篇曰：晚世之人，莫能闲居心思，鼓琴读书，追观上古，友贤大夫，学问讲辨，日以自虞；疏远世事，分明利害，筹策得失，以观祸福；设义立度，以为法式。穷追本末，究事之情，死有遗业，生有荣名。此皆人材之所能逮也。然莫能为者，偷慢懈堕多暇日之故也，是以失本而无名。文本《淮南子·修务》篇，因《说苑》文较明，故舍彼引此。

《法言·问明》篇曰：辰乎辰，曷来之迟，去之速也？君子竞诸。讦言败俗，讦好败则，姑息败德。君子谨于言，慎于好，亟于时。

子曰："巍巍乎！舜禹之有天下也而不与焉！"

《卫灵公》篇曰：子曰：无为而治者，其舜也与！夫何为哉？恭己正南面而已矣。

《论衡·语增》篇曰：舜承安继治，任贤使能，恭己无为而天下治。故孔子曰：巍巍乎舜禹之有天下也而不与焉。

子曰："大哉！尧之为君也，巍巍乎唯天为大，唯尧则之，荡荡乎民无能名焉。巍巍乎其有成功也，焕乎其有文章。"

《史记·五帝纪》曰：帝尧者，放勋。其仁如天，其知如神。尧立七十年，得舜，二十年而老，令舜摄行天子之政，荐之于天，尧辟位凡二十八年而崩。尧知子丹朱之不肖，不足授天下，于是乃权授舜。授舜则天下得其利而丹朱病；授丹朱则天下病而丹朱得其利。尧曰："终不以天下之病而利一人"，而卒授舜以天下。

《孟子·滕文公上》篇曰：尧以不得舜为己忧，舜以不得禹皋陶为己忧。分人以财谓之惠，教人以善谓之忠，为天下得人者谓之仁。是故以天下与人易，为天下得人难。孔子曰："大哉尧之为君，惟天为大，惟尧则之，荡荡乎民无能名焉。君哉舜也，巍巍乎有天下而不与焉。"

《说苑·至公》篇曰：《书》曰："不偏不党，王道荡荡"，言至公也。古有行大公者，帝尧是也。贵为天子，富有天下，得舜而传之，不私于其子孙也。去天下若遗躧，于天下犹然，况其细于天下乎！非帝尧孰能行之？孔子曰："巍巍乎，惟天为大，惟尧则之。"

《论衡·艺增》篇曰：论语曰："大哉尧之为君也！荡荡乎民无能名焉。"传曰：有年五十击壤于路者，观者曰："大哉尧德乎！"击壤者曰："吾日出而作，日入而息，凿井而饮，耕田而食，尧何等力？"此言荡荡无能名之效也。

《春秋繁露·奉本》篇曰：孔子曰："唯天为大，唯尧则之"，则之者，大也。"巍巍乎其有成功也"，言其尊大以成功也。齐桓晋文不尊周室，不能霸；三代圣人不则天地，不能至王。阶此而观之，可以知天地之贵矣。

舜有臣五人而天下治。

《孟子·滕文公上》篇曰：当尧之时，天下犹未平，洪水横流，泛滥于天下，草木畅茂，禽兽繁殖，五谷不登，禽兽逼人，兽蹄鸟迹之道交于中国。尧独忧之，举舜而敷治焉。舜使益掌火，益烈山泽而焚之，禽兽逃匿。禹疏九河，瀹济漯而注诸海，决汝汉，排淮泗，而注之江，然后中国可得而食也。后稷教民稼穑，树艺五谷，五谷熟而民人育。人之有道也，饱食暖衣，逸居而无教，则近于禽兽。圣人有忧之，使契为司徒，教以人伦。父子有亲，君臣有义，夫妇有别，长幼有序，朋友有信。尧以不得舜为己忧，舜以不得禹皋陶为己忧。是故以天下与人易，为天下得人难。

树达按：《集解》引孔安国说释五人为禹稷契皋陶伯益，是也。其说实本孟子此章，而疏家皆不及，失之。

武王曰："予有乱臣十人。"

《左传·昭公二十四年》曰：苌弘曰：《大誓》曰："纣有亿兆夷人，亦有离德；余有乱臣十人，同心同德。"此周所以兴也。

又《襄公二十八年》曰：叔孙穆子曰：武王有乱臣十人。

又《成公二年》曰：君子曰：《大誓》所谓商兆民离，周十人同者，众也。

孔子曰："才难，不其然乎？唐虞之际，于斯为盛，有妇人焉，九人而已。

《毛诗序》云：《卷耳》，后妃之志也。又当辅佐君子求贤审官，知臣下之勤劳，内有进贤之志，而无险诐私谒之心，朝夕思念，至于忧勤也。

三分天下有其二，以服事殷，周之德其可谓至德也已矣。"

《逸周书·太子晋》篇曰：如文王者，其大道仁，其小道惠。三分天下而有其二，敬人无方，服事于商。既有其众，而反失其身，此之谓仁。

《左传·襄公四年》曰：韩献子曰：文王帅殷之畔国以事纣。

《周书·程典》解曰：维三月既生魄，文王合六州之众奉勤于商。

《吕氏春秋·古乐》篇曰：周文王处岐，诸侯去殷三淫而翼文王。散宜生曰："殷可伐也。"文王弗许。

又《行论》篇曰：昔者纣为无道，杀梅伯而醢之，杀鬼侯而脯之，以礼诸侯之庙，文王流涕而咨之。纣恐其畔，欲杀文王而灭周。文王曰："父虽无道，子敢不事父乎？君虽不惠，臣敢不事君乎？孰王而可畔也？"

子曰："禹，吾无闲然矣。菲饮食而致孝乎鬼神；恶衣服而致美乎黻冕；卑宫室而尽力乎沟洫。禹，吾无闲然矣。"

《说苑·反质》篇曰：古有无文者，得之矣，夏禹是也。卑小宫室，损薄饮食，土阶三等，衣裳细布。

论语疏证卷第九

子罕篇第九

子罕言利，

《里仁》篇曰：放于利而行，多怨。

又曰：子曰：君子喻于义，小人喻于利。

《孟子·梁惠王上》篇曰：孟子见梁惠王，王曰："叟！不远千里而来，亦将有以利吾国乎？"孟子对曰："王，何必曰利！亦有仁义而已矣。王曰：何以利吾国？大夫曰：何以利吾家？士庶人曰：何以利吾身？上下交征利而国危矣。万乘之国，弑其君者必千乘之家；千乘之国，弑其君者必百乘之家。万取千焉，千取百焉，不为不多矣。苟为后义而先利，不夺不餍。未有仁而遗其亲者也，未有义而后其君者也。王亦曰：仁义而已矣！何必曰利！"

又《告子下》篇曰：宋牼将之楚，孟子遇于石丘。曰："先生将何之？"曰："吾闻秦楚构兵，我将见楚王说而罢之。楚王不悦，我将见秦王说而罢之。二王我将有所遇焉。"曰："轲也请无问其详，愿闻其指，说之将何如？"曰："我将言其不利也。"曰："先生之志则大矣，先生之号则不可。先生以利说秦楚之王，秦楚之王悦于利以罢三军之师，是三军之士乐罢而悦于利也。为人臣者怀利以事其君，为人子者怀利以事其父，为人弟者怀利以事其兄，是君臣父子兄弟终去仁义，怀利以相接，然而不亡者，未之有也。先生以仁义说秦楚之王，秦楚之王悦于仁义而罢三军之师，是三军之士乐罢而悦于仁义也。为人臣者怀仁义以事其君，为人子者怀仁义以事其父，为人弟者怀仁义以事其兄，是君臣父子兄弟去利，怀仁义以相接也。然而不王者，未之有也。何必曰利？"

《荀子·大略》篇曰：故义胜利者为治世，利克义者为乱世。上重义则义克利，上重利则利克义。故天子不言多少，诸侯不言利害，大夫不言得丧，士不通货财。有国之君不息牛羊，错质之臣不息鸡豚，冢卿不修币，大夫不为场园。

《春秋繁露·玉英》篇曰：凡人之性莫不善义，然而不能义者，利败之也。故君子终日言不及利，欲以勿言愧之而已；愧之，以塞其源也。夫处位动风化者，徒言利之名尔，犹恶之，况求利乎？

又《天道施》篇曰：利者，盗之本也。

《史记·孟子荀卿传》曰：太史公曰：余读孟子书至梁惠王问何以利吾国，未尝不废书而叹也。曰：嗟乎！利诚乱之始也。夫子罕言利者，常防其源也。故曰："放于利而行，多怨。"

与命，

《雍也》篇曰：伯牛有疾，子问之，自牖执其手，曰："亡之，命矣夫！斯人也而有斯疾也！斯人也而有斯疾也！"

《宪问》篇曰：公伯寮愬子路于季孙，子服景伯以告。曰"夫子固有惑志于公伯寮，吾力犹能肆诸市朝。"子曰："道之将行也与？命也；道之将废也与？命也。公伯寮其如命何？"

《颜渊》篇曰：子夏曰：商闻之矣，死生有命，富贵在天。

树达按：《论语》一书孔子自言命者，惟伯牛与公伯寮二事。子夏之言盖亦闻之孔子，然则信乎其罕言也。

《史记·外戚世家》曰：孔子罕称命，盖难言之矣。非通幽明之变，恶能识乎性命哉？

与仁。

《公冶长》篇曰：或曰："雍也仁而不佞。"子曰："焉用佞，御人以口给，屡憎于人。不知其仁，焉用佞！"

又曰：孟武伯问："子路仁乎？"子曰："不知也。"又问，子曰："由也，千乘之国，可使治其赋也，不知其仁也。""求也何如？"子曰："求也，千室之邑，百乘之家，可使为之宰也。不知其仁也。""赤也何如？"子曰："赤也，束带立于朝，可使与宾客言也。不知其仁也。"

又曰："子张问曰：令尹子文三仕为令尹，无喜色；三已之，无愠色。旧令尹之政，必以告新令尹。何如？"子曰："忠矣。"曰："仁矣乎？"曰："未知，焉得仁！""崔子弑齐君，陈文子有马十乘，弃而违之，至于他邦，则曰：犹吾大夫崔子也。违之，之一邦，则又曰：犹吾大夫崔子也。违之。何如？"

子曰："清矣。"曰："仁矣乎？"曰："未知，焉得仁！"

《宪问》篇曰："克伐怨欲不行焉，可以为仁矣。"子曰："可以为难矣。仁则吾不知也。"

《礼记·儒行》篇曰：温良者，仁之本也；敬慎者，仁之地也；宽裕者，仁之作也；孙接者，仁之能也；礼节者，仁之貌也；言谈者，仁之文也；歌乐者，仁之和也；分散者，仁之施也；儒皆兼此而有之，犹且不敢言仁也。

《述而》篇曰：子曰：若圣与仁，则吾岂敢。

树达按：《论语》一书言仁者不一而足，夫子言仁非罕也。所谓罕言仁者，乃不轻许人以仁之意，与罕言利命之义似不同。试观圣人评论仲弓，子路，冉有，公西华，令尹子文，陈文子之为人，及克伐怨欲不行之德，皆云不知其仁，更参之以《儒行》

之说，可以证明矣。抑孔子不敢以仁自居，虽曰谦逊之辞，其重视仁亦可见也。

达巷党人曰："大哉孔子！博学而无所成名。"子闻之，谓门弟子曰："吾何执？执御乎？执射乎？吾执御矣。"

子曰："麻冕，礼也。今也纯，俭，吾从众。

《书·顾命》曰：王麻冕黼裳，由宾阶隮，卿士邦君麻冕蚁裳，入即位，太保、太史、太宗皆麻冕彤裳。

《白虎通·绋冕》篇曰：麻冕者何？周宗庙之冠也。礼曰："周冕而祭？"冕所以用麻为之者，女工之始，示不忘本也。

拜下，礼也。今拜乎上，泰也。虽违众，吾从下。"

《仪礼·燕礼》曰：主人盥，洗象觚，升，实之，东北面献于公，公拜受爵。主人降自西阶，阼阶下北面拜送爵。此主人献公拜下。

又曰：更爵，洗，升酌膳酒，以降，酢于阼阶下，北面坐奠爵，再拜稽首。此主人自酢于公拜下。又曰：小臣自阼阶下请媵爵者，公命长，小臣作下大夫二人媵爵，媵爵者阼阶下，皆北面再拜稽首。此献华二人媵爵于公拜下。

> 树达按：《仪礼》记臣与君行礼，皆堂下再拜稽首。今举燕礼数事为例，余不备述。

《述而》篇曰：子曰：盖有不知而作之者，我无是也。多闻，择其善者而从之。

> 树达按：此二事皆择善而从之实例也。

子绝四：毋意，

《先进》篇曰：赐不受命，而货殖焉，亿则屡中。

《卫灵公》篇曰：子曰：不逆诈，不亿不信，抑亦先觉者，是贤乎。

《礼记·少仪》篇曰：毋测未至。《注》云：测；意度也。

《春秋·昭公十二年》曰：春，齐高偃帅师纳北燕伯于阳。《公羊传》曰：伯于阳者何？公子阳生也。子曰："我乃知之矣。"在侧者曰："子苟知之，何以不革？"曰："如尔所不知何？"何注云：此夫子欲为后人法，不欲令人妄亿错。子绝四：毋意，毋必，毋固，毋我。

树达按：意字与《先进》《卫灵公》二篇亿字义同，皆谓意度。毋意正《少仪》篇所谓毋测未至也。朱子训为私意，古训未之闻，殆未是也。

毋必，毋固，毋我。

《里仁》篇曰：子曰：君子之于天下也，无适也，无莫也，义之与比。

《微子》篇曰：逸民：伯夷，叔齐，虞仲，夷逸，朱张，柳下惠，少连。子曰："不降其志，不辱其身，伯夷叔齐与。"谓柳下惠少连，降志辱身矣，言中伦，行中虑，其斯而已矣。谓虞仲夷逸，隐居放言，身中清，废中权。我则异于是，无可无不可。

《列子·仲尼》篇曰：子夏问孔子曰："颜回之为人奚若？"子曰："回之仁贤于丘也。"曰："子贡之为人奚若？"子曰："赐之辨贤于丘也。"曰："子路之为人奚若？"子曰："由之勇贤于丘也。"曰："子张之为人奚若？"子曰："师之庄贤于丘也。"子夏避席而问曰："然则四子者何为事夫子？"曰："居！吾语汝。夫回能仁而不能反；赐能辨而不能讷；由能勇而不能怯；师能庄而不能同。兼四子之有以易吾，吾弗许也，此其所以事吾而不贰也。"又见《淮南子·人闲》篇、《傥苑·杂言》篇、《论衡·定贤》篇。

《孟子·公孙丑上》篇曰：可以仕则仕，可以止则止，可以久则久，可以速则速，孔子也。

又《万章下》篇曰：孔子之仕于鲁也，鲁人猎较，孔子亦猎较。

子畏于匡。

《史记·孔子世家》曰：或谮孔子于卫灵公，孔子去卫。将适陈，过匡，颜刻为仆，以其策指之曰："昔吾入此，由彼缺也。"匡人闻之，以为鲁之阳虎，阳虎尝暴匡人，匡人于是遂止孔子，孔子状类阳虎，拘焉。

《庄子·秋水》篇曰：孔子游于匡，宋人围之数匝，而弦歌不辍。子路入见，曰："何夫子之娱也？"孔子曰："来！吾语女。我讳穷久矣，而不免，命也；求通久矣，而不得，时也。当尧舜而天下无穷人，非知得也；当桀纣而天下无通人，非知失也；时势适然。夫水行不避蛟龙者，渔父之勇也；陆行不避兕虎者，猎人之勇也；白刃交于前，视死若生者，烈士之勇也；知穷之有命，知通之有时，临大难而不惧者，圣人之勇也。由处矣！吾命有所制矣。"无几何，将甲者进辞曰："以为阳虎也，故围之。今非也，请辞而退。"

《韩诗外传·卷六》曰：孔子行，简子将杀阳虎，孔子似之，带甲以围孔子舍。子路愠怒，奋戟将下，孔子止之。曰："由，何仁义之寡裕也！夫《诗》《书》之不习，《礼》《乐》之不讲，是丘之罪也。若吾非阳虎而以我为阳虎，则非丘之罪也，命也。我歌，子和！"子路歌，孔子和之，三终而围罢。

曰："文王既没，文不在兹乎？天之将丧斯文也，后死者不得与于斯文也，天之未丧斯文也，匡人其如予何？"

《史记·孔子世家》曰：匡人拘孔子益急，弟子惧。孔子："文王既没，文不在兹乎？天之将丧斯文也，后死者不得与于斯文也；天之未丧斯文也，匡人其如予何？"孔子使从者为甯武子臣于卫，然后得去。

《白虎通·圣人》篇曰："圣人未没时，圣人亦自知圣乎？"曰："知之。"孔子曰："文王既没，文不在兹乎？"

太宰问于子贡曰："夫子圣者与？何其多能也？"

《国语·鲁语下》曰：季桓子穿井，获如土缶，其中有羊焉。使问之仲尼，曰："吾穿井而获狗，何也？"对曰："以丘之所闻，羊也。丘闻之，木石之怪曰夔蝄蜽，水之怪曰龙罔象，土之怪羵羊。"

《太平御览·九百二》引《韩诗外传》曰：鲁哀公使人穿井，三月不得泉，得一玉羊焉。公以为祥，使祝鼓舞之，欲上于天，羊不能上。孔子见公，曰："水之精为玉，土之精为羊，愿无怪之，此羊肝土也。"公使杀之，视肝即土矣。

又《鱼语下》曰：吴伐越，堕会稽，获骨焉，节专车。吴子使来好聘，且问之仲尼，曰："无以吾命。"宾发币于大夫，及仲尼，仲尼爵之。既彻俎而宴，客执骨而问曰："敢问骨何为大？"仲尼曰："丘闻之，昔禹致群神于会稽之山，防风氏后至，禹杀而戮之，其骨节专车，此为大矣。"客曰："敢问谁守为神？"仲尼曰："山川之灵足以纪纲天下者，其守为神，社稷之守者为公侯，皆属于王者。"客曰："防风何守也？"仲尼曰："汪芒氏之君也，守封嵎之山者也，为漆姓，在虞夏商为汪芒氏，于周为长狄，今为大人。"客曰："人长之极几何？"仲尼曰："僬侥氏长三尺，短之至也；长者不过十，数之极也。《史记·孔子世家》文同上，末曰：吴客曰："善哉圣人。"

又《鲁语下》曰：仲尼在陈，有隼集于陈侯之庭而死，楛矢贯之，石砮，其长尺有咫。陈惠公使人以隼如仲尼之馆问之。仲尼曰：隼之来也，此肃慎氏之矢也。昔武王克商，通道于九夷百蛮；使各以其方贿来贡，使无忘职业。于是肃慎氏贡楛矢，石砮，其长尺有咫。先王欲昭其令德之致远也，以示后人，使永监焉。故铭其栝曰：'肃慎氏之贡矢。'以分大姬，配虞胡公而封诸陈。古者分同姓以珍玉，展亲也；分异姓远方之职贡，使无忘服也。故分陈以肃慎氏之贡。君若使有司求诸故府，其可得也。"使求，得之金椟，如之。

《说苑·辨物》篇曰：楚昭王渡江，有物大如斗，直触王舟，止于舟中。昭王大怪之，使聘问孔子。孔子曰："此名萍实，令剖而食之，惟霸者能获之，此吉祥也。"其后齐有飞鸟一足，来下，止于殿前，舒翅而跳。齐侯大怪之，又使聘问孔子。孔子曰："此名商羊。急告民！趣治沟渠，天将大雨。"于是如之。天果大雨，诸国皆水，独齐以安。孔子归，弟子请问。孔子曰："异哉，小儿谣曰：'楚王渡江，得萍实；大如拳，赤如日；剖而食之，美如蜜。'此楚王之应也。儿又有两两相牵屈一足而跳曰：'天将大雨，商羊起舞。'今齐获之，亦其应也。"夫谣之后未尝不有应随者也，故圣人非独守道而已也，睹物记也，即其应矣。

《论衡·明虚》篇曰：孔子出，使子路赍雨具。有顷，天果大雨。子路问其故，孔子曰："昨暮月离于毕。"后日，月复离毕。孔子出，子路请赍雨具，孔子不听。出，果无雨。子路问其故。孔子曰："昔日月离其阴，故雨；昨暮月离其阳，故不雨。"

《淮南子·主术》篇曰：孔子之通，智过苌弘，勇服于孟贲，足蹑郊菟，力招城关，能亦多矣。

子贡曰："固天纵之将圣，又多能也。"

《论衡·实知篇》曰：将者，且也，不言已圣，言且圣者，以为孔子圣未就也。孔子从知天命至耳顺，学就知明，成圣之验也。未五十六十之时，未能知天命至耳顺也，则谓之且矣。当子贡答太宰时，殆三十四十之时也。

子闻之，曰：'太宰知我乎！吾少也贱，故多能鄙事。君子多乎哉？不多也。"牢曰："子云：'吾不试，故艺。'"

子曰："吾有知乎哉？无知也。有鄙夫问于我，空空如也，我叩其两端而竭焉。"

子曰："凤鸟不至，河不出图，吾已矣夫！"

《韩诗外传·卷八》曰：天下有道，得凤象之一，则凤过之；得凤象之二，则凤翔之；得凤象之三，则凤集之；得凤象之四，则凤春秋下之；得凤象之五，则凤没身居之。

《白虎通·封禅》篇曰：凤凰者，禽之长也，上有明王，太平，乃来居广都之野。

《周易·乾》、《坤·凿度》曰：仲尼，鲁人偶筮其命，得旅，请益于商瞿氏。曰："子有圣智而无位。"孔子泣而曰："天也！命也！凤鸟不来，河无图至，天命之也。"

《拾遗记·卷二》曰：孔子相鲁之时，有神凤游集，至哀公之末，不复来翔。故云：凤鸟不至，可为悲也。

《史记·孔子世家》曰：鲁哀公十四年春，狩大野，叔孙氏车子锄商获兽，以为不祥。仲尼视之，曰："麟也，取之。"曰："河不出图，雒不出书，吾已矣夫！"

《汉书·董仲舒传》曰：仲舒对策曰：孔子曰："凤鸟不至，河不出图，吾已矣夫！"自悲可致此物而身卑贱不得致也。

又《儒林传》曰：周道既衰，坏于幽厉，礼乐征伐自诸侯出，陵夷二百余年而孔子兴。以圣德遭季世，知言之不用而道不行，乃叹曰："凤鸟不至，河不出图！吾已矣夫！""文王既没，文不在兹乎？"

《论衡·问孔》篇曰：孔子曰："凤鸟不至，河不出图，吾已矣夫！"夫子自伤不王也。已致太平，太平则凤鸟至，河图出矣。今不得王，故瑞应不至。悲心自伤，故曰"吾已矣夫。"

子见齐衰者、冕衣裳者与瞽者，见之，虽少，必作；过之必趋。

《乡党》篇曰：见齐衰者，虽狎，必变。见冕者与瞽者，虽亵，必以貌。

颜渊喟然叹曰："仰之弥高，钻之弥坚，瞻之在前，忽焉在后。

《论衡·恢国》篇曰：颜渊喟然叹曰："仰之弥高，钻之弥坚"，此言颜渊学于孔子，积累岁月，见道弥深也。

夫子循循然善诱人，博我以文，约我以礼。

《雍也》篇曰：子曰：君子博学于文，约之以礼，亦可以弗畔矣夫。

《后汉书·范升传》曰：升奏曰：孔子曰："博学约之，弗叛矣夫。"夫学而不约，必叛道也。颜渊曰："博我以文；约我以礼。"孔子可谓知教，颜渊可谓善学矣。

欲罢不能，既竭吾才，如有所立，卓尔。虽欲从之，末由也已。"

《法言·学行》篇曰："颜不孔，虽得天下，不足以为乐。""然亦有苦乎？"曰："颜苦孔之卓之至也。"或人瞿然曰："兹苦也，祇其所以为乐也与！"

《庄子·田子方》篇曰：颜渊曰：夫子步亦步，夫子趋亦趋，夫子驰亦驰，夫子奔逸绝尘，而回瞠若乎后矣。

子疾病，子路使门人为臣。病闲，曰："久矣哉由之行诈也！无臣而为有臣。吾谁欺？欺天乎！且予与其死于臣之手也，无宁死于二三子之手乎！且予纵不得大葬，予死于道路乎？"

《论衡·感类》篇曰：子疾病，子路遣门人为臣。病闲，曰："久矣哉由之行诈也！无臣而为有臣，吾谁欺？欺天乎！"孔子罪子路者也。己非人君，子路使门人为臣，非天之心，而妄为之，是欺天也。

子贡曰："有美玉于斯，韫椟而藏诸？求善贾而沽诸？"子曰："沽之哉！沽之哉！我待贾者也。"

《述而》篇曰：冉有曰："夫子为卫君乎？"子贡曰："诺。吾将问之。"入曰："伯夷叔齐何人也？"曰："古之贤人也。"曰："怨乎？"曰："求仁而得仁，又何怨？"出曰："夫子不为也。"

树达按：孔子之事，以美玉为言；卫君之事，以夷齐为问：皆子贡善于语言之证也。

子欲居九夷，或曰："陋，如之何？"子曰："君子居之，何陋之有？"

《汉书·地理志》曰：玄菟，乐浪，武帝时置，皆朝鲜濊貊句骊蛮夷。殷道衰，箕子去之朝鲜，教其民以礼义，田蚕织作。乐浪朝鲜民犯禁八条，相杀，以当时偿杀；相伤，以谷偿；相盗者，男没入为其家奴，女子为婢；欲自赎者，人五十万，虽免为民，俗犹羞之，嫁取无所仇。是以其民终不相盗，无门户之闭；妇人贞信不淫僻。其田民饮食以笾豆，都邑颇放效吏及内郡贾人，往往以杯器食。郡初取吏于辽东，吏见民无闭藏，及贾人往者，夜则为盗，俗稍益薄。今于犯禁寖多至六十余条。可贵哉仁贤之化也！然东夷天性柔顺，异于三方之外，故孔子悼道不行，设浮于海，欲居九夷，有以也。

《说文解字·羊部》曰：羌，西戎羊种也，从羊儿，羊亦声。南方蛮闽，从虫；北方狄，从犬；东方貉，从豸；西方羌，从羊；此六种也。西南僰人僬侥，从人，盖在坤地，颇有顺理之性。唯东夷从大，大，人也。夷俗仁，仁者寿，有君子不死之国。孔子曰："道不行，欲之九夷，乘桴浮于海"，有以也。

《后汉书·东夷传》曰：夷有九种：曰畎夷，干夷，方夷，黄夷，白夷，赤夷，玄夷，风夷，阳夷：故孔子欲居九夷也。

《论衡·问孔》篇曰：孔子疾道不行于中国，恚恨失意，故欲之九夷也。君子居之，何陋之有？言以君子之道居而教之，何为陋乎？

子曰："吾自卫反鲁，然后乐正，《雅》《颂》各得其所。"

《史记·孔子世家》曰：吾自卫反鲁，然后乐正，《雅》《颂》各得其所。古者《诗》三千余篇，及至孔子，去其重，取可施于礼义，上采契后稷，中述殷周之盛，至幽厉之缺，始于衽席。故曰：《关雎》之乱以为风始；《鹿鸣》为《小雅》始，《文王》为《大雅》始，《清庙》为《颂》始。三百五篇，孔子皆弦歌之，以求合《韶》《武》《雅》《颂》之音，礼乐自此可得而述，以备王道，成六艺。

《汉书·礼乐志》曰：周道始缺，怨刺之诗起；王泽既竭，而诗不能作；王官失业，《雅》《颂》相错，孔子论而定之。故曰："吾自卫反鲁，然后乐正，《雅》《颂》各得其所。"

子曰："出则事公卿，入则事父兄，

《礼记·中庸》篇曰：子曰：君子之道四；丘未能一焉。所求乎子以事父，未能也；所求乎臣以事君，未能也；所求乎弟以事兄，未能也；所求乎朋友先施之，未能也。

丧事不敢不勉，不为酒困。

《乡党》篇曰：惟酒无量，不及乱。

何有于我哉？"

子在川上曰："逝者如斯夫，不舍昼夜。"

《孟子·离娄下》篇曰：徐子曰："仲尼亟称于水曰：'水哉！水

哉！'何取于水也？"孟子曰："原泉混混，不舍昼夜，盈科而后进，放乎四海，有本者如是：是之取尔。苟为无本，七八月之间雨集，沟浍皆盈；其涸也，可立而待也。故声闻过情，君子耻之。"

《荀子·宥坐》篇曰：孔子观于东流之水，子贡问于孔子曰："君子之所以见大水必观焉者，何也？"孔子曰："夫水，大遍与诸生而无为也，似德；其流也埤下，裾拘必循其理，似义；其洸洸乎不淈尽，似道；若有决行之，其应佚若声向，其赴百仞之谷不惧，似勇；主量必平，似法；盈不求概，似正；淖约微达，似察；以出以入就鲜絜，似善化；其万折也必东，似志，是故君子见大水必观焉。《大戴礼记·劝学》篇、《说苑·杂言》篇文同。

《春秋繁露·山川颂》曰：水则源泉混混沄沄，昼夜不竭，既似力者；盈科后行，既似持平者；循微赴下，不遗小间，既似察者；循溪谷不迷，或奏万里而必至，既似知者；防山而能清净，既似知命者；不清而入，洁清而出，既似善化者；赴千仞之壑，入而不疑，既似勇者；物皆困于火，而水独胜之，既似武者；咸得之而生，失之而死，既似有德者。孔子在川上，曰："逝者如斯夫，不舍昼夜。"此之谓也。

子曰："吾未见好德如好色者也。"

《卫灵公》篇曰：子曰：已矣乎，吾未见好德如好色者也！

《礼记·大学》篇曰：所谓诚其意者，毋自欺也。如恶恶臭，如好好色，此之谓自谦。

《史记·孔子世家》曰：居卫月余，灵公与夫人同车，宦者雍渠参乘出，使孔子为次乘，招摇市过之。孔子曰："吾未见好德如好色也。"于是丑之，去卫。

《后汉书·宋弘传》曰：弘当谦见，御坐新屏风图画列女，帝数顾视之。弘正容言曰："未见好德如好色者"，帝即为彻之。笑谓弘曰："闻义则服，可乎？"对曰："陛下进德，臣不胜其喜。"

子曰："譬如为山，未成一篑，止，吾止也。譬如平地，虽覆一篑，进，吾往也。"

子曰:"语之而不惰者,其回也与。"

《先进》篇曰:子曰:回也,非助我者也,于吾言无所不说。

树达按:教而不能相说以解,则惰生焉。颜渊于夫子之言无所不说,焉有惰之理哉!

子谓颜渊曰:"惜乎!吾见其进也,未见其止也。"
子曰:"苗而不秀者有矣夫,秀而不实者有矣夫。"

《牟子·理惑》论曰:颜渊有不幸短命之记,苗而不秀之喻。

祢衡《颜子碑》曰:亚圣德,蹈高踪,秀不实,振芳风。

树达按:汉唐人皆以此章为孔子为颜渊夭死言之,是也。

子曰:"后生可畏,焉知来者之不如今也?

《新序·杂事五》篇曰:齐有闾丘邛,年十八,道遮宣王曰:"家贫亲老,愿得小仕。"宣王曰:"子年尚稚,未可也。"闾丘邛对曰:"不然。昔有颛顼,行年十二而治天下;秦项橐七岁为圣人师。由此观之,邛不肖,年不稚也。"宣王曰:"未有咫角骖驹而能服重致远者也。由此观之,夫士亦华发堕颠而后可用耳。"闾丘邛曰:"不然。夫尺有所短,寸有所长。骅骝绿骥,天下之俊马也,使之与狸鼬试于釜灶之间,其疾未必能过狸鼬也。黄鹄白鹤,一举千里,使之与燕服翼试之堂庑之下,庐室之闲,其便未必能过燕服翼也。辟闾巨阙,天下之利器也,击石不阙,刺石不锉,使之与管槀决目出眯,其便未必能过管槀也。由此观之,华发堕颠与邛何以异哉?"宣王曰:"善。子有善言;何见寡人之晚也。"邛对曰:"夫鸡豚欢噭,即夺钟鼓之音;云霞充咽,则夺日月之明。谗人在侧,是以见晚也。"宣王拊轼曰:"寡人有过。"遂载与之俱归而用焉。故孔子曰:"后生可畏,安知来者不如今",此之谓也。

四十五十而无闻焉,斯亦不足畏也已。"

《大戴礼记·曾子立事》篇曰：三十四十之闲而无艺，即无艺矣；五十而不以善闻，则无闻矣。

子曰："法语之言，能无从乎？改之为贵。巽与之言，能无说乎？绎之为贵。说而不绎，从而不改，吾末如之何也已矣。"

《大戴礼记·曾子立事》篇曰：惧之而不恐，说之而不听，虽有圣人，亦无若何矣。

子曰："主忠信，毋友不如己者，过则勿惮改。"

已见卷一《学而》篇。

子曰："三军可夺帅也，匹夫不可夺志也。"

《礼记·缁衣》篇曰：子曰：言有物而行有格也，是以生则不可夺志，死则不可夺名。

又《儒行》篇曰：儒有今人与居，古人与稽，今世行之，后世以为楷。适弗逢世，上弗援，下弗推，谗谄之民有比党而危之者。身可危也，而志不可夺也。

《后汉书·庞参桥玄传》曰：参为汉阳太守。郡人任棠者，有奇节，隐居教授。参到，先候之，棠不与言，但以薤一大本、水一盂置户屏前，自抱孙儿伏于户下。主簿白以为倨。参思其微意，良久曰："棠是欲晓太守也。水者，欲吾清也。拔大本薤者，欲吾击强宗也。抱儿当户，欲吾开门恤孤也。"于是叹息而还。参在职，果能抑强助弱，以惠政得民。玄为汉阳太守，郡人上邽姜岐守道隐居，名闻西州，玄召以为史，称疾不就。玄怒，敕督邮尹益逼致之。曰："岐若不至，趣嫁其母。"益固争，不能得，递晓譬岐，岐坚卧不起。郡内士大夫亦竞往谏玄，乃止。时颇以为讥。论曰：任棠姜岐，世著其清，结瓮牖而辞三命，殆汉阳之幽人乎！庞参躬求贤之礼，故民悦其政；桥玄厉邦君之威，而众失其情。夫岂力不足欤？将有道在焉。如令其道可忘，则强梁胜矣。《语》曰："三军可夺帅，匹夫不可夺志。"子贡曰："宁丧千军，不失士心。"昔段干木逾墙而避文侯之命，泄柳闭门，不纳穆公之请。贵必有所屈；贱亦有所伸矣。

子曰："衣敝缊袍，与衣狐貉者立而不耻者，其由也与？

《里仁》篇曰：子曰：士志于道而耻恶衣恶食者，未足与议也。

《史记·仲尼弟子传》曰：孔子卒，原宪亡在草泽中。子贡相卫，而结驷连骑，排藜藿，入穷阎，过谢原宪。宪摄敝衣冠，见子贡，子贡耻之。曰："夫子岂病乎？"原宪曰："吾闻之，无财者谓之贫，学道而不能行者谓之病。若宪，贫也，非病也。"子贡惭，不怿而去，终身耻其言之过也。

"不忮不求，何用不臧？"

《淮南子·诠言》篇曰：利则为害始，祸则为福先。唯不求利者为无害，唯不求福者为无祸。侯而求霸者，必失其侯；霸而求王者，必丧其霸。故国以全为常，霸王其寄也；身以生为常，富贵其寄也；不知道者，释其所已有，而求其所未得也。苦心愁虑以行曲，故福至则喜，祸至则怖。神劳于谋，智遽于事，祸福萌生，终身不悔。

子路终身诵之。子曰："是道也，何足以臧。"

子曰："岁寒，然后知松柏之后凋也。"

《庄子·让王》篇曰：孔子曰：君子通于道谓之通，穷于道谓之穷；今丘抱仁义之道以遭乱世之患，其何穷之为？故内省而不穷于道，临难而不失其德。天寒既至，霜雪既降，吾是以知松柏之茂也。陈蔡之隘，于丘其幸乎。《吕氏春秋·慎人》篇、《风俗通·穷通》篇文同。

《荀子·大略》篇曰：君子隘穷而不失，劳倦而不苟，临患难而不忘绌席之言。岁不寒，无以知松柏；事不难，无以知君子。

《文选·左思招隐诗》注引《荀子》曰，桃李蓓蕊于一时，时至而后杀。至于松柏，经隆冬而不凋，蒙霜雪而不变，可谓得其真矣。

《史记·伯夷传》曰：岁寒然后知松柏之后凋，举世混浊，清士乃见。

《淮南子·俶真》篇曰：夫大寒至，霜雪降，然后知松柏之茂也。据难履危，利害陈于前，然后知圣人之不失道也。

子曰："知者不惑，

《汉书·隽不疑传》曰：始元五年，有一男子乘黄犊车，建黄旐，衣黄襜褕，着黄冒，诣北阙，自谓卫太子，公车以闻。诏使公卿将军中二千石杂识视。长安中史民聚观者数万人，右将军勒兵阙下以备非常。丞相御史中二千石至者莫敢发言。京兆尹不疑后到，叱从史收缚。或曰："是非未可知，且安之。"不疑曰："诸君何患于卫太子！昔蒯瞆违命出奔，辄拒而不纳，《春秋》是之。卫太子得罪先帝，亡不即死，今来自诣，此罪人也。"遂送诏狱。天子与大将军霍光闻而嘉之，曰："公卿大臣当用经术明于大谊。"繇是名声出于朝廷，在位者皆自以不及也。

《后汉书·种暠传》曰：顺帝擢暠监太子于承光宫，中常侍高梵从中单驾出迎太子，时太傅杜乔等疑不欲从，惶惑不知所为。暠乃手剑当车曰："太子，国之储副，人命所系。今常侍来，无诏信，何以知非奸邪？今日有死而已。"梵辞屈，不敢对，驰奏之。诏报，太子乃得去。乔退而叹息，愧暠临事不惑。帝亦嘉其持重，称善者良久。

仁者不忧，勇者不惧。"

《孟子·公孙丑上》篇曰：北宫黝之养勇也，不肤挠，不目逃，思以一毫挫于人，若挞之于市朝。不受于褐宽博，亦不受于万乘之君。视刺万乘之君若刺褐夫，无严诸侯，恶声至，必反之。孟施舍之养勇也，曰："视不胜犹胜也。量敌而后进，虑胜而后会，是畏三军者也。舍岂能为必胜哉？能无惧而已矣。"孟施舍似曾子，北宫黝似子夏。夫二子之勇，未知其孰贤，然而孟施舍守约也。昔者曾子谓子襄曰："子好勇乎？吾尝闻大勇于夫子矣。自反而不缩，虽褐宽博，吾不惴焉；自反而缩，虽千万人吾往矣。"孟施舍之守气，又不如曾子之守约也。

《宪问》篇曰：君子道者三，我无能焉。仁者不忧，知者不惑，勇者不惧。子贡曰："夫子自道也。"

《申鉴·杂言下》篇曰：君子乐天知命，故不忧；审物明辨，故不惑；定心致公，故不惧。若乃所忧则有之。忧己不能成天性也。惧己惑之，忧不能免天命无惑焉。按文有误。

子曰："可与共学，未可与适道；

《谷梁传·隐公元年》曰：《春秋》贵义而不贵惠，信道而不信邪。

孝子扬父之美，不扬父之恶。先君之欲与桓，非正也，邪也。虽然，既胜其邪心以与隐矣。已探先君之邪志而遂以与桓，则是成父之恶也。兄弟，天伦也，为子受之父，为诸侯受之君，已废天伦而忘君父以行小惠，曰：小道也。若隐者，可谓轻千乘之国，蹈道则未也。

可与适道，未可与立；可与立，未可与权。"

《春秋·桓公十一年》曰：九月，宋人执郑祭仲。《公羊传》曰：祭仲者何？郑相也。何以不名？贤也。何贤乎祭仲？以为知权也。其为知权奈何？古者郑国处于留，先郑伯有善于邻公者，通乎夫人以取其国而迁郑焉，而野留。庄公死，已葬，祭仲将往省于留，涂出于宋，宋人执之，谓之曰："为我出忽而立突。"祭仲不从其言，则君必死，国必亡；从其言，则君可以生易死，国可以存易亡。少辽缓之，则突可故出而忽可故反。是不可得则病，然后有郑国。古之人有权者，祭仲之权是也。权者何？权者，反于经然后有善者也。权之所设，舍死亡无所设。行权有道，自贬损以行权，不害人以行权。杀人以自生，亡人以自存，君子不为也。《何注》云：权者称也，所以别轻重。喻祭仲知国重君轻，君子以存国除逐君之罪。

《孟子·离娄上》篇曰：淳于髡曰："男女授受不亲，礼与？"孟子曰："礼也。"曰："嫂溺则援之以手乎？"曰："嫂溺不援，是豺狼也。男女授受不亲，礼也。嫂溺援之以手者，权也。"

《春秋繁露·玉英》篇曰：《春秋》有经礼，有变礼。为如安性平心者，经礼也。至有于性虽不安，于心虽不平，于道无以易之，此变礼也。是故婚礼不称主人，经礼也。辞穷无称，称主人，变礼也。天子三年然后称王，经礼也。有故则未三年而称王，变礼也。妇人无出境之事，经礼也。母为子娶妇，奔丧父母，变礼也。明乎经变之事，然后知轻重之分，可与适权矣。

《韩诗外传·卷二》曰：高子问于孟子曰："夫嫁娶者，非己所自亲也，卫女何以得编于诗也？"孟子曰："有卫女之志则可，无卫女之志则怠。若伊尹于太甲，有伊尹之志则可，无伊尹之志则篡。夫道二，常之谓经，变之谓权。怀其常道而挟其变权，乃得为贤。夫卫女行中孝，虑中圣，权如之何？

《淮南子·泛论》篇曰：夫君臣之接，屈膝卑拜，以相尊礼也。至其迫于患也，则举足蹑其体，天下莫能非也。是故患之所在，礼不足以难之也。孝子之事亲，和颜卑体，奉带运履。至其溺则捽父，祝则名君，势不得不然也。此权之所设也。故孔子曰："可以共学矣，而未可以适道也；可与适道，未可以立也；可以立；未可与权。"权者，圣人之所独见也。故忤而后合者谓之权，合而后舛者谓之不知权，而不知权者，善反丑矣。

《中论·智行》篇曰：昔武王崩，成王幼，周公居摄，管蔡启殷畔乱，周公诛之。成王不达，周公恐之。天乃雷电风雨以彰周公之德，然后成王寤。成王非不仁厚于骨肉也，徒以不聪睿之故，助畔乱之人，几丧周公之功而堕文武之业。召公见周公之反政而犹不知，疑其贪位。周公为之作《君奭》，然后悦。夫以召公怀圣之资，而犹若此，况乎末叶之士，苟失一行，而智略褊短，亦可惧矣。仲尼曰："可与立，未可与权。"

"唐棣之华，偏其反而！岂不尔思？室是远而。"子曰："未之思也，夫何远之有？"

《春秋繁露·竹林》篇曰：《春秋》之常辞也，不予夷狄而与中国为礼。至邲之战，偏然反之，何也？"曰：《春秋》无通辞，从变而移。今晋变而为夷狄，楚变而为君子，故移其辞以从其事。故《春秋》之于偏战也，犹其于诸夏也。引之鲁则谓之外，引之夷狄则谓之内。比之诈战则谓之义，比之不战则谓之不义。故盟不如不盟，然而有所谓善盟。战不如不战，然有所谓善战。不义之中有义，义之中有不义。辞不能及，皆在于指，非精心达思者其孰能知之？《诗》云："棠棣之华，偏其反而！岂不尔思？室是远而。"孔子曰："未之思也，夫何远之有？"由是观之，见其指者不任其辞，然后可与适道矣。

论语疏证卷第十

乡党篇第十

孔子于乡党,恂恂如也,似不能言者。

《后汉书·张湛传》曰:湛建武初为左冯翊,后告归平陵,望寺门而步。主簿进曰:"明府位尊德重,不宜自轻。"湛曰:"礼,下公门,轼路马。孔子于乡党,恂恂如也。父母之国,所宜尽礼,何谓轻哉?"

《艺文类聚二十三》引张奂《诫兄子书》曰:《经》言"孔子于乡党,恂恂如也。"恂恂者,恭谦之貌也。且自以汝父为师,汝父宁轻乡里耶?

其在宗庙朝廷,便便言,唯谨尔。

朝,与下大夫言,侃侃如也;与上大夫言,訚訚如也。

《礼记·王制》篇曰:"王者之制禄爵,公、侯、伯、子、男,凡五等。诸侯之上大夫卿、下大夫、上士、中士、下士,凡五等。"

《吕氏春秋·异用》篇曰:孔子之弟子从远方来者,孔子荷杖而问之,曰:"子之公不有恙乎?"搏杖而揖之,问曰:"子之父母不有恙乎?"置杖而问曰:"子之兄弟不有恙乎?"杙步而倍之,问曰:"子之妻子不有恙乎?"故孔子以六尺之杖谕贵贱之等,辨亲疏之义,又况于以尊位厚禄乎！

树达按：《论语》所记，孔子因所与语之人异而异其容也。
《吕览》所记：孔子因所语及之人异而异其容也。

君在，踧踖如也，与与如也。
君召使摈，
《谷梁传·定公十年》曰：颊谷之会，孔子相焉。

树达按：相谓相礼，与《论语》愿为小相焉之相同。此云君召使摈，摈即相礼之事也。《史记·孔子世家》云："由司空为大司寇。定公十年春，及齐平，会于夹谷，孔子摄相事。"所记本《春秋传》，不误。乃下文又云："定公十四年，孔子由大司寇行摄相事，有喜色，与闻国政"云云。不惟前后复重，且似误解相为国相之相矣。

色勃如也，足躩如也。揖所与立，左右手，衣前后？襜如也。趋进，翼如也。宾退，必复命曰："宾不顾矣。"
《仪礼·聘礼》曰：摈者出请，宾告事毕。摈者入告，公出送宾。及大门内，公问君，宾对，公再拜。公问大夫，宾对。公劳宾，宾再拜稽首，公答拜。公劳介，介皆再拜稽首，公答拜。宾出，公再拜送，宾不顾。

入公门，鞠躬如也，如不容。
立不中门。
《礼记·曲礼上》篇曰：为人子者，居不主奥，坐不中席，行不中道，立不中门。

行不履阈。
《礼记·曲礼》上篇曰：大夫士出入君门，由闑右，不践阈。

又《玉藻》篇曰：宾入，不中门，不履阈。

过位，色勃如也；足躩如也。其言似不足者。

摄齐升堂，鞠躬如也，屏气似不息者。出，降一等，逞颜色，怡怡如也。没阶趋，翼如也。复其位，踧踖如也。

《仪礼·聘礼》记曰：下阶，发气怡焉。再三举足，又趋。

执圭，鞠躬如也，如不胜。上如揖，下如授，勃如战色。

《仪礼·聘礼》记曰：执圭，入门，鞠躬焉，如恐失之。

又曰：上介执圭，如重，授宾。宾入门，皇，升堂让。将授，志趋，授如争承，下如送，君还而后退。

《礼记·曲礼下》篇曰：凡执主器，执轻如不克。

足蹜蹜如有循。

《礼记·曲礼下》篇曰：执主器，操币圭璧，则尚左手；行不举足，车轮曳踵。

又《玉藻》篇曰：执龟玉，举前曳踵，蹜蹜如也。

《仪礼·士相见》礼曰：凡执币者不趋，执玉者则惟舒武，举前曳踵。

享礼，有容色，私觌，愉愉如也。

《荀子·大略》篇曰：聘，问也。享，献也。私觌，私见也。

《仪礼·聘礼》记曰：及享，发气焉，盈容。私觌，愉愉焉。

君子不以绀緅饰，红紫不以为亵服。

《阳货》篇曰：恶紫之夺朱也。

当暑袗絺绤，必表而出之。

缁衣羔裘，素衣麑裘，黄衣狐裘。

《礼记·玉藻》篇曰：君子狐青裘豹褎，玄绡衣以裼之；麑裘青豻褎，绞衣以裼之；羔裘豹饰，缁衣以裼之；狐裘，黄衣以裼之。

亵裘长，短右袂。必有寝衣，长一身有半。狐貉之厚以居。

去丧，无所不佩。

《礼记·玉藻》篇曰：凡带必有佩玉，唯丧否。佩玉有冲牙。君子无故玉不去身。君子于玉比德焉。《注》云：故谓丧与灾眚。

又《闲传》篇曰：期而小祥，期而大祥，素缟麻衣，中月而禫。禫而纤，无所不佩。

又《玉藻》篇曰：孔子佩象环五寸而綦组绶。

《白虎通·衣裳》篇曰：所以必有佩者，表德见所能也。故循道无穷则佩环，能本道德则佩琨，能决嫌疑则佩玦。是以见其所佩，即知其所能。《论语》曰："去丧，无所不佩。"

非帷裳，必杀之。

羔裘玄冠不以吊。

《礼记·檀弓上》篇曰：始死，羔裘玄冠者，易之而已。羔裘玄冠，夫子不以吊。

《白虎通·崩薨》篇曰：玄冠不以吊者，不以吉服临人凶，示助哀也。《论语》曰："羔裘玄冠不以吊。"

《通典八十》引《魏杜布会丧·宜去冠议》曰：《论语》曰："羔裘玄冠不以吊。"故周人去玄冠，代以素弁；汉去玄冠，代以布巾，亦王者相变之仪，未必独非也。

吉月，必朝服而朝。

《礼记·玉藻》篇曰：孔子曰：朝服而朝，卒朔然后服之。

齐，必有明衣，布。

齐必变食。

《周礼·天官·膳夫》曰：王日一举，王齐，日三举。

居必迁坐。

《礼记·檀弓上》篇曰：君子非致齐也，非疾也，不昼夜居于内。郑《注》云：内，正寝之中。

又《玉藻》篇曰：将适公所，宿齐戒，居外寝。

《大戴礼记·盛德》篇曰：此天子之路寝也，不齐，不居其室。

食不厌精，脍不厌细。

《礼记·少仪》篇曰：牛与羊鱼之腥，聂而切之为脍。

又《内则》篇曰：肉腥，细者为脍，大者为轩。

食饐而餲，鱼馁而肉败，不食。

《尔雅·释器》曰：食饐谓之餲，肉谓之败，鱼谓之馁。

色恶，不食；臭恶，不食。

《周礼·天官·内饔》曰：辨腥臊膻香之不可食者。牛夜鸣则庮；羊泠毛而毳，膻；犬赤股而躁，臊；鸟皫色而沙鸣，狸；豕盲眡而交睫，腥；马黑脊而般臂，蝼。郑《注》云：皆臭味也。司农云：庮，朽木臭也。蝼，蝼蛄臭也。

失饪，不食。

《尔雅·释器》曰：搏者谓之糷，米者谓之檗。

不时，不食。

《后汉书·和熹邓皇后纪》曰：诏曰：凡供荐新味，多非其节。或郁养强孰，或穿掘萌芽，味无所至而夭折生长，岂所以顺时育物乎？《传》曰："非其时不食。"自今当奉祠庙及给御者，皆须时乃上。

割不正，不食。

《墨子·非儒》篇曰：哀公迎孔子，割不正，弗食。

不得其酱，不食。

《礼记·内则》篇曰：牛炙，醢。牛胾，醢。牛脍，羊炙，羊胾，醢。豕炙，醢。豕胾，芥酱，鱼脍，雉，兔，鹑，鷃。

又曰：腶修，蚳醢；脯羹，兔醢；麋肤，鱼醢；鱼脍，芥酱；麋腥，醢酱；桃诸，梅诸，卵盐。

肉虽多，不使胜食气。

惟酒无量，不及乱。

沽酒市脯，不食。

《汉书·食货志》曰：羲和鲁匡言，酒者，天之美禄，帝王所以颐养天下，享祀祈福，扶衰养疾。百礼之会，非酒不行。故《诗》曰："无酒酤我。"而《论语》曰："酤酒不食。"王者非相反也。夫《诗》据承平之世，酒酤在官，和旨使人，可以相御也。《论语》：孔子当周衰乱，酒沽在民，薄恶不诚，是以疑而弗食。

不彻姜食，不多食。

祭于公，不宿肉。祭肉，不出三日，出三日，不食之矣。

《礼记·杂记上》篇曰：大夫冕而祭于公，士弁而祭于公。

又《礼运》篇曰：仲尼与于蜡宾。

食不语，寝不言。

虽疏食菜羹，必祭，必齐如也。

《礼记·杂记下》篇曰：孔子曰：吾食于少施氏而饱，少施氏食我以礼，吾祭，作而辞曰："疏食不足祭也。"吾飧，作而辞曰："疏食不敢以伤吾子。"

席不正，不坐。

《墨子·非儒》篇曰：哀公迎孔子，席不端，不坐。

《新序·节士》篇曰：县名为胜母，曾子不入；邑号朝歌，墨子回车。故孔子席不正不坐，割不正不食，不饮盗泉之水，积正也。

本篇曰：君赐食，必正席先尝之。

《礼记·曲礼上》篇曰：主人跪正席，客跪，抚席而辞。

乡人饮酒，杖者出，斯出矣。

《礼记·王制》篇曰：五十杖于家，六十杖于乡，七十杖于国，八十杖于朝。又见《内则》篇。

乡人傩，朝服而立于阼阶。

《周礼·春官·占梦》曰：季冬，遂令始难驱疫。郑注云：故书难或为傩，其字当作傩。

《礼记·月令》篇曰：季春之月，命国难，九门磔攘以毕春气。

又《郊特性》篇曰：乡人禓，孔子朝服立于阼，存室神也。

问人于他邦，再拜而送之。

《礼记·少仪》篇曰：凡膳告于君子，主人展之，以授使者于阼阶之南，南面再拜稽首送。

康子馈药，

《左传·哀公三年》曰：秋，季孙季桓子。有疾，命正常曰："南孺子之子男也，则以告而立之；女也，则肥也可。"康子名肥季孙卒，康子即位。

拜而受之，曰："丘未达，不敢尝。"

《礼记·玉藻》篇曰：大夫亲赐士，士拜受，又拜于其室。

厩焚。

《礼记·杂记下》篇曰：厩焚，孔子拜。乡人为火来者，拜之，士壹，大夫再，亦相吊之道也。

子退朝，曰："伤人乎？"不问马。

《盐铁论·刑德》篇曰：文学曰：仁者，爱之效也；义者，事之宜也。故君子爱人以及物，治近以及远。传曰：凡生之物，莫贵于人；人主之所贵，莫重于人。故天之生万物，以奉人也；主爱人，以顺天也。闻以六畜禽兽养人；未闻以所养害人者也。鲁厩焚，孔子罢朝，问人不问马，贱畜而重人也。

君赐食，必正席先尝之；君赐腥，必熟而荐之；君赐生，必畜之。

侍食于君，君祭，先饭。

《仪礼·士相见礼》曰：君赐之食，则君祭先饭，遍尝膳饮而俟。君命之食，然后食。若有将食者，则俟君之食然后食。

《礼记·玉藻》篇曰：若赐之食而君客之，则命之祭然后祭。先饭，辨尝羞，饮而俟。若有尝羞者，则俟君之食然后食，饭饮而俟。

疾，君视之。

《礼记·丧大记》曰：君于大夫疾，三问之；士疾，一问之。

《荀子·大略》篇曰：君于大夫，三问其疾，三临其丧；于士，一问一临。

《礼记·杂记下》篇曰：卿大夫疾，君问之无算；士，一问之。

《太平御览二十一》引《公孙尼子》曰：孔子有疾，哀公使医视之，医曰："子居处饮食何如？"又见七百二十四。

东首，

《礼记·丧大记》曰：疾病，外内皆埽。君大夫彻县，士去琴瑟。寝，东首于北墉下。

《仪礼·既夕礼记》曰：士处适寝，寝，东首于北墉下。有疾，疾者齐，养者皆齐。

《礼记·玉藻》篇曰：君子之居恒当户，寝恒东首。

加朝服，拖绅。

《汉书·龚胜传》曰：莽遣使者奉玺书印绶，立门外。胜称病笃，为床室户中西南牖下，东首，加朝服，拖绅。

君命召，不俟驾行矣。

《礼记·玉藻》篇曰：凡君召，以三节，二节以走，一节以趋。在官不俟履，在外不俟车。

《孟子·公孙丑下》篇曰：《礼》曰：父召无诺；君命召，不俟驾。

又《万章下》篇曰：万章曰："孔子君命召，不俟驾而行，然则孔子非与？"曰："孔子当仕有官职，而以其官召之也。"

《荀子·大略》篇曰：诸侯召其臣，臣不俟驾，颠倒衣裳而走，礼也。《诗》曰："颠之倒之，自公召之。"

入太庙，每事问。

《八佾》篇曰：子入太庙，每事问。或曰："孰谓鄹人之子知礼乎？入太庙，每事问。"子闻之，曰："是礼也。"

朋友死，无所归，曰："于我殡。"

《礼记·檀弓上》篇曰：宾客至，无所馆。夫子曰："生于我乎馆，死于我乎殡。"

《白虎通·三纲六纪》篇曰：朋友者，何谓也？朋者，党也。友者，有也。《礼记》曰：同门曰朋；同志曰友。朋友之交，货则通而不计，共忧患而相救。生不属，死不托。故《论语》曰："朋友无所归，生于我乎馆，死于我乎殡。"

朋友之馈，虽车马，非祭肉，不拜。

《礼记·坊记》篇曰：父母在，馈献不及车马。

树达按：据此，亲没之后，可以车马为赗也。

又《玉藻》篇曰：君赐车马，乘以拜。

寝不尸，居不容。

《述而》篇曰：子之燕居，申申如也；夭夭如也。

见齐衰者，虽狎，必变；见冕者与瞽者，虽亵，必以貌。

《子罕》篇曰：子见齐衰者，冕衣裳者，与瞽者，见之，虽少，必作；过之必趋。

凶服者式之，式负版者。

《周礼·秋官·小司寇》曰：献民数于王，王拜受之。

《新书·礼》篇曰：受计之礼，主所亲拜者二，闻生民之数则拜之，闻登谷则拜之。

有盛馔，必变色而作。

《礼记·曲礼上》篇曰：食至，起。

迅雷风烈，必变。

《礼记·玉藻》篇曰：若有疾风迅雷甚雨，则必变；虽夜，必兴，衣服冠而坐。

《论衡·雷虚》篇曰：或曰："《论语》曰：'迅雷风烈，必变。'《礼记》曰：'有疾风迅雷甚雨则必变，虽夜必兴，衣服冠而坐。'惧天怒，畏罚及己也。如雷不为天怒，其击不为罚过，则君子何为为雷变动，朝服而正坐乎？"或本误虽，乎本误子，今校改。曰："天之与人犹父子，有父为之变，子安能忽？故天变己亦宜变，顺天时，示己不违也。人闻犬声于外，莫不惊骇，竦身侧耳以审听之，况闻天变异常之声，轩辕迅疾之音乎？"

又《感类》篇曰：迅雷风烈，孔子必变。礼，君子闻雷，虽夜，衣冠而坐，所以敬雷，惧激气也。圣人君子于道无嫌，然犹顺天变动，况成王有周公之疑，闻雷雨之变，安能不振惧乎？

升车，必正立执绥，车中不内顾。

《贾子·容经》篇曰：坐乘以经坐之容，手抚式，视五旅，欲无顾，顾不过毂。立乘以经立之容，左持绥而左臂诎。

《白虎通·车旂》篇曰：车所以立乘者，何？制车以步，故立乘。车中不内顾，何？仰即观天，俯即察地，前闻和鸾之声，旁见四方之运，此车教之道。《论语》曰："升车，必正立执绥，车中不内顾。"

《左传·宣公十二年》曰：逢大夫与其二子乘；谓其二子，无顾。顾曰："赵傁在后。"怒之，使下。指木曰："尸女于是。"

不疾言，不亲指。

《礼记·曲礼上》篇曰：车上不广欬，不妄指。

色斯举矣，翔而后集。

《意林一》引子思子曰：孔思请行，鲁君曰："天下主亦犹寡人也，将焉之？"孔思对曰："盖闻君子犹鸟也，骇则举。"又见《吕氏春秋·审应览》、《孔丛子·抗志》篇。

《韩诗外传·卷二》曰：楚狂接舆躬耕以食，其妻之市，未返。楚王使使者赍金百镒，愿请先生治河南，接舆笑而不应。使者遂不得，辞而去。妻从市而来，曰："先生少而为义，岂将老而遗之哉？门外车辙何其深也？"接舆曰："今者王使使者赍金百镒，欲使我治河南。"其妻曰："岂许之乎？"曰："未也。"妻曰："君使不从，非忠也；从之，是遗义也。不如去之。"乃夫负釜甑，妻戴织器，变易姓字，莫知其所之。《论语》曰："色斯举矣，翔而后集"，接舆之妻是也。

曰："山梁雌雉，时哉！时哉！"子路共之，三嗅而作。

《吕氏春秋·审己》篇曰：子路掩雉而后释之。

论语疏证卷第十一

先进篇第十一

子曰:"先进于礼乐,野人也;后进于礼乐,君子也。如用之,则吾从先进。"

树达按:此亦孔子择善而从之事也。

子曰:"从我于陈蔡者,皆不及门也。"
德行:颜渊、

《雍也》篇曰:哀公问:弟子孰为好学?孔子对曰:有颜回者好学,不迁怒,不贰过。

又曰:子曰:回也,其心三月不违仁,其余则日月至焉而已矣。

又曰:子曰:贤哉回也,一箪食,一瓢饮,在陋巷,人不堪其忧,回也不改其乐,贤哉回也。

《述而》篇曰:子谓颜渊曰:用之则行,舍之则藏,惟我与尔有是夫。

《大戴礼记·卫将军·文子》篇曰:子贡曰:夙兴夜寐,讽诵崇礼,行不贰过，称言不苟，是颜渊之行也。

闵子骞、

《史记·仲尼弟子传》曰：闵损，字子骞，不仕大夫，不食污君之禄。

本篇曰：子曰：孝哉闵子骞，人不闲于其父母昆弟之言。

《雍也》篇曰：季氏使闵子骞为费宰，闵子骞曰：善为我辞焉。如有复我者，则吾必在汶上矣。

《公羊传·宣公元年》曰：古者臣有大丧，则君三年不呼其门；已练，可以弁冕服金革之事。君使之，非也；臣行之，礼也。闵子要绖而服事，既而曰："若此乎，古之道不即人心。"退而致仕，孔子盖善之也。

冉伯牛、

《雍也》篇曰：伯牛有疾，子问之，自牖执其手，曰："亡之，命矣夫！斯人也而有斯疾也！斯人也而有斯疾也！"

《孟子·公孙丑上》篇曰：冉牛、闵子、颜渊善言德行。

又曰：子夏子游子张皆有圣人之一体；冉牛闵子颜渊则具体而微。

仲弓。

《雍也》篇曰：子曰：雍也可使南面。

又曰：仲弓问子桑伯子。子曰："可也简。"仲弓曰："居敬而行简以临其民，不亦可乎？居简而行简，无乃太简乎？"子曰："雍之言然。"

《荀子·非十二子》篇曰：无置锥之地，而王公不能与之争名；在一大夫之位，则一君不能独畜，一国不能独容，成名况乎诸侯，莫不愿以为臣，是圣人之不得势者也。仲尼子弓是也。

《大戴礼记·卫将军文子》篇曰：国一逢有德之君，世受显命，不失厥名，以御于天子以申之，在贫如客，不迁怒，不探怨，不录旧罪，是冉雍之行也。

言语：宰我、

《史记·仲尼弟子传》曰：宰予，字子我，利口辩辞。

《阳货》篇曰：宰我问：三年之丧，期已久矣。君子三年不为礼，礼必坏；三年不为乐，乐必崩。旧谷既没，新谷既升，钻燧改火，期可已矣。

《大戴礼记·五帝德》篇曰：孔子曰：吾欲以语言取人，于予邪改之。

《韩非子·显学》篇曰：宰予之辞雅而文也，仲尼几而取之，与处而智不充其辩。故孔子曰："以言取人乎？失之宰予。"

树达按：宰我语见于《论语》者不过二三章，而三年之丧一章于其利口辩辞已可见一斑矣。

子贡。

《孟子·公孙丑上》篇曰：宰我，子贡，善为说辞。

《史记·仲尼弟子传》曰：子贡利口巧辞，孔子常黜其辩。

《韩诗外传·卷九》曰：孔子与子贡子路颜渊游于武山之上，孔子喟然叹曰："二三子各言尔志。"子贡曰："得素衣缟冠，使于两国之间，不持尺寸之兵，升斗之粮，使两国相亲如弟兄。"孔子曰："辩士哉！"

《说苑·善说》篇曰：子贡曰：出言陈辞，身之得失，国之安危也。辞者，人之所以自通也。

《左传·哀公七年》曰：大宰嚭召季康子，康子使子贡辞。大宰嚭曰："国君道长，而大夫不出门，此何礼也？"对曰："岂以为礼！畏大国也。大国不以礼命于诸侯，苟不以礼，岂可量也！寡君既共命焉，其老岂敢弃其国！大伯端委以治周礼，仲雍嗣之，断发文身，赢以为饰，岂礼也哉！有由然也。"

又《哀公十二年》曰：公会吴于橐皋，吴子使大宰嚭请寻盟，公不欲。使子贡对曰："盟，所以周信也，故心以制之；玉帛以奉之；言以结之；明神以要之。寡君以为：'苟有盟焉，弗可改也矣；若犹可改，日盟何益？'今吾子曰：'必寻盟。'若可寻也；亦可寒也。"乃不寻盟。

又《哀公十二年》曰：吴人征会于卫，卫侯会吴于郧，吴人藩卫侯之舍，子服景伯谓子贡曰："夫诸侯之会，事既毕矣，侯伯致礼，地主归饩，以相辞也。今吴不行礼于卫，而藩其君舍以难之，子盍见大宰？"乃请束锦以行。语及卫故。大宰嚭曰："寡君愿事卫君，卫君之来也缓，寡君惧，故将止之。"子贡曰："卫君之来，必谋于其众，其众或欲或否，是以缓来。其欲来者，子之党也；其不欲来者，子之仇也。若执卫君，是堕党而崇仇也。夫堕子者得其志矣。且合诸侯而执卫君，谁敢不惧？堕党崇仇而惧诸侯，或者难以霸乎！"大宰嚭说，乃舍卫侯。

又《哀公十五年》曰：冬，及齐平，子服景伯如齐，子赣为介。陈成子馆客，曰：寡君使恒告曰："寡人愿事君如事卫君。"景伯揖子赣而进之。对曰："寡君之愿也。昔晋人伐卫，齐为卫故，伐晋冠氏，丧车五百，因与卫地，自济以西，禚媚杏以南，书社五百。吴人加鄙邑以乱，齐因其病，取欢与阐，寡君是以寒心。若得视卫君之事君也，则固所愿也。"成子病之，乃归成。赣与贡同。

《述而》篇曰：冉有曰："夫子为卫君乎？"子贡曰："诺，吾将问之。"入曰："伯夷叔齐何人也？"曰："古之贤人也。"曰："怨乎？"曰："求仁而得仁，又何怨？"出曰："夫子不为也。"

《子罕》篇曰：子贡曰："有美玉于斯，韫匵而藏诸？求善贾而沽诸？"子曰："沽之哉！沽之哉！我待贾者也。"

《荀子·子道》篇曰：子路问于孔子曰："鲁大夫练而床，礼邪？"孔子曰："吾不知也。"子路出，谓子贡曰："吾以夫子为无所不知，夫子徒有所不知。"子贡曰："女何问哉？"子路曰："由问，鲁大夫练而床，礼也？夫子曰：吾不知也。"子贡曰："吾将为女问之。"子贡问曰："练而床，礼也？"孔子曰："非礼也。"子贡出，谓子路曰："女谓夫子为有所不知乎？夫子徒无所不知，女问非也。礼：居是邑，不非其大夫。"

树达按：《史记·仲尼弟子传》载子贡说齐吴越之事，疑出于纵横家之所为，今不取。

政事：冉有、

《公冶长》篇曰：孟武伯问："求也何如？"子曰："求也，千室之邑，百乘之家，可使为之宰也。"

《雍也》篇曰：季康子问："求也可使从政也与？"曰："求也艺，于从政乎何有！"

季路。

《公冶长》篇曰：孟武伯问："子路仁乎？"子曰："由也，千乘之国，可使治其赋也，不知其仁也。"

《雍也》篇曰：季康子问："仲由可使从政也与？"子曰："由也果，于从政乎何有！"

《礼记·礼器》篇曰：子路为季氏宰。季氏祭，逮暗而祭，日不足，继之以烛，虽有强力之容，肃敬之心，皆倦怠矣。有司跛倚以临祭，其为不敬大矣。他日祭，子路与。室事交乎户；堂事交乎阶。质明而始行焉；晏朝而退。孔子闻之，曰："谁谓由也而不知礼乎？"

《韩诗外传·卷六》曰：子路治蒲三年，孔子过之，入境而善之，曰："由恭敬以信矣。"入邑，曰："善哉！由忠信以宽矣。"至庭，曰："善哉！由明察以断矣。"子贡执辔而问曰："夫子未见由而三称善，可得闻乎？"孔子曰："入其境，田畴甚易，草莱甚辟，此恭敬以信，故民尽力。入其邑，墉屋甚尊，树木甚茂，此忠信以宽，其民不偷。入其庭，甚闲，此明察以断，故民不扰也。"

文学：子游、

《礼记·檀弓上：》篇曰：曾子吊于负夏，主人既祖，填池推柩而反之，降妇人而后行礼。从者曰："礼与？"曾子曰："夫祖者，且也，且胡为其不可以反宿也？"从者又问诸子游曰："礼与？"子游曰："饭于牖下，小敛于户内，大敛于阼阶，殡于客位，祖于庭，葬于墓，所以即远也。故丧事有进而无退。"曾子闻之，曰："多矣乎，予出祖者。"

又曰：曾子袭裘而吊，子游裼裘而吊。曾子指子游而示人曰："夫夫也，为习于礼者，如之何其裼裘而吊也？"主人既小敛，袒括发。子游趋而出，袭裘带绖而入。曾子曰："我过矣！我过矣！夫夫是也。"

又曰：小敛之奠，子游曰："于东方。"曾子曰："于西方，敛斯席矣。"小敛之奠在西方，鲁礼之末失也。

又《檀弓下》篇曰：有子与子游立，见孺子慕者。有子谓子游曰："予壹不知乎丧之踊也，予欲去之久矣，情在于斯，其是也夫。"子游曰："礼有微情者，有以故兴物者。有直情而径行者，戎狄之道也，礼道则不然。人喜则斯陶；陶斯咏；咏斯犹；犹斯舞；舞斯愠；愠斯戚；戚斯叹；叹斯辟；辟斯踊矣。品节斯，斯之谓礼。人死，斯恶之矣；无能也，斯倍之矣。是故制绞衾，设蒌翣，为使人勿恶也。始死，脯醢之奠；将行，遣而行之；既葬而食之；未有见其飨之者也。自上世以来，未之有舍也，为使人勿倍也。故子之所刺于礼者，亦非礼之訾也。"

又曰：卫司徒敬子死，子夏吊焉，主人未小敛，绖而往。子游吊焉，主人既小敛，子游出，绖反哭。

子夏曰："闻之也与？"曰："闻诸夫子。主人未改服，则不绖。"

又《檀弓上》篇曰：公叔木有同母异父之昆弟死，问于子游？子游曰："其大功乎。"

又《杂记下》篇曰：子游曰："既祥，虽不当缟者，必缟然后反服。"

又《玉藻》篇曰：子游曰："参分带下，绅居二焉，绅韠结三齐。"

《通典九十一·王肃》引《子思子》曰："言氏之子达于礼乎！继父同居服期。"

树达按：曾子云："夫夫也，为习于礼者，"知子游在当时已有习礼之名矣。同门之友，曾子服焉；有子子夏质焉；其他疑于礼者取决焉。子游之长于文学，有明征矣。

子夏。

《孟子·公孙丑上》篇曰：子夏，子游，子张，皆有圣人之一体。

《八佾》篇曰：子夏问曰："'巧笑倩兮，美目盼兮，素以为绚兮'，何谓也？"子曰："绘事后素。"曰："礼后乎？"子曰："起予者商也，始可与言《诗》已矣。"

《尚书大传略说》曰：子夏读《书》既毕而见于夫子，夫子谓曰："子何为于《书》？"子夏对曰："《书》之论事也，昭昭然若日月之代明；离离然若星辰之错行。上有尧舜之道；下有三王之义。凡商之所受《书》于夫子者，志之于心弗敢忘，虽退而穷居河济之间，深山之中，作壤室，究蓬户，常于此弹琴以歌先王之道，则可以发愤慷喟，忘已贫贱。故有人亦乐之，无人亦乐之；上见尧舜之德，下见三王之义，忽不知忧患与死也。"夫子愀然变容曰："嘻！子殆可与言《书》矣。"《韩诗外传·卷二》读《书》作读《诗》。

《仪礼·丧服》第十一。子夏传。

《公羊传·哀公十四年·疏》引《孝经说》曰：孔子曰："《春秋》属商。"《公羊传疏·卷一》曰：《公羊》者，子夏口授公羊高。高五世相授，至汉景帝时，公羊寿共弟子胡母生乃著竹帛。《谷梁传序疏》曰：谷梁子名淑，字元始，鲁人，一名赤，受经于子夏，为经作传，故曰《谷梁传》。

《论语谶》曰："子夏六十四人共撰《仲尼微言》。

《后汉书·徐防传》曰：防上疏曰：臣闻，《诗》《书》《礼》《乐》，定自孔子；发明章句，始于子夏。

子曰："回也，非助我者也，于吾言无所不说。"

《为政》篇曰：子曰：吾与回言，终日不违，如愚；退而省其私，亦足以发，回也不愚。

《中论·智行》篇曰：仲尼亦奇颜渊之有盛才。故曰："回也非助我者也，于吾言无所不说。"颜渊达于圣人之情，故无穷难之辞，是以能独获亹亹之誉，为七十子之冠。曾参虽质孝，原宪虽体清，仲尼未甚叹也。

树达按：刘宝楠云：教学本是相长。故夫子称子夏为起予，正以质疑问难，义可益明也。

子曰："孝哉闵子骞！人不闲于其父母昆弟之言。"

《艺文类聚二十》、《说苑》曰：闵子骞兄弟二人，母死，其父更娶，复有二子。子骞为其父御车，失辔，父持其手，衣甚单。父则归，呼其母儿，执其手，衣甚厚，温。即谓其妇曰："吾所以娶汝，乃为吾子。今汝欺我，去。无留！"子骞前曰："母在，一子单；母去，四子寒。"其父默然。故曰："孝哉闵子骞，一言其母还，再言三子温。"

《汉书·杜邺传》曰：邺对问曰：昔曾子问从令之义。孔子曰：是何言与？善闵子骞守礼不苟，从亲所行，无非礼者，故无可闲也。

《后汉书·范升传》曰：升奏记王邑曰：升闻，子以人不闲于其父母为孝；臣以下不非其君上为忠。

南容三复《白圭》，孔子以其兄之子妻之。

《诗·大雅·抑》曰：白圭之玷，尚可磨也；斯言之玷，不可为也。

《公冶长》篇曰：子谓南容，邦有道，不废；邦无道，免于刑戮；以其兄之子妻之。

《大戴礼记·卫将军文子》篇曰：独居思仁，公言言义，其闻《诗》也，一日三复"白圭之玷"，是南宫绦之行也。夫子信其仁，以为异姓。《卢注》云。异姓，谓以兄之子妻之也。

季康子问："弟子孰为好学？"孔子对曰："有颜回者好学，不幸短命死矣，今也则亡。"

已见第六卷《雍也》篇。

颜渊死，

《史记·仲尼弟子传》曰：颜回年二十九，发尽白，蚤死。

颜路请子之车以为之椁。

《史记·仲尼弟子传》曰：颜无繇，字路，路者，颜回父。父子尝各异时事孔子，颜回死，颜路贫，请孔子车以葬。

子曰："才不才，亦各言其子也。鲤也死，有棺而无椁，吾不徒行以为之椁。以吾从大夫之后，不可徒行也。"

《礼记·王制》篇曰：君子耆老不徒行。

颜渊死，子曰："噫！天丧予！天丧予！"

《春秋·哀公十四年》曰：西狩获麟。《公羊传》曰：麟者，仁兽也。有王者则至；无王者则不至。有以告者。曰："有麟而角者。"孔子曰："孰为来哉？孰为来哉？"反袂拭面，涕沾袍。颜渊死，子曰："噫！天丧予！"子路死，子曰："天祝予！"西狩获麟，孔子曰："吾道穷矣！"

《春秋繁露·随本消息》篇曰：颜渊死，子曰："天丧予！"子路死，子曰："天祝予！"西狩获麟，曰："吾道穷！吾道穷！"三年身随而卒。阶此而观，天命成败，圣人知之，有所不能救，命矣夫。

《汉书·董仲舒传赞》曰：刘向子歆以为：伊吕乃圣人之耦，王者不得则不兴。故颜渊死，孔子曰："噫！天丧余！"唯此一人为能当之。自宰我子贡子游子夏不与焉。

《论衡·问孔》篇曰：颜渊死，子曰："噫！天丧予！"此言：人将起，天与之辅；人将废，天夺其佐。佐本误作佑，今校改。孔子有四友，欲因而起，颜渊早夭，故曰天丧予。

颜渊死，子哭之恸。从者曰："子恸矣！"曰："有恸乎？非夫人之为恸，而谁为？"

《史记·仲尼弟子传》曰：回年二十九，蚤死。孔子哭之恸。曰：自吾有回，门人益亲。

《论衡·问孔》篇曰：夫恸，哀之至也。哭颜渊恸者，殊之众徒，哀痛之甚也。

颜渊死，门人欲厚葬之。子曰：不可。

《礼记·檀弓上》篇曰：子游问丧具。夫子曰："称家之有亡。"子游曰："有无恶乎齐？"夫子曰："有，毋过礼。苟亡矣，敛手足形，还葬，县棺而封，人岂有非之者哉！"

树达按：颜渊家贫，厚葬非儒家称家有无之义，故夫子不可也。

门人厚葬之。子曰："回也视予犹父也。

《国语·晋语》曰：栾共子曰：成闻之，民生于三，事之如一。父生之；师教之；君食之。

《吕氏春秋·劝学》篇曰：曾子曰："君子行于道路，其有父者可知也；其有师者可知也。夫无父而无师者，余若夫何哉？"此言事师之犹事父也。曾点使曾参，过期而不至。人皆见曾点，曰："无乃畏邪？"曾点曰："彼虽畏，我存，夫安敢畏。"孔子畏于匡，颜渊后。孔子曰："吾以汝为死矣。"颜渊曰："子在，回何敢死。"颜回之于孔子也，犹曾参之事父也。

予不得视犹子也。非我也，夫二三子也。"

《礼记·檀弓上》篇曰：子贡曰：昔者夫子之丧颜渊，若丧子而无服。

树达按：孔子丧颜渊若丧子，而门人不从孔子之言，厚葬颜渊，孔子之志不行，故云予不得视犹子，所以责门人也。

季路问事鬼神。子曰："未能事人，焉能事鬼！"

《盐铁论·论邹》篇曰：文学曰：孔子曰："未能事人，焉能事鬼？"近者不达，焉知瀛海？故无补于用者，君子不为；无益于治者，君子不由。

敢问死。子曰："未知生，焉知死！"

《说苑·辨物》篇曰：子贡问孔子：死人有知无知也？孔子曰："吾欲言死者有知也，恐孝子顺孙妨生以送死也；欲言无知，恐不孝子孙弃不葬也。赐欲知死人有知将无知也，死徐自知之，犹未晚也。"

闵子侍侧，訚訚如也；子路，行行如也；冉有、子贡，侃侃如也：子乐。"若由也不得其死然。"

《史记·仲尼弟子传》曰：卫出公立十二年，其父蒉聩居外，不得入。子路为卫大夫孔悝之邑宰，蒉聩与孔悝作乱，谋入孔悝家，遂与其徒袭攻出公。出公奔鲁，蒉聩入，立，是为庄公。方孔悝作乱，子路在外，闻之，而驰往。遇子羔出卫城门，谓子路曰："出公去矣，而门已闭，子可还矣，毋空受其祸。"

子路曰："食其食者不避其难。"有使者入城，子路随而入，造蒉聩。蒉聩与孔悝登台。子路曰："君焉用孔悝？请得而杀之。"蒉聩勿听。于是子路欲燔台，蒉聩惧，乃下石乞壶黡攻子路，击断子路之缨。子路曰："君子死而冠不免，"遂结缨而死。孔子闻卫乱，曰："嗟乎！由死矣！"已而果死。

鲁人为长府，闵子骞曰："仍旧贯，如之何？何必改作？"子曰："夫人不言，言必有中。"

《春秋·僖公二十年》曰：新作南门。《公羊传》曰：何以书？讥。何讥尔？门有古常也。

又《宣公十五年》曰：冬。蝝生。《公羊传》曰：上变古易常，应是而有天灾。

《春秋繁露·楚庄王》篇曰：《春秋》之于世事也，善复古，讥易常，欲其法先王也。

《汉书·董仲舒传》曰：仲舒对策曰：《春秋》变古则讥之。

又《外戚·孝成许皇后传》曰：成帝报后曰："君子之道，乐因循而重改作。昔鲁人为长府，闵子骞曰：'仍旧贯，如之何？何必改作。'盖恶之也。"

树达按：《春秋》时上不恤民，故孔子修《春秋》于筑作多讥之。孔子之说，犹闵子之义也。孔门师弟自对时政立言，非谓凡治国者不必改作也。汉以后人皆不知此义，殊可惜也。

子曰："由之瑟奚为于丘之门？"

《说苑·修文》篇曰：子路鼓瑟，有北鄙之声。孔子闻之。曰："信矣由之不才也！"冉有侍，孔子曰："求来！尔奚不谓由？夫先王之制音也，奏中声，为中节，流入于南，不归于北。南者，生育之乡；北者，杀伐之域。故君子执中以为本；务生以为基。故其音温和而居中，以象生育之气。小人则不然，执末以论本；务纲以为基。故其音湫厉而微末，以象杀伐之气。夫杀者，乃乱亡之风，奔北之为也。纣为北鄙之声，其废也忽焉。今由也，匹夫之徒，有亡国之声，岂能保七尺之身哉！"冉有以告子路。子路自悔，不食，七日而骨立焉。孔子曰："由之改过矣。"

门人不敬子路。子曰："由也升堂矣，未入于室也。"

子贡问："师与商也孰贤？"子曰："师也过，商也不及。"

《礼记·仲尼燕居》篇曰：子曰：师尔过，而商也不及。子贡越席而对曰："敢问将何以为此中者也？"子曰：礼乎礼，夫礼所以制中也。

又《檀弓上》篇曰：子夏既除丧而见，予之琴，和之而不和，弹之而不成声。作而曰："哀未忘也，先王制礼，而弗敢过也。"子张既除丧而见，予之琴，和之而和，弹之而成声。作而曰："先王制礼，不敢不至焉。"

曰："然则师愈与？"

《礼记·中庸》篇曰：子曰：道之不明也，我知之矣。知者过之；愚者不及也。道之不行也，我知之矣。贤者过之；不肖者不及也。

　　树达按：贤知者过之，愚不肖者不及，则过似胜于不及，故子贡以师愈为问也。

子曰："过犹不及。"

《新书·容经》篇曰：子路见孔子之背，磬折举袠。曰：唯由也见。孔子闻之曰：由也何以遗忘也？故过犹不及，有余犹不足也。

季氏富于周公，而求也为之聚敛而附益之。子曰："非吾徒也，小子鸣鼓而攻之可也！"

《左传·哀公十一年》曰：季氏欲以田赋，使冉有访诸仲尼。仲尼曰：丘不识也。三发，卒曰："子为国老，待子而行，若之何子之不言也？"仲尼不对，而私于冉有曰："君子之行也，度于礼。施取其厚，事举其中，敛从其薄。如是则以丘亦足矣。若不度于礼而贪冒无厌，则虽以田赋，将又不足。且子季孙若欲行而法，则周公之典在；若欲苟而行，又何访焉？"弗听。

又《哀公十二年》曰：春王正月，用田赋。

《孟子·离娄上》篇曰：孟子曰：求也为季氏宰，无能改于其德，而赋粟倍他日。孔子曰："求非我徒也，小子鸣鼓而攻之可也。"由此观之，君不行仁政而富之，皆弃于孔子者也，况于为之强战。

《论衡·答佞》篇曰：损上益下，忠臣之说也；损下益上，佞人之义也。季氏富于周公，而求也为之聚敛而附益之，小子鸣鼓而攻之可也。聚敛季氏，不知其恶，不知百姓所共非也。

又《顺鼓》篇曰：季氏富于周公，而求也为之聚敛而附益之。孔子曰："非吾徒也，小子鸣鼓而攻之可也。"攻者，责也，责让之也。

柴也愚。

《史记·仲尼弟子传》曰：高柴，字子羔，少孔子三十岁。子羔长不盈五尺，受业孔子，孔子以为愚。

《大戴礼记·卫将军文子》篇曰：自见孔子，入户未尝越履；往来过人不履影；开蛰不杀；方长不折；执亲之丧，未尝见齿。是高柴之行也。孔子曰：高柴执亲之丧则难能也；开蛰不杀，则天道也；方长不折，则恕也，恕则仁也。

参也鲁。

《礼记·檀弓上》篇曰：曾子袭裘而吊；子游裼裘而吊。曾子指子游而示人曰："夫夫也，为习于礼者，如之何其裼裘而吊也？"主人既小敛，袒括发，子游趋而出，袭裘带绖而入。曾子曰："我过矣！我过矣！

夫夫是也。"

又曰：有子问于曾子曰："问丧于夫子乎？"曰："闻之矣。丧欲速贫，死欲速朽。"有子曰："是非君子之言也。"曾子曰："参也闻诸夫子也。"有子又曰："是非君子之言也。"曾子曰："参也与子游闻之。"有子曰："然。然则夫子有为言之也？"曾子以斯言告于子游。子游曰："甚哉！有子之言似夫子也。昔者夫子居于宋，见桓司马自为石椁，三年而不成。夫子曰：'若是其靡也，死不如速朽之愈也。'死之欲速朽，为桓司马言之也。南宫敬叔反，必载宝而朝。夫子曰：'若是其货也？丧不如速贫之愈也。'丧之欲速贫，为敬叔言之也。"曾子以子游之言告于有子。有子曰："然。吾固曰：非夫子之言也。"曾子曰："子何以知之？"有子曰："夫子制于中都，四寸之棺，五寸之椁，以斯知不欲速朽也。昔者夫子失鲁司寇，将之荆，盖先之以子夏，又申之以冉有，以斯知不欲速贫也。"

师也辟。

《子张》篇曰：子游曰：吾友张也，为难能也，然而未仁。

又曰：曾子曰：堂堂乎张也，难与并为仁矣。

树达按：辟者，偏也。

由也喭。

《子路》篇曰：子路曰："卫君待子而为政，子将奚先？"子曰："必也正名乎！"子路曰："有是哉！子之迂也！奚其正？"子曰："野哉！由也！君子于其所不知，盖阙如也。"

《卫灵公》篇曰：在陈绝粮，从者病，莫能兴。子路愠见。曰："君子亦有穷乎？"子曰："君子固穷，小人穷斯滥矣。"

《述而》篇曰：子谓颜渊曰："用之则行，舍之则藏，唯我与尔有是夫！"子路曰："子行三军，则谁与？"

子曰："暴虎冯河，死而无悔者，吾不与也。必也临事而惧，好谋而成者也。"

本篇曰：子路使子羔为费宰。子曰："贼夫人之子。"子路曰："有民人焉；有社稷焉；何必读书然后为学。"子曰："是故恶夫佞者。"

又曰：子路曾皙冉有公西华侍坐。子曰："居则曰：不吾知也，如或知尔，则何以哉？"子路率尔而对。

《韩诗外传·卷六》曰：孔子行，简子将杀阳虎，孔子似之，带甲以围孔子舍。子路愠怒，奋戟将下。孔子止之，曰："由，何仁义之寡裕也。夫《诗》《书》之不习，《礼》《乐》之不讲，是丘之罪也。若吾非阳虎而以我为阳虎，则非丘之罪也。《说苑·杂言》篇文同。

子曰："回也其庶乎，屡空。赐不受命而货殖焉，亿则屡中。"

《汉书·货殖传》曰：子贡既学于仲尼，退而仕卫，发贮鬻财曹鲁之闲。七十子之徒，赐最为饶。而颜渊箪食瓢饮，在于陋巷。子贡结驷连骑，束帛之币，聘享诸侯。所至，国君无不分庭与之抗礼。然孔子贤颜回而讥子贡，曰："回也其庶乎，屡空。赐不受命而货殖焉，亿则屡中。"

《盐铁论·贫富》篇曰：文学曰：孔子云："富而可求，虽执鞭之事，吾亦为之；如不可求，从吾所好。"君子求义，非苟富也，故刺子贡不受命而货殖焉。

《论衡·知实》篇曰：孔子曰："赐不受命而货殖焉，亿则屡中"，罪子贡善居积，意贵贱之期，数得其时，故货殖多，富比陶朱。

子张问善人之道。子曰："不践迹，亦不入于室。"

子曰："论笃是与，君子者乎？色庄者乎？"

子路问："闻斯行诸？"子曰："有父兄在，如之何其闻斯行之。"

《礼记·曲礼上》篇曰：父母在，不许友以死，不有私财。

又《坊记》篇曰：父母在，不敢有其身，不敢私其财，示民有上下也。

又《檀弓上》篇曰：未仕者不敢税人，如税人，则以父兄之命。

又《坊记》篇曰：父母在，馈献不及车马，示民不敢专也。

《白虎通·三纲六纪》篇曰：朋友之道，亲存不得行者二：不得许友以其身，不得专通财之恩。友饥，则白之于父兄，父兄许之，乃称父兄与之，不听则止。故曰：友饥为之减餐；友寒为之不重袭。故《论语》曰："有父兄在，如之何其闻斯行之也。"

《三国志·吴志·全琮传》曰：琮字子璜，吴郡钱唐人也。父柔，尝使琮赍米数千斛到吴，有所市易。琮至，皆散用，空船而还。柔大怒，琮顿首曰："愚以所市非急，而士大夫方有倒悬之患，故便振赡，不及启报。"柔更以奇之。裴松之云：子路问："闻斯行诸？"子曰："有父兄在。"琮辄散父财，减非子道，然士类悬命，忧在朝夕，权其轻重以先人急，斯亦冯谖市义、汲黯振救之类也。

冉有问："闻斯行诸？"子曰："闻斯行之。"

公西华曰："由也问'闻斯行诸？'子曰：'有父兄在。'求也问'闻斯行诸？'子曰：'闻斯行之。'赤也惑。敢问？"

子曰："求也退，故进之。

《雍也》篇曰：冉求曰：非不说子之道，力不足也。

由也兼人，故退之。"

《公冶长》篇曰：子路有闻，未之能行，唯恐有闻。

《礼记·学记》篇曰：学者有四失，教者必知之。人之学也，或失则多；或失则少；或失则易；或失则止。此四者，心之莫同也。知其心，然后能救其失也。教也者，长善而救其失也。

《韩非子·难三》篇曰：叶公子高问政于仲尼，仲尼曰："政在说近而来远。"哀公问政于仲尼，仲尼曰："政在选贤。"齐景公问政于仲尼，仲尼曰："政在节财。"三公出，子贡问曰："三公问夫子政一也，夫子对之不同，何也？"仲尼曰："叶都大而国小，民有背心，故曰政在说近而来远。鲁哀公有大臣三人，外障诸侯四邻之士，内比周而以愚其君，使宗庙不扫除，社稷不血食者，必是三臣也。故曰政在选贤。齐景公筑雍门，为路寝，一朝而以三百乘之家赐者三。故曰政在节财。"《尚书大传·略说》、《说苑·政理》篇文同。

树达按："《论语》此章及《韩非子》所载问政之说，皆孔子之辨证法也。

子畏于匡。

证见卷九《子罕》篇子畏于匡条。

颜渊后，子曰："吾以女为死矣！"曰："子在，回何敢死。"

《吕氏春秋·劝学》篇曰：曾子曰："君子行于道路，其有父者可知也；其有师者可知也。夫无父而无师者，余若夫何哉？"此言事师之犹事父也。曾点使曾参，过期而不至，人皆见曾点，曰："无乃畏耶？"曾点曰："彼虽畏，我存，夫安敢畏。"孔子畏于匡，颜渊后。孔子曰："吾以女为死矣。"颜渊曰："子在，回何敢死。"颜回之于孔子也，犹曾参之事父也。

季子然问："仲由冉求可谓大臣与？"子曰："吾以子为异之问，曾由与求之问。所谓大臣者，以道事君，不可则止。

《礼记·内则》篇曰：四十始仕，方物出谋发虑。道合则服从；不可则去。

又《曲礼下》篇曰：为人臣之礼，不显谏；三谏而不听，则逃之。

《孟子·万章下》篇曰：君有过则谏；反覆之而不听，则去。

《礼记·表记》篇曰：子曰：事君三违而不出境，则利禄也。

《春秋·庄公二十四年》曰：冬，戎侵曹，曹羁出奔陈。《公羊传》曰：曹羁者，何？曹大夫也。曹无大夫，此何以书？贤也。何贤乎曹羁？戎将侵曹，曹羁谏曰："戎众以无义，君请勿自敌也。"曹伯曰："不可。"三谏，不从，遂去之。故君子以为得君臣之义也。

《说苑·正谏》篇曰：君有过失者，危亡之萌也。见君之过失而不谏，是轻君之危亡也。夫轻君之危亡者，忠臣不忍为也。三谏而不用则去，不去则身亡，身亡者，仁人所不忍为也。夫不谏则危君；固谏则危身。与其危君，宁危身。危身而终不用，则谏亦无功矣。智者度君权时，调其缓急而处其宜上不敢危君,下不以危身。故在国而国不危;在身而身不殆。昔陈灵公不听泄冶之谏而杀之。曹羁三谏曹君,不听而去。《春秋》序义,虽俱贤,而曹羁合礼。

《白虎通·谏争篇》曰:诸侯之臣诤不从,得去,何?以屈尊申卑,孤恶君也。

今由与求也,可谓具臣矣。"

《八佾》篇曰:季氏旅于泰山,子谓冉有曰:"女弗能救与?"对曰:"不能。"

《季氏》篇曰:季氏将伐颛臾,冉有季路见于孔子曰:"季氏将有事于颛臾。"孔子曰:"求,无乃尔是过与?夫颛臾,昔者先王以为东蒙主,且在邦域之中矣,是社稷之臣也,何以伐为?"冉有曰:"夫子欲之,吾二臣者皆不欲也。"孔子曰:"求、周任有言曰:陈力就列,不能者止。危而不持,颠而不扶,则将焉用彼相矣?且尔言过矣,虎兕出于柙,龟玉毁于椟中,是谁之过与?今由与求也相夫子,远人不服而不能来也;邦分崩离析而不能守也;而谋动干戈于邦内,吾恐季孙之忧不在颛臾而在萧墙之内也。"

本篇曰:季氏富于周公,而求也为之聚敛而附益之。子曰:"非吾徒也,小子鸣鼓而攻之可也。"

曰:"然则从之者与?"子曰:"弑父与君!亦不从也。"

子路使子羔为费宰。子曰:"贼夫人之子。"子路曰:"有民人焉;有社稷焉;何必读书,然后为学。"

《左传·襄公三十一年》曰:子皮欲使尹何为邑,子产曰:"少,未知可否。"子皮曰:"愿,吾爱之,不吾叛也。使夫往而学焉,夫亦愈知治矣。"子产曰:"不可。人之爱人,求利之也。今吾子爱人则以政,犹未能操刀而使割也,其伤实多。子有美锦,不使人学制焉。大官大邑,身之所庇也,而使学者制焉,其为美锦,不亦多乎?侨闻:学而后入政,未闻以政学者也。若果行此,必有所害。譬如田猎,射御贯则能获禽;若未尝登车射御,则败绩厌覆是惧,何暇思获。"子皮曰:"善哉!微子之言，吾不知也。"

《论衡·量知》篇曰：郑子皮使尹何为政，子产比于未能操刀使之割也；子路使子羔为费宰，孔子曰：贼夫人之子，皆以未学不见大道也。

子曰："是故恶夫佞者。"

《公冶长》篇曰：子曰：焉用佞？御人以口给，屡憎于人，焉用佞？

子路曾晳冉有公西华侍坐。

《史记·仲尼弟子传》曰：曾蒧，字晳，曾参父。

树达按：点蒧同音通用。

子曰："以吾一日长乎尔，毋吾以也！居则曰：不吾知也，如或知尔，则何以哉？"

子路率尔而对曰："千乘之国，摄乎大国之间，加之以师旅，因之以饥馑，由也为之，比及三年，可使有勇且知方也。"

《公冶长》篇曰：孟武伯问："子路仁乎？"子曰："不知也。"又问，子曰："由也，千乘之国，可使治其赋也。"

夫子哂之。

"求！尔何如？"对曰："方六七十，如五六十，求也为之，比及三年，可使足民。如其礼乐，以俟君子。"

《公冶长》篇曰：孟武伯问："求也何如？"子曰："求也，千室之邑，百乘之家，可使为之宰也。"

"赤！尔何如？"对曰："非曰能之，愿学焉。宗庙之事如会同，端章甫，愿为小相焉。"

《公冶长》篇曰：孟武伯问："赤也何如？"子曰："赤也，束带立于朝，可使与宾客言也。"

《大戴礼记·卫将军文子》篇曰：子贡曰："志通而好礼，摈相两君之事，笃雅其有礼节也。是公西赤之行也。"孔子曰："礼仪三百，可勉能也，威仪三千则难也。"公西赤问曰："何谓也？"孔子曰："貌以摈礼，礼以摈辞，是之谓也。"孔子之语人也，曰："当宾客之事则通矣。"谓门人曰："二三子欲学宾客之礼者，于赤也。"

"点！尔何如？"鼓瑟希，铿尔，舍瑟而作，对曰："异乎三子者之撰。"子曰："何伤乎，亦各言其志也。"曰："暮春者，春服既成，冠者五六人。童子六七人，浴乎沂，风乎舞雩，咏而归。"夫子喟然叹曰："吾与点也。"

《后汉书·仲长统传》曰：统常以为：凡游帝王者，欲以立身扬名耳。而名不常存，人生易灭；优游偃仰，可以自娱；欲卜居清旷以乐其志。论之曰：使居有良田广宅，背山临流；沟池环市，竹木周匝；场圃筑前，果园树后；舟车足以代步涉之难，使令足以息四体之役；养亲有兼珍之膳，妻孥无苦身之劳；良朋萃止，则陈酒肴以娱之；嘉时吉日，则烹羔豚以奉之；踟蹰畦苑，游戏平林；濯清水，追凉风；钓游鲤，弋高鸿；讽于舞雩之下，咏归高堂之上；安神闺房，思老氏之玄虚；呼吸精和，求至人之仿佛；与达者数子论道讲书，俯仰二仪，错综人物；弹南风之雅操，发清商之妙曲；逍遥一世之上，睥睨天地之闲；不受当时之责，永保性命之期；如是，则可以陵霄汉，出宇宙之外矣。岂羡夫人帝王之门哉。

> 树达按：孔子所以与曾点者，以点之所言为太平社会之缩影也。

三子者出，曾晳后，曾晳曰："夫三子者之言何如？"子曰："亦各言其志也已矣。"曰："夫子何哂由也？"曰："为国以礼，其言不让，是故哂之。"

《礼记·曲礼上》篇曰：侍于君子，不顾望而对，非礼也。

"唯求则非邦也与？""安见方六七十如五六十而非邦也者！""唯赤则非邦也与？""宗庙会同，非诸侯而何？赤也为之小，孰能为之大！"

论语疏证卷第十二

颜渊篇第十二

颜渊问仁，子曰："克己复礼，为仁。"

《左传·昭公十二年》曰：楚子狩于州来，次于颍尾。右尹子革夕，左史倚相过，王曰："是良史也，子善视之！是能读三坟五典八索九丘。"对曰："臣尝问焉，昔穆王欲肆其心，周行天下，将皆必有车辙马迹焉。祭公谋父作《祈招》之诗以止王心，王是以获没于祗宫。臣问其《诗》而不知也。若问远焉，其焉能知之？"王曰："子能乎？"对曰："能。其《诗》曰：'祈招之愔愔，式昭德音，思我王度，式如玉，式如金，形民之力而无醉饱之心。'"王揖而入，馈不食，寝不寐，数日，不能自克，以及于难。仲尼曰："古也有志，'克己复礼，仁也。'信善哉！楚灵王若能如是，岂其辱于乾溪。"

一日克己复礼，天下归仁焉。

《后汉书·梁节王畅传》曰：和帝诏报畅曰："朕惟王至亲之属，淳淑之美，傅相不良，不能防邪，至令有司纷纷有言。今王深思悔过，端自克责，朕恻然伤之。志匪由于咎，在彼小子，一日克己复礼，天下归仁。王其安心静意，茂率休德。"

为仁由己，而由人乎哉？

《述而》篇曰：子曰："仁远乎哉？我欲仁，斯仁至矣。"

颜渊曰："请问其目。"子曰："非礼勿视；非礼勿听；非礼勿言；非礼勿动。"

《礼记·中庸》篇曰："齐明盛服，非礼不动，所以修身也。"

又《乐记》篇曰：是故君子反情以利其志，比类以成其行。奸声乱色不留聪明；淫乐慝礼不接心术；惰慢邪僻之气不设于身体；使耳目鼻口心知百体皆由顺正以行其义。

《国语·周语下》曰：单子曰：步言视听必皆无谪，则可以知德矣。视远曰绝其义；足高曰弃其德；言爽曰反其信；听淫曰离其名。夫目以处义，足以践德，口以庇信，耳以听名，故不可不慎也。

《春秋繁露·天道施》篇曰：夫礼，体情而妨乱者也，民之情不能制其欲，使之度礼。目视正色，耳听正声，口食正味，身行正道，非夺之情，所以安其情也。

《荀子·劝学》篇曰：君子知夫不全不粹之不足以为美也，故诵数以贯之，思索以通之，为其人以处之，除其害者以持养之。使目非是无欲见也，使耳非是无欲闻也，使口非是无欲言也，使心非是无欲虑也。及至其致好之也，目好之五色，耳好之五声，口好之五味，心利之有天下。是故权利不能倾也，群众不能移也，天下不能荡也。生乎由是，死乎由是，夫是之谓德操。

《韩诗外传·卷十》曰：吴延陵季子游于齐，见遗金，呼牧者取之。牧者曰："子居之高，视之下；貌之君子而言之野也。吾有君不君，有友不友，当暑衣裘，君疑取金者乎？"延陵子知其为贤者，请问姓字。牧者曰："子乃皮相之士也，何足语姓字哉！"遂去。延陵季子立而望之，不见乃止。孔子曰：非礼勿视；非礼勿听。

颜渊曰："回虽不敏，请事斯语矣。"

仲弓问仁，子曰："出门如见大宾，使民如承大祭。

《左传·僖公三十三年》曰：臼季使，过冀，见冀缺耨，其妻馈之，敬，相待如宾。与之归。言诸文公曰："敬，德之聚也，能敬必有德，德以治民，君请用之。臣闻之，出门如宾，承事如祭，仁之则也。"

己所不欲，勿施于人。

《卫灵公》篇曰：子贡问曰："有一言而可以终身行之者乎？"子曰："其恕乎！己所不欲，勿施于人。"

《礼记·中庸》篇曰：忠恕违道不远。施诸己而不愿，亦勿施于人。

《公冶长》篇曰：子贡曰：我不欲人之加诸我也，吾亦欲无加诸人。

《礼记·大学》篇曰：所恶于上，毋以使下；所恶于下，毋以事上；所恶于前，毋以先后；所恶于后，毋以从前；所恶于右，毋以交于左；所恶于左，毋以交于右。此之谓絜矩之道。

又《祭统》篇曰：是故君子之事君也，必身行之。所不安于上，则不以使下；所恶于下，则不以事上。非诸人，行诸己，非教之道也。

《孟子·离娄上》篇曰：得天下有道，得其民，斯得天下矣；得其民有道，得其心，斯得其民矣；得其心有道，所欲，与之聚之，所恶，勿施尔也。民之归仁也，犹水之就下，兽之走圹也。

《韩诗外传·卷三》曰：己恶饥寒焉，则知天下之欲衣食也；已恶劳苦焉，则知天下之欲安佚也；己恶衰乏焉，则知天下之欲富足也。知此三者，圣王所以不降席而匡天下。故君子之道，忠恕而已矣。

在邦无怨；在家无怨。"

《礼记·中庸》篇曰：正己而不求于人，则无怨。

仲弓曰："雍虽不敏，请事斯语矣。"

司马牛问仁，子曰："仁者其言也讱。"曰："其言也讱，斯谓之仁矣乎？"子曰："为之难，言之得无讱乎？"

《史记·仲尼弟子传》曰：司马耕，字子牛，牛多言而躁，问仁于孔子。孔子曰："仁者其言也讱。"曰："其言也讱，斯可谓之仁乎？"子曰："为之难，言之得无讱乎？"

《里仁》篇曰：子曰："古者言之不出，耻躬之不逮也。"

《宪问》篇曰：子曰："君子耻其言而过其行。"

《礼记·中庸》篇曰：庸德之行；庸言之谨。有所不足，不敢不勉；有余不敢尽。言顾行；行顾言；君子胡不慥慥尔？

司马牛问君子，子曰："君子不忧不惧。"

《子罕》篇曰：子曰：智者不惑，仁者不忧，勇者不惧。

曰："不忧不惧，斯谓之君子矣乎？"子曰："内省不疚，夫何忧何惧？"

《礼记·中庸》篇曰，故君子内省不疚，无恶于志，君子之所不可及者，其惟人之所不见乎。

司马牛忧曰："人皆有兄弟，我独亡。"

《左传·哀公十四年》曰：宋桓魋之宠，害于公，公将讨之。未及，魋先谋公，公知之，召左师向巢，以命其徒攻桓氏，向魋遂入于曹以叛。民遂叛之，向魋奔卫。司马牛致其邑与珪焉而适齐。魋奔齐，司马牛又致其邑焉而适吴。吴人恶之而反，卒于鲁郭门之外，坑氏葬诸丘舆。

树达按：牛为桓魋之弟。牛云无兄弟者，谓无贤兄弟也。

子夏曰："商闻之矣，死生有命，

《韩诗外传·卷一》曰：哀公问孔子曰：有智寿乎？孔子曰：然。人有三死而非命也者，自取之也。居处不理，饮食不节，劳过者，病共杀之。居下而好干上，嗜欲无厌，求索不止者，刑共杀之。少以敌众，弱以侮强，忿不量力者，兵共杀之。故有三死而非命者，自取之也。《说苑·杂言》篇文同。

富贵在天。

《孟子·万章上》篇曰：万章问曰："或谓：孔子于卫主痈疽，于齐主侍人瘠环，有诸乎？"孟子曰："否，不然也，好事者为之也。于卫主颜仇由。弥子之妻与子路之妻，兄弟也。弥子谓子路曰：'孔子主我，卫卿可得也。'子路以告。孔子曰：'有命。'孔子进以礼，退以义，得之不得曰有命，而主痈疽与侍人瘠环，是无义无命也。"

《宪问》篇曰：公伯寮愬子路于季孙，子服景伯以告。曰："夫子固有惑志于公伯寮，吾力犹能肆诸市朝。"子曰："道之将行也与，命也；道之将废也与，命也。公伯寮其如命何？"

君子敬而无失，与人恭而有礼，四海之内皆兄弟也，君子何患乎无兄弟也？"

《大戴礼记·曾子制言上》篇曰：曾子门弟子或将之晋，曰："吾无知焉。"曾子曰："何必然！往矣！有知焉谓之友，无知焉谓之主。且夫君子执仁立志，先行后言，千里之外皆为兄弟。苟是之不为，则虽汝亲，庸孰能亲汝乎？"

树达按：无知谓无相知之人。

《说苑·杂言》篇曰：夫子曰：敏其行，修其礼，千里之外，亲如兄弟；若行不敏，礼不合，对门不通矣。

子张问明。子曰：'浸润之谮，肤受之愬不行焉，可谓明也已矣；浸润之谮，肤受之愬，不行焉，可谓远也已矣。"

《逸周书·谥法解》曰：谮诉不行曰明。

子贡问政。子曰："足食，

《书·洪范》篇曰：八政，一曰食。《尚书大传》曰：八政何以先食？传曰：食者，万物之始，人事之本也。故八政先食。

《礼记·王制》篇曰：国无九年之蓄曰不足；无六年之蓄曰急；无三年之蓄，曰国非其国也。三年耕必有一年之食；九年耕必有三年之食；以三十年之通，虽有凶旱水溢，民无菜色。

《春秋·庄公二十八年》曰：臧孙辰告籴于齐。《公羊传》曰：告籴者，何？请籴也。何以不称使？以为臧孙辰之私行也。曷为以臧孙辰之私行？君子之为国也，必有三年之委。一年不熟，告籴，讥也。

《逸周书·文传》篇曰：天有四殃，水旱饥荒。其至无时，非务积聚，何以备之？《夏箴》曰：小人无兼年之食，遇天饥，妻子非其有也；

大夫无兼年之食，遇天饥，臣妾舆马非其有也；国无兼年之食，遇天饥，百姓非其有也。

《墨子·七患》篇曰：且夫食者，圣人之所宝也。《周书》曰：国无三年之食者，国非其国也；家无三年之食者，子非其子也。此之谓国备。

《孔丛子·刑论》篇曰：孔子曰：民之所以生者，衣食也。上不教民，民匮其生，饥寒切于身而不为非者，寡矣。

足兵，

《易·象传》曰：泽上于地，萃。君子以除戎器，戒不虞。

《左传·襄公二十七年》曰：宋子罕曰：天生五材，民并用之，废一不可，谁能去兵？兵之设久矣，所以威不轨而昭文德也。圣人以兴，乱人以废。废兴存亡昏明之术，皆兵之由也。

《谷梁传·襄公二十五年》曰：古者虽有文事，必有武备。

《司马法》曰：国虽大，好战必亡；天下虽安，忘战必危。

《春秋·僖公三年》曰：徐人取舒。《公羊传》曰：其言取之，何？易也。《何注》云：易者，由无守御之备。

《盐铁论·险固》篇曰：关梁者，邦国之固，而山川社稷之宝也。徐人取舒，《春秋》谓之取，恶其无备，得物之易也。故君子为国，必有不可犯之难。《易》曰："重门击柝以待暴客"，言备之素修也。

《说苑·指武》篇曰：夫兵不可玩，玩则无威；兵不可废，废则召寇。昔吴王夫差好战而亡，徐偃王无武亦灭。故明王之制国也，上不玩兵，下不废武。《易》曰：存不忘亡，是以身安而国可保也。

又曰：楚文王伐徐，残之。徐偃王将死，曰：吾赖于文德而不明武备，好行仁义之道，而不知诈人之心，以至于此夫。古之王者其有备乎！

《汉书·艺文志》曰：《鸿范》八政，八曰师。孔子曰为国者"足食足兵"，"以不教民战，是谓弃之。"明兵之重也。《易》曰"古者弦木为弧；剡木为矢，弧矢之利以威天下"，其用上矣。

民信之矣。"

《大戴礼记·王言》篇曰：孔子曰：其礼可守，其信可复，其迹可履。其于信也,如四时春秋冬夏;其博有万民也,如饥而食,如渴而饮,下土之人信之。若夫暑热冻寒,远若迩,非道迩也,及其明德也。是以兵革不动而威,用利不施而亲。此之谓明王之守也,折冲乎千里之外,此之谓也。

子贡曰:"必不得已而去,于斯三者何先?"曰:"去兵。"

《逸周书·籴匡》解曰:年饥则兵备不制,男守疆,戎禁不出。

子贡曰:'必不得已而去,于斯二者何先?"曰:"去食。

《周礼·地官·均人》曰:凶礼则无力政,无财赋,不收地守地职,不均地政。

《周书·大匡》解曰:农廪分乡,乡命受粮,成年不偿,信诚匡助,以辅殖财。

自古皆有死,民无信不立。"

棘子成曰:"君子质而已矣,何以文为?"

《春秋繁露·玉杯》篇曰:质文两备,然后其礼成;文质偏行,不得有我尔之名。俱不能备而偏行之,宁有质而无文。

子贡曰:"惜乎!夫子之说,君子也,驷不及舌。

《说苑·说丛》篇曰:一言而非,四马不能追;一言不急,四马不能及。

又曰:口者,关也;舌者,机也。出言不当,四马不能追也。

文犹质也;质犹文也;虎豹之鞟犹犬羊之鞟。"

《雍也》篇曰:子曰:质胜文则野,文胜质则史。文质彬彬,然后君子。

树达按:孔子言:"礼,与其奢也,宁俭;丧,与其易也,宁戚。"又曰:"奢则不孙;俭则固。与其不孙也,宁固。"皆以文质不得兼备,则宁有质而无文。前举董生之言,正孔子之义也。此与棘子成之说异者,棘子成意谓有质则已足,不复用文。孔子则以文质兼备为主,万不得已,则存质而舍文。两说轻重不同，貌虽似同而实则有异，故子贡非其说而惜之也。然子贡谓文犹质，质犹文，于文质之轻重本末不加分别，似又非孔子之意矣。

哀公问于有若曰："年饥，用不足，如之何？"有若对曰："盍彻乎？"

《孟子·滕文公上》篇曰：夏后氏五十而贡，殷人七十而助，周人百亩而彻，其实皆什一也。彻者，彻也；助者，藉也。

曰："二，吾犹不足，如之何其彻也？"

《春秋·宣公十五年》曰：初税亩。杜注云：公田之法，十取其一，今又履其余亩，复十收其一。故哀公曰：二，吾犹不足，遂为常，故曰初。

对曰："百姓足，君孰与不足？百姓不足，君孰与足？"

《说苑·政理》篇曰：鲁哀公问政于孔子。对曰："政有使民富。"哀公曰："何谓也？"孔子曰："薄税敛则民富。"公曰："若是则寡人贫矣。"孔子曰："《诗》云：恺悌君子，民之父母，未见其子富而父母贫者也。"

《荀子·富国》篇曰：下贫则上贫；下富则上富。故田野县鄙者，财之本也；垣窌仓廪者，财之末也。百姓时和，事业得叙者，货之源也；等赋府库者，货之流也。故明主必谨养其和，节其流，开其源，而时斟酌焉。潢然知天下必有余而上不忧不足。如是，则上下俱富，多无所藏之，是知国计之极也。

《说苑·政理》篇曰：文王问于吕望曰："为天下若何？"对曰："王国富民，霸国富士，仅存之国富大夫，亡道之国富仓府。"是谓上溢而下漏。

《新语·辨惑》篇曰：昔哀公问于有若曰："年饥，用不足，如之何？"有若对曰："盍彻乎？"盖损上而归之于下。忤于耳而不合于意，遂逆而不用也。

《国语·楚语上》曰：伍举曰："夫君国者，将民之与处。民实瘠矣，君安得肥？"

子张问崇德辨惑。子曰："主忠信，

证见卷一《学而》篇。

徙义，崇德也。

《易·象传》曰：风雷益。君子以见善则迁，有过则改。

《述而》篇曰：子曰：德之不修，学之不讲，闻义不能徙，不善不能改，是吾忧也。

爱之欲其生，恶之欲其死；既欲其生，又欲其死：是惑也。" 接此下本有"诚不以富亦只以异"二句，今依程子校移至十六篇。

《礼记·檀弓下》篇曰：今之君子，进人若将加诸膝，退人若将队诸渊。

《汉书·王尊传》曰：湖三老公乘兴上书曰：尊以京师废乱，群盗并兴，选贤征用，起家为卿。贼乱既除，豪猾伏辜，即以佞巧废黜。一尊之身，三期之闲，乍贤乍佞，岂不甚哉！孔子曰：爱之欲其生，恶之欲其死，是惑也。

《三国志·魏志·邴原传》注引《原别传》曰：为郡所召，署功曹主簿。时鲁国孔融在郡，教选计当任公卿之才，原为计佐。融有所爱一人，常盛嗟叹之，后忿望，欲杀之。朝史皆请，融意不解，原独不为请。融谓原曰："众皆请而君何独不？"对曰："明府于某本不薄也，常言岁终当举之，此所谓吾一子也，而今乃欲杀之。明府爱之，则引而方之于子；憎之，则推之欲危其身。原愚，不知明府以何爱之？以何恶之？"融曰："某生于微门，吾成就其兄弟，拔擢而用之，某今孤负恩施。夫善则进之，恶则诛之，固君道也。往者应仲远为泰山太守，举一孝廉，旬月之间而杀之。夫君人者，厚薄何常之有？"原对曰："夫孝廉，国之俊选也，举之若是，则杀之非也；若杀之是，则举之非也。语云：爱之欲其生，恶之欲其死，是惑也。仲远之惑甚矣，明府奚取焉？"

齐景公问政于孔子，

《史记·齐太公世家》曰：崔杼弑庄公，立庄公异母弟杵臼，是为景公。

孔子对曰："君君，臣臣；父父，子子。"

《礼记·大学》篇曰：为人君，止于仁；为人臣，止于敬；为人子，止于孝；为人父，止于慈。

又《哀公问》篇曰：公曰："敢问为政如之何？"孔子对曰："夫妇别；父子亲；君臣严。三者正则庶物从之矣。"《大戴礼记·哀公问于父子》篇同。

《孟子·离娄上》篇曰：欲为君，尽君道；欲为臣，尽臣道。二者皆法尧舜而已矣。

《荀子·君道》篇曰：请问为人君，曰："以礼分施，均遍而不偏。"请问为人臣，曰："以礼待君，忠顺而不懈。"请问为人父，曰："宽惠而有礼。"请问为人子，曰："敬爱而致文。"此道也，偏立而乱，俱立而治。其足以稽矣。

《吕氏春秋·处方》篇曰：凡为治，必先定分，君臣父子夫妇六者当位，则下不逾节而上不苟为矣，少不悍辟而长不简慢矣。

公曰："善哉！信如君不君，臣不臣。

《国语·齐语》曰：管子曰：为君不君，为臣不臣，乱之本也。

《左传·昭公三年》曰：叔向曰："齐其何如？"晏子曰："此季世也，吾弗知齐其为陈氏矣。公弃其民而归于陈氏。齐旧四量：豆，区，釜，钟。四升为豆，各自其四以登于釜；釜十则钟。陈氏三量，皆登一焉，钟乃大矣。以家量贷，而以公量收之。山木如市，弗加于山；鱼盐蜃蛤，弗加于海。民参其力，二人于公而衣食其一，公聚朽蠹而三老冻馁。国之诸市，屦贱踊贵。民人痛疾，而或燠休之，其爱之如父母，而归之如流水，欲无获民，将焉辟之？"

又《二十六年》曰：齐侯与晏子坐于路寝。公叹曰："美哉！室，其谁有此乎？"晏子曰："其陈氏乎！陈氏虽无大德，而有施于民。豆区釜钟之数，其取之公也薄，其施之民也厚。公厚敛焉，陈氏厚施焉，民归之矣。后世若少惰，陈氏而不亡，则国其国也已。"公曰："是可若何？"对曰："唯礼可以已之。在礼，家施不及国。"

父不父，子不子。

《晏子春秋·谏上》篇曰：淳于人纳女于景公，生孺子荼，景公爱之，诸臣谋欲废公子阳生而立荼。公以告晏子，晏子曰："不可。夫以贱匹贵，国之害也；置大立少，乱之本也。夫阳生生而长，国人戴之，君其勿易。夫服位有等，故贱不陵贵；立子有礼，故孽不乱宗。愿君教荼以礼而勿陷于邪，导之以义而勿湛于利。长少行其道，宗孽得其伦。夫阳生敢毋使荼餍粱肉之味，玩金石之声，而有患乎？废长立少，不可以教下；尊孽卑宗，不可以利所爱。长少无等，宗孽无别，是设贼树奸之本也。君其图之。古之明君非不知立爱也，以为义失则忧，是故立子以道。若夫恃谗谀以事君者，不足以责信。今君用谗人之谋，听乱夫之言也，废长立少，臣恐后人之有因君之过以资其邪，废少而立长以成其利者。君其图之。"公不听。景公没，田氏杀君荼。立阳生；杀阳生，立简公；杀简公而取齐国。

《春秋·哀公五年》曰：齐侯杵臼卒。《左氏传》曰：齐燕姬生子，不成而死。诸子鬻姒之子荼嬖。诸大夫恐其为大子也，言于公曰："君之齿长矣，未有大子，若之何？"公曰："二三子闲于忧虞，则有疾疢，亦姑谋乐，何忧于无君？"公疾，使国惠子高昭子立荼，寘群公子于莱。秋，齐景公卒。冬十月，公子嘉公子驹公子黔奔卫；公子鉏公子阳生来奔。莱人歌之曰："景公死乎，不与埋；三军之事乎，不与谋。师乎师乎！何党之乎？"

又《六年》曰：齐阳生入于齐，齐陈乞弑其君荼。

虽有粟，吾得而食诸？"

《史记·太史公自序》曰：夫不通礼义之旨，至于君不君，臣不臣，父不父，子不子。夫君不君则犯，臣不臣则诛，父不父则无道，子不子则不孝。此四行者，天下之大过也。

子曰："片言可以折狱者，其由也与！"子路无宿诺。

《左传·哀公十四年》曰：小邾射以句绎来奔。曰："使季路要我，吾无盟矣。"使子路，子路辞。季康子使冉有谓之曰："千乘之国，不信其盟，而信子之言，子何辱焉？"

子曰："听讼吾犹人也，

《说苑·至公》篇曰：孔子为鲁司寇，听狱必师断。师，众也。敦敦然皆立，然后君子进曰："某子以为何若？"某子以为云云。又曰："某子以为何若？"某子曰："云云。"辩矣，辩与遍同。然后君子几当从某子云云乎。以君子之知，岂必待某子之云云然后知所以断狱哉！君子之敬让也，文辞有可与人共之者，君子不独有也。

必也使无讼乎！"

《礼记·大学》篇曰：子曰：听讼吾犹人也，必也使无讼乎。无情者不得尽其辞，大畏民志，此谓知本。

《大戴礼记·礼察》篇曰：礼者，禁于将然之前；而法者，禁于已然之后。是故法之所用易见；而礼之所为生难知也。若夫庆赏以劝善，刑罚以惩恶，先王执此之正坚如金石，行此之信顺如四时，据此之功无私如天地尔，岂顾不用哉！然如曰礼云礼云者，贵绝恶于未萌，而起教于微眇，使民日徙善远罪而不自知也。孔子曰："听讼吾犹人也，必也使毋讼乎！"此之谓也。《汉书·贾谊传》同。

《史记·酷吏传》曰：孔子曰："导之以政，齐之以刑，民免而无耻；导之以德，齐之以礼，有耻且格。老氏称："上德不德，是以有德；下德不失德，是以无德。法令滋章，盗贼多有。"太史公曰：信哉！是言也。法令者，治之具；而非制治清浊之源也。昔天下之网尝密矣；然奸伪萌起，其极也，上下相遁，至于不振。当是之时，吏治若救火扬沸，非武健严酷，恶能胜其任而愉快乎！言道德者溺其职矣。故曰："听讼吾犹人也，必也使毋讼乎！"

《潜夫论·德化》篇曰：是故上圣不务治民事而务治民心。故曰："听讼吾犹人也，必也使无讼乎。""导之以德；齐之以礼。"务厚其情而明其义。民亲爱则无相害伤之意，动思义则无奸邪之心。夫若此者，非法律之所使也，非威刑之所强也，此乃教化之所致也。

《荀子·宥坐》篇曰：孔子为鲁司寇。有父子讼者，孔子拘之，三月不别。其父请止，孔子舍之。

《韩诗外传·卷三》曰：传曰：鲁有父子讼者，康子欲杀之。孔子曰："未可杀也，夫民不知父子讼之为不义久矣。是则上失其道。上有道，是人亡矣。"讼者闻之，请无讼。

《汉书·刑法志》曰：孔子曰："古之知法者能省刑，本也；今之知法者不失有罪，末矣。"

又《韩延寿传》曰：延寿为吏，上礼义，好古教化。所至必聘其贤士，以礼待用；广谋议；纳谏争；举行丧让财；表孝弟有行。修治学官。春秋乡社，陈钟鼓管弦，盛升降揖让。又置正五长，相率以孝弟，不得舍奸人。在东郡三岁，令行禁止，断狱大减，为天下最。入守左冯翊，行县至高陵，民有昆弟相与讼田，自言，延寿大伤之。曰："幸得备位，为郡表率，不能宣明教化，至令民有骨肉争讼，咎在冯翊，当先退。"是日，移病，不听事。因入卧传舍，闭阁思过。一县莫知所为。于是讼者转相责让，此两昆弟深自悔，皆自髡肉袒谢，愿以田相移，终死不敢复争。延寿大喜，开阁延见，内酒肉，与相对饮食。延寿乃起听事，郡中歙然，莫不转相敕厉，不敢犯。延寿恩信周遍二十四县，莫复以辞讼自言者。

《孔丛子·对魏王》篇曰：信陵君问子高曰："古之善为国者至于无讼，其道何由？"答曰："由乎政善也。上下勤德而无私，德无不化，俗无不移。众之所誉，政之所是也；众之所毁，政之所非也。毁誉是非与政相应，所以无讼也。"

子张问政。子曰："居之无倦，行之以忠。"

《子路》篇曰：子路问政，子曰："先之，劳之。"请益，曰："无倦。"

子曰："博学于文，约之以礼，亦可以弗畔矣夫。"

证见卷六《雍也》篇。

子曰："君子成人之美，不成人之恶。小人反是。"

《春秋·隐公元年》曰：元年春王正月。《谷梁传》曰：公何以不言即位？成公志也。焉成之？言君之不取为公也。君之不取为公，何也？将以让桓也。让桓正乎？曰：不正。《春秋》成人之美，不成人之恶。隐不正而成之，何也？将以恶桓也。其恶桓，何也？隐将让而桓弑之，则桓恶矣；桓弑而隐让，则隐善矣。善则其不正焉，何也？《春秋》贵义而不贵惠，信道而不信邪。孝子扬父之美，不扬父之恶。先君之欲与桓，非正也，邪也。虽然，既胜其邪心以与隐矣，已探先君之邪志而遂以与桓，则是成父之恶也。

季康子问政于孔子。孔子对曰："政者，正也。子帅以正，孰敢不正？"

《子路》篇曰：苟正其身矣，于从政乎何有？不能正其身，如正人何？

又曰：子曰：其身正，不令而行；其身不正，虽令不从。

《礼记·哀公问》篇曰：公曰："敢问：何谓为政？"孔子对曰："政者，正也。君为正则百姓从政矣。君之所为；百姓之所从也。君所不为，百姓何从？"《大戴礼记·哀公问于孔子》篇同。

《大戴礼记·王言》篇曰：上者，民之表也，表正则何物不正？故君先立于仁，则大夫忠而士信；民敦；工朴；商悫；女憧；妇悾悾。

《孟子·离娄下》篇曰：君仁莫不仁；君义莫不义；君正莫不正。一正君而国定矣。

《左传·襄公二十一年》曰：春，邾庶其以漆闾丘来奔，季武子以公姑姊妻之，皆有赐于从者。于是鲁多盗，季孙谓臧武仲曰："子盍诘盗？"武仲曰："不可诘也。子召外盗而大礼焉，何以止吾盗？庶其窃邑于邾以来，子以姬氏妻之而与之邑，其从者皆有赐焉。若大盗，礼焉以君之姑姊与其大邑；其次，皂牧舆马；其小者，衣裳剑带；是赏盗也。赏而去之，其或难焉。纥也闻之，在上位者洒濯其心，壹以待人？轨度其信，可明征也，而后可以治人。夫上之所为，民之归也；上所不为，而民或为之，是以加刑罚焉，而莫敢不惩。若上之所为，而民亦为之，乃其所也，又可禁乎？"

《说苑·反质》篇曰：齐桓公谓管仲曰："吾国甚小而财用甚少，群臣衣服舆马甚汰，吾欲禁之，可乎？"管仲曰："臣闻之：君尝之，臣食之；君好之，臣服之。今君之食也，必桂之浆，衣练紫之衣，狐白之裘，此群臣之所以奢泰也。《诗》云：'不躬不亲，庶民不信'，君欲禁之，胡不自亲乎？"桓公曰："善。"于是更制练白之衣，大帛之冠，朝，一载而齐国俭也。

季康子患盗，问于孔子。孔子对曰："茍子之不欲，虽赏之不窃。"

《说苑·贵德》篇曰：周天子使家父毛伯求金于诸侯，《春秋》讥之。故天子好利则诸侯贪；诸侯贪则大夫鄙；大夫鄙则庶人盗。上之变下，犹风之靡草也。

《荀子·正论》篇曰：天下有道，盗其先变乎。

又《君子》篇曰：圣王在上，分义行乎下，则士大夫无流淫之行；百吏庶人无怠慢之事；众庶百姓无奸怪之俗；无盗贼之罪；莫敢犯大上之禁。天下晓然知夫盗窃之人不可以为富也；皆知夫贼害之人不可以为寿也；皆知夫犯上之禁不可以为安也。由其道，则人得其所好焉；不由其道，则必遇其所恶焉。是故刑罚綦省而威行如流。

季康子问政于孔子曰："如杀无道以就有道，何如？"

《韩诗外传·卷三》曰："季孙子之治鲁也，众杀人而必当其罪；多罚人而必当其过。

孔子对曰："子为政，焉用杀？

《韩诗外传·卷三》曰：鲁有父子讼者，康子欲杀之。孔子曰："未可杀之，夫民不知父子讼之为不义久矣。是则上失其道。上有道，是人亡矣。"讼者闻之，请无讼。康子曰："治民以孝。杀一不义以僇不孝，不亦可乎？"孔子曰："否。不教而听其狱，杀不辜也。三军大败，不可诛也；狱谳不治，不可刑也。上陈之教而先服之，则百姓从风矣；邪行不从，然后俟之以刑，则民知罪矣。夫一仞之墙，民不能逾；百仞之山，童子登游焉：陵迟故也。今其仁义之陵迟久矣，能谓民无逾乎。《诗》曰：

'俾民不迷'，昔之君子道其百姓不使迷，是以威厉而刑措不用也。故刑其仁义；谨其教道。故民目晰焉而见之，使民耳晰焉而闻之，使民心晰焉而知之，则道不迷而民志不惑矣。《诗》曰：'示我显德行。'故道义不易，民不由也；礼乐不明，民不见也。《诗》曰：'周道如砥，其直如矢'，言其易也；'君子所履，小人所示'，见其明也；'睠言顾之，潸焉出涕'，哀其不闻礼教而就刑诛也。夫散其本教而待之刑辟，犹决其牢而发以毒矢也，不亦哀乎！故曰：未可杀也。昔者先王使民以礼。譬之，如御也，刑者，鞭策也。今犹无辔衔而鞭策以御也，欲马之进则策其后；欲马之退则策其前。御者以劳；而马亦多伤矣。今犹此也，上忧劳而民多罹刑。《诗》曰：'人而无礼，胡不遄死？'为上无礼，则不免乎患；为下无礼，则不免乎刑。上下无礼，胡不遄死？"康子避席再拜曰："仆虽不敏，请承此语矣。"

《春秋繁露·身之养重于义》篇曰：仲尼曰：国有道，虽加刑也，无刑；国无道，虽杀之，不可胜也。

《盐铁论·申韩》篇曰：所贵良吏者，贵其绝恶于未萌，使之不为非；非贵其拘之囹圄而刑杀之也。

《孟子·梁惠王上》篇曰：若民，则无恒产，因无恒心。苟无恒心，放辟邪侈，无不为已。及陷于罪，然后从而刑之，是罔民也。焉有仁人在位罔民而可为也？

子欲善而民善矣。

《孟子·离娄下》篇曰：孟子曰："君仁莫不仁，君义莫不义。"

《贾子新书·大政上》篇曰：故君能为善，则史必能为善矣；吏能为善，则民必能为善矣。

君子之德风，小人之德草。草上之风，必偃。"

《孟子·滕文公上》篇曰：上有好者，下必有甚焉者矣。君子之德，风也；小人之德，草也。草上之风，必偃。

《汉书·地理志》曰：秦既灭韩，徙天下不轨之民于南阳。故其俗夸奢，上气力，好商贾渔猎，藏匿，难制御也。宣帝时，郑弘召信臣为南阳太守，治皆见纪。信臣劝民农桑，去末归本，郡以殷富。颍川，韩都，士有申子韩非刻害余烈；高仕宦，好文法，民以贪遴争讼生分为失。韩延寿为太守，先之以敬让。黄霸继之，教化大行，狱或八年无重罪囚。南阳好商贾，召父富以本业；颍川好争讼分异，黄韩化以笃厚。君子之德风也；小人之德草也。信矣！

又《董仲舒传》曰：仲舒对策曰：命者，天之令也；性者，生之质也；情者，人之欲也。或夭，或寿，或仁，或鄙，陶冶而成之，不能粹美，有治乱之所生，故不齐也。孔子曰："君子之德风也；小人之德草也。草上之风，必偃。"故尧舜行德则民仁寿；桀纣行暴则民鄙夭。

《说苑·政理》篇曰：季孙问于孔子曰："如杀无道以就有道，何如？"孔子曰："子为政，焉用杀？子欲善而民善矣。君子之德，风也；小人之德，草也。草上之风，必偃。"言明其化而已也。王者尚其德而希其刑；霸者刑德并凑；强国先其刑而后德。

又《君道》篇曰：夫上之化下，犹风之靡草。东风则草靡而西；西风则草靡而东。

树达按：《春秋》季桓子以哀公三年七月卒。桓子卒，康子肥即位。然则以上诸问皆哀公三年七月以后事也。

子张问："士何如斯可谓之达矣？"子曰："何哉尔所谓达者？"子张对曰："在邦必闻，在家必闻。"子曰："是闻也。非达也。

夫达也者，质直而好义，察言而观色。

《季氏》篇曰：未见颜色而言谓之瞽。

虑以下人。

《说苑·尊贤》篇曰：孔子闲居，喟然而叹曰："铜鞮伯华而无死，天下其有定矣。"子路曰："愿闻其为人也何若。"孔子曰："其幼也，敏而好学；其壮也，有勇而不屈；其老也，有道而能以下人。"子路曰："其幼也敏而好学，则可；其壮也有勇而不屈，则可；夫有道，又谁下哉?"孔子曰:"由不知也,吾闻之,以众攻寡,而无不消也;以贵下贱,无不得也。昔在周公旦制天下之政,而下士七十人;岂无道哉!欲得士之故也。夫有道而能下于天下之士,君子乎哉。"

《大戴礼记·曾子制言上》篇曰:弟子问于曾子曰:"夫士何如则可以为达矣?"曾子曰:"不能则学;疑则问;欲行则比贤。虽有险道,循行达矣。今之弟子,病下人,不知事贤;耻不知而又不问;欲作则其知不足。是以惑暗终其世而已矣。是谓穷民也。"

《庄子·徐无鬼》篇曰:管仲曰:"以贤临人,未有得人者也;以贤下人,未有不得人者也。"

在邦必达,在家必达。

夫闻也者,色取仁而行违,

《先进》篇曰:子曰:"论笃是与,君子者乎?色庄者乎?"

居之不疑。

《大戴礼记·曾子立事》篇曰:"非其事而居之。矫也。"

在邦必闻,在家必闻。"

《汉书·王莽传赞》曰:王莽始起外戚,折节力行以要名誉。宗族称孝,师友归仁。及其居位辅政,成哀之际,勤劳国家,直道而行,动见称述。岂所谓"在家必闻,在国必闻,色取仁而行违"者邪。

樊迟从游于舞雩之下,曰:"敢问:崇德,修慝,辨惑。"子曰:"善哉问!先事后得,非崇德与?

《雍也》篇曰:樊迟问仁,子曰:"仁者先难而后获,可谓仁矣。"

攻其恶,无攻人之恶,非修慝与?

《大戴礼记·曾子立事》篇曰:"君子攻其恶,求其过,强其所不能,去私欲,从事于义:可谓学矣。"

《春秋繁露·仁义法》篇曰:君子攻其恶;不攻人之恶。以仁治人,义治我。"躬自厚而薄责于外。"此之谓也。且《论》已见之,而人不察。不攻人之恶,非仁之宽与?自攻其恶,非义之全与?故自称其恶谓之情,称人之恶谓之贼;求诸己谓之厚,求诸人谓之薄。

《说苑·政理》篇曰：言人之善者，有所得而无所伤也；言人之恶者，无所得而有所伤也。

又《说丛》篇曰：好称人恶，人亦道其恶。

一朝之忿，忘其身以及其亲，非惑与？"

季氏篇曰：忿思难。

樊迟问仁。子曰："爱人。"问知。子曰："知人。"

《大戴礼记·王言》篇曰：是故仁者莫大于爱人；知者莫大于知贤。

《荀子·子道》篇曰：子路入，子曰："由，知者若何？仁者若何？"子路对曰："知者使人知己；仁者使人爱己。"子曰："可谓士矣。"子贡入，子曰："赐，知者若何？仁者若何？"子贡对曰："知者知人；仁者爱人。"子曰："可谓士君子矣。"颜渊入。子曰："回，知者若何？仁者若何？"颜渊对曰："知者自知，仁者自爱。"子曰："可谓明君子矣。"

《淮南子·泰族》篇曰：仁知，人材之美者也。所谓仁者，爱人也；所谓知者，知人也。爱人则无虐刑矣；知人则无乱政矣。智伯有五过人之材，而不免于身死人手者，不爱人也。齐王建有三过人之巧，而身虏于秦者，不知贤也。故仁莫大于爱人；知莫大于知人。二者不立，虽察慧捷巧，劬录疾力，不免于乱也。

《春秋繁露·仁义法》篇曰：仁之法在爱人，不在爱我。人不被其爱，虽厚自爱，不予为仁。仁者，爱人之名也。故王者爱及四夷；霸者爱及诸侯；安者爱及封内；危者爱及旁侧；亡者爱及独身。

樊迟未达。子曰："举直错诸枉，能使枉者直。"

《申鉴·政体》篇曰：教化之废，推中人而坠于小人之域；教化之行，引中人而纳于君子之涂。

樊迟退，见子夏，曰："乡也吾见于夫子而问知。子曰：'举直错诸枉，能使枉者直'，何谓也？"子夏曰："富哉言乎！舜有天下，选于众，举皋陶，不仁者远矣。汤有天下，选于众，举伊尹，不仁者远矣。"

《左传·宣公十六年》曰：晋侯请于王，以黻冕命士会将中军，且为太傅，于是晋国之盗逃奔于秦。羊舌职曰："吾闻之：禹称善人，不善人远；此之谓也夫。"

《荀子·儒效》篇曰：仲尼将为司寇，沈犹氏不敢朝饮其羊，公慎氏出其妻，慎溃氏逾境而徙，鲁之粥牛马者不豫贾，必蚤正以待之也。

子贡问友。子曰："忠告而善道之，不可则止，毋自辱焉。"

《里仁》篇曰：子游曰：事君数，斯辱矣；朋友数，斯疏矣。

《左传·文公六年》曰：晋襄公卒，灵公少，晋人以难故，欲立长君，使先蔑士会如秦逆公子雍。又《七年》曰：先蔑之使也，荀林父止之，曰："夫人大子犹在，而外求君，此必不行。子以疾辞，若何？不然，将及。摄卿以往可也，何必子？同官为寮，吾尝同寮，敢不尽心乎。"弗听。为赋《板》之三章，又弗听。

曾子曰："君子以文会友，

《礼记·学记》篇曰：独学而无友，则孤陋而寡闻。

以友辅仁。"

《说苑·说丛》篇曰：贤师良友在其侧，《诗》《书》《诗》《乐》陈于前，弃而为不善者，鲜矣。

论语疏证卷第十三

子路篇第十三

子路问政。子曰:"先之,

本篇曰:仲弓为季氏宰,问政。子曰:"先有司。"

《大戴礼记·子张问入官》篇曰:"欲政之速行也者,莫若以身先之也。故不先以身,虽行必邻也。"

《新语·无为》篇曰:孔子曰:移风易俗,岂家至之哉,先之于身而已矣。

《晏子·杂篇下》曰:齐人甚好毂击,相犯以为乐,禁之不止。晏子患之,乃为新车良马,出与人相犯也。曰:"毂击者不祥,臣其祭祀不顺,居处不敬乎!"下车,弃去之。然后国人乃不为。故曰:禁之以制,而身不先行,民不能止。故化其心莫若教也。《说苑·政理》篇同。

劳之。"

《子张》篇曰:子夏曰:信而后劳其民。

《尧曰》篇曰:子张问于孔子曰:何如斯可以从政矣?子曰:"劳而不怨。择可劳而劳之,又谁怨?"

《国语·鲁语》曰:昔圣王之处民也,择瘠土而处之,劳其民而用之，故能王天下。夫民劳则思，思则善心生；逸则淫，淫则忘善，忘善则恶心生。沃土之民不材，淫也；瘠土之民莫不向义，劳也。

请益，曰："无倦。"

《颜渊》篇曰：子张问政。子曰："居之无倦；行之以忠。"

仲弓为季氏宰，问政。子曰："先有司。

本篇曰：子路问政。子曰："先之，劳之。"

赦小过。

《易·象传》曰：雷雨作，解。君子以赦过宥罪。

《书·尧典》曰：眚灾肆赦。

《大戴礼记·子张问入官》篇曰：民有小罪，必以其善以赦其过。

《尚书大传》曰：子曰：古之听民者，察贫穷；哀孤独矜寡；宥老幼不肖无告。有过必赦；大罪勿增；小罪勿累。不赦有过谓之贼逆；率过以小谓之枳。故与其赦不辜，宁失有罪；与其增以有罪，宁失过以有赦。

《汉书·东方朔传》曰：朔答客难曰：故曰：水至清则无鱼；人至察则无徒。冕而前旒，所以蔽明；黈纩充耳，所以塞聪。明有所不见，聪有所不闻，举小德，赦小过，无求备于一人之义也。

举贤才。"

《礼记·大学》篇曰：见贤而不能举，举而不能先，命也。郑注云：命读为慢。

《谷梁传·昭公十九年》曰：子既生，不免乎水火，母之罪也。羁贯成童，不就师傅，父之罪也。就师学问无方，心志不通，身之罪也。心志既通而名誉不闻，友之罪也。名誉既闻，有司不举，有司之罪也。有司举之，王者不用，王者之过也。

《说苑·政理》篇曰：孔子谓宓子贱曰："子治单父而众说，语丘所以为之者。"曰："此地民有贤于不齐者五人，不齐事之，皆教不齐所以治之术。"孔子曰："昔者尧舜清微其身以听观天下，务来贤人。夫举贤者，百福之宗也，而神明之主也。不齐之所治者小也，不齐所治者大，其与尧舜继矣。"

曰:"焉知贤才而举之?"曰:"举尔所知。尔所不知,人其舍诸?"

《汉书·刘向传》曰:向上封事曰:故贤人在上位,则引其类而聚之于朝;在下位,则思与其类俱进。在上则引其类;在下则推其类。故汤用伊尹,不仁者远而众贤至,类相致也。

子路曰:"卫君待子而为政,子将奚先?"子曰:"必也正名乎!"

《史记·孔子世家》曰:孔子自楚反乎卫,是时卫君辄父不得立,在外,诸侯数以为让。而孔子弟子多仕于卫,卫君欲得孔子为政。子路曰:"卫君待子而为政,子将奚先?"孔子曰:"必也正名乎!"

《韩诗外传·卷五》曰:孔子侍坐于季孙,季孙之宰通曰:"君使人假马,其与之乎?"孔子曰:"吾闻:君取于臣谓之取,不曰假。"季孙悟,告宰通曰:"今以往,君有取谓之取,无曰假。"孔子曰:"正假马之言而君臣之义定矣。"《论语》曰:必也正名乎!《新序·杂事五》篇同。

《韩非子·外储说右下》篇曰:卫君入朝于周,周行人问其号。对曰:"诸侯辟疆。"周行人却之,曰:"诸侯不得与天子同号。"卫君乃自更曰诸侯毁,而后内之。仲尼闻之,曰:"远哉禁逼!虚名不以借人,况实事乎?"又见《贾子·审微》篇。

子路曰:"有是哉,子之迂也!奚其正?"

《春秋繁露·玉英》篇曰:是故治国之端在正名,名之正,兴五世,五传之外,美恶乃形,可谓得其真矣。非子路之所能见。

子曰:"野哉由也!君子于其所不知,盖阙如也。名不正则言不顺;

《尹文子·大道上》篇曰:大道无形,称器有名。名也者,正形者也。形正由名,则名不可差。故仲尼云:"必也正名乎。名不正则言不顺也。"

言不顺则事不成;事不成则礼乐不兴;礼乐不兴,则刑罚不中;刑罚不中,则民无所措手足。

《吕氏春秋·审分览》曰:夫名多不当其实,而事多不当其用者,故人主不可以不审名分也。今有人于此，求牛则名马，求马则名牛，所求必不得矣；而因用威怒，有司必诽怨矣；牛马必扰乱矣。百官，众有司也；万物，群牛马也。不正其名，不分其职，而数用刑罚，乱莫大焉！故名不正则人主忧劳勤苦，而官职烦乱悖逆矣。

《后汉书·梁统传》曰：统对问曰：闻圣帝明王制立刑罚，故虽尧舜之盛，犹诛四凶。《经》曰："天讨有罪，五刑五庸哉。"又曰："爰制百姓于刑之衷。"孔子曰："刑罚不衷，则人无所厝手足。"衷之为言，不轻不重之谓也。

故君子名之必可言也；言之必可行也。君子于其言，无所苟而已矣。"

《春秋·僖公十六年》曰：春王正月戊申朔，霣石于宋五。是月，六鹢退飞，过宋都。《谷梁传》曰：先霣而后石，何也？霣而后石也。于宋四竟之内曰宋。后数，散辞也，耳治也。六鹢退飞过宋都，先数，聚辞也，目治也。子曰：石，无知之物；鹢，微有知之物。石无知，故曰之；鹢微有知之物，故月之。君子之于物，无所苟而已。石鹢且犹尽其辞，而况于人乎？故五石六鹢之辞不设，则王道不亢矣。

《春秋繁露·深察名号》篇曰：《春秋》辨物之理以正其名，名物如其真，不失秋毫之末。故名霣石则后其五；言退鹢则先其六，圣人之谨于正名如此。君子于其言无所苟而已。

《韩诗外传·卷六》曰：天下之辩有三至五胜而辞置下辩者。别殊类使不相害；序异端使不相悖；输公通意，扬其所谓，使人预知焉，不务相迷也。是以辩者不失所守，不胜者得其所求，故辩可观也。夫繁文以相假，饰辞以相悖，数譬以相移，外人之身，使不得反其意，则论便然后害生也。夫不疏其指而弗知谓之隐；外意外身谓之讳；几廉倚跌谓之移；指缘谬辞谓之苟。四者，所不为也。故理可同睹也。夫隐讳移苟，争言竞为而后息，不能无害其为君子也，故君子不为也。《论语》曰："君子于其言，无所苟而已矣。"

樊迟请学稼。子曰："吾不如老农。"请学为圃。曰："吾不如老

圃。"樊迟出，子曰："小人哉樊须也！上好礼则民莫敢不敬。

《吕氏春秋·具备》篇曰：宓子贱治亶父，三年，巫马旗短褐衣弊裘而往观化于亶父。见夜渔者，得则舍之。巫马旗问之，曰："渔，为得也，今子得而舍之，何也？"对曰："宓子不欲人之取小鱼也，所舍者，小鱼也。"巫马旗归，告孔子曰："宓子之德至矣。使小民暗行，若有严刑于旁。敢问宓子何以至于此？"孔子曰："丘尝与之言曰：诚乎此者刑乎彼，宓子必行此术于亶父也。"《淮南子·道应》篇文同，又见《水经注·泗水》篇。

上好义则民莫敢不服。

《为政》篇曰：哀公问曰："何为则民服？"孔子对曰："举直错诸枉，则民服；举枉错诸直，则民不服。"

《荀子·王霸》篇曰：之所与为之者，之人则举义士也；之所为布陈于国家刑法者，则举义法也；主之所极然帅群臣而首乡之者，则举义志也；如是，则下仰上以义矣，是綦定也。

《左传·僖公二十八年》曰：晋侯围曹。三月丙午，入曹，令无入僖负羁之宫而免其族，报施也。魏犨颠颉怒。曰："劳之不图，报于何有？"爇僖负羁氏。魏犨伤于胸，公欲杀之，而爱其材。使问，且视之，病，将杀之。魏犨束胸见使者，曰："以君之灵，不有宁也。"距跃三百，曲踊三百，乃舍之。杀颠颉以徇于师。立舟之侨以为戎右。城濮之战，晋中军风于泽，亡大旆之左旃，祁瞒奸命，司马杀之以徇于诸侯。师还，济河，舟之侨先归。秋七月丙申，振旅，恺以入于晋。献俘，授馘，饮至，大赏，征会，讨贰，杀舟之侨以徇于国。民于是大服。君子谓文公其能刑矣，三罪而民服。杜注云，三罪，颠颉祁瞒舟之侨。《诗》云："惠此中国，以绥四方"，不失赏刑之谓也。

《韩非子·外储说左下》篇曰：孔子相卫，弟子子皋为狱吏，刖人足，所跀者守门。人有恶孔子于卫君者，曰："尼欲作乱。"卫君欲执孔子，孔子走，弟子皆逃，子皋从。出门，跀危引之而逃之门下室中。吏追之，不得。夜半，子皋问跀危曰："吾不能亏主之法令而亲跀子之足，是子报仇之时也，而子何故乃肯逃我？我何以得此于子？"跀危曰："吾断足也，固吾罪当之，不可奈何。然方公之欲治臣也，公倾侧法令先后臣以言，欲臣之免也甚，而臣知之。及狱决罪定，公憱然不悦，形于颜色，臣见，又知之，非私臣而然也。夫天性仁心固然也，此臣之所以悦而德公也。"

树达按：韩非，法家也，其誉儒家孔门弟子子皋高柴字子羔，皋与羔同。如此，知其非过誉也。

上好信则民莫敢不用情。

《左传·僖公二十七年》曰：晋侯始入而教其民，二年，欲用之。子犯曰："民未知义，未安其居。"于是乎出定襄王。入务利民，民怀生矣，将用之。子犯曰："民未知信？未宣其用。"于是乎伐原以示之信。民易资者不求丰为，明征其辞。公曰："可矣乎？"子犯曰："民未知礼，未生其共。"于是乎大蒐以示之礼；作执秩以正其官。民听不惑而后用之。出谷戍，释宋围，一战而霸，文之教也。

夫如是，则四方之民襁负其子而至矣，焉用稼？"

子曰："诵《诗》三百，授之以政，不达；使于四方，不能专对：虽多，亦奚以为？"

《左传·襄公二十七年》曰：宋公兼享晋楚之大夫，赵孟为客，子木与之言，弗能对。使叔向侍言焉，子木亦不能对也。

又《昭公七年》曰：公如楚，郑伯劳于师之梁，孟僖子为介，不能相仪；及楚，不能答郊劳。

又昭《公十五年》曰：十二月，晋荀跞如周，葬穆后，籍谈为介。既葬，除丧，以文伯宴。王曰："伯氏！诸侯皆有以镇抚王室，晋独无有，何也？"文伯揖籍谈，对曰："诸侯之封也，皆受明器于王室，以镇抚其社稷，故能荐彝器于王。晋居深山，戎狄之与邻，而远于王室，王灵不及，拜戎不暇，其何以献器？"王曰："叔氏！而忘诸乎？叔父唐叔，成王之母弟也，其反无分乎？密须之鼓与其大路，文所以大搜也；阙巩之甲，武所以克商也；唐叔受之，以处参虚，匡有戎狄。其后襄之二路，钺钺秬鬯，彤弓虎贲，文公受之，以有南阳之田，抚征东夏。非分而何？且昔而高祖孙伯黡司晋之典籍，以为大政，故曰籍氏。女，司典之后也，何故忘之？"籍谈不能对。宾出，王曰："籍父其无后乎！数典而忘其祖。"

树达按：以上三事皆不能专对之事。

又《文公四年》曰：卫甯武子来聘，公与之宴，为赋《湛露》及《彤弓》。不辞，又不答赋。使行人私焉。对曰："臣以为肄业及之也。昔诸侯朝正于王，王宴乐而献其功，王于是乎赐之彤弓一，彤矢百，玈弓矢千，以觉报宴。今陪臣来继旧好，君辱贶之，其敢干大礼以自取戾？"

又《襄公四年》曰：穆叔如晋，晋侯享之，金奏《肆夏》之三，不拜。工歌《文王》之三，又不拜。歌《鹿鸣》之三，三拜。韩献子使行人子员问之。曰："子以君命辱于敝邑，先君之礼，藉之以乐以辱吾子。吾子舍其大而重拜其细，敢问何礼也？"对曰："《三夏》，天子所以享元侯也，使臣弗敢与闻。《文王》，两君相见之乐也，臣不敢及。《鹿鸣》，君所以嘉寡君也，敢不拜嘉！《四牡》，君所以劳使臣也，敢不重拜！《皇皇者华》，君教使臣曰：'必谘于周。'臣闻之，访问于善为咨；咨亲为询；咨礼为度；咨事为诹；咨难为谋。臣获五善，敢不重拜！"

《韩诗外传·卷八》曰：齐景公使人于楚，楚王与之上九重之台，顾使者曰："齐有台若此乎？"使者曰："吾君有治位之坐，土阶三等，茅茨不剪，朴橡不斫者，犹以谓为之者劳，居之者泰。吾君恶有台若此者。"使者可谓不辱君命，其能专对矣。《贾子·退让》篇作翟王使至楚，无末句。

树达按：以上三事皆能专对之事。

子曰："其身正，不令而行；其身不正，虽令，不从。"

《礼记·大学》篇曰：尧舜帅天下以仁而民从之；桀纣帅天下以暴而民从之；其所令反其所好而民不从。是故君子有诸己而后求诸人；无诸己而后非诸人。所藏乎身不恕而能喻诸人者，未之有也。

《吕氏春秋·先己》篇曰：孔子见鲁哀公，哀公曰："有语寡人曰：为国家者，为之堂上而已矣，寡人以为迂言也。"孔子曰："此非迂言也。丘闻之，得之于身者得之人；失之于身者失之人；不出于门户而天下治者，其惟知反于己身者乎。"

《淮南子·主术》篇曰：故民之化上也，不从其所言而从所行。故齐庄公好勇，不使斗争，而国家多难，其渐至于崔杼之乱。顷襄好色，不使风议，而民多昏乱，其积至昭奇之难。故至精之所动，若春气之生，秋气之杀也，虽驰传骛置不若此其亟。故君人者其犹射者乎！于此豪末，于彼寻常矣。故慎所以感之也。

又《主术》篇曰：法者，非天堕，非地生，发于人间而反以自正。是故有诸己不非诸人；无诸己不求诸人。所立于下者不废于上；所禁于民者不行于身。所谓亡国，非无君也；无法也。变法者，非无法也；有法者而不用，与无法等。是故人主之立法，先自为检式仪表，故令行于天下。孔子曰："其身正，不令而行；其身不正，虽令不从。"故禁胜于身，则令行于民矣。

又《缪称》篇曰：舜不降席而天下治，桀不下陛而天下乱：盖情甚乎叫呼也。无诸己，求诸人，古今未之闻也。同言而民信。信在言前也；同令而民化，诚在令外也。圣人在上，民迁而化，情以先之也；动于上不应于下者，情与令殊也。

《韩诗外传·卷六》曰：勇士一呼而三军皆避，士之诚也。昔者楚熊渠子夜行，寝石以为伏虎，弯弓而射之，没金饮羽。下视，知其为石。石为之开，而况人乎？夫倡而不和，动而不愤，中心有不全者矣。夫不降席而匡天下者，求之己也。孔子曰："其身正，不令而行；其身不正，虽令不从。"先王之所以拱揖指麾而四方来宾者，诚德之至已形于外也。《新序·杂事四》篇文同。《新序·杂事一》篇曰：鲁有沈犹氏者，旦饮羊饱之，以欺市人。公慎氏有妻而淫。慎溃氏奢侈骄佚。鲁民之鬻牛马者善豫贾。孔子将为鲁司寇，沈犹氏不敢朝饮其羊，公慎氏出其妻，慎溃氏逾境而徙，鲁之鬻马牛不豫贾，布正以待之也。既为司寇，季孟堕郈费之城，齐人归所侵鲁之地，由积正之所致也。故曰："其身正，不令而行。"

《后汉书·第五伦传》曰：伦上疏曰：其身不正，虽令不从。以身教者从，以言教者讼。

《晏子春秋·杂下》篇曰：灵公好妇人而丈夫饰者，国人尽服之，公使吏禁之。曰："女子而男子饰者，裂其衣，断其带。"裂衣断带相望而不止。晏子见，公问曰："寡人使吏禁女子而男子饰，裂断其衣带，相望而不止者，何也？"晏子对曰："君使服之于内，而禁之于外，犹悬牛首于门而卖马肉于内也。公何以不使内勿服，则外莫敢为也。"公曰："善。"使内勿服，逾月而国莫之服。《说苑·政理》篇文同，灵公作景公。

子曰："鲁卫之政，兄弟也。"

《史记·孔子世家》曰：于是孔子自楚反乎卫。是岁也，孔子年六十三，而鲁哀公六年也。其明年，吴与鲁会缯，征百牢。太宰嚭召季康子，康子使子贡往，然后得已。孔子曰："鲁卫之政，兄弟也。"

子谓：卫公子荆善居室。始有，曰："苟合矣。"少有，曰："苟完矣。"富有，曰："苟美矣。"

《左传·襄公二十九年》曰：吴公子札来聘。适卫，说蘧瑗、史狗、史鰌、公子荆、公叔发、公子朝，曰："卫多君子，未有患也。"

子适卫，冉有仆。子曰："庶矣哉！"冉有曰："既庶矣，又何加焉？"曰："富之。"

《管子·治国》篇曰：凡治国之道，必先富民。民富则易治也；民贫则难治也。民富则安乡重家，安乡重家，则敬上畏罪，敬上畏罪则易治也；民贫则危乡轻家，危乡轻家，则敢陵上犯禁，陵上犯禁则难治也。

《孟子·梁惠王上》篇曰：是故明君制民之产，必使仰足以事父母，俯足以畜妻子。乐岁终身饱，凶年免于死亡。然后驱而之善，故民之从之也轻。今也，制民之产，仰不足以事父母，俯不足以畜妻子。乐岁终身苦，凶年不免于死亡。此惟救死而恐不赡，奚暇治礼义哉？

《说苑·建本》篇曰：河闲献王曰：管子称："仓廪实，知礼节；衣食足，知荣辱。"夫谷者，礼义所以行，而人心所以安也。《尚书》五福，以富为始。子贡问为政，孔子曰：富之，既富乃教之也，此治国之本也。

《申鉴·政体》篇曰：民不畏死，不可惧以罪；民不乐生，不可劝以善。虽使尚布五教，咎繇作士，政不行焉。故在上者先丰民财以定其志，是谓养生。

曰："既富矣，又何加焉？"曰："教之。"

《孟子·滕文公上》篇曰：人之有道也，饱食暖衣逸居而无教，则近于禽兽。圣人有忧之，教以人伦。父子有亲，君臣有义，夫妇有别，长幼有序，朋友有信。

又曰：设为庠序学校以教之。夏曰校，殷曰序，周曰庠，学则三代共之，皆所以明人伦也。人伦明于上，小民亲于下。

《荀子·大略》篇曰：不富无以养民情；不教无以理民性。故家五亩宅，百亩田，务其业而勿夺其时，所以富之也；立大学，设庠序，修六礼，明十教，所以道之也。《诗》曰："饮之食之，教之诲之。"王事具矣。

《盐铁论·授时》篇曰：贤良曰：周公之相成王也，百姓饶乐，国无穷人，非代之耕织也。易其田畴，薄其税敛，则民富矣。上以奉君亲，下无饥寒之忧，则教可成也。《语》曰："既富矣，又何加焉？曰：教之。"

《申鉴·政体》篇曰：礼教荣辱，以加君子，化其情也；桎梏鞭朴，以加小人，治其刑也。若夫中人之伦，则刑礼兼焉。教化之废，推中人而坠于小人之域；教化之行，引中人而纳于君子之涂。是谓章化。

子曰："苟有用我者，期月而已可也，三年有成。"

《史记·孔子世家》曰：卫灵公老，怠于政，不用孔子。孔子喟然叹曰：苟有用我者，期月而已，三年有成。

《意林》引《风俗通》曰：《尚书》有考绩。孔子曰："如有用我者，期月而已，三年有成。"郑子产从政三年，民乃歌之。圣贤尚须渐进，况中才乎？

《荀子·大略》篇曰：故先王既陈之以道，上先服之；若不可，尚贤以綦之；綦读为恭，教也。若不可，废不能以单之。单读为惮。綦三年而百姓从风矣。

又《致士》篇曰：恭敬以先之，政之始也；然后中和察断以辅之，政之隆也；然后进退诛赏之，政之终也。故一年与之始，三年与之终。用其终为始，则政令不行而上下怨疾，乱所以自也。《书》曰："义刑义杀，勿庸以即，女惟曰未有顺事"，言先教也。

《汉书·食货志》曰：民三年耕则余一年之畜，衣食足而知荣辱，廉让生而争讼息，故三载考绩。孔子曰："苟有用我者，期月而已可也，三年有成"，成此功也。

子曰："'善人为邦百年，亦可以胜残去杀矣。'诚哉！是言也。"

《汉书·刑法志》曰：如有王者，必世而后仁。善人为国百年，可以胜残去杀矣。言圣王承衰拨乱而起，被民以德教，变而化之，必世然后仁道成焉。至于善人，不入于室，然犹百年胜残去杀矣。此为国者之程式也。

《汉纪二十三·元帝纪论》曰："可以胜残去杀矣"，言刑之不用也。

子曰："如有王者，必世而后仁。"

《汉书·食货志》曰：三考黜陟，余三年食；进业曰登，再登曰平，余六年食；三登曰泰平；二十七岁遗九年食。然后至德流洽，礼乐成焉。故曰："如有王者，必世而后仁"，繇此道也。

《后汉书·祭肜传》曰：建武十七年，拜辽东太守。至，则励兵马，广斥候,虏每犯塞,常为士卒锋,数破走之。二十一年秋,鲜卑万余骑寇辽东,肜率数千人迎击之,虏大奔,投水死者过半,遂穷追出塞,斩首三千余级。自是鲜卑震怖,畏肜,不敢复窥塞。肜以三虏连和,卒为边害,乃使招呼鲜卑,示以财利。其大都护偏何遣使奉献,愿得归化。肜慰纳赏赐,稍复亲附。其异种满离高句骊之属,遂骆驿款塞,上貂裘好马,帝辄倍其赏赐。其后偏何邑落诸豪并归义,愿自效。肜曰:"审欲立功,当归击匈奴,斩送头首,乃信耳。"偏何等皆仰天指心曰:"必自效。"即击匈奴左伊秩訾部,斩首二千余级,持头诣郡。其后岁岁相攻,辄送首级,受赏赐。自是匈奴衰弱,边无寇警,鲜卑乌桓并入朝贡。肜为人质厚重毅,抚夷狄以恩信,皆畏而爱之,故得其死力。肜之威声畅于北方,西自武威,东尽玄菟,及乐浪胡夷皆来内附,野无风尘。论曰:祭肜武节刚方,动用安重,虽条侯穰苴之伦不能过也。且临守偏海,政移犷俗,徼人请符以立信,胡貊数级于郊下。至乃卧鼓边亭,灭烽幽障者将三十年。古所谓"必世而后仁",岂不然哉!

子曰:"苟正其身矣,于从政乎何有?不能正其身,如正人何?"

本篇曰:子曰:其身正,不令而行;其身不正,虽令不从。

冉子退朝。

《国语·鲁语》曰:自卿以下,合官职于外朝;合家事于内朝。韦注云:外朝,君之公朝也。内朝,家朝也。

子曰:"何晏也?"对曰:"有政。"子曰:"其事也。如有政,虽不吾以,吾其与闻之。"

《学而》篇曰:夫子至于是邦也,必闻其政。

《左传·哀公十一年》曰:季氏欲以田赋,使冉有访于仲尼,仲尼曰:"丘不识也、"三发,卒曰:"子为国老,待子而行,若之何子之不言也?"

定公问:"一言而可以兴邦,有诸?"孔子对曰:"言不可以若是其几也。人之言曰:'为君难,

《韩诗外传·卷十》曰:传曰:言为王之不易也。大命之至,其太宗、太史、太祝斯素服执策北面而吊乎天子,曰:"大命既至矣。如之何,忧之长也。"授天子策一矣,曰:"敬享以祭,永主天命,畏之无疆,厥躬无敢宁。"授天子策二矣,曰:"敬之夙夜,伊祝厥躬无怠,万民望之。"授天子策三矣,曰:"天子南面,授于帝位,以治为忧,未以位为乐也。"《诗》曰:"天难忱斯,不易惟王。"

桓范《世要论·为君难》篇群书治要引。曰:或曰:"仲尼称为君难。夫人君者,处尊高之位,执赏罚之柄;用人之才,因人之力。何为不成?何求不得?功立则受其功,治成则享其福。故官人,舜也;治水,禹也;稼穑,弃也;理讼,皋陶也。尧无事也,而由之圣治,何为君难邪?"曰:"此其所以为难也。夫日月光照于昼夜,风雨动润于万物,阴阳代以生杀,四时迭以成岁。不见天事而犹贵之者,其所以运气陶演协和施化,皆天之为也。是以天,万物之覆;君,万物之焘也。怀生之类有不浸润于泽者,天以为负;员首之民有不沾濡于惠者,君以为耻。"

为臣不易。'

《说苑·善说》篇曰:公乘不仁曰:为人臣者不易,为君亦不易。

桓范《世要论·臣不易》篇曰:昔孔子言:"为臣不易。"或人以为易,言人臣之事君,供职奉命,敕身恭己忠顺而已。曷为不易哉?此言似易,论之甚难。夫君臣之接,以愚奉智,不易,以明事暗,为难。唯以贤事贤,以圣事圣,为可。然贤圣相遭既稀,周公之于成王,犹未能得,斯诚不易也。且父子以恩亲,君臣以义固。恩有所为亏;况义能无所为缺哉?苟有亏缺,亦何容易?

《吴志·张温传》曰:骆统表理温曰:昔贾谊,至忠之臣也;汉文,大明之君也。然而绛灌一言,贾谊远退。何者?疾之者深,谮之者巧也。然而误闻于天下,失彰于后世。故孔子曰:"为君难,为臣不易也。"

如知为君之难也,不几乎一言而兴邦乎?"

曰:"一言而丧邦,有诸?"孔子对曰:"言不可以若是其几也。人之言曰:'予无乐乎为君,唯其言而莫予违也。'如其善而莫之违也,不亦善乎?如不善而莫之违也,不几乎一言而丧邦乎?"

《韩非子·难》篇曰：晋平公与群臣饮，饮酣，乃喟然叹曰："莫乐为人君，惟其言而莫之违。"师旷侍坐于前，援琴撞之。公披衽而避，琴坏于壁。公曰："大师谁撞？"师旷曰："今者有小人言于侧者，故撞之。"公曰："寡人也。"师矿曰："哑，是非君人者之言也！"左右请除之。公曰："释之，以为寡人戒。"又见《淮南子·齐俗》篇。

《说苑·君道》篇曰：师经鼓琴，魏文侯起舞，赋曰："使我言而无见违。"师经援琴而撞文侯，不中，中旒，溃之。文侯谓左右曰："为人臣而撞其君，其罪如何？"左右曰："罪当烹。"提师经下堂一等。师经曰："臣可一言而死乎？"文侯曰："可。"师经曰："昔尧舜之为君也，唯恐言而不违；桀纣之为君也，唯恐言而人违之。臣撞桀纣，非撞吾君也。"文侯曰："释之！是寡人之过也。"

《国语·吴语》曰：申胥曰：今王播弃黎老而孩童焉比谋。曰："余令而不违"，夫不违乃违也，夫不违，亡之阶也。

叶公问政。子曰："近者说；远者来。"

《韩非子·难三》篇曰：叶公子高问政于仲尼，仲尼曰："政在说近而来远。"子贡问，仲尼曰："叶都大而国小，民有背心，故曰政在说近而来远。"《尚书大传》、《说苑政理》篇大同。

《墨子·耕柱》篇曰：叶公子高问政于仲尼，曰："善为政者若之何？"仲尼对曰："善为政者，远者近之；而旧者新之。"

子夏为莒父宰，问政。子曰："无欲速，无见小利。欲速则不达。

本篇曰：子曰："'善人为邦百年，亦可以胜残去杀矣。'诚哉是言也。"

又曰：子曰：如有王者，必世然后仁。

又曰：子曰：善人教民七年，亦可以即戎矣。

又曰：子曰：苟有用我者，期月而已可也，三年有成。

《孟子·离娄上：》篇曰：今也小国师大国而耻受命焉，是犹弟子而耻受命于先师也。如耻之，莫若师文王。师文王，大国五年，小国七年，必为政于天下矣。

又曰：诸侯有行文王之政者，七年之内，必为政于天下矣。

《子张》篇曰：子夏曰：君子信而后劳其民；未信，则以为厉己也。信而后谏；未信，则以为谤己也。

《后汉书·朱浮传》曰：帝以二千石长吏多不胜任，时有纤微之过者，必见斥罢，交易纷扰，百姓不宁。浮上疏曰："今牧人之吏多未称职，小违理实，辄见斥罢，岂不粲然黑白分明哉？然以尧舜之盛，犹加三考；大汉之兴，亦累功效。吏皆积久，养老于官，至名子孙因为氏姓。当时吏职，何能悉理？论议之徒，岂不喧哗？盖以为：天地之功，不可仓卒；艰难之业，当累日也。间者守宰数见换易，迎新相代，疲劳道路，视事日浅，未足昭见其职，既加严切，人不自保，各相愿望，无自安之心，争饰诈伪以希虚誉。夫物暴长者必夭折，功卒成者必亟坏。如摧长久之业，而造速成之功，非陛下之福也。天下非一时之用也，海内非一旦之功也。愿陛下游意于经年之外，望化于一世之后，天下幸甚。"自是牧守易代颇简。又疏曰："夫事积久则吏自重，吏安则人自静。传曰：'五年再闰，天道乃备。'夫以天地之灵，犹五载以成其化，况人道哉？"

见小利则大事不成。"

《大戴礼记·四代》篇曰：好见小利妨于政。

《吕氏春秋·慎大览权勋》篇曰：利不可两，忠不可兼。不去小利，则大利不得；不去小忠，则大忠不至。故小利，大利之残也；小忠，大忠之贼也。

《淮南子·泰族》篇曰：原蚕一岁再登，非不利也。然而王法禁之者，为其残桑也。离先稻熟，而农夫耨之，不以小利伤大获也。家老异饭而食，殊器而享，子妇跣而上堂，跪而斟羹，非不费也。然而不可省者，为其害义也。使民居处相司，有罪相觉，于以举奸，非不掇也。然而不可行者，伤和睦之心，而构仇雠之怨也。故事有凿一孔而开百隙，树一物而生万叶者，所凿不足以为便，而所开足以为败；所树不足以为利，而所生足以为濊。愚者惑于小利而忘其大害。

《韩非子·十过》篇曰：晋献公欲假道于虞以伐虢，乃使荀息以垂棘之璧，与屈产之乘，赂虞公而求假道焉。虞公贪利其璧与马而欲许之。宫之奇谏，虞公弗听，遂假之道。荀息伐虢，克之。还反，处三年，兴兵伐虞，又克之。故虞公之兵殆而地削者，何也？爱小利而不虑其害。故曰：顾小利，则大利之残也。

叶公语孔子曰："吾党有直躬者，其父攘羊而子证之。"

《韩非子·五蠹》篇曰：楚之有直躬，其父窃羊而谒之吏，令尹曰：杀之！以为直于君而曲于父，执而罪之。

《吕氏春秋·仲冬纪·当务》篇曰：楚有直躬者，其父窃羊而谒之上。上执父而将诛之，直躬者请代之。将诛矣，告吏曰："父窃羊而谒之，不亦信乎？父诛而代之，不亦孝乎？信且孝而诛之，国将有不诛者乎？"荆王闻之，乃不诛也。孔子闻之曰："异哉！直躬之为信也。一父而载取名焉。"故直躬之信，不若无信。

孔子曰："吾党之直者异于是？父为子隐。"

《白虎通·谏诤》篇曰：君不为臣隐，父独为子隐，何？以为父子一体，荣耻相及。故《论语》曰：父为子隐，子为父隐，直在其中矣。

《春秋·文公十五年》曰：齐人来归子叔姬。《公羊传》曰：其言来，何？闵之也。此有罪，何闵尔？父母之于子，虽有罪，犹若其不欲服罪然。何注云：孔子曰：父为子隐，子为父隐，直在其中矣。所以崇父子之亲也。《盐铁论·周秦》篇曰：父母之于子，虽有罪犹匿之。岂不欲服罪，子为父隐，父为子隐，未闻父子之相坐也。

《通典》卷六十九养兄弟子为后后自生子议曰：东晋成帝咸和五年，散骑侍郎贺峤妻于氏上表云：董仲舒一代纯儒，汉朝每有疑义，未尝不遣使者访问，以片言而折衷焉。时有疑狱，曰：甲无子，拾道旁弃儿乙，养之以为子。及乙长，有罪杀人，以状语甲，甲藏匿乙，甲当何论？仲舒断曰：甲无子，振活养乙，虽非所生，谁与易之？《诗》云："螟蛉有子，蜾蠃负之。"《春秋》之义，"父为子隐"。甲宜匿乙，诏不当坐。

《汉书·东平思王传》曰：宇壮大，通奸犯法，事太后，内不相得。

太后上书言之。上于是遣太中大夫张子蛴以玺书赐王太后曰：夫福善之门，莫美于和睦；患咎之首，莫大于内离。今东平王出襁褓之中，而托于南面之位。加以年齿方刚，涉学日寡，惊忽臣下，不自它于太后。以是之间能无失礼义者，其唯圣人乎！传曰："父为子隐，直在其中矣。"王太后明察此意，不可不详。母子之问，同气异息，骨肉之恩，岂可忽哉！

子为父隐，直在其中矣。"

《韩诗外传·卷四》曰：子为亲隐，义不得正；君诛不义，仁不得爱。虽违仁害义，法在其中矣。

又《卷二》曰：楚昭王有士曰石奢，其为人也，公而好直，王使为理。于是道有杀人者，石奢追之，则父也。还反于廷，曰："杀人者，臣之父也。以父成政，非孝也；不行君法，非忠也。弛罪废法而伏其辜，臣之所守也。"遂伏斧锧。曰："命在君。"君曰："追而不及，庸有罪乎？子其治事矣。"石奢曰：不然。"不私其父，非孝也；不行君法，非忠也；以死罪生，不广也。君欲赦之，上之惠也；臣不能失法，下之义也。"遂不去铁锧，刎颈而死乎廷。君子闻之，曰：贞夫法哉，石先生乎！孔子曰："子为父隐，父为子隐，直在其中矣。"《诗》曰："彼己之子，邦之司直"，石先生之谓也。

《孟子·尽心上》篇曰：桃应问曰："舜为天子，皋陶为士，瞽瞍杀人，则如之何？"孟子曰："执之而已矣。""然则舜不禁与？"曰："夫舜恶得而禁之，夫有所受之也。""然则舜如之何？"曰："舜视弃天下，犹弃敝蹝也。窃负而逃。遵海滨而处，终身䜣然乐而忘天下。"

樊迟问仁。子曰："居处恭，执事敬，与人忠。虽之夷狄，不可弃也。"

《卫灵公》篇曰：子张问行。子曰：言忠信，行笃敬，虽蛮貊之邦行矣。言不忠信，行不笃敬，虽州里，行乎哉？

子贡问曰："何如斯可谓之士矣？"子曰："行己有耻，

《孟子·尽心上》篇曰：孟子曰：人不可以无耻，无耻之耻，无耻矣。

又曰：耻之于人大矣。为机变之巧者无所用耻焉。不耻不若人，何若人有？

《大戴礼记·曾子制言上》篇曰：君子不贵兴道之士而贵有耻之士也。夫有耻之士，富而不以道，则耻之；贫而不以道，则耻之。

使于四方，不辱君命，可谓士矣。"

《韩诗外传·卷八》曰：越王句践使廉稽献民于荆王。荆王使者曰："越，夷狄之国也。臣请欺其使者。"荆王曰："越王，贤人也，其使者亦贤。子其慎之！"使者出见廉稽，曰："冠则得以俗见；不冠，不得见。"廉稽曰："夫越亦周室之列封也，不得处于大国，而处江海之陂，与黿鳝鱼鳖为伍，文身剪发而后处焉。今来至上国，必曰：冠则得以俗见，不冠不得见。如此，则上国使适越，亦将劓墨文身剪发而后得以俗见，可乎？"荆王闻之，披衣出谢。孔子曰：使于四方，不辱君命，可谓士矣。

《汉书·苏武传》曰：武字子卿，武帝遣武以中郎将使持节送匈奴使留在汉者，武与副中郎将张胜及假吏常惠等俱。既至匈奴，置币遗单于。方欲发使送武等，会缑王与虞常等谋反匈奴中。虞常在汉时，素与副张胜相知，私候胜曰："闻汉天子甚怒卫律，常能为汉射杀之。吾母与弟在汉，幸蒙其赏赐。"胜许之，以货物与常。后月余，常等七十余人欲发，其一人夜亡告之。单于子弟发兵与战，缑王等皆死，常生得。单于使卫律治其事，胜恐前语发，以状语武。武曰："事如此，此必及我，见犯乃死，重负国。"欲自杀，胜惠共止之。常果引张胜。单于使卫律召武受辞。武谓惠等："屈节辱命，虽生，何面目以归汉？"引佩刀自刺。卫律惊，自抱持武。武气绝，半日，复息。单于壮其节，朝夕遣人候问武。会论虞常，欲因此时降武。剑斩虞常已，律曰："汉使张胜谋杀单于近臣，当死。单于募降者赦罪。"胜请降。律谓武曰："副有罪，当相坐。"武曰："本无谋，又非亲属，何谓相坐？"举剑拟之，武不动。律知武终不可胁，白单于，愈益欲降之。乃幽武，置大窖中。天雨雪，武卧，啮雪，与旃毛并咽之，数日不死。匈奴以为神，乃徙武北海上无人处，使牧羝，羝乳乃得归。武既至海上，廪食不至，掘野鼠去草实而食之。杖汉节牧羊，卧起操持，节旄尽落。积五六年，丁令盗武牛羊，武复穷厄。久之，单于使李陵至海上，为武置酒设乐。因谓武曰："单于闻陵与子卿素厚，故使陵来说足下，虚心欲相待。终不得归汉，'空自苦无人之地，信义何所见乎？人生如朝露，何久自苦如此？"武曰："武父子亡功德，皆为陛下所成就，位列将，爵通侯。臣事君，犹子事父也，子为父死，亡所恨，愿勿复再言。"陵与武饮数日。复曰："子卿壹听陵言。"武曰："自分已死久矣。王必欲降武。请毕今日之欢，效死于前。"陵见其至诚，喟然数曰："嗟乎！义士！陵与卫律之罪上通于天。"因泣下沾衿，与武决去。昭帝即位。匈奴与汉和亲，汉求武等。武留匈奴凡十九岁，始以强壮出，及还，须发尽白。赞曰：孔子称："志士仁人有杀身以成仁，无求生以害仁"，"使于四方，不辱君命"，苏武有之矣。

曰："敢问其次。"曰："宗族称孝焉；乡党称弟焉。"

曰："敢问其次。"曰："言必信，行必果，硁硁然小人哉！抑亦可以为次矣。"

《孟子·离娄下》篇曰：大人者，言不必信，行不必果，惟义所在。

曰："今之从政者何如？"子曰："噫！斗筲之人，何足算也！"

子曰："不得中行而与之，必也狂狷乎。狂者进取，狷者有所不为也。"

《孟子·尽心下》篇曰：万章问曰："孔子在陈，曰：'盍归乎来？吾党之小子狂简，进取不忘其初。'孔子在陈，何思鲁之狂士？"孟子曰："孔子不得中道而与之，必也狂狷乎。狂者进取；狷者有所不为也。孔子岂不欲中道哉？不可必得，故思其次也。""敢问何如斯可谓狂矣？"曰："如琴张曾皙牧皮者，孔子之所谓狂矣。""何以谓之狂也？"曰："其志嘐嘐然，曰：'古之人，古之人，'夷考其行而不掩焉者也。狂者又不可得，欲得不屑不洁之士而与之，是狷也。是又其次也。"

又《离娄下》篇曰：人有不为也，而后可以有为。

《后汉书·独行传》曰：孔子曰："与其不得中庸，必也狂狷乎！"

又云:"狂者进取;狷者有所不为也,"此盖失于周全之道,而取诸偏至之端者也。然则有所不为,亦将有所必为者矣。既云进取,亦将有所不取者矣。

子曰:"南人有言曰:'人而无恒,不可以作巫医',善夫!不恒其德,或承之羞。"子曰:"不占而已矣。"

《易恒》曰:九三,不恒其德,或承之差,贞吝。

《礼记·缁衣》篇曰:子曰:南人有言曰:"人而无恒,不可以为卜筮",古之遗言与。龟筮犹不能知也,而况于人乎?《诗》云:"我龟既厌,不我告犹。"《兑命》曰:"爵无及恶德,民立而正事,纯而祭祀,是为不敬。事烦则乱;事神则难。"《易》曰:"不恒其德,或承之羞,恒其德侦。妇人吉;夫子凶。"

子曰:"君子和而不同,小人同而不和。"

《左传·昭公二十年》曰:齐侯至自田,晏子侍于遄台,子犹驰而造焉。公曰:"惟据与我和夫。"晏子对曰:"据亦同也;焉得为和?"公曰:"和与同异乎?"对曰:"异。和如羹焉;水火醯醢盐梅,以烹鱼肉,燀之以薪,宰夫和之,齐之以味,济其不及以泄其过,君子食之以平其心。君臣亦然。君所谓可,而有否焉,臣献其否以成其可;君所谓否,而有可焉。臣献其可以去其否。是以政平而不干,民无争心。故《诗》曰:'亦有和羹,既戒既平,鬷假无言,时靡有争。'声亦如味,清浊大小,长短疾徐,哀乐刚柔,迟速高下,出入周疏,以相济也。君子听之以平其心,心平德和。故《诗》曰:'德音不瑕。'今据不然,君所谓可,据亦曰可;君所谓否,据亦曰否;若以水济水,谁能食之?若琴瑟之专壹,谁能听之?同之不可也如是。"

《国语·郑语》曰:史伯曰:夫和实生物,同则不继,以他平他谓之和,故能丰长而物归之。若以同裨同,尽乃弃矣。故先王以土与金木水火杂以成百物。是以和五味以调口,刚四支以卫体,和六律以聪耳,正七体以役心,平八索以成人,建九纪以立纯德,合十数以训百体。出千品,具万方,计亿事,材兆物,收经入,行姟极。故王者居九畡之田,收经入以食兆民。周训而能用之，和乐如一。夫如是，利之至也。于是乎先王聘后于异姓，求财于有方，择臣取谏工，而讲以多物，务利同也。声一无听，物一无文，味一无果，物一不讲。王将弃是类也，而与刬同，天夺之明，欲无弊，得乎？

《申鉴·杂言上》篇曰：君子食和羹以平其志，纳和言以平其政，履和行以平其德。夫酸咸甘苦不同，嘉味以济，谓之和羹；宫商角徵不同，嘉音以章，谓之和声；臧否损益不同，中正以训，谓之和言；趋舍动静不同，雅度以平，谓之和行。人之言曰："唯其言而莫予违也，则几于丧国焉。"孔子曰："君子和而不同。"

《韩非子·内储说上·七术》篇曰：鲁哀公问于孔子曰："鄙谚曰：'莫众而迷。'今寡人举事，与群臣虑之，而国愈乱，其故何也？"孔子对曰："明主之问臣？一人知之，一人不知也。如是者，明主在上，群臣直议于下。今群臣无不一辞同轨乎季孙者，举鲁国尽化为一，君虽问境内之人，犹不免于乱也。"又曰：张仪欲以秦韩与魏之势伐齐荆，而惠施欲以齐荆偃兵，二人争之。群臣左右皆为张子言，而以攻齐荆为利，而莫为惠子言。王果听张子，而以惠子言为不可。攻齐刑事已定，惠子入见，王言曰："先生毋言矣！攻齐荆之事果利矣，一国尽以为然。"惠子曰："说不可不察也。夫齐荆之事也诚利，一国尽以为利，是何智者之众也；攻齐荆之事诚不利，一国尽以为利，何愚者之众也。凡谋者，疑也。疑也者，以为可者半，以为不可者半。今一国尽以为可，是王亡半也。劫主者，固亡其半者也。"

《史记·秦本纪》曰：赵高欲为乱，恐群臣不听，乃先设验，持鹿献于二世，曰："马也。"二世笑曰："丞相误邪？谓鹿为马。"问左右，或默，或言马以阿顺赵高，或言鹿者。高因阴中诸言鹿者以法，后群臣皆畏高。

《汉书·孙宝传》曰：平帝立，宝为大司农。会越巂郡上黄龙游江中，太师孔光大司徒马宫咸称莽功德比周公，宜告祠宗庙。宝曰："周公上圣，召公大贤，尚犹有不相说，著于经典，《书·君奭序》云，召公为保，周公为师，相成王为左右，召公不说，周公作《君奭》。两不相损。今风雨未时，百姓不足，每有一事，君臣同声，得无非其美者？"时大臣皆失色，侍中奉车都尉甄邯即时承制罢议者。

子贡问曰："乡人皆好之，何如？"子曰："未可也。""乡人皆恶之，何如？"子曰："未可也。不如乡人之善者好之，其不善者恶之。"

《论衡·定贤》篇曰：子贡问曰：乡人皆好之，何如？孔子曰：未可也。乡人皆恶之，何如？曰：未可也。不若乡人之善者好之；其不善者恶之。夫如是，称誉多而小大皆言善者，非贤也。善人称之，恶人毁之，毁誉者半，乃可有贤。

《卫灵公》篇曰：子曰：众好之，必察焉；众恶之，必察焉。

《里仁》篇曰：唯仁者能好人，能恶人。

子曰："君子易事而难说也。

《荀子·不苟》篇曰：君子易知而难狎。

《说苑·杂言》篇曰：曾子曰：夫子见人之一善而忘其百非，是夫子之易事也。

说之不以道，不说也。

《荀子·大略》篇曰：知者明于事，达于数，不可以不诚事也。故曰：君子难说，说之不以道，不说也。

及其使人也，器之。

《淮南子·主术》篇曰：是故贤主之用人也，犹巧工之制木也。大者以为舟航柱梁，小者以为楫，修者以为榱橑，短者以为朱儒枅栌。无小大修短，各得其所宜；规矩方圆，各有所施。天下之物莫凶于鸡毒，然而良医橐而藏之，有所用也。是故林莽之材犹无可弃者，而况人乎？今夫朝廷之所不举，乡曲之所不誉，非其人不肖也，其所以官之者非其职。是故有大略者不可责以捷巧，有小智者不可任以大功。

又《人闲》篇曰：轻者欲发，重者欲止；贪者欲取，廉者不利非其有。故轻者可令进斗，而不可令持牢；重者可令填固，而不可令陵敌；贪者可令进取，而不可令守职；廉者可令守分，而不可令进取；信者可令持约，而不可令应变。五者相反，圣人兼用而财使之。夫天地不包一物，阴阳不生一类，海不让水潦以成其大，山不让土石以成其高。夫守一隅而遗万方，取一物而弃其余，则所得者鲜，而所治者浅矣。

小人难事而易说也，说之虽不以道，说也。

及其使人也，求备焉。"

《微子》篇曰：周公谓鲁公曰：无求备于一人。

子曰："君子泰而不骄。

《子张》篇曰：君子无众寡，无大小，无敢慢，斯不亦泰而不骄乎？

小人骄而不泰。"

子曰："刚毅木讷，近仁。"

《礼记·中庸》篇曰：发强刚毅，足以有执也。

《汉书·周勃传》曰：勃为人木强敦厚，高帝以为可属大事。勃不好文学，每召诸生说士，东乡坐，责之，"趣为我语！"其椎少文如此。高后崩，吕禄以赵王为汉上将军，吕产以吕王为相国，秉权，欲危刘氏。勃与丞相平、朱虚侯章共诛诸吕，迎立代王，是为孝文皇帝。论曰：周勃为布衣时，鄙朴庸人。至登辅佐，匡国家难，诛诸吕，立孝文，为汉伊周，何其盛也？始吕后问宰相，高祖曰："陈平智有余，王陵少戆，可以佐之。安刘氏者必勃也。"终皆如言。

《后汉书·吴汉传》曰：汉为人质厚少文，造次不能以辞自达。邓禹及诸将多知之，数相荐举，乃得召见，遂见亲信，常居门下。论曰：吴汉自建武世常居上公之位，终始倚爱之亲，谅由质简而强力也。

子曰：刚毅木讷，近仁：斯岂汉之方乎！

子路问曰："何如斯可谓之士矣？"子曰："切切偲偲怡怡如也，可谓士矣。朋友切切偲偲，兄弟怡怡。"

《大戴礼记·曾子立事》篇曰：宫中雍雍，外焉肃肃，兄弟憘憘，朋友切切。远者以貌，近者以情，友以立其所能而远其所不能。苟无失其所守，亦可与终身矣。

子曰："善人教民七年，亦可以即戎矣。"

子曰："以不教民战，是谓弃之。"

《汉书·刑法志》曰：二伯之后，寖以陵夷。至鲁成公作丘甲，哀公用田赋，蒐狩治兵大阅之事皆失其正，《春秋》书而讥之，以存王道。于是师旅亟动，百姓罢敝，无伏节死难之谊。孔子伤焉，曰：以不教民战，是谓弃之。

《春秋·桓公六年》曰：秋八月壬午，大阅。《公羊传》曰：大阅者，何？简车徒也。何以书？盖以罕书也。何注云：孔子曰：以不教民战，是谓弃之。故比年简徒谓之蒐；三年简车，谓之大阅；五年大简车徒，谓之大蒐。存不忘亡；安不忘危。蒐例时，此日者，桓既无文德；又忽忘武备。故尤危录。又《昭公八年》曰：秋，蒐于红。《公羊传》曰：蒐者，何？简车徒也。何以书？盖以罕书也。何注云：说在桓六年。又《昭公十一年》曰：大蒐于比蒲。《公羊传》曰：大蒐者，何？简车徒也。何以书？盖以罕书也。何注云：说在桓六年。

又《僖公二十三年》曰：复五月庚寅，宋公兹父卒。《谷梁传》曰，兹父之不葬，何也？失民也。其失民，何也？以其不教民战，则是弃其师也。为人君而弃其师，其民孰以为君哉？

《孟子·告子下》篇曰：鲁欲使慎子为将军。孟子曰：不教民而用之，谓之殃民，殃民者不容于尧舜之世。

《申鉴·时事》篇曰：孝武皇帝以四夷未宾，寇贼奸宄，初置武功赏官以宠战士。若今依此科而崇其制，置尚武之官，以《司马兵法》选，位秩比博士，讲司马之典，简蒐狩之事，掌军功爵赏，小统于五校，大统于太尉，既周时务，礼亦宜之。周之末叶，兵革繁矣。莫乱于秦，民不荒殄。今国家忘战日久，每寇难之作，民瘁几尽，"不教民战，是谓弃之。"信也。

论语疏证卷第十四

宪问篇第十四

宪问耻。子曰:"邦有道,谷。邦无道,谷,耻也。"

《泰伯》篇曰:天下有道则见;无道则隐。邦有道,贫且贱焉,耻也;邦无道,富且贵焉,耻也。

　　树达按:《集解》云:谷,禄也。邦有道当食禄。《集注》云:邦有道,不能有为;邦无道,不能独善,而但知食禄,皆可耻也。按朱子说与《泰伯》篇义不合,非也。当从《集解》之说。

"克伐怨欲不行焉,可以为仁矣?"子曰:"可以为难矣,仁则吾不知也。"

《中论·修本》篇曰:子思曰:能胜其心,于胜人乎何有?不能胜其心,如胜人何?

子曰:"士而怀居,不足以为士矣。"

《里仁》篇曰:小人怀土。

《左传·僖公二十三年》曰：齐姜曰：怀与安，实败名。

《礼记·射义》篇曰：故男子生，桑弧蓬矢以射天地四方。天地四方者，男子之所有事也。

子曰："邦有道，危言危行；邦无道，危行言孙。"

《管子·宙合》篇曰：贤人之处乱世也，知道之不可行，则沈抑以辟罚，静默以侔免。辟之也，犹夏之就清，冬之就温焉，可以无及于寒暑之菑矣；非为畏死而不忠也。夫强言以为僇，而功泽不加；进伤为人君严之义，退害为人臣者之生；其为不利弥甚。故退身不舍端，修业不息版，以待清明。《荀子·臣道》篇曰：迫胁于乱时，穷居于暴国，而无所避之，则崇其美，扬其善，违其恶，隐其败，言其所长，不称其所短，以为成俗。《诗》曰："国有大命，不可以告人，妨其躬身。"此之谓也。

《春秋繁露·楚庄王》篇曰：义不讪上，智不危身。故远者以义讳，近者以智畏。畏与义兼，则世逾近而言逾谨矣。此定哀之所以微其辞。以故用则天下平，不用则安其身，《春秋》之道也。

《后汉书·党锢传》曰：太学诸生三万余人，郭林宗贾伟节为其冠，并与李膺陈蕃王畅更相褒重。学中语曰："天下模楷李元礼；不畏强御陈仲举；天下俊秀王叔茂。"又渤海苑公进阶扶风魏齐卿并危言深论，不隐豪强。自公卿以下，莫不畏其贬议，屣履到门。时河内张成善说风角，推占当赦，遂教子杀人。李膺为河南尹，督促收捕，既而逢宥获免。膺愈怀愤疾，竟案杀之。初，成以方伎交通宦官，帝亦颇讯其占。成弟子牢修因上书，诬告膺等养太学游士，交结诸郡生徒，更相驱驰，共为部党，诽讪朝廷，疑乱风俗。于是天子震怒，班下郡国，逮捕党人，布告天下，使同忿疾，遂收执膺等，其辞所连及陈寔之徒二百余人。自是正直废放，邪枉炽结。其后黄巾遂盛，朝野崩离，纲纪文章荡然矣。

又《郭泰传》曰：泰字林宗。林宗虽善人伦，而不为危言核论，故宦官擅政而不能伤也。及党事起，知名之士多被其害，唯林宗及汝南袁闳得免焉。

子曰："有德者必有言，有言者不必有德。

《荀子·非相》篇曰：法先王，顺礼义，党学者，然而不好言，不乐言，则必非诚士也。故君子之于言也，志好之，心安之，乐言之。故君子必辩。

仁者必有勇，勇者不必有仁。"

《老子》曰：慈故能勇。

《荀子·性恶》篇曰：仁之所在无贫穷，仁之所亡无富贵。天下知之，则欲与天下同苦之；天下不知之，则傀然独立天地之闲而不畏：是上勇也。

又《荣辱》篇曰：乳彘触虎，不忘其亲也。

《淮南子·说林》篇曰：乳狗之噬虎也，伏鸡之搏狸也，恩之所加，不量其力。

《新序·义勇》篇曰：齐崔杼弑庄公也，有陈不占者，闻君难，将赴之。比去。餐则失匕，上车失轼。御者曰："怯如是，去有益乎？"不占曰："死君，义也；无勇，私也。不以私害公。"遂往，闻战斗之声，恐骇而死。人曰："不占可谓仁者之勇也。"

南宫适问于孔子曰："羿善射，奡荡舟，俱不得其死然。

《左传·襄公四年》曰：魏绛曰：昔有夏之方衰也，后羿自鉏迁于穷石，因夏民以代夏政。恃其射也，不修民事而淫于原兽。弃武罗伯因熊髡龙圉而用寒浞，信而使之，以为己相。浞行媚于内，施赂于外，愚弄其民而虞羿于田，树之诈慝以取其国家，外内咸服。羿犹不悛，将归自田，家众杀而烹之。靡奔有鬲氏。浞因羿室，生浇及豷。处浇于过，处豷于戈。靡自有鬲氏收二国之烬以灭浞，而立少康。少康灭浇于过，后杼灭豷于戈，有穷由是遂亡。

树达按：奡即浇也。

禹稷躬稼而有天下。"

《孟子·滕文公上》篇曰：禹疏九河，瀹济漯而注诸海，决汝汉，排淮泗而注之江，然后中国可得而食也。后稷教民稼穑，树艺五谷，五谷熟而民人育。

《史记·周本纪》曰：周后稷名弃。弃为儿时，游戏好种树麻菽，麻菽美。及为成人，遂好耕农，相地之宜，宜谷者稼穑焉。民皆法则之。帝尧闻之，举弃为农师，天下得其利，有功。帝舜曰："弃，黎民始饥，尔后稷播时百谷！"封弃于邰，号曰后稷，别姓姬氏。后稷卒，子不窋立。不窋卒，子鞠立。鞠卒，子公刘立。公刘虽在戎狄之闲，复修后稷之业，周道之兴自此始。公刘卒，子庆节立。庆节卒，子皇仆立。皇仆卒，子差弗立。差弗卒，子毁喻立。毁喻卒，子公非立。公非卒，子高圉立。高圉卒，子亚圉立。亚圉卒，子公叔祖类立。公叔祖类卒，子古公亶父立。古公亶父复修后稷公刘之业，积德行义，国人皆戴之。古公少子季历生昌，有圣瑞。古公曰："我世当有兴者，其在昌乎！"古公卒，季历立，是为公季。公季卒，子昌立，是为西伯。西伯曰文王，西伯崩，太子发立，是为武王。

夫子不答。南宫适出，子曰："君子哉若人！尚德哉若人！"

子曰："君子而不仁者有矣夫，未有小人而仁者也。"

子曰："爱之能勿劳乎？

《国语·鲁语》曰：夫民劳则思，思则善心生；逸则淫，浮则忘善，忘善则恶心生。沃土之民不材，淫也；瘠土之民莫不向义，劳也。

忠焉能勿诲乎？"

《白虎通·谏诤》篇曰：臣所以有谏君之义，何？尽忠纳诚也。《论语》曰：爱之能勿劳乎？忠焉能勿诲乎？

子曰："为命，裨谌草创之，世叔讨论之，行人子羽修饰之，东里子产润色之。"

《左传·襄公三十一年》曰：子产之从政也，择能而使之。冯简子能断大事；子大叔美秀而文；公孙挥能知四国之为，而辨于其大夫之族姓班位贵贱能否，而又善为辞令；裨谌能谋，谋于野则获，谋于邑则否。郑国将有诸侯之事，子产乃问四国之为于子羽，且使多为辞令，与裨谌乘以适野，使谋可否，而告冯简子使断之。事成，乃授子大叔，使行之以应对宾客，是以鲜有败事也。子大叔即世叔，公孙挥字子羽。

又《襄公二十六年》曰：郑董父与皇颉戍城麇，楚人囚之，以献于秦。郑人取货于印氏以请之。子大叔为令正，《杜注》云，主作辞令之正。以为请。子产曰："不获。受楚之功而取货于郑，不可谓国，秦不其然。若曰：'拜君之勤郑国，微君之惠，楚师其犹在敝邑之城下，其可。'"弗从。遂行，秦人不予。更币，从子产而后获之。

或问子产，子曰："惠人也。"

《礼记·仲尼燕居》篇曰：子产犹众人之母也，能食之，不能教也。

《左传·昭公二十年》曰：子产卒，仲尼闻之，出涕曰："古之遗爱也。"

《说苑·贵德》篇曰：郑子产死，郑人丈夫舍玦珮，妇人舍珠珥，夫妇巷哭，三月不闻竽瑟之声。

问子西，曰："彼哉！彼哉！"

《左传·昭公二十六年》曰：九月，楚平王卒，令尹子常欲立子西。曰："太子壬弱，其母非适也，王子建实聘之。子西长而好善。立长则顺，建善则治，可不务乎？"子西怒曰："是乱国而恶君王也。国有外援，不可渎也；王有适嗣，不可乱也。败亲，速仇；乱嗣，不祥。我受其名，赂吾以天下，吾滋不从也。楚国何为？必杀令尹。"令尹惧，乃立昭王。

又《哀公十六年》曰："楚大子建之遇谗也，自城父奔宋，又辟华氏之乱于郑，郑人甚善之。又适晋，与晋人谋袭郑，乃求复也，郑人复之如初。晋人使谍于子木，子木即建也。请行而期焉。子木暴虐于其私邑，邑人诉之，郑人省之，得晋谍焉，遂杀子木。其子曰胜，在吴，子西欲召之。叶公曰："吾闻胜也诈而乱，无乃害乎？"子西曰："吾闻胜也信而勇，不为不利。舍诸边竟，使卫藩焉。"叶公曰："周仁之谓信，率义之谓勇。吾闻胜也好复言而求死士，殆有私乎！复言，非信也；期死，非勇也。子必悔之。"弗从，召之，使处吴竟，为白公。谓伐郑，子西曰：

"楚未节也,不然,吾不忘也。"他日又请,许之。未起师,晋人伐郑,楚救之,与之盟。胜怒曰:"郑人存此,仇不远矣。"胜自厉剑,子期之子平见之,曰:"王孙何自厉也?"曰:"胜以直闻,不告女,庸为直乎?将以杀尔父。"平以告子西,子西曰:"胜如卵,余翼而长之。楚国第,我死,令尹司马非胜而谁?"胜闻之。曰:"令尹之狂也!得死乃非我。"子西不悛,吴人伐慎,白公败之,请以战备献,许之,遂作乱。秋七月,杀子西子期于朝而劫惠王,子西以袂掩面而死。

问管仲,曰:"人也,夺伯氏骈邑三百,饭疏食,没齿无怨言。"

《荀子·仲尼》篇曰:齐桓公倓然见管仲之能足以托国也,遂立以为仲父,与之书社三百,而富人莫之敢距也。

子曰:"贫而无怨,难;富而无骄,易。"

《学而》篇曰:子贡曰:"贫而无谄,富而无骄,何如?"子曰:"可也。未若贫而乐;富而好礼者也。"

《晏子春秋·杂下》篇曰:晏子相齐三年,政平民说。梁丘据见晏子,中食而肉不足,以告景公。旦日,割地将封晏子,晏子辞不受。曰:"富而不骄者,未尝闻之;贫而不恨者,婴是也。所以贫而不恨者,以善为师也。今封,易婴之师,师已轻,封已重矣。请辞。"

《左传·定公十三年》:曰:史鰌谓公叔文子曰:富而不骄者鲜,吾唯子之见;骄而不亡者,未之有也。戌必与焉。

子曰:"孟公绰为赵魏老则优;不可以为滕薛大夫。"

本篇曰:公绰之不欲。

《史记·仲尼弟子传》曰:孔子之所严事,于鲁孟公绰。

《汉书·薛宣传》曰:频阳县北当上郡西河,为数郡凑,多盗贼。其令平陵薛恭,本县孝者,功次稍迁,未尝治民,职不办;而粟邑小,辟在山中,民谨朴易治,令巨鹿尹赏,久郡用事史。宣即以令奏赏与恭换县,二人视事数月,而两县皆治。宣因移书劳勉之曰:昔孟公绰优于赵魏,而不宜滕薛,故或以德显,或以功举,君子之道,焉可忧也。

树达按：刘宝楠云：此宣言为赵魏老当以德，为滕薛大夫当以才也。

《后汉书·韦彪传》曰：彪上议曰：夫人才行少能相兼，是以孟公绰优于赵、魏老，不可以为滕薛大夫。

树达按：彪云才行少能相兼，与薛宣或以德闻或以功举之说相合，足以证成刘说矣。

《牟子·理惑》篇曰：夫长左者必短右，大前者必狭后。公绰为赵、魏老则优，不可以为滕薛大夫。

子路问成人，子曰："若臧武仲之知，

《左传·襄公二十二年》曰：臧武仲如晋，雨，过御叔。御叔在其邑，将饮酒。曰："焉用圣人？我将饮酒而已。雨行，何以圣为？"杜注云：武仲多知，时人谓之圣。

又《襄公二十三年》曰：齐侯将为臧纥田，臧孙闻之，见，齐侯与之言伐晋。对曰："多则多矣，抑君似鼠。夫鼠，昼伏夜动，不穴于寝庙，畏人故也。今君闻晋之乱而后作焉，宁将事之，非鼠如何？"乃弗与田。杜注云，臧孙知齐侯将败，不欲受其邑，故以此鼠，欲使怒而止。仲尼曰："知之难也，有臧武仲之知，而不容于鲁国，抑有由也，作不顺而施不恕也。"

又《襄公二十三年》曰：孟孙恶臧孙，季孙爱之。孟孙卒，臧孙入哭，甚哀，多涕。出，其御曰："孟孙之恶子也，而哀如是，季孙若死，其若之何？"臧孙曰："季孙之爱我，疾疢也；孟孙之恶我，药石也。美疢不如恶石。夫石犹生我；疢之美，其毒滋多。孟孙死，吾亡无日矣。"孟氏告于季孙曰："臧氏将为乱。"季孙不信。孟氏又告季孙，季孙怒，命攻臧氏。臧纥斩鹿门之关以出，奔邾。其人曰："其盟我乎？"臧孙曰："无辞。"将盟臧氏，季孙召外史掌恶臣而问盟首焉。对曰："盟东门氏也，曰：'毋或如东门遂不听公命，杀适立庶。'盟叔孙氏也，曰：

'毋或如叔孙侨如欲废国常，荡覆公室。'"季孙曰："臧孙之罪皆不及此。"孟椒曰："盍以其犯门斩关？"季孙用之。乃盟臧氏曰："无或如臧孙纥干国之纪，犯门斩关！"臧孙闻之，曰："国有人焉。谁居？其孟椒乎！"

公绰之不欲，

卞庄子之勇，

《荀子·大略》篇曰：齐人欲伐鲁，忌卞庄子，不敢过卞。

《韩诗外传·卷十》曰：卞庄子善事母。母无恙时，三战而三北。交游非之，国君辱之。卞庄子受命，颜色不变。及母死，三年，鲁兴师，卞庄子请从。至，见于将军曰："前犹与母处，是以战而北也，辱吾身。今母殁矣，请塞责。"遂走敌而斗，获甲首而献之，请以此塞一北。又获甲首而献之，请以此塞再北。将军止曰："足。"不止，又获甲首而献之，曰："请以此塞三北。"将军止之。曰："足。"请为兄弟。卞庄子曰："三北，以养母也。今母殁矣，吾责塞矣。吾闻之，节士不以辱生。"遂奔敌，杀七十人而死。《新序·节士》篇大同。

冉求之艺。

《雍也》篇曰：求也艺。

文之以礼乐，亦可以为成人矣。"

《说苑·辨物》篇曰：颜渊问于仲尼曰："成人之行何若？"子曰："成人之行，达乎情性之理，通乎物类之变，知幽明之故，睹游气之源，若此而可谓成人。既知天道，行躬以仁义，饬身以礼乐。夫仁义礼乐，成人之行也；穷神知化，德之盛也。"

曰："今之成人者何必然？见利思义，

《左传·昭公十年》曰：齐惠栾高氏皆耆酒，强于陈鲍氏而恶之。陈鲍方睦，遂伐栾高氏，栾施高强来奔，陈鲍分其室。晏子谓桓子："必政诸公。让，德之主也，让之谓懿德。凡有血气，皆有争心，故利不可强，思义为愈。义。利之本也。蕴利生孽，姑使无蕴乎？可以滋长。"桓子尽致诸公，乃请老于莒。

《新序·节士》篇曰：子列子穷，容貌有饥色。客有言于郑子阳者，曰："子列子御寇，盖有道之士也，居君之国而穷，君无乃为不好士乎！"子阳令官遗之粟数十乘。子列子出见使者，再拜而辞。使者去，子列子入，其妻望而拊心曰："闻为道者妻子皆得佚乐。今妻子皆有饥色矣，君过而遗先生，先生又辞，岂非命也哉！"子列子笑而谓之曰："君非知我者也，以人之言而知我，以人之言而遗我粟也；其罪我也，又将以人之言。此吾所以不受也。且受人之养，不死其难，不义也。死其难，是死无道之人，岂义哉？"其后民果作难，杀子阳。子列子之见微除不义远矣。且子列子内有饥寒之色，犹不苟取，见得思义，见利思害，况其在富贵乎！故子列子通乎性命之情，可谓能守节矣。事本《庄子·让五》篇。

见危授命，

《左传·昭公元年》曰：季武子伐莒，取郓，莒人告于会。楚告于晋曰："寻盟未退而鲁伐莒，渎齐盟，请戮其使。"乐桓子相赵文子，欲求货于叔孙而为之请，使请带焉，弗与。梁其踁曰："货以藩身，子何爱焉？"叔孙曰："诸侯之会，卫社稷也。我以货免，鲁必受师，是祸之也，何卫之为？人之有墙，以蔽恶也。墙之隙坏，谁之咎也？卫而恶之，吾又甚焉。虽怨季孙，鲁国何罪？叔出季处，有自来矣，吾又谁怨？然鲋也贿，弗与，不已。"召使者，裂裳帛而与之，曰："带其褊矣。"赵孟闻之，曰："临患不忘国，忠也；思难不越官，信也；图国忘死，贞也；谋主三者，义也。有是四者，又可戮乎！"乃请诸楚曰："鲁虽有罪，其执事不辟难，畏威而敬命矣。子若免之以劝左右可也！"

《子张》篇曰：子张曰：士见危致命，见得思义，祭思敬，丧思哀，其可已矣。

《礼记·曲礼》篇曰：临财毋苟得，临难毋苟免。

久要不忘平生之言，亦可以为成人矣。"

《后汉书·朱晖传》曰：晖同县张堪素有名称，尝于太学见晖，甚重之,接以友道。乃把晖臂曰:"欲以妻子托朱生。"晖以堪先达,举手未敢对。自后不复相见。堪卒,晖闻其妻子贫困,乃自往候视,厚赈赡之。晖少子颉怪而问曰:"大人不与堪为友,平生未曾相闻,子孙窃怪之。"晖曰:"堪尝有知己之言,吾以信于心也。"

树达按:要读为约,贫困也。详余《久要不忘平生之言解》,见《积微居小学述林》二三五页。

子问公叔文子于公明贾,曰:"信乎夫子不言不笑不取乎?"

《左传·襄公二十九年》曰:吴公子札来聘,适卫,说蘧瑗、史狗、史鰌、公子荆、公叔发、公子朝。曰:"卫多君子,未有患也。"

树达按:公叔发即公叔文子。

公明贾对曰:"以告者过也。夫子时然后言,人不厌其言。

《太平御览·言语部》引《墨子》曰:禽子问曰:"多言有益乎?"墨子曰:"虾蟆蛙龟日夜而鸣,舌干擗然,而人不听之。今鹤鸡时夜而鸣,天下振动。多言何益?唯其言之时也。"

《汉书·东方朔传》曰:隆虑公主子昭平君尚帝女夷安公主,隆虑主病困,以金千斤钱千万为昭平君豫赎死罪,上许之。隆虑主卒,昭平君日骄,醉杀主傅,狱系内官。以公主子,廷尉上请,请论。左右人人为言,前又入赎,陛下许之。上曰:"吾弟老,有是一子,死以属我。"于是为之垂涕叹息。良久曰:"法令者,先帝所造也,用弟故而诬先帝之法,吾何面目入高庙乎?又下负万民。"乃可其奏,哀不能止,左右尽悲。朔前上寿曰:"臣闻圣王为政,赏不避仇雠,诛不择骨肉。《书》曰:'不偏不党,王道荡荡。'此二者,五帝所重,三王所难矣。陛下行之,是以四海之内,元元之民各得其所,天下幸甚。臣朔奉觞昧死再拜上万岁寿。"上乃起入省中。夕时,召让朔曰:"《传》曰:'时然后言,人不厌其言。'今先生上寿，时乎？"朔免冠顿首曰："臣闻：乐太甚则阳溢，哀太甚则阴损。阴阳变则心气动，心气动则精神散而邪气及。销忧者莫若酒，臣朔所以上寿者，明陛下正而不阿，因以止哀也。愚不知忌讳，当死。"先是朔尝醉入殿中，小遗殿上，劾不敬，有诏免为庶人，待诏宦者署。因此时复为中郎，赐帛百匹。

乐然后笑，人不厌其笑。

《礼记·曲礼》篇曰：不苟笑。

义然后取，人不厌其取。"子曰："其然，岂其然乎？"

子曰："臧武仲以防求为后于鲁。

《左传·襄公二十三年》曰：孟氏闭门，告于季孙曰："臧氏将为乱，不使我葬。"季孙不信。臧孙闻之，戒。孟氏又告季孙。季孙怒，命攻臧氏。乙亥，臧纥斩鹿门之关以出，奔邾。臧武仲自邾使告臧贾，且致大蔡焉。曰："纥不佞，失守宗祧，敢告不吊。纥之罪不及不祀，子以大蔡纳请，其可。"贾曰："是家之祸也，非子之过也。贾闻命矣"，再拜受龟。使为以纳请，遂自为也。臧孙如防，使来告曰："纥非能害也，知不足也。非敢私请，苟守先祀，无废二勋，敢不辟邑。"乃立臧为。臧纥致防而奔齐。

又《襄公二十六年》曰：孙林父以戚如晋。书曰："入于戚以叛"，罪孙氏也。臣之禄，君实有之。义则进，否则奉身而退。专禄以周旋，戮也。

虽曰不要君，吾不信也。"

《孝经》曰：要君者无上。

子曰："晋文公谲而不正。

《春秋·僖公二十八年》曰：五月癸丑，公会晋侯齐侯宋公蔡侯郑伯卫子莒子盟于践土。公朝于王所。《公羊传》曰：曷为不言公如京师？天子在是也。天子在是，则曷为不言天子在是？不与致天子也。何注云：时晋文公年老，恐霸功不成，故上白天子曰：诸侯不可卒致，愿王居践土。下谓诸侯曰：天子在是，不可不朝，迫使正君臣。《谷梁传》曰：讳会天王也。公朝于王所,朝不言所,言所者,非其所也。冬,公会晋侯齐侯宋公蔡侯郑伯陈子莒子邾娄子秦人于温。天王狩于河阳。《公羊传》曰:狩不书,此何以书?不与再致天子也。何《注》云:再失礼,重,故深正其义,使若天子自狩,非致也。《谷梁传》曰:全天王之行也,为若将守狩同。而遇诸侯之朝也,为天王讳也。壬申,公朝于王所。朝于庙,礼也;于外,非礼也。独公朝与?诸侯尽朝也。其日,以其再致天子,故谨而日之。日系于月,月系于时。壬申,公朝于王所。其不月,失其所系也。以为晋文公之行事为已慎矣。《左氏传》曰:是会也,晋侯召王,以诸侯见,且使王狩。仲尼曰:"以臣召君,不可以训。"故书曰:"天王狩于河阳",言非其地也,且明德也。

《左传·僖公二十七年》曰:楚子及诸侯围宋,宋公孙固如晋告急。狐偃曰:"楚始得曹而新婚于卫,若伐曹卫,楚必救之,则齐宋免矣。"《二十八年》曰:晋侯侵曹,伐卫,宋人使门尹般如晋师告急。公曰:"宋人告急,舍之则绝。告楚,不许。我欲战矣,齐秦未可。若之何?"先轸曰:"使宋舍我而赂齐秦,藉之告楚,我执曹君,而分曹卫之田以赐宋人。楚爱曹卫,必不许也。喜赂怒顽,能无战乎?"公说,执曹伯,分曹卫之田以畀宋人。子玉使宛春告于晋师曰:"请复卫侯而封曹。臣亦释宋之围。子犯曰:"子玉无礼哉!君取一,臣取二,不可失矣。"先轸曰:"子与之!定人之谓礼。楚一言而定三国,我一言而亡之。我则无礼,何以战乎?不许楚言,是弃宋也。救而弃之,谓诸侯何?楚有三施,我有三怨,怨仇已多,将何以战?不如私许复曹卫以携之,执宛春以怒楚。既战而后图之。"公说。乃拘宛春于卫,且私许复曹卫。曹卫告绝于楚,子玉怒,从晋师。

《春秋·文公三年》曰:秋,楚人伐江。冬,晋阳处父帅师伐楚救江。《公羊传》曰:此伐楚也,其言救江,何?为谖也。其为谖奈何?伐楚为救江也。何注云:谖,诈也。救人之道,当指其所之。实欲救江而反伐楚,以为其势必当引围江兵还自救也。故云尔。

树达按：此晋文公卒后四年事，仍文公谲而不正之道也。

齐桓公正而不谲。"

《春秋·僖公四年》曰：春正月，公会齐侯宋公陈侯卫侯郑伯许男曹伯侵蔡，蔡溃。《左氏传》曰：齐侯以诸侯之师侵蔡，蔡溃，遂伐楚。楚子使与师言曰："君处北海；寡人处南海，唯是风马牛不相及也。不虞君之涉吾地也，何故？"管仲对曰："尔贡包茅不入，王祭不共，无以缩酒，寡人是征。昭王南征而不复，寡人是问。"《谷梁传》曰：侵，浅事也。侵蔡而蔡溃，以桓公为知所侵也。不土其地，不分其民，明正也。

又《僖公七年》曰：秋七月，公会齐侯宋公陈世子款郑世子华盟于甯母。《左氏传》曰：盟于甯母，谋郑故也。郑伯使大子华听命于会，言于齐侯曰："泄氏，孔氏，子人氏，三族实违君命。若君去之以为成，我以郑为内臣，君亦无所不利焉。"齐侯将许之。管仲曰："君以礼与信属诸侯，而以奸终之，无乃不可乎？子父不奸之谓礼，守命共时之谓信。违此二者，奸莫大焉。"公曰："诸侯有讨于郑，未捷。今苟有衅，从之，不亦可乎？"对曰："君若绥之以德，加之以训辞，而帅诸侯以讨郑，郑将覆亡之不暇，岂敢不惧？若总其罪人以临之，郑有辞矣，何惧？且夫合诸侯，以崇德也，会而列奸，何以示后嗣？夫诸侯之会，其德刑礼义，无国不记。记奸之位，君盟替矣。作而不记，非盛德也。君其勿许，郑必受盟。夫子华既为大子，而求介于大国以弱其国，亦必不免。"齐侯辞焉。子华由是得罪于郑。

又《僖公九年》曰：夏，公会宰周公齐侯宋子卫侯郑伯许男曹伯于葵丘。九月戊辰，诸侯盟于葵丘。《谷梁传》曰：桓盟不日，此何以日？美之也。为见天子之禁，故备之也。葵丘之盟，陈牲而不杀，读书加于牲上，壹明天子之禁，曰：毋雍泉，毋讫籴，毋易树子，毋以妾为妻，毋使妇人与国事。《孟子·告子》下篇曰：五霸桓公为盛，葵丘之会诸侯，束牲载书而不歃血。初命曰："诛不孝，无易树子，无以妾为妻。"再命曰："尊贤育才以彰有德。"三命曰："敬老慈幼，无忘宾旅。"四命曰："士无世官，官事无摄，取士必得，无专杀大夫。"五命曰："无曲防，无遏籴，无有封而不告。"曰："凡我同盟之人，既盟之后，言归于好。"

子路曰："桓公杀公子纠，召忽死之，管仲不死。"曰："未仁乎？"

《春秋·庄公九年》曰：夏，公伐齐，纳子纠。齐小白入于齐。八月庚申，及齐师战于乾时，我师败绩。九月，齐人取子纠，杀之。《左氏传》曰：夏，公伐齐，纳子纠。桓公自莒先入。秋，师及齐师战于乾时，我师败绩。鲍叔帅师来言曰："子纠，亲也，请君讨之。管召，仇也，请受而甘心焉。"乃杀子纠于生窦，召忽死之。管仲请囚，鲍叔受之，及堂阜而税之。归而以告，曰："管夷吾治于高傒，使相可也。"公从之。

子曰："桓公九合诸侯，不以兵车，

《国语·齐语》曰：兵车之属六，乘车之会三。

《谷梁传·庄公二十七年》曰：桓会不致，安之也。桓盟不日，信之也。信其信，仁其仁。衣裳之会十有一，未尝有歃血之盟也，信厚也。兵车之会四，未尝有大战也，爱民也。

管仲之力也。如其仁！如其仁！"

《吕氏春秋·勿躬》篇曰：桓公令五子皆任其事以受令于管子。十年九合诸侯，一匡天下，皆夷吾与五子之能也。

《新序·杂事四》篇曰：夫管仲能知人，桓公能任贤。所以九合诸侯，一匡天下，不用兵车，管仲之功也。

子贡曰："管仲非仁者与？桓公杀公子纠，不能死，又相之。"

子曰："管仲相桓公，霸诸侯，一匡天下，

《吕氏春秋·贵信》篇曰：桓公归而欲勿予。管仲曰：不可。庄公，仇也；曹翙，贼也。信于仇贼，又况于非仇贼者乎！夫九合之而合，一匡之而听，从此生矣。

《新序·杂事四》篇曰：柯之盟，齐不倍盟，天下诸侯翕然而归之。为鄄之会，幽之盟，诸侯莫不至焉。为阳谷之会，贯泽之盟，远国皆来。

九合诸侯，一匡天下，功次三王，为五伯长，本信起乎柯之盟也。

民到于今受其赐。微管仲，吾其被发左衽矣。

《春秋·僖公四年》曰：公会齐侯宋公陈侯卫侯郑伯许男曹伯侵蔡，蔡溃，遂伐楚。楚屈完来盟于师，盟于召陵。《公羊传》曰：其言盟于师，盟于召陵，何？师在召陵也。喜服楚也。何言乎喜服楚？楚有王者则后服，无王者则先叛。夷狄也，而亟病中国，南夷与北狄交，中国不绝若线。桓公救中国而攘夷狄，卒帖荆，以此为王者之事也。

《汉书·韦玄成传》曰：及至幽王，犬戎来伐，杀幽王，取宗器。自是之后，南夷与北夷交侵，中国不绝如线。《春秋》纪齐桓南伐楚，北伐山戎。孔子曰："微管仲，吾其被发左衽矣。"是故弃桓之过而录其功，以为伯首。

岂若匹夫匹妇之为谅也，自经于沟渎而莫之知也。"

《卫灵公》篇曰：子曰：君子贞而不谅。

《中论·智行》篇曰：管仲背君事仇，奢而失礼，使桓公有九合诸侯一匡天下之功。仲尼称之曰："微管仲，吾其被发左衽矣。"召忽伏节死难，人臣之美义也。仲尼比为匹夫匹妇之为谅矣。是故圣人贵才智之特能立功立事益于世矣。

公叔文子之臣大夫僎与文子同升诸公。子闻之，曰："可以为文矣。"

子言卫灵公之无道也，康子曰："夫如是，奚而不丧？"

孔子曰："仲叔圉治宾客，祝鮀治宗庙，王孙贾治军旅。夫如是，奚其丧？"

《说苑·尊贤》篇曰：鲁哀公问于孔子曰："当今之时，君子谁贤？"对曰："卫灵公。"公曰："吾闻之，其闺门之内姑姊妹无别。"对曰："臣观于朝廷，未观于堂陛之闲也。灵公之弟曰公子渠牟，其知足以治千乘之国，其信足以守之，而灵公爱之。又有士曰王林，国有贤人，必进而任之，无不达也。不能达，退而与分其禄，而灵公尊之。又有士曰庆足，国有大事，则进而治之，无不济也，而灵公说之。史鰌去卫，灵公邸舍三月琴瑟不御，使史鰌之入也而后入。臣是以知其贤也。"《吕氏春秋·分职》篇曰：卫灵公天寒凿池。宛春谏曰："天寒起役，恐伤民。"公曰："天寒乎？"宛春曰："公衣狐裘，坐熊席，陬隅有灶，是以不寒。今民衣弊不补，履决不组，君则不寒矣，民则寒矣。"公曰："善。"令罢役。左右以谏。曰："君凿池，不知天之寒也，而春也知之。以春之知之也，而令罢之，福将归于春也，而怨将归于君。"公曰："不然，夫春也，鲁国之匹夫也，而我举之，夫民未有见焉。今将令民以此见之。曰：春也有善，如寡人者也。"《新序·刺奢》篇文同。

《庄子·则阳》篇曰：仲尼问于伯常骞曰："夫卫灵公饮酒湛乐，不聪国家之政；田猎毕弋，不应诸侯之际。其所以为灵公者，何邪？"伯常骞曰："夫灵公有妻三人，同滥而浴。史鳅奉御而进所，搏币而扶翼。其慢若彼之甚也，见贤人若此其肃也，是其所以为灵公也。"成玄英云，谥法，德之精明曰灵。

子曰："其言之不怍，则为之也难。"

《逸周书·官人》篇曰：扬言者寡信。

《老子》曰：轻诺者寡信。

陈成子弑简公，孔子沐浴而朝，告于哀公曰："陈恒弑其君，请讨之。"公曰："告夫三子。"孔子曰："以吾从大夫之后，不敢不告也。"君曰："告夫三子者。"之三子告，不可。孔子曰："以吾从大夫之后，不敢不告也。"

《左传·哀公十四年》曰：六月甲午，齐陈恒弑其君壬于舒州。孔丘三日齐而请伐齐三。公曰："鲁为齐弱久矣，子之伐之，将若之何？"对曰："陈恒弑其君，民之不与者半，以鲁之众加齐之半，可克也。"公曰："子告季孙。"孔子辞。退而告人曰："吾以从大夫之后也，故不敢不言。"

子路问事君，子曰："勿欺也，

《左传·襄公二十九年》曰：夏四月，葬楚康王。公还，及方城，季武子取卞，使公冶问公，玺书追而与之。曰："闻守卞者将叛，臣帅徒以讨之，既得之矣。敢告。"公冶致使而退，及舍而后闻取下。公曰："欲之而言叛，祗见疏也。"公谓公冶曰："吾可以入乎？"对曰："君实有国，谁敢违君？"公与公冶冕服，固辞，强之而后受。公欲无入，荣成伯赋《式微》，乃归，五日，公至自楚。公冶致其邑于季氏，而终不入焉。曰："欺其君，何必使余。"及疾，聚其臣曰："我死，必无以冕服敛，非德赏也。且无使季氏葬我。"

而犯之。"

《礼记·檀弓上》篇曰：事君有犯而无隐。

《左传·文公十八年》曰：莒纪公生大子仆，又生季佗，爱季佗而黜仆，且多行无礼于国。仆因国人以弑纪公，以其宝玉来奔，纳诸宣公。公命与之邑，曰："今日必授。"季文子使司寇出诸竟，曰："今日必达。"公问其故。季文子使太史克对曰："先大夫臧文仲教行父事君之礼，行父奉以周旋，弗敢失队。曰：'见有礼于其君者，事之，如孝子之养父母也；见无礼于其君者，诛之，如鹰鹯之逐鸟雀也。'先君周公制《周礼》曰：'则以观德，德以处事，事以度功，功以食民。'作《誓命》曰：'毁则为贼，掩贼为藏，窃贿为盗，盗器为奸。主藏之名，赖奸之用，为大凶德，有常无赦，在九刑不忘。'行父还观莒仆，莫可则也。孝敬忠信为吉德，盗贼藏奸为凶德。夫莒仆，则其孝敬，则弑君父矣；则其忠信，则窃宝玉矣。其人则盗贼也；其器则奸兆也；保而利之，则主藏也。以训则昏，民无则焉。不度于善，而皆在于凶德，是以去之。舜有大功二十而为天子，今行父虽未获一吉人，去一凶矣。于舜之功二十之一也，庶几免于戾乎！"

子曰："君子上达，小人下达。"

本篇曰：子曰：不怨天，不尤人，下学而上达，知我者其天乎！

《淮南子·缪称》篇曰：积薄为厚，积卑为高。故君子曰孳孳以成辉，小人日怏怏以至辱。其消息也，离朱弗能见也。

子曰："古之学者为己，今之学者为人。"

《荀子·劝学》篇曰：君子之学也；入乎耳，箸乎心，布乎四体，形乎动静。端而言，蠕而动，一可以为法则。小人之学也，入乎耳，出乎口，口耳之闲则四寸耳，曷足以美七尺之躯哉？古之学者为己，今之学者为人。君子之学也，以美其身；小人之学也，以为禽犊。

《北堂书钞》引《新序》曰：齐王问墨子曰："古之学者为己，今之学者为人，何如？"对曰："古之学者，得一善言，以附其身；今之学者，得一善言，务以悦人。"

《后汉书·桓荣传论》曰：孔子曰："古之学者为己；今之学者为人。"为人者凭誉以显扬，为己者因心以会道。

蘧伯玉使人于孔子。

《史记·仲尼弟子传》曰：孔子之所严事，于卫蘧伯玉。

孔子与之坐而问焉。曰："夫子何为？"对曰："夫子欲寡其过而未能也。"

《淮南子·原道》篇曰：蘧伯玉年五十而知四十九年非。

《庄子·则阳》篇曰：蘧伯玉行年六十而六十化，未尝不始于是之而卒诎之以非也，未知今之所谓是之非五十九非也。

使者出，子曰："使乎！使乎！"

《谷梁传·襄公二十九年》曰："身贤，贤也；使贤，亦贤也。"

子曰：'不在其位，不谋其政。"

证见卷八《秦伯》篇。

曾子曰："君子思不出其位。"

《易·象传》曰：兼山艮，君子以思不出其位。

《礼记·中庸》篇曰：君子素其位而行，不愿乎其外。素富贵，行乎富贵；素贫贱，行乎贫贱；素夷狄，行乎夷狄；素患难，行乎患难。君子无入而不自得焉。在上位，不陵下；在下位，不援上。正己而不求于人，则无怨。上不怨天，下不尤人。

子曰："君子耻其言而过其行。"

《里仁》篇曰：古者言之不出，耻躬之不逮也。

《礼记·杂记下》篇曰：有其言，无其行，君子耻之。

又《表记》篇曰：君子耻有其辞而无其德，有其德而无其行。

子曰："君子道者三，我无能焉。仁者不忧，

《述而》篇曰：叶公问孔子于子路，子路不对。子曰："女奚不曰：其为人也，发愤忘食，乐以忘忧，不知老之将至云尔。"

《为政》篇曰：五十而知天命。

《易·系辞上传》曰：乐天知命，故不忧。

知者不惑，

《为政》篇曰：四十而不惑。

勇者不惧。"

《庄子·秋水》篇曰：孔子游于匡，宋人围之数匝，而弦歌不辍。子路入见，曰："何夫子之娱也？"孔子曰："来！吾语女。我讳穷久矣，而不免，命也；求通久矣，而不得，时也。当尧舜而天下无穷人，非知得也；当桀纣而天下无通人，非知失也：时势适然。夫水行不避蛟龙者，渔父之勇也；陆行不避兕虎者，猎夫之勇也；白刃交于前，视死若生者，烈士之勇也；知穷之有命，知通之有时，临大难而不惧者，圣人之勇也。由处矣，吾命有所制矣。"无几何，将甲者进，辞曰："以为阳虎也，故围之。今非也，请辞而退。"

子贡曰："夫子自道也。"

子贡方人，子曰："赐也贤乎哉！夫我则不暇。"

《先进》篇曰：子贡问："师与商也孰贤？"子曰："师也过，商也不及。"曰："然则师愈与？"子曰："过犹不及。"

子曰："不患人之不己知，患其不能也。"

《里仁》篇曰：子曰：不患莫己知，求为可知也。

《卫灵公》篇曰：子曰：君子病无能焉，不病人之不己知也。

子曰："不逆诈，不亿不信。

《大戴礼记·曾子立事》篇曰：君子不先人以恶，不疑人以不信。

《后汉书·郭躬传》曰：中常侍孙章宣诏，误言两报重。尚书奏："章矫制，罪当腰斩。"帝复召躬问之。躬对："章应罚金。"帝曰：

"章矫诏杀人,何谓罚金?"躬曰:"法令有故误。章传命之缪,于事为误,误者其文则轻。"帝曰:"章与囚同县,疑其故也。"躬曰:"周道如砥,其直如矢。君子不逆诈,君王法天刑,不可以委曲生意。"帝曰:"善。"

抑亦先觉者,是贤乎。"

《说苑·权谋》篇曰:赵简子曰:"晋有泽鸣犊犨,鲁有孔丘,吾杀此三人,则天下可图也。"于是乃召泽鸣犊犨,任之以政而杀之。使人聘孔子于鲁。孔子至河,临水而观,曰:"美哉!水洋洋乎!丘之不济于此,命也夫!"子路趋进曰:"敢问奚谓也?"孔子曰:"夫泽鸣犊犨,晋国之贤大夫也。赵简子之未得志也,与之同闻见。及其得志也,杀之而后从政。丘闻之,刳胎焚夭,则麒麟不至;乾泽而渔,蛟龙不游;覆巢毁卵,则凤凰不翔。丘闻之,君子重伤其类者也。"事又见《三国志·魏志·刘虞传》注引《新序》及《琴操》。

《荀子·非相》篇曰:圣人何以不欺?曰:圣人者,以己度者也。故以人度人,以情度情,以类度类,以说度功。古今一度也。类不悖,虽久,同理。故乡乎邪曲而不迷,观于杂物而不惑,以此度之。

微生亩谓孔子曰:"丘!何为是栖栖者与?无乃为佞乎?"孔子曰:"非敢为佞也,疾固也。"

《吕氏春秋·爱类》篇曰:贤人之不远海内之路而时往来乎王公之朝,非以要利也,以民为务者也。

子曰:"骥不称其力,称其德也。"

或曰:"以德报怨,何如?"

《老子》曰:大小多少,报怨以德。

子曰:"何以报德?

《礼记·表记》篇曰:子曰:以德报怨,则宽身之仁也;以怨报德,则刑戮之民也。

以直报怨。

《公冶长》篇曰:匿怨而友其人,左丘明耻之,丘亦耻之。

《礼记·曲礼上》篇曰：父之仇，弗与共戴天；兄弟之仇，不反兵；交游之仇，不同国。

又《檀弓上》篇曰：子夏问于孔子曰："居父母之仇，如之何？"夫子曰："寝苫枕干，不仕，弗与共天下也。遇诸市朝，不反兵而斗。"曰："请问：居昆弟之仇，如之何？"曰："仕弗与共国，衔君命而使，虽遇之，不斗。"曰："请问：居从父昆弟之仇，如之何？"曰："不为魁，主人能，则执兵而陪其后。"

《春秋·定公四年》曰：冬十有一月庚午，蔡侯以吴子及楚人战于柏莒，楚师败绩。《公羊传》曰：吴何以称子？夷狄也而忧中国。其忧中国奈何？伍子胥父诛于楚，挟弓而去楚，以干阖庐。阖庐曰："大之甚，勇之甚。"将为之兴师而复仇于楚。伍子胥复曰："诸侯不为匹夫兴师。且臣闻之，事君犹事父也，亏君之义，复父之仇，臣不为也。"于是止。蔡昭公朝乎楚，有美裘焉。囊瓦求之，昭公不与。为是拘昭公于南郢，数年然后归之。于其归焉，用事乎河，曰："天下诸侯苟有能伐楚者，寡人请为之前列。"楚人闻之，怒。为是兴师，使囊瓦将而伐蔡。蔡请救于吴。伍子胥复曰："蔡非有罪也，楚人为无道。君如有忧中国之心，则若时可矣。"于是兴师而救蔡。曰："事君犹事父也，此其为可以复仇，奈何？"曰："父不受诛，子复仇可也；父受诛，子复仇，推刃之道也。"《白虎通·诛伐》篇曰：父母以义见杀，子不复仇者，为往来不止也。《春秋传》曰：父不受诛，子复仇可也。《礼记·曲礼疏》引《五经异义》曰：凡君非礼杀臣，《公羊》说，子可复仇。故子胥伐楚，《春秋》善之。左氏说：君命，天也。是不可复仇。郑驳之云：子思云："今之君子，退人若将队诸渊，毋为戎首，不亦善乎？"子胥父兄之诛，队渊不足喻。伐楚使吴首兵，合于子思之言。

树达按：此郑从《公羊》义也。

师觉授《孝子传》曰：仲子崔者，仲由之子也。初，子路仕卫，赴蒯瞆之乱。卫人狐黡时守门，杀子路。子崔既长，告孔子，欲报父仇。夫子曰："行矣！"子崔即行。黡知之。曰：夫君子不掩人之不备，须后日于城西决战。其日，黡持蒲弓木戟，而与子崔战而死。

以德报德。"

《礼记·表记》篇曰：子言之，仁者，天下之表也；义者，天下之制也；报者，天下之利也。子曰："以德报德，则民有所劝；以怨报怨，则民有所惩。"《诗》曰："无言不仇；无德不报。"

《左传·宣公二年》曰：晋侯饮赵盾酒，伏甲，将攻之。其右提弥明知之，趋登，曰："臣侍君宴，过三爵，非礼也。"遂扶以下，公嗾夫獒焉，明搏而杀之，斗且出，提弥明死之。初，宣子田于首山，舍于翳桑，见灵辄饿，问其病，曰："不食三日矣。"食之，舍其半。问之，曰："宦三年矣，未知母之存否，今近焉，请以遗之。"使尽之，而为之箪食与肉，寘诸橐以与之。既而与为公介，倒戟以御公徒而免之。问何故？对曰："翳桑之饿人也。"问其名居，不告而退，遂自亡也。又见《公羊传》及《吕氏春秋·报更》篇、《说苑·复恩》篇。

《左传·僖公九年》曰：晋郤芮使夷吾重赂秦以求入，曰："人实有国，我何爱焉？入而能民，土于何有？"从之。齐隰朋帅师会秦师，纳晋惠公。《十三年》曰：晋荐饥，使乞籴于秦。秦伯谓子桑："与诸乎？"对曰："重施而报，君将何求？重施而不报，其民必携，携而讨焉，无众，必败。"谓百里："与诸乎？"对曰："天灾流行，国家代有。救灾恤邻，道也；行道有福。"秦于是乎输粟于晋，自雍及绛相继。《十四年》曰：冬，秦饥。使乞籴于晋，晋人弗与。庆郑曰："背施，无亲；幸灾，不仁；贪爱，不祥；怒邻，不义。四德皆失，何以守国？"弗听。《十五年》曰：晋侯许赂秦伯以河外列城五，东尽虢略，南及华山，内及解梁城，既而不与。晋饥，秦输之粟；秦饥，晋闭之籴。故秦伯伐晋。九月。晋侯从秦师，使韩简视师。复曰："师少于我，斗士倍我。"公曰："何故？"对曰："出因其资，入用其宠，饥食其粟。三施而不报，是以来也。今又击之，我怠秦奋，倍犹未也。"壬戌，战于韩原，秦获晋侯以归。

《吕氏春秋·察微》篇曰：鲁国之法，鲁人为人臣妾于诸侯，有能赎之者，取其金于府。子贡赎鲁人于诸侯来，而让不取其金。孔子曰："赐失之矣。自今以往，鲁人不赎人矣。"取其金，则无损于行；不取其金，则不复赎人矣。子路拯溺者，其人拜之以牛，子路受之。孔子曰："鲁人必拯溺者矣。"孔子见之以细，观化远也。《淮南子·道应》篇曰：夫圣人之举事也，可以移风易俗，而教训可施后世，非独以适身之行也。今国之富者寡而贫者众，赎而受金，则为不廉；不受金则不复赎人。自今以来，鲁人不复赎于诸侯矣。《齐俗》篇曰：子路受而劝德，子贡让而止善。孔子之明，以小知大，以近知远，通于论者也。事又见《说范·政理》篇。

树达按：以德报德，孔子就受德者言之。子贡子路之事，孔子就施德者言之。施而不受报，足以阻他人之施。孔子为社会计，不许个人以让为名高而损社会也。

子曰："莫我知也夫！"子贡曰："何为其莫知子也？"
子曰："不怨天；不尤人。

《礼记·中庸》篇曰：正己而不求于人，则无怨。上不怨天，下不尤人。

《孟子·公孙丑下》篇曰：君子不怨天，不尤人。

《荀子·法行》篇曰：曾子曰：同游而不见爱者，吾必不仁也；交而不见敬者，吾必不长也；临财而不见信者，吾必不信也。三者在身，曷怨人？怨人者穷，怨天者无识。失之己而反诸人，岂不亦迂哉！又《荣辱》篇曰：自知者不怨人，知命者不怨天。怨人者穷，怨天者无志。失之己；反之人，岂不迂乎哉！

下学而上达。

本篇曰：子曰：君子上达，小人下达。

《易乾·文言》曰：夫大人者，与天地合其德，与日月合其明，与四时合其序，与鬼神合其吉凶。先天而天弗违，后天而奉天时。天且弗违，而况于人乎？况于鬼神乎？

知我者其天乎！"

《史记·孔子世家》曰：及西狩获麟，曰："吾道穷矣。"喟然叹曰："莫我知夫！"子贡曰："何为莫知子？"子曰："不怨天，不尤人，下学而上达。知我者其天乎。"

《说苑·至公》篇曰：夫子行说七十诸侯，无定处，意欲使天下之民各得其所，而道不行。退而修《春秋》，采毫毛之善，贬纤介之恶。人事浃，王道备，精和圣制上通于天而麟至，此天之知夫子也。于是喟然而叹，曰：天以至明为不可蔽乎？日何为而食？地以至安为不可危乎？地何为而动？天地而尚有动蔽，是故贤圣说于世而不得其行其道，故灾异并作也。夫子曰：不怨天，不尤人。下学而上达，知我者其天乎。

公伯寮愬子路于季孙，子服景伯以告，曰："夫子固有惑志于公伯寮，吾力犹能肆诸市朝。"

子曰："道之将行也与？命也；道之将废也与？命也。公伯寮其如命何？"

《孟子·万章上》篇曰：万章问曰："或谓孔子于卫主痈疽，于齐主侍人瘠环，有诸乎？"孟子曰："否，不然也。好事者为之也。于卫主颜仇由。弥子之妻与子路之妻，兄弟也。弥子谓子路曰：'孔子主我，卫卿可得也。'子路以告。孔子曰：'有命。'孔子进以礼，退以义，得之不得曰有命。而主痈疽与侍人瘠环，是无义无命也。

又《梁惠王下》篇曰：鲁平公将出；嬖人臧仓者请曰："他日君出，则必命有司所之。今乘舆已驾矣，有司未知所之，敢请。"公曰："将见孟子。"曰："何哉君所为轻身以先于匹夫者！以为贤乎？礼义由贤者出，而孟子之后丧逾前丧。君无见焉。"公曰："诺。"乐正子入见，曰："君奚为不见孟轲也？"曰："或告寡人曰：孟子之后丧逾前丧，是以不往见也。"曰："何哉君所谓逾者！前以士，后以大夫；前以三鼎，而后以五鼎与？"曰："否。谓棺椁衣衾之美也。"曰："非所谓逾也，贫富不同也。"乐正子见孟子，曰："克告于君，君为来见也。嬖人有臧仓者沮君，君是以不果来也。"曰："行或使之，止或尼之。行止，非人所能也。吾之不遇鲁侯，天也。臧氏之子焉能使予不遇哉？"

《后汉书·党锢传论》曰：李膺振拔污险之中，蕴义生风以鼓动流俗，激素行以耻威权，立廉尚以振贵势。使天下之士奋迅感慨，波荡而从之，幽深牢破室族而不顾。至于子伏其死而母欢其义，壮矣哉！子曰："道之将废也与？命也。"

子曰："贤者辟世；

《微子》篇曰：桀溺曰："且而与其从辟人之士也，岂若从辟世之士哉？"

《泰伯》篇曰：天下有道则见；无道则隐。

《孟子·离娄上》篇曰：伯夷辟纣，居北海之滨；太公辟纣，居东海之滨。又见《尽心上》篇。

其次辟地；

《泰伯》篇曰：危邦不入，乱邦不居。

《公冶长》篇曰：崔子弑齐君，陈文子有马十乘，弃而违之，至于他邦，则曰："犹吾大夫崔子也。"违之。之一邦，则又曰："犹吾大夫崔子也。"违之。

其次辟色；

《史记·孔子世家》曰：反乎卫，入主蘧伯玉家。他日，灵公问兵陈，孔子曰："俎豆之事，则尝闻之；军旅之事，未之学也。"明日，与孔子语，见蜚雁，仰视之，色不在孔子，孔子遂行。

《孟子·告子下》篇曰：其次，虽未行其言也，迎之致敬以有礼，则就之；礼貌衰则去之。

其次辟言。"

《微子》篇曰：齐景公待孔子，曰："若季氏，则吾不能，以季孟之闲待之。"曰："吾老矣，不能用也。"孔子行。

《管子·宙合》篇曰：贤人之处乱世也，知道之不可行，则沈抑以辟罚，静默以俟免。辟之也，犹夏之就清，冬之就温焉，可以无及于寒暑之菑矣。非为畏死而不忠也。夫强言以为僇，而功泽不加，进伤为人君严之义；退害为人臣者之生，其为不利弥甚。故退身不舍端，修业不息版，以待清明。

子曰："作者七人矣。"

《吕氏春秋·先识》览曰：凡国之亡也，有道者必先去，古今一也。

子路宿于石门。晨门曰："奚自？"子路曰："自孔氏。"曰："是知其不可而为之者与？"

《微子》篇曰：子路曰：君子之仕也，行其义也。道之不行，已知之矣。

子击磬于卫，有荷蒉而过孔氏之门者，曰："有心哉击磬乎！"既而曰："鄙哉硁硁乎！莫己知也，斯已而已矣。深则厉；浅则揭。"子曰："果哉，末之难矣。"

子张曰："《书》云：'高亲谅阴，三年不言'，何谓也？"子曰："何必高宗！古之人皆然。君薨，百官总己以听于冢宰三年。"

《尚书·无逸》篇曰：其在高宗时，旧劳于外，爰暨小人；作其即位，乃或亮阴，三年不言，言乃雍。

《礼记·檀弓下》篇曰：子张问曰："《书》云：高宗三年不言，言乃欢，有诸？"仲尼曰："胡为其不然也！古者天子崩，王世子听于冢宰三年。"

又《丧服·四制》篇曰：《书》曰：高宗谅暗，三年不言，善之也。王者莫不行此礼，何以独善之也？曰："高宗者，武丁。武丁者，殷之贤王也。继世即位而慈良于丧。当此之时，殷衰而复兴，礼废而复起，故善之。"

《尚书大传》曰："《书》曰：高宗梁暗，三年不言，何谓梁暗也？《传》曰："高宗居倚庐，三年不言，百官总己以听于冢宰而莫之违，此之谓梁暗。"子张曰："何谓也？"孔子曰："古者君薨，王世子听于冢宰三年，不敢服先王之服，履先王之位而听焉。以民臣之义，则不可一日无君矣。不可一日无君，犹不可一日无天也。以孝子之隐乎，则孝子三年弗居矣。"

《白虎通·爵》篇曰：《春秋传》曰：天子三年然后称王者，谓称王统事发号令也。《尚书》曰："高宗谅暗三年"，是也。《论语》曰："君薨，百官总己听于冢宰三年。"缘孝子之心，则三年不忍当也。故三年除丧乃即位统事，践阼为主，南面朝臣下，称王以发号令也。故天子诸侯凡三年即位，终始之义乃备。所以谅暗三年，卒孝子之道。故《论语》曰："古之人皆然。君薨，百官总己听于冢宰三年。"

《春秋·文公九年》曰：春，毛伯来求金。《公羊传》曰：毛伯者何？天子之大夫也。何以不称使？当丧未君也。逾年矣，何以谓之未君？即位矣，而未称王也。未称王，何以知其即位？以诸侯之逾年即位，亦知天子之逾年即位也。以天子三年然后称王，亦知诸侯于其封内三年称子也。逾年称公矣，则曷为于其封内三年称子？缘民臣之心，不可一日无君；缘终始之义，一年不二君，不可旷年无君；缘孝子之心，则三年不忍当也。何注云：孝子三年志在思慕，不忍当父位，故虽即位犹于其封内三年称子。子张曰：《书》云：高宗谅暗，三年不言，何谓也？孔子曰：何必高宗，古之人皆然。君薨，百官总己以听冢宰三年。

子曰：'上好礼，则民易使也。"

《子路》篇曰：子曰：上好礼，则民莫敢不敬。

《春秋繁露·立元神》篇曰：是故郊祀致敬，共事祖祢，举显孝弟，表异孝行，所以奉天本也；秉耒躬耕，采桑亲蚕，垦草殖谷，开辟以足衣食，所以奉地本也；立辟雍庠序，修孝悌敬让，明以教化，感以礼乐，所以奉人本也。三者皆奉，则民如子弟，不敢自专；邦如父母，不待恩而爱，不须严而使。

子路问君子。子曰："修己以敬。"曰："如斯而已乎？"曰："修己以安人。"曰：'如斯而已乎？"曰："修己以安百姓。修己以安百

姓，尧舜其犹病诸！"

《论衡·宣汉》篇曰：夫太平以治定为效，百姓以安乐为符。孔子曰："修己以安百姓，尧舜其犹病诸！"百姓安者，太平之验也。

原壤夷俟。子曰："幼而不孙弟，长而无述焉，老而不死，是为贼。"以杖叩其胫。

《大戴礼记·曾子立事》篇曰：少称不弟焉，耻也；壮称无德焉，辱也；老称无礼焉，罪也。

阙党童子将命，或问之曰："益者与？"子曰："吾见其居于位也，

《礼记·玉藻》篇曰：童子无事则立主人之北，南面。

又《檀弓上》篇曰：曾子寝疾，病，童子隅坐而执烛。

见其与先生并行也。

《礼记·曲礼上》篇曰：五年以长，则肩随之。郑注云：肩随者，与之并行差退。

又《王制》篇曰：父之齿随行，兄之齿雁行。

非求益者也，欲速成者也。"

论语疏证卷第十五

卫灵公篇第十五

卫灵公问陈于孔子,孔子对曰:"俎豆之事,则尝闻之矣,军旅之事,未之学也。"明日遂行。

《左传·哀公十一年》曰:孔文子之将攻大叔也,访于仲尼。仲尼曰:"胡簋之事,则尝学之矣;军旅之事,未之闻也。"退,命驾而行。

《新序·杂事五》篇曰:昔卫灵公问陈,孔子言俎豆,贱兵而贵礼也。

《法言·五百篇》曰:或问:"圣人有诎乎?"曰:"有。"曰:"焉诎乎?"曰:"仲尼于南子,所不欲见也;阳虎,所不欲敬也。见所不见,敬所不敬,不诎如何?"曰:"卫灵公问陈则何以不诎?"曰:"诎身,将以信道也。如诎道而信身,虽天下,不为也。"

在陈绝粮,从者病,莫能兴。子路愠见,曰:"君子亦有穷乎?"子曰:"君子固穷,小人穷斯滥矣。"

《史记·孔子世家》曰:孔子迁于蔡,三岁,吴伐陈,楚救陈,军于城父。闻孔子在陈蔡之闲,楚使人聘孔子。孔子将往拜礼。陈蔡大夫谋曰:"孔子,贤者,所刺讥皆中诸侯之疾。今者久留陈蔡之闲,诸大夫所设行皆非仲尼之意。今楚,大国也,来聘孔子。孔子用于楚,则陈蔡用事大夫危矣。"于是乃相与发徒役,围孔子于野,不得行,绝粮,从者病,莫能兴。孔子讲诵弦歌不衰。孔路愠见,曰:"君子亦有穷乎?"孔子曰:"君子固穷,小人穷斯滥矣。"

《孟子·尽心下》篇曰:君子之戹于陈蔡之闲,无上下之交也。

《荀子·宥坐》篇曰:孔子南适楚,戹于陈蔡之闲。七日不火食,藜羹不糁,弟子皆有饥色。子路进,问之,曰:"由闻之,为善者天报之以福,为不善者天报之以祸。今夫子累德积义,怀美行之日久矣,奚居之隐也?"孔子曰:"由不识,吾语汝。汝以知者为必用邪?王子比干不见剖心乎?汝以忠者为必用邪?关龙逄不见刑乎?汝以为谏者为必用邪?伍子胥不磔姑苏东门外乎?夫遇不遇者,时也;贤不肖者,材也;君子博学深谋不遇时者多矣,何独丘也哉!君子之学,非为通也,为穷而不困,忧而意不衰也,知祸福终始而心不惑也。夫贤不肖者,材也;为不为者,人也;遇不遇者,时也;死生者,命也。今有其人不遇其时,虽贤,其能行乎?苟遇其时,何难之有?故君子博学深谋,修身端行以俟其时。"孔子曰:"由!居!吾语汝。昔晋公子重耳霸心生于曹;越王勾践霸心生于会稽;齐桓公小白霸心生于莒。故居不隐者思不远;身不佚者志不广。女庸安知吾不得之桑落之下?"《韩诗外传·卷七》、《说苑·杂言》篇文同。

《庄子·让王》篇曰:孔子穷于陈蔡之闲,七日不火食,藜羹不糁,颜色甚惫,而弦歌于室。颜回择菜,子路子贡相与言曰:"夫子再逐于鲁,削迹于卫,伐树于宋,穷于商周,围于陈蔡。杀夫子者无罪,藉夫子者无禁,弦歌鼓琴未尝绝音,君子无耻也若此乎?"颜回无以应,入告孔子。孔子推琴喟然而叹曰:"由与赐,细人也,召而来,吾语之。"子路子贡入。子路曰:"如此者可谓穷矣。"孔子曰:"是何言也!君子通于道之谓通,穷于道之谓穷。今丘抱仁义之道以遭乱世之患,其何穷之为?故内省而不穷于道;临难而不失其德。天寒既至,霜雪既降,吾是以知松柏之茂也。陈蔡之隘,于丘其幸乎!"孔子削然反琴而弦歌;子路扢然执干而舞。子贡曰:"吾不知天之高也,地之下也。古之得道者,穷亦乐,通亦乐,所乐非穷通也,道德于此,则穷通为寒暑风雨之序矣。"《吕氏春秋·慎人》篇、《风俗通·卷七》文同。

子曰:"赐也!女以予为多学而识之者与?"对曰:"然,非与?"

《述而》篇曰:子曰:盖有不知而作之者,我无是也。多闻,择其善者而从之,多见而识之,知之次也。

孔子曰:"非也。予一以贯之。"

《里仁》篇曰:子曰:"参乎!吾道一以贯之。"曾子曰:"唯。"子出,门人问曰:"何谓也?"曾子曰:"夫子之道,忠恕而已矣。"

子曰:"由!知德者鲜矣。"

子曰:"无为而治者,其舜也与!

《春秋繁露·楚庄王》篇曰:故必徙居处,更称号,改正朔,易服色者,无他焉,不敢不顺天志而明自显也。若夫大纲人伦道理政治教化习俗文义尽如故,亦何改哉?故王者有改制之名,无易道之实。孔子曰:"无为而治者,其舜乎!"言其主尧之道而已。

《汉书·董仲舒传》曰:仲舒对曰:尧在位七十载,乃逊于位,以禅虞舜。尧崩,舜即天子之位,以禹为相,因尧之辅佐,继其统业,是以垂拱无为而天下治。三王之道所祖不同,非其相反,将以救溢扶衰,所遭之变然也。故孔子曰:"亡为而治者,其舜虖!"改正朔,易服色,以顺天命而已。其余尽循尧道,何更为哉?

夫何为哉?恭己正南面而已矣。"

《礼记·中庸》篇曰:《诗》云:"不显惟德,百辟其刑之。"是故君子笃恭而天下平。

《吕氏春秋·先己》篇曰:昔者先圣王成其身而天下成,治其身而天下治。故善响者不于响,于声;善影者不于影,于形;为天下者不于天下,于身。《诗》曰:"淑人君子,其仪不忒,其仪不忒,正是四国。"言正诸身也。故反其道而身善矣;行义则人善矣。乐备君道而百官已治矣,万民已利矣。

三者之成也,在于无为,无为之道曰胜天。

《大戴礼记·王言》篇曰：子曰："参！女以明主为劳乎？昔者舜左禹而右皋陶，不下席而天下治。"《尚书大传》文同。

《新序·杂事三》篇曰：故王者劳于求人，佚于得贤。舜举众贤在位，垂衣裳，恭己无为而天下治。

《吴志·楼玄传》曰：华核上疏曰：臣窃以治国之体其犹治家。主田野者皆宜良信，又宜得一人总其条目，为作维纲，众事乃理。《论语》曰："无为而治者，其舜也与！恭己正南面而已。"言所任得其人，故优游而自逸也。

子张问行。子曰："言忠信，行笃敬，虽蛮貊之邦行矣；言不忠信，行不笃敬，虽州里行乎哉？立则见其参于前也，在舆则见其倚于衡也；夫然后行。"

《史记·仲尼弟子传》曰：子张他日从在陈蔡闲，困，问行：孔子曰："言忠信，行笃敬，虽蛮貊之国行也；言不忠信，行不笃敬，虽州里行乎哉？立则见其参于前也，在舆则见其倚于衡；夫然后行。"

《荀子·修身》篇曰：体恭敬而行忠信，术礼义而情爱人，横行天下，虽困四夷，人莫不贵。

《左传·襄公二十二年》曰：晏平仲曰："忠信笃敬，上下同之，天之道也。"

《说苑·敬慎》篇曰：颜回将西游，问于孔子曰："何以为身？"孔子曰："恭敬忠信可以为身。恭则免于众；敬则人爱之；忠则人与之；信则人恃之。人所爱，人所与，人所恃，必免于患矣。可以临国家，何况于身乎？"

子张书诸绅。

子曰："直哉史鱼！邦有道，如矢；邦无道，如矢。

《韩诗外传·卷七》曰：正直者顺道而行，顺理而言，公平无私，不为安肆志，不为危激行。昔者卫大夫史鱼病，且死，谓其子曰："我数言蘧伯玉之贤而不能进，弥子瑕不肖而不能退。为人臣，生不能进贤而退不肖，死不当治丧正堂，殡我于室足矣。"卫君吊，问其故，子以父言闻。

君造然召蘧伯玉而贵之，而退弥子瑕，徙殡于正堂，成礼而后去。生以身谏，死以尸谏，可谓直矣。又见《新序·杂事一》篇。

《说苑·杂言》篇曰：仲尼曰：史鰌有君子之道三：不仕而敬上，不祀而敬鬼，直能曲于人。

树达按：史鰌，字子鱼。

《后汉书·张酺传》曰：显宗为四姓小侯开学于南宫，置五经师，酺以《尚书》教授，数讲于御前，以论难当意，令入授皇太子。酺为人质直，守经义，每侍讲闲隙，数有匡正之辞，以严见惮。及肃宗即位，数月，出为东郡太守。自酺出后，帝每见诸王师傅，尝言，张酺前入侍讲，屡有谏正，闇闇恻恻，出于诚心，可谓有史鱼之风矣。

君子哉蘧伯玉！邦有道则仕；邦无道，则可卷而怀之。"

《春秋·襄公十四年》曰：卫侯出奔齐。《左氏传》曰：孙文子如戚，孙蒯入使，公饮之酒，使大师歌《巧言》之卒章，大师辞。师曹请为之，公使歌之，遂诵之。蒯惧，告文子。文子曰："君忌我矣。弗先，必死。"并帑于戚而入。见蘧伯玉，曰："君之暴虐，子所知也，大惧社稷之倾覆，将若之何？"对曰："君制其国，臣敢奸之？虽奸之，庸知愈乎？"遂行，从近关出。公出奔齐。

又《襄公二十六年》曰：春王二月辛卯，卫甯喜弑其君剽。甲午，卫侯衎复归于卫。《左氏传》曰：卫献公使子鲜为复，辞。敬姒强命之。子鲜不获命于敬姒，以公命与甯喜言曰："苟反，政由甯氏，祭则寡人。"甯喜告蘧伯玉，伯玉曰："瑗不得闻君之出，敢闻其入？"遂行。从近关出。卫侯入。

树达按：蘧伯玉之事，后人或以为疑。不悟古人论人以恕，不强责人以力之所不及也。逆恶之事，力不能讨，身不与焉，即为无咎。赵盾弑君，孔子惜其为法受恶，谓越竟乃免。《左传·宣公二年》。以彼证此，伯玉之再出近关，不与弑逐之事，已可告无罪于人。孔子以邦无道可卷而怀称之，即此义也。赵盾不越竟则不免，伯玉出关则为卷怀，后世动以不讨贼责人者，孔子忠恕之道，不如此也。

《尸子·劝学》篇曰：自娱于櫽括之中，直己而不直人，以善废而不邑邑，蘧伯玉之行也。《大戴礼记·卫将军文子》篇、《韩诗外传·卷二》文大同。

子曰："可与言而不与之言，失人；不可与言而与之言，失言。知者不失人，亦不失言。"

《孟子·尽心下》篇曰：士未可以言而言，是以言餂之也；可以言而不言，是以不言餂之也；是皆穿窬之类也。

《荀子·大略》篇曰：非其人而教之，赍盗粮，借贼兵也。

《管子·形势》篇曰：毋与不可，毋强不能，毋告不知。与不可，强不能，告不知，谓之劳而无功。

《说苑·杂言》篇曰：仲尼曰：非其地而树之，不生也；非其人而语之，弗听也；得其人，如聚沙而雨之；非其人，如聚聋而鼓之。

又《说丛》篇曰：钟子期死而伯牙绝弦破琴，知世莫可为鼓也；惠子卒而庄子深瞑不言，见世莫可与语也。

《中论·贵言》篇曰：君子必贵其言，贵其言则尊其身；尊其身则重其道。重其道所以立其教。言费则身贱，身贱则道轻，道轻则教废。故君子非其人则弗与之言。明偏而示之以幽，弗能照也；听寡而告之以微，弗能察也。故孔子曰："可与言而不与之言，失人；不可与言而与之言，失言。知者不失人，亦不失言。"夫君子之于言也，所致贵也。虽有夏后之璜，商汤之驷，弗与易也。今以施诸俗士，以为志诬而弗贵听也，不亦辱己而伤道乎！

子曰："志士仁人无求生以害仁，有杀身以成仁。"

《大戴礼记·曾子制言上》篇曰：富以苟，不如贫以誉；生以辱，不如死以荣。辱可避，避之而已矣；及其不可避也，君子视死若归。

《孟子·告子上》篇曰：孟子曰：鱼，我所欲也；熊掌，亦我所欲也；二者不可得兼，舍鱼而取熊掌者也。生，亦我所欲也；义，亦我所欲也。二者不可得兼，舍生而取义者也。生亦我所欲，所欲有甚于生者，故不为苟得也；死亦我所恶，所恶有甚于死者，故患有所不辟也。如使人之所欲莫甚于生，则凡可以得生者何不用也；使人之所恶莫甚于死者，则凡可以辟患者何不为也。由是则生而有不用也；由是则可以辟患而有不为也。是故所欲有甚于生者；所恶有甚于死者。非独贤者有是心也，人皆有之，贤者能勿丧耳。

《荀子·正名》篇曰：人之所欲，生甚矣；人之所恶，死甚矣。然而人有从生成死者，非不欲生而欲死也，不可以生而可以死也。

《吕氏春秋·贵生》篇曰：子华子曰：全生为上，亏生次之，死次之，迫生为下。故所谓尊生者，全生之谓，所谓全生者，六欲皆得其宜也；所谓亏生者，六欲分得其宜也。亏生则于其尊之者薄矣，其亏弥甚者也，其尊弥、薄。所谓死者，无有所以知复其未生也。所谓迫生者，六欲莫得其宜也，皆获其所甚恶者，服是也，辱是也。辱莫大于不义，故不义迫生也，而迫生非独不义也，故曰迫生不若死。奚以知其然也？耳闻所恶，不若无闻；目见所恶，不若无见。故雷则掩耳，电则掩目，此其比也。凡六欲皆知其所甚恶，而必不得免，不若无有所以知。无有所以知者，死之谓也。故迫生不若死。嗜肉者，非腐鼠之谓也；嗜酒者，非败酒之谓也；尊生者，非迫生之谓也。

《韩诗外传·卷一》曰：荆伐陈，陈西门坏，因其降民使修之，孔子过而不式。子贡执辔而问曰："礼，过三人则下，二人则式。今陈之修门者众矣，夫子不为式，何也？"孔子曰："国亡而不知，不智也；知而不争，非忠也；亡而不死，非勇也。修门者虽众，不能行一于此，吾故弗式也。"《说苑·立节》篇文同。

《史记·田单传》曰：燕之初入齐，闻画邑人王蠋贤，令中军曰："环画邑三十里无人，以王蠋之故。"已而使人谓蠋曰："齐人多高子之义，吾以子为将，封子万家。"蠋固谢。燕人曰："子不听，吾引三军而屠画邑。"王蠋曰："忠臣不事二君，贞女不更二夫。齐王不听吾谏，故退而耕于野。国既破亡，吾不能存，今又劫之以兵为君将，是助桀为暴也。与其生而无义，固不如烹。"遂经其颈于树枝，自奋，绝脰而死。蠋《说苑·立节》篇作歜，文同。

《汉书·苏武传》曰：见卷十三《子路》篇使于四方不辱君命节。

《列女传·节义》篇曰：京师节女者，长安大昌里人之妻也。其夫有仇人，欲报其夫而无道径，闻其妻之仁孝有义，乃劫其妻之父，使要其女为中调。父呼其女告之。女计念，不听之，则杀父，不孝。听之则杀夫，不义。不孝不义，虽生不可以行于世，欲以身当之。乃且许诺，曰："旦日在楼上，新沐东首卧，则是矣。妾请开户牖待之。"还其家，乃告其夫，使卧他所。因自沐，居楼上，东首，开户牖而卧。夜半，仇家果至，断头，持去。明而视之，乃其妻之头也。仇人哀痛之，以为有义，遂释不杀其夫。君子谓节女仁孝厚于恩义也。夫重仁义，轻死亡，行之高者也。《论语》曰："君子杀身以成仁，无求生以害仁"，此之谓也。

《后汉书·李固传》论曰：夫称仁人者，其道弘矣。立言践行，岂徒徇名安己而已哉！将以定去就之概，正天下之风，使生以理全，死与义合也。夫专为义则伤生；专为生则骞义；专为物则害智；专为己则损仁。若义重于生，舍生可也；生重于义，全生可也。上以残暗失君道，下以笃固尽臣节。节尽而死之，则为杀身以成仁，去之，不为求生以害仁也。顺桓之闲，国统三绝，太后称制，贼臣虎视，李固据位持重以争，大义确乎而不可夺，岂不知守节之触祸，耻夫覆折之伤任也。观其发正辞及所遗梁冀书，虽机失谋乖，犹恋恋而不能已。至矣哉社稷之心乎！其顾视胡广赵戒，犹粪土也。

子贡问为仁。子曰："工欲善其事，必先利其器。居是邦也，事其大夫之贤者；友其士之仁者。"

《大戴礼记·曾子制言下》篇曰：凡行不义则吾不事，不仁则吾不长。奉相仁义，则吾与之聚群。

《荀子·哀公》篇曰：所谓庸人者，不知选贤人善士托其身以为己忧。

《说苑·政理》篇曰：孔子谓宓子贱曰："子治单父而众说，语丘所以为之者！"曰："不齐父其父，子其子，恤诸孤而哀丧纪。"孔子曰："善！小节也。小民附矣，犹未足也。"曰："不齐也所父事者三人，所兄事者五人。所友者十一人。"孔子曰："父事三人，可以教孝矣；兄事五人，可以教弟矣；友十一人；可以教学矣。中节也。中民附矣，犹未足也。"曰："此地民有贤于不齐者五人，不齐事之，皆教不齐所以治之术。"孔子曰："欲其大者，乃于此在矣。昔者尧舜清微其身以听观天下，务来贤人。夫举贤者，百福之宗也，而神明之主也。不齐之所治者小也，不齐所治者大，其与尧舜继矣。"《华阳国志》曰：李固为荆州刺史，之州，先友其贤者南阳郑叔躬、宋孝节，零陵支宣雅，表荐长沙桂阳太守赵历辛已，奏免江夏南郡太守孔畴高赐等，州土自然安静。

颜渊问为邦。子曰："行夏之时；

《五行大义》卷四曰：孔子曰："夏正得天。"

《左传·昭公十七年》曰：梓慎曰："夏数得天。"

《逸周书·周月解》曰：夏数得天。百王所同。其在商汤，用师于夏，除民之灾，顺天革命，改正朔，变服殊号，一文一质，示不相沿，以建丑之月为正，易民之视。亦越我周王，致伐于商，改正异械以垂三统。至于敬授民时，巡守祭享，犹自夏焉，是谓周月，以纪于政。

《周易·乾凿度》曰：孔子曰：益之六二，或益之十朋之龟，弗克违，永贞吉，王用享于帝，吉。益者，正月之卦也。王用享于帝者，言察天也。三王之郊，一用夏正。天气三微而成一著，三著而成一体。方知此之时，天地复，万物通。故泰益之卦皆夏之正也。此四时之正，不易之道也。故三王之郊，一用夏正，所以顺四时，法天地之道也。

《孔丛子·杂训》篇曰：县子问子思："颜回问为邦，夫子曰：行夏之时。若是，殷周异正为非乎？"子思曰："夏数得天，尧舜之所同也。殷周之王，征伐革命以应乎天，因改正朔。若云天时之改耳，故不相因也。夫受禅于人者则袭其统，受命于天者则革之，所以神其事，如天道之变然也。三统之义，夏得其正，是以夫子云。"

乘殷之辂；

《礼记·明堂位》篇曰：鸾车，有虞氏之路也。钩车，夏后氏之路也。大路，殷路也。乘路，周路也。

《续汉书·舆服志》曰：或曰：殷瑞山车金根之色，汉承秦制，御为乘舆，孔子所谓乘殷之辂者也。

服周之冕；

《周礼·夏官弁师》曰：弁师掌王之五冕，皆玄冕朱里延纽，五采缫，十有二就，皆五采玉十有二，玉笄，朱纮；诸侯之缫斿九就，瑉玉三采，其余如王之事，缫斿皆就，玉瑱玉笄。王之皮弁，会五采玉璂象邸玉笄；王之弁绖，弁而加环绖；诸侯及孤卿大夫之冕，韦弁，皮弁，弁绖各以其等为之，而掌其禁令。

《宋书·礼志》曰：周监二代，典制详密，弁师掌六冕，司服掌六服，设拟等差，各有其序。周之祭冕，缫采备饰。故夫子曰：服周之冕，以尽美称之。

乐则《韶》舞。

《八佾》篇曰：子谓：《韶》尽美矣，又尽善也。

《述而》篇曰：子在齐闻《韶》，三月不知肉味，曰："不图为乐之至于斯也！"

《左传·襄公二十九年》曰：吴公子札来聘，请观于周乐，见舞《韶箾》者，舜乐。曰："德至矣哉！大矣！如天之无不帱也，如地之无不载也。虽甚盛德，其蔑以加于此矣。"

放郑声，远佞人。

《晏子春秋·问上》篇曰：景公问："佞人之事君如何？"晏子对曰：意难难不至也。明言行之以饰身，伪言无欲以说人，严其交以见其爱，观上之所欲而微为之偶，求君逼迩而阴为之与；内重爵禄而外轻之以诬行，下事左右而面示正公以伪廉，求上采听而幸以求进；傲禄以求多，辞任以求重。工乎取，鄙乎与；欢乎新，慢乎故；怪乎财，薄乎施。睹贫穷若不识，趋利若不及；外交以自扬，背亲以自厚；积丰义之养，而声矜恤之义；非誉乎情而言不行，身涉时所议而好论贤不肖；有之己不难非之人，无之己不难求之人。其言强梁而信，其进敏逊而顺：此佞人之行也。明君之所诛，愚君之所信也。

《白虎通·诛伐》篇曰：佞人当诛，何？为其乱善行，倾覆国政。《韩诗内传》曰：孔子为鲁司寇，先诛少正卯，谓佞道已行，乱国政也。佞道未行，章明远之而已。《论语》曰："放郑声，远佞人。"

郑声淫，

《孟子·尽心下》篇曰：孔子曰："恶郑声。恐其乱乐也。"

《礼记·乐记》篇曰：郑卫之音，乱世之音也，比于慢矣。

又曰：敢问："溺音何从出也？"子贡对曰："郑音好滥淫志，宋音燕女溺志，卫音趋数烦志，齐音敖辟乔志。此四者，皆淫于色而害于德，是以祭祀弗用也。"

《五经异义》曰：《鲁论》说，郑国之俗有溱洧之水，男女聚会，讴歌相感，故云郑声淫。

《白虎通·礼乐》篇曰：乐尚雅，何？雅者，古正也。所以远郑声也。孔子曰：郑声淫，何？郑国土地民人山居谷浴，男女错杂，为郑声以相诱悦怿，故邪僻声皆淫色之声也。

《礼记·乐记》篇曰：世乱则礼慝而乐淫，是故其声哀而不庄，乐而不安，慢易以犯节，流湎以忘本。广则容奸，狭则思欲，感条畅之气，而灭平和之德，是以君子贱之也。

《周礼·春官·大司乐》曰：凡建国，禁其淫声，过声，凶声，慢声。

佞人殆。"

《孟子·尽心下》篇曰：孔子曰：恶佞，恐其乱义也。

《春秋·庄公十七年》曰：春，齐人执郑詹。《公羊传》曰：郑瞻者，何？郑之微者也。此郑之微者，何言乎齐人执之？书甚佞也。《谷梁传》曰：郑詹，郑之佞人也。

又曰：秋。郑詹自齐逃来。《公羊传》曰：何以书？书甚佞也。曰：佞人来矣！佞人来矣！

《晏子春秋·外》篇曰：景公问晏子曰："治国之患亦有常乎？"对曰："佞人谗夫之在君侧者，好恶良臣而行与小人，此国之长患也。"公曰："谗佞之人则诚不善矣。虽然，则奚曾为国常患乎？"晏子曰："君以为耳目而好缪事，则是君之耳目缪也。夫上乱君之耳目，下使群臣皆失其职，岂不诚足患哉？"公曰："如是乎？寡人将去之。"晏子曰："公不能去也。夫能自周于君者，才能皆非常也。夫藏大不诚于中者，必谨小诚于外，以成其大不诚，入则求君之嗜欲能顺之。能与而同。公怨良臣，则具其往失而益之。出则行威取富。谗夫佞人之在君侧者，若社之有鼠也。谚言有之曰：社鼠不可熏去，谗佞之人隐君之威以自守也。是难去焉。"

《淮南子·人闲》篇曰：中行穆伯攻鼓，弗能下。馈闻伦曰："鼓之啬夫，闻伦知之，请无罢武大夫而鼓可得也。"按《淮南书》谓士曰武。穆伯弗应。左右曰："不折一戟，不伤一卒，而鼓可得也，君奚为弗使？"穆伯曰："闻伦为人佞而不仁。若使闻伦下之，吾可以勿赏乎？若赏之，是赏佞人，佞人得志，是使晋国之武舍仁而从佞，虽得鼓，将何所用之？"

《春秋·哀公六年》曰：夏，齐国夏及高张来奔。《左传》曰：齐陈乞伪事高国者。每朝，必骖乘焉；所从必言诸大夫，杜注云：言其罪过。曰："彼皆偃蹇，将弃子之命。皆曰：'高国得君，必逼我，盍去诸？'按此伪述诸大夫之言。固将谋子，子早图之！图之，莫如尽灭之。需，事之下也。"及朝，则曰："彼，虎狼也。见我在子之侧，杀我无日矣。请就之位。"杜注云：欲与诸大夫谋高国，故求救之。述按以上皆陈乞赞诸大夫于高国之语。又谓诸大夫曰："二子者祸矣，恃得君而欲谋二三子，曰：'国之多难，贵宠之由，尽去之而后君定。'按此诈述高国之言。既成谋矣，盍及其未作也先诸！作而后悔，亦无及也。"按此上赞高国于诸大夫。大夫从之。夏六月戊辰，陈乞鲍牧及诸大夫以甲入于公宫。昭子闻之，与惠子乘，如公。高张谥昭子，国夏谥惠子。战于庄，败，国人追之。国夏奔莒，遂及高张晏圉弦施来奔。

又《昭公四年》曰：冬十有二月乙卯，叔孙豹卒。《左传》曰：初。穆子去叔孙氏，豹谥穆子。及庚宗，遇妇人，使私为食而宿焉。问其行，告之故，哭而送之。适齐，娶于国氏，生孟丙仲壬。梦天压己，弗胜，顾而见人，黑而上偻，深目而豭喙，号之曰："牛！助余！"乃胜之。旦而皆召其徒，无之，且曰："志之。"及宣伯奔齐，馈之。杜注云：宣伯，侨如，穆子之兄。成十六年奔齐，穆子馈宣伯。宣伯曰："鲁以先子之故，将存吾宗，必召女。召女，何如？"对曰："愿之久矣。"鲁人召之，不告而归。既立，所宿庚宗之妇人献以雉。问其姓，杜注云：问有子否。对曰："余子长矣，能奉雉而从我矣。"召而见之，则所梦也。未问其名，号之曰牛。曰："唯。"皆召其徒，使视之。遂使为竖，有宠。长，使为政。杜注云：为家政。公叔明知叔孙于齐，归，未逆国姜，子明取之，故怒其子，长而后使逆之。田于丘蕕，遂遇疾焉。竖牛欲乱其室而有之，强与孟盟，不可。叔孙为孟钟，曰："尔未际，杜注云：际，接也，孟未与诸大夫相接见。飨大夫以落之。"既具，使竖牛请日。入，弗谒。出，命之日。杜注云：诈命日。及宾至，闻钟声。牛曰："孟有北妇人之客。"怒，将往，牛止之。宾出，使拘而杀诸外。杜注云：杀孟丙。牛又强与仲盟，不可。仲与公御莱书观于公，公与之环，使牛人示之。人，不示。出，命佩之。牛谓叔孙："见仲，而何？"杜注云：而何，如何。叔孙曰："何为？"曰："不见，既自见矣，公与之环而佩之矣。"遂逐之，奔齐。仲壬奔齐。疾，急命召仲，牛许而不召。杜泄见，告之饥渴，授之戈。杜注云：牛不食叔孙，叔孙怒，欲使杜泄杀之。对曰："求之而至，又何去焉？"竖牛曰："夫子疾病，不欲见人。"使馈馈于个而退，牛弗进，则置虚，命彻。十二月癸丑，叔孙不食。乙卯，卒。牛立昭子而相之。季孙谋去中军，竖牛曰："夫子固欲去之。"杜注云：诬叔孙以媚季孙。仲至自齐，季孙欲立之。南遗曰："叔孙氏厚则季氏薄。彼实家乱，子勿与知，不亦可乎？"

南遗使国人助竖牛以攻诸大库之庭，司宫射之，中目而死。仲壬死。竖牛取东鄙三十邑以与南遗。昭子即位。朝其家众，曰："竖牛祸叔孙氏，使乱大从，杀适立庶，又披其邑。将以赦罪，罪莫大焉，必速杀之。"竖牛惧，奔齐，孟仲之子杀诸塞关之外，投其首于宁风之棘上。

　　树达按：竖牛饿死叔孙豹，杀其二子孟丙仲壬，佞人之可畏如此。

《汉纪二十三·元帝纪》曰：荀悦曰：孝宣皇帝任法审刑，综核名实，听断精明，事业修理，下无隐情。是以功光前世，号为中宗，然不甚用儒术。从谏如流，下善齐肃，宾礼旧老，优容宽直，其仁心之德足以为贤主矣。而佞臣石显用事，隳其大业，明不照奸，决不断恶，岂不惜哉！夫万事之情，常立于得失之原，治乱荣辱之机，可不惜哉！杨朱哭多歧，墨翟悲素丝，伤其本同而末殊。孔子曰："远佞人。"《诗》曰："取彼谗人，投畀豺虎，"疾之深也。若夫石显，可以痛心泣血矣。岂不疾之哉！

魏文帝《典论·奸谗》篇曰：佞邪秽政，爱恶败俗，国有此二事，欲不危亡，不可得也。何进灭于吴匡张璋，袁绍亡于审配郭图，刘表昏于蔡瑁张允。孔子曰："佞人殆，"信矣。据《意林·群书治要》引。

子曰："人无远虑，必有近忧。"

《左传·襄公二十八年》曰：子服惠伯曰：君子有远虑，小人从迩。

又《哀公十一年》曰：冉求曰：君子有远虑。

《易·象传》曰：水在火上，既济。君子以思患而豫防之。

又《系辞·下传》曰：是故君子安而不忘危，存而不忘亡，治而不忘乱；是以身安而国家可保也。

《荀子·大略》篇曰：先事虑事，先患虑患。先事虑事谓之接，接则事优成。接与捷通。先患虑患谓之豫，豫则祸不生。事至而后虑者谓之后，后则事不举。患至而后虑者谓之困，困则祸不可御。

又《仲尼》篇曰：智者之举事也，满则虑嗛，平则虑险，安则虑危。曲重其豫，犹恐及其祸，是以百举而不陷也。

《淮南子·人闲》篇曰：患至而后忧之，是犹病者已倦而索良医也。虽有扁鹊俞跗之巧，犹不能生也。

《国语·晋语六》曰：鄢之役。晋伐郑，荆救之。栾武子将上军，范文子将下军。栾武子欲战，范文子不欲。曰："吾闻之，唯厚德者能受多福，无德而服者众，必自伤也。称晋之德，诸侯皆叛，国可以少安。唯有诸侯，故扰扰焉。凡诸侯，难之本也。且唯圣人能无外患，又无内忧。讵非圣人，不有外患，必有内忧，盍姑释荆与郑以为外患乎？诸臣之内相与，必将辑睦。今我战，又胜荆与郑，吾君将伐智而多力，怠教而重敛，大其私昵，而益妇人田，不夺诸大夫田，则焉取以益此？诸臣之委室而徒退者，将与几人？战若不胜，则晋国之福也；战若胜，乱地之秩者也。其产将害大。盍姑无战乎？"栾武子曰："昔韩之役，惠公不复舍；邲之役，三军不振旅；箕之役，先轸不复命。晋国之政，固有大耻三。今我任晋国之政，不毁晋耻，又以违蛮夷重之；虽有后患，非吾所知也。"范文子曰："择福莫若重，择祸莫若轻。福无所用轻，祸无所用重。晋国故大耻，与其君臣不相听以为诸侯笑也，盍姑以违蛮夷为耻乎？"栾武子不听，遂与荆人战于鄢陵，大胜之。于是乎君伐智而多力，怠教而重敛，大其私昵，杀三郤而尸诸朝，纳其室以分妇人。于是乎国人不蠲，遂弑诸翼。

《盐铁论·毁学》篇曰：文学曰："夫晋献垂棘，非不美也，宫之奇见之而叹，知荀息之图之也；智伯富有三晋，非不盛也，然不知襄子之谋之也；季孙之狐貉非不丽也，而不知鲁君之患之也。故晋献以宝马钓虞虢，襄子以城坏诱智伯，故智伯身禽于赵，而虞虢卒并于晋。以其务得不顾其后，贪土地而利宝马也。孔子曰："人无远虑；必有近忧。"

子曰："已矣乎！吾未见好德如好色者也。"

《子罕》篇曰：吾未见好德如好色者也。

《礼记·大学》篇曰：所谓诚其意者，如恶恶臭。如好好色：此之谓自慊。

子曰:"臧文仲其窃位者与!知柳下惠之贤而不与立也。"

《国语·鲁语上》曰:海鸟曰爰居,止于鲁东门之外,三日,臧文仲使国人祭之。展禽曰:"越哉!臧孙之为政也。夫祀,国之大节也;而节,政之所成也。故慎制祀以为国典。今无故而加典,非政之宜也。"文仲闻柳下季之言,曰:"信吾过也!季子之言,不可不法也。"使书以为三策。

又曰:齐孝公来伐鲁,臧文仲欲以辞告,病焉,问于展禽。韦注云:展禽,柳下惠也。

《左传·文公二年》曰:仲尼曰:臧文仲,其不仁者三,不知者三。下展禽,废六关,妾织蒲,三不仁也。作虚器,纵逆祀,祀爰居,三不知也。杜《注》云:文仲知柳下惠之贤而使在下位。

《礼记·大学》篇曰:见贤而不能举,举而不能先,命也。郑《注》云:命读为慢。

《晏子春秋·谏下》篇曰:夫有贤而不知,一不祥;知而不用,二不祥;用而不任,三不祥也。

《说苑·臣术》篇曰:子贡问孔子曰:"今之人臣孰为贤?"孔子曰:"吾未识也。往者齐有鲍叔,郑有子皮,贤者也。"子贡曰:"然则齐无管仲,郑无子产乎?"子曰:"赐!汝徒知其一,不知其二。汝闻进贤为贤邪?用力为贤邪?"子贡曰:"进贤为贤。"子曰:"然。吾闻鲍叔之进管仲也,闻子皮之进子产也,未闻管仲子产有所进也。"《韩诗外传·卷七》文较略。

又《善说》篇曰:晋平公问于师旷曰:"咎犯与赵衰孰贤?"对曰:"阳处父欲臣文公,因咎犯,三年不达;因赵衰,三日而达。智不知其士众,不智也;知而不言,不忠也;欲言之而不敢,无勇也;言之而不听,不贤也。"

子曰:"躬自厚而薄责于人,则远怨矣。"

《孟子·尽心下》篇曰:人病舍其田而芸人之田。所求于人者重,而所以自任者轻。

《春秋繁露·仁义法》篇曰：《春秋》刺上之过而矜下之苦。小恶在外弗举，在我书而诽之。凡此者，以仁治人，义治我，躬自厚而薄责于外，此之谓也。且论已见之，而人不察。曰："君子攻其恶，不攻人之恶。"不攻人之恶，非仁之宽与？自攻其恶，非义之全与？此谓之仁造人，义造我。故自称其恶谓之情，称人之恶谓之贼；求诸己谓之厚，求诸人谓之薄；自责以备谓之明，责人以备谓之惑。

《吕氏春秋·举难》篇曰：故君子责人则以仁，自责则以义。责人以仁则易足，易足则得人；自责以义则难为非，难为非则行饰。故任天地而有余。不肖者则不然。责人则以义，自责则以仁。责人以义则难赡，难赡则失亲；自责以仁则易为，易为则行苟。故天下之大而不容也，身取危，国取亡焉。此桀纣幽厉之行也。

《中论·修本》篇曰：孔子之制《春秋》也，详内而略外，急己而宽人。故于鲁也，小恶必书；于众国也，大恶始笔。夫见人而不自见者谓之蒙，闻人而不自闻者谓之聩，虑人而不自虑者谓之瞽。故明莫大乎自见，聪莫大乎自闻，睿莫大乎自虑。

子曰："不曰如之何如之何者，吾末如之何也已矣。"

《荀子·大略》篇曰：天子即位，上卿进曰：如之何？忧之长也。

《春秋繁露·执贽》篇曰：子曰：人而不曰如之何如之何者，吾末如之何也已矣。故匿病者不得良医，羞问者圣人去之。玉至清而不蔽其恶，内有瑕秽，必见之于外。故君子不隐其短，不知则问，不能则学，取之玉也。

子曰："群居终日，言不及义，好行小慧，难矣哉！"

子曰："君子义以为质。礼以行之，孙以出之，信以成之，君子哉，"

子曰："君子病无能焉，不病人之不己知也。"

《宪问》篇曰：子曰：不患人之不己知，患其不能也。

《里仁》篇曰：不患莫己知，求为可知也。

子曰："君子疾没世而名不称焉。"

《史记·孔子世家》曰：子曰：弗乎弗乎，君子病没世而名不称焉，吾道不行矣。吾何以自见于后世哉？乃因史记作《春秋》，上自隐公，下讫哀公十四年。

《孝经》曰：身体发肤，受之父母，不敢毁伤；孝之始也。立身行道，扬名于后世以显父母，孝之终也。

《韩诗外传·卷一》曰：王子比干杀身以成其忠，柳下惠杀身以成其信，伯夷叔齐杀身以成其廉。此三子者，皆天下之通士也，岂不爱其身哉！为夫义之不立，名之不显，则士耻之，故杀身以遂其行。由是观之，卑贱贫穷，非士之耻也。士之所耻者，天下举忠而士不与焉，举信而士不与焉，举廉而士不与焉。三者存乎身，名传于世，与日月并而不息，天不能杀，地不能生，当桀纣之世，不之能污也。

《法言·问神》篇曰：或曰："君子病没世而无名，盍势诸名？卿可几也"，曰："君子德名为几，梁齐赵楚之君非不富且贵也，恶乎成名？谷口郑子真，屈其志而耕乎岩石之下，名震于京师。岂其卿！岂其卿！"

《中论·考伪》篇曰：问者曰："仲尼恶没世而名不称，又疾伪名，然则将何执？"曰："是安足怪哉！名者，所以名实也。实立而名从之，非名立而实从之也。故长形立而名之曰长，短形立而名之曰短。非长短之名先立而长短之形从之也。仲尼之所贵者，名实之名也，贵名乃所以贵实也。"

子曰："君子求诸己，

《礼记·中庸》篇曰：子曰：射有似乎君子，失诸正鹄，反求诸其身。

又《射义》篇曰：射者，仁之道也，射求正诸己，己正而后发。发而不中，则不怨胜己者，反求诸己而已矣。

又《中庸》篇曰：正己而不求于人，则无怨。上不怨天，下不尤人。

《孟子·公孙丑上》篇曰：仁者如射，射者正己而后发。发而不中，不怨胜己者，反求诸己而已矣。

又《离娄上》篇曰：孟子曰：爱人不亲，反其仁；治人不治，反其智；礼人不答，反其敬；行有不得者，皆反求诸己，其身正而天下归之。《诗》云："永言配命，自求多福。"

又《离娄下》篇曰：孟子曰：君子之所以异于人者，以其存心也。君子以仁存心，以礼存心。仁者爱人；有礼者敬人。爱人者人恒爱之；敬人者人恒敬之。有人于此，其待我以横逆，则君子必自反也，"我必不仁也，必无礼也，此物奚宜至哉？"其自反而仁矣，自反而有礼矣，其横逆由是也，君子必自反也，"我必不忠。"自反而忠矣，其横逆由是也，君子曰："此亦妄人也已矣。如此，则与禽兽奚择哉？于禽兽又何难焉？"

《荀子·法行》篇曰：曾子曰：同游而不见爱者，吾必不仁也；交而不见敬者，吾必不长也；临财而不见信者，吾必不信也。三者在身，曷怨人？怨人者穷，怨天者无识。失之己而反诸人，不亦迂哉！

小人求诸人。"

《荀子·大略》篇曰：小人不诚于内而求之于外。

《说苑·说丛》篇曰：不修其身，求之于人，是谓失伦。

子曰："君子矜而不争，

《八佾》篇曰：君子无所争。

《荀子·尧问》篇曰：君子力如牛，不与牛争力；走如马，不与马争走；知如士，不与士争知。

群而不党。"

《述而》篇曰：陈司败曰：吾闻君子不党。

《国语·晋语六》曰：郤至曰：仁人不党。

又《晋语五》曰：赵宣子言韩献子于灵公。河曲之役，赵孟使人以其乘车干行，献子执而戮之。众咸曰："韩厥必不没矣。其主朝升之而暮戮其车，其谁安之？"宣子召而礼之，曰："吾闻：事君者比而不党。夫周以举义，比也，举以其私，党也。夫军事无犯，犯而不隐，义也。吾言女于君，惧女不能也。举而不能，党孰大焉？事君而党，吾何以从政？吾故以是观女。女勉之。苟从是行也，临长晋国者非女其谁？"皆告诸大夫曰："二三子可以贺我矣！吾举厥也而中，吾乃今知免于罪矣。"《说苑·至公》篇曰：赵宣子言韩献子于晋侯，曰："其为人不党，治众不乱，临死不恐。"晋侯以为中军尉。河曲之役，赵宣子之车干行，韩献子戮其仆。人皆曰："韩献子必死矣。其主朝升之而暮戮其仆，谁能待之？"役罢，赵宣子觞大夫，爵三行。曰："二三子可以贺我。"二三子曰："不知所贺。"宣子曰："我言韩厥于君，言之而不当，必受其刑。今吾车失次而戮之仆，可谓不党矣，是吾言当也。"二三子再拜稽首曰："不惟晋国适享之，乃唐叔是赖之，敢不再拜稽首乎！"

树达按：二文同一事而义小异。《国语》谓赵宣子自谓举得其人，故为不党，不党属赵宣子。《说苑》则以不党属韩献子。传闻互异，要之皆谓不党，故并录之。

《左传·昭公二十八年》曰：秋，晋韩宣子卒，魏献子为政。献子，魏舒。分祁氏之田以为七县；分羊舌氏之田以为三县。司马弥牟为邬大夫，贾辛为祁大夫，司马乌为平陵大夫，魏戊为梗阳大夫，知徐吾为涂水大夫，韩固为马首大夫，孟丙为盂大夫，乐霄为铜鞮大夫，赵朝为平阳大夫，僚安为杨氏大夫。魏子谓成鱄："吾与戊也县，人其以我为党乎？"对曰："何也？戊之为人也，远不忘君，近不逼同；居利思义，在约思纯，有守心而无淫行。虽与之县，不亦可乎？昔武王克商，光有天下，其兄弟之国者十有五人，姬姓之国者四十人，皆举亲也。夫举无他，唯善所在，亲疏一也。主之举也，近文德矣，所及其远哉。魏戊，献子之子。

子曰："君子不以言举人，

《书·舜典》曰：敷奏以言，明试以功，车服以庸。

《管子·明法解》曰：明主之择贤人也？言勇者试之以军，言智者试之以官。试于军而有功者则举之；试于官而事治者则用之。故以战功之事定勇怯，以官职之治定愚智。故勇怯愚智之见也，如白黑之分。乱主则不然，听言而不试，故妄言者得用。

不以人废言。"

《诗·大雅·板》曰：先民有言，询于刍荛。

《淮南子·主术》篇曰：夫人主之情，莫不欲总海内之智，尽众人之力。使言之而是，虽在褐夫刍荛，犹不可弃也；使言之而非也，虽在卿相人君揄策于庙堂之上，未必可用。是非之所在，不可以贵贱尊卑论也。明主之听于群臣，其计可用，不羞其位；其言可行，不责其辨。

《左传·僖公三十一年》曰：取济西田，分曹地也。使臧文仲往，宿于重馆。重馆人告曰："晋新得诸侯，必亲其共，不速行，将无及也。"从之。分曹地自洮以南，东傅于济，尽曹地也。《国语·鲁语》上曰：晋文公解曹地以分诸侯，僖公使臧文仲往，宿于重馆。重馆人告曰："晋始伯而欲固诸侯，故解有罪之地以分诸侯，诸侯莫不望分，而欲亲晋，皆将争先。晋不以固班，亦必亲先者，吾子不可以不速行。鲁之班长，而又先，诸侯其谁望之？若少安，恐无及也"，从之。获地于诸侯为多。反，既复命，为之请，曰："地之多也，重馆人之力也。臣闻之曰：善有章，虽贱，赏也；恶有衅，虽贵，罚也。今一言而辟境，其章大矣。请赏之。"乃出而爵之。

又《成公五年》曰：梁山崩，晋侯以传召伯宗，伯宗辟重。曰："辟传。"重人曰："待我不如捷之速也。"问其所，曰："绛人也。"问绛事焉。曰："梁山崩，将召伯宗谋之。"问："将若之何？"曰："山有朽壤而崩，可若何？国主山川，故山崩川竭，君为之不举，降服，乘缦，彻乐，出次，祝币史辞以礼焉，其如此而已。虽伯宗，若之何？"伯宗请见之，不可，遂以告而从之。《谷梁传》曰：梁山崩，壅遏河三日不流，晋君召伯尊而问焉。伯尊来，遇辇者，辇者不辟，使车右下而鞭之。辇者曰："所以鞭我者，其取道远矣。"伯尊下车而问焉。曰："子有闻乎？"对曰："梁山崩，壅遏河三日不流。"伯尊曰："君为此召我也，为之奈何？"辇者曰："天有山，天崩之；天有河，天壅之。虽召伯尊，如之何？"伯尊由忠问焉。辇者曰："君亲素缟，帅群臣而哭之，既而祠焉，斯流矣。"伯尊至，君问之，伯尊曰："君亲素缟，帅群臣而哭之，既而祠焉，斯流矣。"

子贡问曰："有一言而可以终身行之者乎？"子曰："其恕乎！

《春秋繁露·俞序》篇曰：世子曰：功及子孙，光辉百世，圣人之德，莫美于恕。

己所不欲，勿施于人。"

《颜渊》篇曰：仲弓问仁，子曰：出门如见大宾，使民如承大祭；己所不欲，勿施于人。在邦无怨，在家无怨。

子曰："吾之于人也，谁毁谁誉？如有所誉者，其有所试矣。

《汉书·艺文志》曰：儒家者流，盖出于司徒之官，助人君顺阴阳明教化者也。游文于六经之中，留意于仁义之际。祖述尧舜，宪章文武，宗师仲尼以重其言，于道最为高。孔子曰："如有所誉，其有所试。"唐虞之隆，殷周之盛，仲尼之业，已试之效者也。

又《薛宣传》曰：谷永上疏曰：窃见少府宣材茂行絜，达于从政。前为御史中丞，执毂宪下，不吐刚茹柔，举错时当。出守临淮陈留，二郡称治。为左冯翊，崇教养善，威德并行，众职修理，奸轨绝息，辞讼者历年不至丞相府，赦后余盗贼什分三辅之一，功效卓尔，自左内史初置以来，未尝有也。孔子曰："如有所誉，其有所试。"宣考绩功课，简在两府，不敢过称以奸欺诬之罪。

《魏志·王昶传》曰：昶以书戒子曰：夫毁誉，爱恶之原，而祸福之机也，是以圣人慎之。孔子曰："吾之于人，谁毁谁誉？如有所誉，必有所试。"又曰："子贡方人，赐也贤乎哉！我则不暇。"以圣人之德，犹尚如此，况庸庸之徒而轻毁誉哉！

斯民也，三代之所以直道而行也。"

《贾子·大政下》篇曰：王者有易政而无易国，有易吏而无易民。故因是国也而为安，因是民也而为治。故汤以桀之乱氓为治，武王以纣之北卒为强。

《汉书·景帝纪赞》曰：孔子称：斯民，三代之所以直道而行也，信哉！周秦之敝，罔密文峻，而奸轨不胜。汉兴，扫除烦苛，与民休息。至于孝文,加之以恭俭,孝景遵业,五六十载之闲,至于移风易俗,黎民醇厚。周云成康,汉言文景,美矣。

《论衡·率性》篇曰:夫人之性犹蓬纱也,在所渐染而善恶变矣。王良造父称为善御,能使不良为良也。如徒能御良,其不良者不能驯服,此则驵工庸师服驯技能,何奇而世称之?故曰:王良登车,马不罢驽;尧舜为政,民无狂愚。传曰:尧舜之民可比屋而封;桀纣之民可比屋而诛。斯民也,三代所以直道而行也。圣主之民如彼,恶主之民如此,竟在化,不在性也。

又《非韩》篇曰:夫世不乏于德,犹岁不绝于春也;谓世衰难以德治,可谓岁乱不可以春生乎?人君治一国,犹天地生万物。天地不为乱岁去春,人君不以衰世屏德。孔子曰;斯民也,三代所以直道而行也。

子曰:"吾犹及史之阙文也,有马者借人乘之,今亡矣夫。"

《汉书·艺文志》曰:古制:书必同文,不知则阙,问诸故老。至于衰世,是非无正,人用其私。故孔子曰:吾犹及史之阙文也,今亡矣夫。盖伤其寖不正。

许慎《说文解字·叙》曰:孔子曰:"吾犹及史之阙文,今亡矣夫!"盖非其不知而不问,人用己私,是非无正,巧说衺辞,使天下学者疑。

《后汉书·徐防传》曰:防上疏曰:孔子曰:"吾犹及史之阙文",疾史有所不知而不肯阙也。

《春秋·桓公五年》曰:春正月甲戌己丑,陈侯鲍卒。《谷梁传》曰:鲍卒,曷为以二日卒之?《春秋》之义,信以传信,疑以传疑。陈侯以甲戌之日出,己丑之日得,不知死之日,故举二日以包也。

又《桓公十四年》曰:夏五,郑伯使其弟御来盟。《谷梁传》曰:孔子曰:"听远音者闻其疾而不闻其舒,望远者察其貌而不察其形。"立乎定哀以指隐桓,隐桓之日远矣。夏五,传疑也。

又《昭公十二年》曰:春,齐高偃帅师纳北燕伯于阳。《公羊传》曰:伯于阳者何?公子阳生也。子曰:"我乃知之矣,"在侧者曰:"子苟知之，何以不革？"曰："如尔所不知何？"《春秋》之信史也，其序则齐桓晋文，其会则主会者为之也，其词则丘有罪焉耳。

子曰："巧言乱德，

《中论·核辨》篇曰：夫利口之所以得行乎世也，盖有由也。且利口者心足以见小数，言足以盖巧辞，给足以应切问，难足以断俗疑。然而好说而不倦，谍谍如也。夫类族辨物之士者寡，而愚暗不达之人者多，孰知其非乎？此其所以无用而不见废也，至贱而不见遗也。先王之法，析言破律乱名改作者杀之，行僻而坚，言伪而辩，记丑而博，顺非而泽者亦杀之，为其疑众惑民而溃乱至道也。孔子曰：巧言乱德，恶似而非者也。

《韩非子·外储说左上》篇曰：虞庆将为屋，匠人曰："材生而涂濡。夫材生则挠，涂濡则重。以挠任重，今虽成，久必坏。"虞庆曰："材乾则直，涂乾则轻。今诚得乾，日以轻直；虽久，必不坏。"匠人诎，作之。成有闲，屋果坏。《吕氏春秋·别类》篇记高阳应，《淮南子·人闲》篇记高阳魋事同。

小不忍则乱大谋。"

《颜渊》篇曰：一朝之忿，忘其身以及其亲，非惑与？

《大戴礼记·武王践阼》篇曰：武王矛之铭曰：造矛造矛，少闲弗忍，终身之羞。

《国语·周语》中曰：富辰曰：《书》有之曰：必有忍也，若能有济也。韦注云：《书》，逸书，若犹乃也。

《左传·成公七年》曰：卫定公恶孙林父。冬，孙林父出奔晋。十四年曰：春，卫侯如晋，晋侯强见孙林父焉，定公不可。夏，卫侯既归，晋侯使郤犨送孙林父而见之。卫侯欲辞，定姜曰："不可，是先君宗卿之嗣也，大国又以为请。不许，将亡。虽恶之，不犹愈于亡乎？君其忍之。安民而宥宗卿，不亦可乎？"卫侯见而复之。

又《昭公三十一年》曰：公在乾侯，晋侯将以师纳公。季孙意如会荀跞于适历。荀跞曰："寡君使跞谓吾子，何故出君？有君不事，周有常刑，子其图之。"季孙练冠麻衣跣行，伏而对曰："事君，臣之所不得也,敢逃刑命。君若以臣为有罪,请囚于费以待君之察也,亦唯君。若以先臣之故,不绝季氏而赐之死,若弗杀弗亡,君之惠也,死且不朽。若得从君而归,则固臣之愿也,敢有异心。"夏四月,季孙从知伯如乾侯。子家子曰:"君与之归!一惭之不忍,而终身惭乎?"公曰:"诺。"众曰:"在一言矣,君必逐之!"荀跞以晋侯之命唁公,且曰:"寡君使跞以君命讨于意如,意如不敢逃死,君其入也!"公曰:"君惠顾先君之好,施及亡人,将使归粪除宗祧以事君,则不能见夫人。已所能见夫人者,有如河!"荀跞掩耳而走,曰:"寡君其罪之恐,敢与知鲁国之难!臣请复于寡君。"退而谓季孙:"君怒未息,子姑归祭!"子家子曰:"君以一乘入于鲁师,季孙必与君归。"公欲从之,众从者胁公不得归。

树达按:此鲁昭公不肯忍忿,后遂客死于乾侯也。

《说苑·建本》篇曰:赵简子以襄子为后,董安子曰:"无恤不才,今以为后,何也?"简子曰:"是其人能为社稷忍辱。"异日,智伯与襄子饮而灌襄子之首,大夫请杀之。襄子曰:"先君之立我也,曰:能为社稷忍辱,岂曰能刺人哉!"处十月,智伯围襄子于晋阳,襄子疏队而击之,大败智伯,漆其首以为饮器。

树达按:此赵襄子能忍忿之事也。

《逸周书·命训》篇曰:惠而不忍人,人不胜害,害不如死。
《毛诗·郑风序》曰:《将仲子》,刺庄公也。不胜其母以害其弟。弟叔失道而公弗制,祭仲谏而公弗听,小不忍以致大乱焉。
《韩非子·内储说上·七术》篇曰:成欢谓齐王曰:"王太仁,太不忍人。"王曰:"寡人安所太仁?安所不忍人?"对曰:"王太仁于薛公;而太不忍于诸田。"太仁薛公,则大臣无重;太不忍诸田,则父兄犯法。大臣无重,则兵弱于外;父兄犯法,则政乱于内。兵弱于外,政乱于内,此亡国之本也。

《新序·杂事五》篇曰：赵襄子问于王子维曰："吴之所以亡者,何也？"对曰："吴君吝而不忍。"襄子曰："宜哉吴之亡也！吝则不能赏贤,不忍则不能罚奸。贤者不赏,有罪不能罚,不亡何待？"

《汉书·外戚孝成赵皇后传》曰：平帝诏曰：夫小不忍乱大谋,恩之所不能已者,义之所割也。

树达按：以上谓仁不忍。

《史记·勾践世家》曰：朱公居陶,生少子。及壮,而朱公中男杀人,囚于楚。朱公曰："杀人而死,职也。然吾闻：千金之子不死于市。"告其少子,往视之。乃装黄金千镒,置褐器中,载以一牛车,且遣其少子。朱公长男固请欲行,朱公不听。长男曰："家有长子曰家督。今弟有罪,大人不遣,乃遣少弟,是吾不肖。"欲自杀。其母为言曰："今遣少子,未必能生中子也,而先空亡长男,奈何？"朱公不得已而遣长子。为一封书,遗故所善庄生。曰："至则进千金于庄生所,听其所为,慎无与争事。"长男既行,亦自私赍数百金。至楚,庄生家负郭,披藜藿到门,居甚贫。然长男发书,进千金,如其父言。庄生曰："可疾去矣,慎毋留！即弟出,勿问所以然。"长男既去,不过庄生而私留,以其私赍献遗楚国贵人用事者。庄生虽居穷阎,然以廉直闻于国,自楚王以下皆师尊之。及朱公进金,非有意受也,欲以事成后复归之以为信耳。故金至,谓其妇曰："此朱公之金,有如病不宿诫,后复归,勿动。"而朱公长男不知其意,以为殊无短长也。庄生闲时入见楚王,言某星宿某,此则害于楚。楚王素信庄生,曰："今为奈何？"庄生曰："独以德为可以除之。"楚王曰："生休矣！寡人将行之。"王乃使使者封三钱之府。楚贵人惊告朱公长男曰："王且赦。"曰："何以也？"曰："每王且赦,常封三钱之府。昨暮王使使封之。"朱公长男以为："赦,弟固当出也。重千金,虚弃庄生,无所为也。"乃复见庄生,庄生惊曰："若不去邪？"

长男曰:"固未也。初为事弟,弟今议自赦,故辞生去。"庄生知其意欲复得其金,曰:"若自入室取金。"长男即自入室取金持去,独自欢幸。庄生羞为儿子所卖,乃入见楚王曰:"臣前言某星事,王言欲以修德报之。今臣出,道路皆言:陶之富人朱公之子杀人,囚楚,其家多持金钱赂王左右。故王非能恤楚国而赦,乃以朱公子故也。"楚王大怒,曰:"寡人虽不德耳,奈何以朱公之子而施惠乎?"令论杀朱公子。明日,遂下赦令。朱公长男竟持其弟丧归。至,其母及邑人尽哀之,唯朱公独笑,曰:"吾固知必杀其弟也。彼非不爱其弟,顾有所不能忍者也。是少与我俱,见苦为生难,故重弃财。至如少弟者,生而见我富,乘坚驱良,逐狡兔,岂知财所从来,故轻弃之,非所惜吝。前日吾所为欲遣少子,固为其能弃财故也。而长者不能,故卒以杀其弟,事之理也,无足悲者。吾日夜固以望其丧之来也。"

　　树达按:以上谓吝不忍。不忍有三义:不忍忿,一也;慈仁不忍,不能以义割恩,二也。吝财不忍弃,三也。故分疏之如上。

子曰:"众恶之,必察焉;众好之,必察焉。"

《子路》篇曰:子贡问曰:"乡人皆好之,何如?"子曰:"未可也。""乡人皆恶之,何如?"子曰:"未可也。不如乡人之善者好之,其不善者恶之。"

《孟子·梁惠王下》篇曰:左右皆曰贤、未可也;诸大夫皆曰贤,未可也;国人皆曰贤,然后察之。见贤焉,然后用之。左右皆曰不可,勿听;诸大夫皆曰不可,勿听;国人皆曰不可,然后察之。见不可焉,然后去之。左右皆曰可杀,勿听;诸大夫皆曰可杀,勿听;国人皆曰可杀,然后察之。见可杀焉,然后杀之。如此,然后可以为民父母。

《管子·明法》解曰:乱主不察臣之功劳,誉众者则赏之;不审其罪过,毁众者则罚之。如此则邪臣无功而得赏,忠臣无罪而有罚。如此,则悫愿之人失其职，而廉洁之吏失其治。故《明法》曰：官之失其治也，是主以誉为赏而以毁为罚也。

《潜夫论·潜叹》篇曰：范武归晋而国奸逃，华元反朝而鱼氏亡。故正义之士与邪枉之人不两立。而人君之取士也，不能参听民氓，断之聪明，反徒信乱臣之说，独用污吏之言，此所谓与仇选使，令囚择吏者也。《书》云："谋及乃心，谋及庶人。"孔子曰："众好之，必察焉；众恶之，必察焉。"故圣人之施舍也，不必任众，亦不必专己。必察彼己之为而度之以义，或舍人取己，故举无遗失而政无废灭也。

《风俗通·正失》篇曰：孔子曰："众善焉，必察之；众恶焉，必察之。"孟轲云：尧舜不胜其美；桀纣不胜其恶。传言失指，图景失形，众口铄金，积毁消骨，久矣其患之也。

《孟子·离娄下》篇曰：公都子曰："匡章，通国皆称不孝焉，夫子与之游，又从而礼貌之，敢问何也？"孟子曰："世俗所谓不孝者五：惰其四支，不顾父母之养，一不孝也。博弈，好饮酒，不顾父母之养，二不孝也。好货财，私妻子，不顾父母之养，三不孝也。从耳目之欲以为父母戮，四不孝也。好勇斗狠以危父母，五不孝也。章子有一于是乎？夫章子，子父责善而不相遇也。责善，朋友之道也。父子责善，贼恩之大者。夫章子岂不欲有夫妻子母之属哉！为得罪于父，不得近，出妻屏子，终身不养焉。其设心以为：不若是，是则罪之大者。是则章子已矣。"

树达按：右为众恶之之事。

《汉书·王莽传》曰：莽群兄弟乘时侈靡，以舆马声色佚游相高。莽独孤贫，因折节为恭俭，勤身博学，被服如儒生。事母及寡嫂，养孤兄子，行甚敕备。又外交英俊，内事诸父，曲有礼意。世父大将军风病，莽侍疾，亲尝药，乱首垢面，不解衣带连月。叔父成都侯商上书，愿分户邑以封莽。及长乐少府戴崇、侍中金涉、胡骑校尉箕闳、上谷都尉阳竝、中郎陈汤皆当世名士，咸为莽言。上由是贤莽，封莽为新都侯。爵位益尊，节操愈谦。散舆马衣裘，振施宾客，家无所余。收赡名士，交结将相卿大夫甚众，故在位更推荐之，游者为之谈说，虚誉隆洽，倾于诸父矣。上遂擢为大司马。莽既辅政，欲令名誉过前人，遂克己不倦，聘诸贤良以为掾史。赏赐邑钱，悉以享士。愈为俭约。母病，公卿列侯遣夫人问疾，莽妻迎之，衣不曳地，布蔽膝，见之者以为僮使，问知其夫人，皆惊。元寿元年，日食。贤良周护宋崇等对策，深颂莽功德，有司请以新野田二万五千六百顷益封莽，莽谢，太后许之。吏民以莽不受新野田而上书者前后四十八万七千五百七十二人，及诸侯王公列侯宗室见者皆叩头言，亟加赏于安汉公。莽封安汉公。

树达按：右为众好之之事。

子曰："人能弘道，非道弘人。"

《汉书·礼乐志》曰：至成帝时，谒者常山王禹世受河闲乐，能说其义。其弟子宋晔等上书言之，下大夫博士平当等考试。当以为汉承秦灭道之后，赖先帝圣德，博受兼听，修废官，立大学。河闲献王聘求幽隐，修兴雅乐以助化。时大儒公孙弘董仲舒等皆以为音中正雅，立之大乐，春秋乡射，作于学官。希阔不讲，故自公卿大夫观听者但闻铿枪，不晓其意。而欲以风谕众庶，其道无由。是以行之百有余年，德化至今未成。今晔等守习孤学，大指归于兴助教化。衰微之学，兴废在人，宜领属雅乐以继绝表微。孔子曰："人能弘道，非道弘人。"河闲区区小国藩臣，以好学修古，能有所存，民到于今称之，况于圣主广被之资，修起旧文，放郑近雅，述而不作，信而好古，于以风示海内，扬名后世，诚非小功小美也。

又《董仲舒传》曰：夫周道衰于幽厉，非道亡也，幽厉不由也。至于宣王，思昔先王之德，兴滞补弊，明文武之功业，周道粲然复兴。诗人美之而作，上天祐之，为生贤佐。后世称诵，至今不绝，此夙夜不解行善之所致也。孔子曰："人能弘道，非道弘人也。"故治乱废兴在于己，非天降命不可得反，其所操持悖谬，失其统也。

子曰:"过而不改,是谓过矣。"

《韩诗外传·卷三》曰:孔子曰:过而改之,是不过也。

《左传·襄公七年》曰:卫孙文子来聘,公登,亦登。叔孙穆子相,趋进曰:"诸侯之会,寡君未尝后卫君。今吾子不后寡君,寡君未知所过。吾子其少安!"孙子无辞,亦无悛容。穆叔曰:"孙子必亡!为臣而君,过而不悛,亡之本也。"

《春秋·僖公二十二年》曰:冬十有一月己巳朔,宋公及楚人战于泓,宋师败绩。《谷梁传》曰:《春秋》三十有四战,未有以尊败乎卑,以师败乎人者也。以尊败乎卑,以师败乎人,则骄其敌。襄公以师败乎人而不骄其敌,何也?责之也。泓之战,以为复雩之耻,宋襄公有以自取之。伐齐之丧,执滕子,围曹,为雩之会,不顾其力之不足而致楚成王。成王怒而执之。故曰:礼人而不答,则反其敬;爱人而不亲,则反其仁;治人而不治,则反其知。过而不改,又之,是谓之过,襄公之谓也。古者被甲婴胄,非以兴国也,则以征无道也,岂曰以报其耻哉。

《汉书·成帝纪》曰:诏曰:朕执德不固,谋不尽下,过听将作大匠万年言:"昌陵三年可成。"作治五年,中陵司马殿门内尚未加功,天下虚耗,百姓罢劳,客土疏恶,终不可成。朕惟其难,怛然伤心。夫过而不改,是谓过矣。其罢昌陵,反故陵,勿徙吏民。令天下毋有动摇之心。

子曰:"吾尝终日不食终夜不寝以思,无益,不如学也。"

《大戴礼记·劝学》篇曰:孔子曰:吾尝终日思矣,不如须臾之所学。《荀子·劝学》篇同,不作孔子语。

《韩诗外传·卷六》曰:子曰:不学而好思,虽知不广矣。

《贾子·修政语上》篇曰:汤曰:学圣王之道者,譬其如日;静思而独居,譬其若火;夫舍学圣之道而静居独思,譬其若去日之明于庭而就火之光于室也,然可以小见而不可以大知。是故明君子贵尚学道,而贱下独思也。

《说苑·建本》篇曰:子思曰:学所以益才也;砺所以致刃也。吾尝幽处而深思,不若学之速。

《论衡·实知》篇曰：圣贤不能知性，须任耳目以定情实。其任耳目也，可知之事，思之辄决；不可知之事，待问乃解。天下之事，世闲之物，可思而知，愚夫能开精；不可思而知，上圣不能省。孔子曰："吾尝终日不食终夜不寝以思，无益，不如学也。"

《吴志·吕蒙传》注引《江表传》曰："初，权谓蒙及蒋钦曰：'卿今并当涂掌事，宜学问以自开益。'蒙曰：'在军中常苦多务，恐不容复读书。'权曰：'孤岂欲卿治经为博士邪？但当令涉猎见往事耳。卿言多务，孰若孤？孤少时历《诗》《书》《礼记》《左传》《国语》，惟不读《易》。至统事以来，省三史诸家兵书，自以为大有所益。如卿二人，意性朗悟，学必得之，宁当不为乎？宜急读孙子《六韬》《左传》《国语》及三史。孔子言终日不食终夜不寝以思，无益，不如学也。光武当兵马之务，手不释卷；孟德亦自谓老而好学。卿何独不自勖勉邪？'"

子曰："君子谋道不谋食，耕也馁在其中矣，学也禄在其中矣。君子忧道不忧贫。"

《潜夫论·赞学》篇曰：孔子曰："吾尝终日不食终夜不寝以思，无益，不如学也。""耕也馁在其中，学也禄在其中矣。君子忧道不忧贫。"箕子陈六极，国风歌《北门》，故所谓不忧贫也。岂好贫而弗之忧邪？盖志有所专，昭其重也。是故君子之求丰厚也，非为嘉馔美服淫声乐色也。乃将以底其道而迈其德也。

又《释难》篇曰：秦子问于潜夫曰："耕种，生之本也；学问，业之末也。老聃有言：'大丈夫处其实不居其华。'而孔子曰：'耕也馁在其中，学也禄在其中。'敢问，今使举世之人释耨耒而程相群于学，何如？"潜夫曰："善哉问！君子劳心，小人劳力。故孔子所称，谓君子尔。今以目所见，耕，食之本也；以心原道，即学又耕之本也。"

《国语·晋语八》曰：叔向见韩宣子。宣子忧贫，叔向贺之。宣子曰："吾有卿之名而无其实，无以从二三子，吾是以忧。子贺我，何故？"对曰："昔栾武子无一卒之田，其宫不备其宗器，宣其德行，顺其宪则，使越于诸侯，诸侯亲之，戎狄怀之，以正晋国，行刑不疚，以免于难。及桓子骄泰奢侈，贪欲无艺，略则行志，假贷居贿，宜及于难，而赖武之德以没其身。及怀子改桓之行而修武之德，可以免于难，而离桓之罪以亡于楚。夫郤昭子，其富半公室，其家半三军；恃其富宠以泰于国，其身尸于朝，其家灭于绛。不然，夫八郤五大夫二卿，其宠大矣。一朝而灭，莫之哀也，惟无德也。今吾子有栾武子之贫，吾以为能其德矣，是以贺。若不忧德之不建而患货之不足，将吊不暇，何贺之有？"宣子拜，稽首焉，曰："起也将亡，赖子存之。非起也敢专承之，其自桓叔以下嘉吾子之赐。"

子曰："知及之，仁不能守之，虽得之，必失之。

《后汉书·刘梁传》曰：梁著《辨和同论》曰：孔子曰：智之难也，有臧武仲之智而不容于鲁国，抑有由也。作而不顺，施而不恕矣。盖善其知义，讥其违道也。患之所在，非徒在智之不及，又在及而违之者矣。故曰：智及之，仁不能守之，虽得之，必失之也。

又《班固传论》曰：固伤迁博物洽闻，不能以智免极刑，然亦身陷大戮，智及之而不能守之。呜乎，古人之所以致论于目睫也。

知及之，仁能守之，不庄以莅之，则民不敬。

《为政》篇曰：子曰：临之以庄则敬。

《左传·襄公三十一年》曰：北宫文子曰：有威而可畏谓之威，有仪而可象谓之仪。君有君之威仪，其臣畏而爱之，则而象之。故能有其国家，令闻长世。臣有臣之威仪，其下畏而爱之，故能守其官职，保族宜家。故君子在位可畏，施舍可爱，进退可度，周旋可则，容止可观，作事可法，德行可象，声气可乐。动作有文，言语有章，以临其下，谓之有威仪也。

知及之，仁能守之，庄以莅之，动之不以礼，未善也。"

《荀子·王霸》篇曰：上莫不致爱其下而制之以礼。上之于下，如保赤子。政令制度所以接下之人百姓有不理者如豪末，则虽孤独鳏寡，必不加焉。故下之亲上，欢如父母，可杀而不可使不顺。君臣上下贵贱长幼至于庶人，莫不以是为隆正，然后皆内自省以谨于分。

子曰:"君子不可小知而可大受也,小人不可大受而可小知也。"

《淮南子·主术》篇曰:是故有大略者不可责以捷巧,有小智者不可任以大功。人有其才,物有其形,有任一而太重,或任百而尚轻。是故审毫厘之计者,必遗天下之大数;不失小物之选者,惑于大数之举。譬犹狸之不可使搏牛,虎之不可使扑鼠也。

子曰:"民之于仁也,甚于水火。

《孟子·尽心上》篇曰:民非水火不生活。

水火,吾见蹈而死者矣;未见蹈仁而死者也。"

子曰:"当仁不让于师。"

《春秋繁露·竹林》篇曰:今子反往视宋,闻人相食,大惊而哀之,不意之至于此也。是以心骇目动而违常礼。礼者,庶于仁,文质而成体者也。今使人相食,大失其仁,安著其礼?方救其质,奚恤其文?故曰:"当仁不让",此之谓也。

子曰:"君子贞而不谅。"

《左传·昭公三年》曰:夏四月,郑伯如晋,公孙段相,甚敬而卑,礼无违者。晋侯嘉焉,授之以策。曰:"子丰有劳于晋国,余闻而弗忘,赐女州田,以胙乃旧勋。"伯石再拜稽首受策以出。初,州县,栾豹之邑也。及栾氏亡,范宣子赵文子韩宣子皆欲之。文子曰:"温,吾县也。"_{州本属温。}二宣子曰:"自郤称以别,三传矣。晋之别县不唯州,谁获治之?"文子病之,乃舍之。二宣子曰:"吾不可以正议而自与也。"皆舍之。丰氏故主韩氏。伯石之获州也,韩宣子为之请之,为其复取之之故。七年曰:子产为丰施归州田于韩宣子,曰:"日君以夫公孙段为能任其事,而赐之州田。今无禄早世,不获久享君德。其子弗敢有,不敢以闻于君,私致诸子。"宣子辞。子产曰:"古人有言曰:其父析薪,其子弗克负荷。施将惧不能任其先人之禄,其况能任大国之赐?纵吾子为政而可,后之人若属有疆场之言,敝邑获戾,而丰氏受其大讨。吾子取州,是免敝邑于戾而建置丰氏也。敢以为请。"宣子受之,以告晋侯,晋侯以与宣子。宣子为初言,病有之,以易原县于乐大心。杜注云:传言子产贞而不谅。《疏》云：贞，正也。谅，信也。段受晋邑，卒而归之，正也。知宣子欲之，而言畏惧后祸，是不信也。

《汉书·王贡两龚鲍传》曰：薛方尝为郡掾祭酒，尝征，不至。及王莽以安车迎方，方因使者辞谢曰："尧舜在上，下有巢由。今明主方隆唐虞之德，小臣欲守箕山之节也。"使者以闻，莽说其言，不强致。赞曰："贞而不谅，薛方近之。"

《淮南子·泛论》篇曰：夫三军矫命，论之大者也。秦穆公兴兵袭郑，过周而东。郑贾人弦高将西贩牛，道遇秦师于周郑之闲，乃矫郑伯之命犒以十二牛，宾与撰同。秦师而却之，以存郑国。故事有所至。信反为过，诞反为功。

子曰："事君敬其事而后其食。"

《礼记·儒行》篇曰：先劳而后禄。

《春秋繁露·仁义法》篇曰：《诗》曰："饮之食之，教之诲之。"先饮食而后教诲，谓治人也。又曰："坎坎伐辐兮，彼君子兮。不素食兮。"先其事，后其食，谓治身也。

《孔丛子·记义》篇曰：孔子读《诗》及《小雅》，喟然而叹曰：吾于《伐檀》见贤者之先事后食也。

《国语·楚语下》曰：斗且曰：昔斗子文三舍令尹，无一日之积。成王闻子文之朝不及夕也。于是乎每朝设脯一束糗一筐以羞子文，至于今令尹秩之。成王每出子文之禄，必逃，王止而后复。人谓子文曰："人生求富，而子逃之，何也？"对曰："夫从政者，以庇民也，民多旷也，而我取富焉，是勤民以自封，死无日矣。我逃死，非逃富也。"是不先恤民而后己之富乎？

子曰："有教无类。"

《述而》篇曰：子曰：自行束脩以上，吾未尝无诲焉。

又曰：互乡，难与言，童子见，门人惑。子曰："人洁己以进。与其洁也，不保其往也；与其进也，不与其退也。唯何甚？"

《说苑·修文》篇曰：孔子见子桑伯子，子桑伯子不衣冠而处。弟子曰："夫子何为见此人乎？"曰："其质美而无文，吾欲说而文之。"

《荀子·法行》篇曰：南郭惠子问于子贡曰："夫子之门何其杂也？"子贡曰："君子正身以俟，欲来者不距，欲去者不止。且夫良医之门多病人，隐括之侧多枉木，是以杂也。"《尚书大传·略说》篇、《说苑·杂言》篇文大同。

《汉书·地理志》曰：巴蜀广汉本南夷，秦并以为郡。土地肥美，有江水沃野山林竹木疏食果实之饶。民食稻鱼，亡凶年忧。俗不愁苦，而轻易淫泆，柔弱褊阸。景武闲，文翁为蜀守，教民读书法令，未能笃信道德，反以好文刺讥，贵慕权执。及司马相如游宦京师诸侯，以文辞显于世，乡党慕循其迹。后有王褒严遵扬雄之徒，文章冠天下。繇文翁倡其教，相如为之师。故孔子曰："有教无类。"

子曰："道不同，不相为谋。"

《史记·伯夷传》曰：子曰：道不同，不相为谋，亦各从其志也。

又《老庄申韩传》曰：世之学老子者则绌儒学，儒学亦绌老子。道不同，不相为谋，岂谓是耶？

《汉书·杨恽传》曰：恽报孙会宗书曰：恽幸有余禄。方籴贱贩贵，逐什一之利。此贾竖之事，污辱之处，恽亲行之。下流之人，众毁所归，不寒而栗。虽雅知恽者犹随风而靡，尚何称誉之有？董生不云乎？"明明求仁义，常恐不能化民者，卿大夫意也；明明求财利，常恐困乏者，庶人之事也。"故道不同不相为谋，今子尚安得以卿大夫之制而责仆哉？

子曰："辞，达而已矣。"

《仪礼·聘礼记》曰：辞无常，孙而说。辞多则史，少则不达。辞苟足以达，义之至也。

《礼记·曲礼》篇曰：不辞费。

《孔丛子·嘉言》篇曰：宰我问："君子尚辞乎？"孔子曰："君子以理为尚。博而不要，非所察也；繁辞富说，非所听也。唯知者不失理。"

师冕见，及阶，子曰："阶也。"及席，子曰："席也。"皆坐，子告之曰:"某在斯,某在斯。"师冕出,子张问曰:"与师言之道与?"子曰:"然,固相师之道也。"

《礼记·少仪》篇曰:其未有烛而有后至者,则以在者告,道瞽亦然。

论语疏证卷第十六

季氏篇第十六

季氏将伐颛臾,冉有季路见于孔子,曰:"季氏将有事于颛臾。"

《左传·僖公二十一年》曰:任,宿,须句,颛臾,风姓也,实司大皞与有济之祀以服事诸夏。

孔子曰:"求!无乃尔是过与?夫颛臾,昔者先王以为东蒙主,且在邦域之中矣,是社稷之臣也,何以伐为?"冉有曰:"夫子欲之,吾二臣者皆不欲也。"

孔子曰:"求!周任有言曰:'陈力就列,不能者止。'

《先进》篇曰:子曰:所谓大臣者,以道事君,不可则止。

《礼记·内则》篇曰:四十始仕,方物出谋发虑。道合则服从,不可则去。

危而不持,颠而不扶,则将焉用彼相矣?

《后汉书·杨震传》曰:孔子称:"危而不持,颠而不扶,则将焉用彼相矣!"诚以负荷之寄,不可以虚冒;崇高之位,忧重责深也。延光之间,震为上相,抗直方以临权柱,先公道而后身名,可谓怀王臣之节,识所任之体矣。

《群书治要》引桓范《世要论·谏争》篇曰：谏争者，所以纳君于道，矫枉正非，救上之谬也。上苟有谬而无救焉，则害于事；害于事则危道也。故曰："危而不持，颠而不扶，则将焉用彼相！"扶之之道，莫过于谏矣。

且尔言过矣！虎兕出于柙，龟玉毁于椟中，是谁之过与？"

《汉书·文三王传》曰：廷尉赏移书傅相中尉曰：王背策戒，连犯大辟，毒流吏民。比比蒙恩，不伏重诛。不思改过，复贼杀人。幸得蒙恩，丞相长史大鸿胪丞即问。王阳病抵谰，置辞骄嫚，不首主令，与背畔亡异。丞相御史请收王玺绶，送陈留狱，明诏加恩，复遣廷尉大鸿胪杂问。今王当受诏置辞，恐复不首实对。《书》曰："至于再三，有不用，我降尔命。"傅相中尉皆以辅正为职，虎兕出于匣，龟玉毁于匮中，是谁之过也？

冉有曰："今夫颛臾，固而近于费。今不取，后世必为子孙忧。"

孔子曰："求！君子疾夫舍曰欲之而必为之辞。丘也闻：有国有家者不患寡而患不均，不患贫而患不安。盖均无贫。和无寡，安无倾。

《春秋繁露·度制》篇曰：孔子曰：不患贫而患不均，故有所积重，则有所空虚矣。大富则骄，大贫则忧；忧则为盗，骄则为暴：此众人之情也。圣者则于众人之情见乱之所从生，故其制人道而差上下也，使富者足以示贵而不至于骄，贫者足以养生而不致于忧，以此为度而调均之。是以财不匮而上下相安，故易治也。今世弃其度制而各从其欲，欲无所穷而俗得自恣，其势无极。大人病不足于上，而小民羸瘠于下，则富者愈贪利而不肯为义，贫者日犯禁而不可得止，是世之所以难治也。

《盐铁论·本议》篇曰：文学曰：孔子曰："有国有家者不患寡而患不均，不患贫而患不安。"故天子不言多少，诸侯不言利害，大夫不言得丧。畜仁义以风之，广德行以怀之，是以近者亲附而远者悦服。

《魏志·武帝》注引《魏书》曰：公令曰：有国有家者不患寡而患不均，不患贫而患不安。袁氏之治也，使豪强擅恣，亲戚兼并，下民贫弱，代出租赋，衒鬻家财，不足应命。审配宗室，至乃藏匿罪人，为逋逃主。

欲望百姓亲附，甲兵强盛，岂可得耶？其收田租，亩四升，户出绢二匹，绵二斤而已。他不得擅兴发，郡国守相明检之，无令强民有所隐藏而弱民兼赋也。

　　树达按：寡谓民少，贫谓财少，寡与均义不相贯。余谓不患寡寡当作贫，不患贫贫当作寡。下文均无贫承不患贫而患不均言之，和无寡，安无倾，皆承不患寡而患不安言之。如今本贫寡二字互误，则与下文均无贫三句不贯矣。《春秋繁露·度制》篇引《论语》作不患贫而患不均，其证也。

夫如是，故远人不服，则修文德以来之。既来之，则安之。

《国语·周语上》曰：夫先王之制，邦内甸服，邦外侯服，侯卫宾服，夷蛮要服，戎狄荒服。甸服者祭，侯服者祀，宾服者享，要服者贡，荒服者王。日祭，月祀，时享，岁贡，终王，先王之训也。有不祭则修意，有不祀则修言，有不享则修文，有不贡则修名，有不王则修德。序成而有不至，则修刑。于是乎有刑不祭，伐不祀，征不享，让不贡，告不王。于是乎有刑罚之辟，有攻伐之兵，有征讨之备，有威让之令，有文告之辞。布令陈辞而又不至，则又增于德，无勤民于远。是以近无不听，远无不服。

《说苑·指武》篇曰：圣人之治天下也，先文德而后武力。凡武之兴，为不服也。文化不改，然后加诛。夫下愚不移，纯德之所不能化，而后武力加焉。

《韩诗外传·卷三》曰：当舜之时，有苗不服。其不服者，衡山在南，岐山在北，左洞庭之陂，右彭泽之水，由此险也。以其不服，禹请伐之，而舜不许，曰：吾喻教犹未竭也。久喻教而有苗氏请服。《说苑·君道》篇文同。

今由与求也相夫子，远人不服而不能来也，邦分崩离析而不能守也，

而谋动干戈于邦内,吾恐季孙之忧不在颛臾而在萧墙之内也。"

《左传·定公五年》曰:九月乙亥,阳虎囚季桓子公父文伯而逐仲梁怀,冬十月乙亥,杀公何藐。

又《八年》曰:阳虎欲去三桓,以季寤更季氏,以叔孙辄更叔孙氏,已更孟氏。冬十月壬辰,将享季氏于蒲圃而杀之。

树达按:此所谓季孙之忧在萧墙之内之事也,孔子盖先知之矣。

《汉书·魏相传》曰:上与赵充国等议欲击匈奴,相上书谏曰:今边郡困乏,父子共犬羊之裘,食草莱之实,常恐不能自存,难以动兵。军旅之后,必有凶年,言民以其愁苦之气伤阴阳之和也。出兵虽胜,犹有后忧,恐灾害之变因此以生。今郡国守相多不实选,风俗尤薄,水旱不时。案今年计,子弟杀父兄妻杀夫者凡二百二十二人。臣愚以为此非小变也。今左右不忧此,乃欲发兵报纤芥之忿于远夷,殆孔子所谓吾恐季孙之忧不在颛臾而在萧墙之内也。

孔子曰:"天下有道,则礼乐征伐自天子出;天下无道,则礼乐征伐自诸侯出。

《礼记·中庸》篇曰:非天子,不议礼,不制度,不考文。虽有其德,苟无其位,亦不敢作礼乐焉。

《孟子·尽心下》篇曰:征者,上伐下也,敌国不相征也。

《白虎通·诛伐》篇曰:诸侯之义,非天子之命,不得动众起兵诛不义者,所以强干弱枝,尊天子,卑诸侯也。《论语》曰:天下有道,则礼乐征伐自天子出;天下无道,则礼乐征伐自诸侯出。

《春秋·宣公十一年》曰:冬十月,楚人杀陈夏征舒。《公羊传》曰:此楚子也,其称人,何?贬。曷为贬?不与外讨也。不与外讨者,因其讨乎外而不与也,虽内讨亦不与也。曷为不与?实与而文不与。文曷为不与?诸侯之义不得专讨也。《春秋繁露·楚庄王》篇曰:楚庄王杀陈夏征舒,《春秋》贬其文,不予专讨也。灵王杀齐庆封,而直称楚子,何也?曰:庄王之行贤,而征舒之罪重。以贤君讨重罪,其于人心善。若不贬,孰知其非正经?春秋常于其嫌得者见其不得也。是故齐侯不予专地而封,晋文不予致王而朝,楚庄弗予专杀而讨。

自诸侯出,盖十世希不失矣。

树达按:齐自桓公称霸,历孝昭懿惠顷灵庄景悼简十公而陈氏专国,简公被弑。晋自文公称霸,历襄灵成景厉悼平昭顷九公而公室为六卿所灭。

自大夫出,五世希不失矣。

树达按:刘逢禄云:鲁自季友专政,历文武平桓四世而为阳虎所执。

陪臣执国命,三世希不失矣。

树达按:鲁家臣南蒯公山不扰阳虎皆及身而失之,不及三世也。

天下有道,则政不在大夫。

《春秋·文公十四年》曰:晋人纳捷菑于邾娄,弗克纳。《公羊传》曰:此晋郤缺也,其称人,何?贬。曷为贬?不与大夫专废置君也。曷为不与?实与而文不与。文曷为不与?大夫之义不得专废置君也。

又《襄公三年》曰:六月,公会单子晋侯宋公卫侯郑伯莒子邾子齐世子光,己未,同盟于鸡泽。戊寅,叔孙豹及诸侯之大夫及陈袁侨盟。《谷梁传》曰:诸侯盟,又大夫相与私盟,是大夫张也。故鸡泽之会,诸侯始失正矣,大夫执国构。

又《襄公八年》曰：季孙宿会晋侯郑伯齐人宋人卫人邾人于邢丘。《谷梁传》曰：见鲁之失正也，公在而大夫会也。

又《襄公十六年》曰：三月，公会晋侯宋公卫侯郑伯曹伯莒子邾娄子薛伯杞伯小邾娄子于湨梁。戊寅，大夫盟。《公羊传》曰：诸侯皆在是，其言大夫盟，何？信在大夫也。何言乎信在大夫？遍刺天下之大夫也。曷为遍刺天下之大夫？君若赘旒然。

《谷梁传》曰：湨梁之会，诸侯失正矣。诸侯会而曰大夫盟，正在大夫也。诸侯在而不曰诸侯之大夫，大夫不臣也。《春秋繁露·竹林》篇曰：湨梁之盟，信在大夫，而《春秋》刺之，为其夺君尊也。

又《襄公三十年》曰：晋人齐人宋人卫人郑人曹人莒人邾娄人滕人薛人杞人小邾娄人会于澶渊，宋灾故。《公羊传》曰：此大事也，曷为使微者？卿也。卿则其称人，何？贬。曷为贬？卿不得忧诸侯也。《春秋繁露·王道》篇曰：大夫盟于澶渊，刺大夫之专政也。

天下有道，则庶人不议。"

《说苑·君道》篇曰：夫势失则权倾，故天子失道，则诸侯尊矣；诸侯失政，则大夫起矣；大夫失官，则庶人兴矣。

《国语·周语上》曰：厉王虐，国人谤王。邵公告曰："民不堪命矣。"王怒，得卫巫，使监谤者，以告，则杀之。国人莫敢言，道路以目。

《左传·襄公三十一年》曰：郑人游于乡校以论执政。

孔子曰："禄之去公室五世矣；政逮于大夫四世矣。

《左传·昭公二十五年》曰：宋乐祁曰：政在季氏三世矣；杜《注》云，文子、武子、平子。鲁君丧政四公矣。杜《注》云，宣、成、襄、昭。

又《昭公三十二年》曰：晋史墨曰：昔成季友有大功于鲁，受费以为上卿。至于文子武子，世增其业，不废旧绩。鲁文公薨，而东门遂杀适立庶，鲁君于是乎失国。政在季氏，于此君也四公矣。

又《宣公十八年》曰：公孙归父以襄仲之立公也，有宠。归父，襄仲子。欲去三桓以张公室，与公谋而聘于晋，欲以晋人去之。

《史记·鲁世家》曰：文公卒，襄仲立宣公。鲁由此公室卑，三桓强。

《春秋繁露·玉杯》篇曰：文公不能服丧，不时奉祭，不以三年，又以丧取，取于大夫以卑宗庙，乱其群祖以逆先公。小善无一，而大恶四五，故诸侯弗予盟，命大夫弗为使，是恶恶之征，不臣之效也。出侮于外，入夺于内，无位之君也。孔子曰：政逮于大夫四世矣，盖自文公以来之谓也。

《汉书·刘向传》曰：向上封事曰：夫大臣操权柄，持国政，未有不为害者也。昔晋有六卿，齐有田崔，卫有孙甯，鲁有季孟，常掌国事，世执朝柄。终后田氏取齐，六卿分晋，崔杼弑其君光，孙林父甯殖出其君衎，弑其君剽。季氏八佾舞于庭，三家者以《雍》彻，并专国政，卒逐昭公。周大夫尹氏管朝事，浊乱王室，子朝子猛更立，连年乃定。故《经》曰："王室乱"，又曰："尹氏杀王子克。"甚之也。《春秋》举成败录祸福如此类甚众，皆阴盛而阳微，下失臣道之所致也。故《书》曰："臣之有作威作福，害于而家，凶于而国。"孔子曰："禄去公室，政逮大夫"，危亡之兆。

　　树达按：乐祁史墨皆云鲁君失政四公，而孔子云禄去公室五世者，乐祁史墨在昭公时言之。孔子之言，郑注谓在定公时，时后一公，故多一世，似异而实同也。董生谓四世始文公，与乐祁史墨说异。

故夫三桓之子孙微矣。"

《左传·定公五年》曰：九月乙亥，阳虎囚季桓子及公父文伯而逐仲梁怀。冬十月丁亥，杀公何藐。又八年曰：阳虎欲去三桓，以季寤更季氏；以叔孙辄更叔孙氏；已更孟氏。冬十月壬辰，将享季氏于蒲圃而杀之。林楚曰：阳虎为政，鲁国服焉，违之，征死。

孔子曰："益者三友，损者三友。

《说苑·杂言》篇曰：孔子曰：与善人居，如入兰芷之室，久而不闻其香，则与之化矣；与恶人居，如入鲍鱼之肆，久而不闻其臭，亦与之化矣。

《大戴礼记·曾子疾病》篇曰：是故君子慎其所去就。与君子游，如长日加益而不自知也；与小人游，如履薄冰，每履而下，几何而不陷乎哉？

《墨子·所染》篇曰：非独国有染也，士亦有染。其友皆好仁义，淳谨畏令，则家日益，身日安，名日荣，处官得其理矣，则段干木禽子傅说之徒是也；其友皆好矜奋，创作比周，则家日损，身日危，名日辱，处官失其理矣，则子西易牙竖刁之徒是也。《诗》曰："必择所堪，必谨所堪"者，堪与湛同。此之谓也。

《后汉书·爰延传》曰：延上封事曰：陛下以河南尹邓万有龙潜之旧，封为通侯，恩重公卿，惠丰宗室。加顷引见，与之对博，上下媟黩，有亏尊严。臣闻之：帝左右者，所以咨政德也。故周公戒成王曰："其朋其朋！"言慎所与也。昔宋闵公与强臣共博，引妇人于侧，积此无礼，以致大灾。武帝与幸臣李延年韩嫣同卧起，尊爵重赐，情欲无厌，遂生骄淫之心，行不义之事。卒延年被戮，嫣伏其辜。夫爱之则不觉其过，恶之则不知其善，所以事多泛滥，物情生怨。故王者赏人必酬其功，爵人必甄其德。善人同处，则日闻嘉训；恶人从游，则日生邪情。孔子曰："益者三友。"

友直，友谅，友多闻，益矣。

《汉书·谷永杜邺传赞》曰：孝成之世，委政外家，诸舅持权，重于丁傅在孝哀时。故杜邺敢讥丁傅，而钦永不敢言王氏，其执然也。及钦欲挹损凤权，而邺附会音商，永陈三七之戒，斯为忠焉。至其引申伯以阿凤，隙平阿于车骑，指金火以求合，可谓谅不足而谈有余者。孔子称"友多闻"，三人近之矣。

友便辟，友善柔，友便佞，损矣。"

《汉书·佞幸传》曰：汉世衰于元成，坏于哀平。哀平之际，国多衅矣，主疾无嗣，弄臣为输，鼎足不强，栋干微挠。一朝帝崩，奸臣擅命，董贤缢死，丁傅流放，辜及母后，夺位幽废。咎在亲便嬖，所任非仁贤。故仲尼著"损者三友"，王者不私人以官，殆为此也。

孔子曰："益者三乐，损者三乐。

乐节礼乐，

《汉书·贡禹传》曰：禹奏言，今大夫僭诸侯，诸侯僭天子，天子过天道，其日久矣。承衰救乱，矫复古化，在于陛下。臣愚以为：尽如太古，难，宜少放古以自节焉。《论语》曰："君子乐节礼乐。"

乐道人之善，

《礼记·中庸》篇曰：子曰：舜其大知也与！隐恶而扬善。

《荀子·不苟》篇曰：君子崇人之德，扬人之美，非谄谀也。

乐多贤友，益矣。

《中论·贵验》篇曰：孔子曰：居而得贤友，福之次也。

《孟子·万章下》篇曰：孟子谓万章曰：一乡之善士，斯友一乡之善士；一国之善士，斯友一国之善士；天下之善士，斯友天下之善士。以友天下之善士为未足，又尚论古之人，颂其《诗》，读其《书》，不知其人，可乎？是以论其世也，是尚友也。

乐骄乐，乐佚游，

《书·皋陶谟》曰：无若丹朱傲，惟慢游是好。

又《无逸》篇曰：文王不敢盘于游田，以庶邦惟正之供。周公曰：呜呼，继自今嗣王则其无淫于观，于逸，于游，于田，以万民惟正之供。无皇曰：今日耽乐，乃非民攸训，非天攸若，时人丕则有愆。

《孟子·梁惠王下》篇曰：晏子曰：夏谚曰："吾王不游，吾何以休？吾王不豫，吾何以助？一游一豫，为诸侯度。"今也不然，师行而粮食，饥者弗食，劳者弗息，睊睊胥谗，民乃作慝。方命虐民，饮食若流，流连荒亡，为诸侯忧。从流下而忘反谓之流，从流上而忘反谓之连，从兽无厌谓之荒，乐酒无厌谓之亡。先王无流连之乐，荒亡之行。

乐宴乐，损矣。"

《汉书·成帝纪》曰：元帝即位，帝为太子，壮好经书，宽博谨慎。其后幸酒，乐燕乐，上不以为能。

孔子曰："侍于君子有三愆：言未及之而言谓之躁，言及之而不言谓之隐，未见颜色而言谓之瞽。"

《荀子·劝学》篇曰：问楛者勿告也；告楛者勿问也；说楛者勿听也；有争气者勿与辩也。故必由其道至，然后接之；非其道则避之。故礼恭而后可与言道之方，辞顺而后可与言道之理，色从而后可与言道之致。故未可与言而言谓之傲，可与言而不言谓之隐，不观气色而言谓之瞽。故君子不傲，不隐，不瞽，谨顺其序。序今《荀子》误作身，据《说苑》校改。

又曰：故不问而告谓之傲，问一而告二谓之囋。傲非也，囋非也，君子如向矣。

《国语·晋语六》曰：鄢之役，荆压晋军，军吏患之。将谋，范匄自公族趋过之，曰：夷灶堙井，非退而何？范文子执戈逐之，曰："国之存亡，天命也，童子何知焉？且不及而言，奸也，必为戮。"

孔子曰：'君子有三戒：少之时，血气未定，戒之在色；

《汉书·杜钦传》曰：钦说王凤曰：故后妃有贞淑之行，则胤嗣有贤圣之君；制度有威仪之节，则人君有寿考之福。废而不由，则女德不厌；女德不厌，则寿命不究于高年。《书》云："或四三年"，言失欲之生害也。今圣主富于春秋，未有适嗣，方乡术入学，未亲后妃之议。将军辅政，宜因始初之隆，建九女之制。详择有行义之家，求淑女之质，毋必有色声音技能，为万世大法。夫少戒之在色，《小卞》之作，可为寒心。唯将军常以为忧。

及其壮也，血气方刚，戒之在斗；

《荀子·荣辱》篇曰：斗者，忘其身者也，忘其亲者也，忘其君者也。行其少顷之怒而丧终身之躯，然且为之，是忘其身也；室家立残，亲戚不免乎刑戮，然且为之，是忘其亲也；君上之所恶也，刑法之所大禁也，然且为之，是忘其君也。夏与下同。忘其身，内忘其亲，上忘其君，是刑法之所不舍也，圣王之所不畜也。乳彘触虎，乳狗不远游，不忘其亲也；人也夏忘其身，内忘其亲，上忘其君，则是人也，而曾狗彘之不若也。凡斗者必自以为是，而以人为非也。己诚是也？人诚非也？则是己君子而人小人也，以君子与小人相贼害也，夏以忘其身，内以忘其亲，上以忘其君，岂不过甚矣哉！是人也，所谓以狐父之戈钃牛矢也。将以为智邪？则愚莫大焉；将以为利邪？则害莫大焉；将以为荣邪？则辱莫大焉；将以为安邪？则危莫大焉。人之有斗，何哉？我欲属之狂惑疾病邪？则不可，圣王又诛之。我欲属之鸟鼠禽兽邪？则不可，其形体又人而好恶多同。人之有斗，何哉？我甚丑之。

又《臣道》篇曰：恭敬，礼也；调和，乐也；谨慎，利也；斗怒，害也。故君子安礼乐，利谨慎，而无斗怒，是以百举不过也。小人反是。

及其老也，血气既衰，戒之在得。"

《淮南子·诠言》篇曰：凡人之性，少则猖狂，壮则强暴，老则好利。

孔子曰："君子有三畏：畏天命，

《春秋繁露·郊语》篇曰：人之言，醯去烟；鸥羽去眯；慈石取铁；颈金取火；蚕珥丝于室而弦绝于堂；禾实于野而粟缺于仓；芫菁生于燕；橘枳死于荆。此十物者，皆奇而可怪，非人所意也。夫非人所意而然，既已有之矣。或者吉凶祸福利不利之所从生，无有奇怪非人所意如是者乎？此等可畏也。孔子曰："君子有三畏：畏天命，畏大人，畏圣人之言。"彼岂无伤害于人，如孔子徒畏之哉？如同而。以此见天之不可不畏敬，犹主上之不可不谨事。不谨事主，其祸来至显；不畏敬天，其殃来至暗。暗者不见其端，若自然也。

畏大人，

《春秋繁露·楚庄王》篇曰：是故于外道而不显，于内讳而不隐，于尊亦然，于贤亦然。义不讪上，智不危身。故远者以义讳，近者以智畏。畏与义兼，则世逾近而言逾谨矣。此定哀之所以微其辞。

《史记·十二诸侯年表》曰：孔子明王道，干七十余君，莫能用。故西观周室，论《史记》旧文，兴于鲁而次《春秋》。上记隐，下至哀之获麟。约其辞文，去其繁重，以制义法。王道备，人事浃。七十子之徒口受其传指，为有所刺讥褒讳挹损之文辞，不可以书见也。

《汉书·艺文志》曰：《春秋》所褒损大人当世有威权势力，其事实皆形于传，是以隐其书而不宣，所以免时难也。

畏圣人之言。

《春秋繁露·郊语》篇曰：天地神明之心，与人事成败之真，固莫之能见也，唯圣人能见之。圣人者，见人之所不见者也，故圣人之言亦可畏也。

又《顺命》篇曰：孔子曰："畏天命，畏大人，畏圣人之言。"其祭社稷宗庙山川鬼神不以其道，无灾无害，至于祭天不享，其卜不从，使其牛口伤，鼷鼠食其角。或言食牛，或言食而死，或食而生，或不食而自死，或改卜而牛死，或卜而食其角。过有深浅薄厚，而灾有简甚，不可不察也。以此见其可畏。专诛绝者，其唯天乎！臣杀君，子杀父，三十有余，以此观之，可畏者其唯天命乎！亡国五十有余，皆不事畏者也。况不畏大人，大人专诛之，君之灭者何日之有哉？鲁宣违圣人之言，变古易常而灾立至。圣人之言，可不慎与？此三畏者，异致而同指，故圣人同之，俱言其可畏也。

小人不知天命而不畏也，狎大人，侮圣人之言。"

孔子曰："生而知之者，上也；学而知之者，次也；困而学之，又其次也；困而不学，民斯为下矣。"

《礼记·中庸》篇曰：或生而知之，或学而知之，或困而知之，及其知之，一也。

《论衡·实知》篇曰：夫项托年七岁教孔子。案七岁未入小学而教孔子，性自知也。孔子曰："生而知之，上也；学而知之，其次也。"夫言生而知之，不言学问，谓若项托之类也。

孔子曰："君子有九思：

《孟子·告子上》篇曰：心之官则思，思则得之，不思则不得也。

视思明，听思聪，色思温，貌思恭，

《书·洪范》篇曰：二，五事：一曰貌，二曰言，三曰视，四曰听，五曰思。貌曰恭，言曰从，视曰明，听曰聪，思曰睿。恭作肃，从作乂，明作哲，聪作谋，睿作圣。

《泰伯》篇曰：曾子曰：君子所贵乎道者三：动容貌，斯远暴慢矣；正颜色，斯近信矣；出辞气，斯远鄙倍矣。

《述而》篇曰：子温而厉。

《子张》篇曰：子夏曰：君子有三变：望之俨然；即之也温；听其言也厉。

言思忠，事思敬，

《卫灵公》篇曰：子张问行。子曰：言忠信，行笃敬，虽蛮貊之邦行矣；言不忠信，行不笃敬，虽州里行乎哉？

疑思问，

《伪尚书·仲虺之诰》曰：好问则裕，自用则小。

《荀子·大略》篇曰：迷者不问路，溺者不问遂，亡人好独。《诗》曰："我言维服，勿用为笑，先民有言，询于刍荛。"言博问也。

《淮南子·主术》篇曰：文王智而好问，故圣；武王勇而好问，故胜。

《说苑·建本》篇曰：夫问讯之士，日夜兴起，厉中益知，以分别理。是故处身则全，立身不殆。士苟欲深明博察以垂荣名，而不好问讯之道，则是伐智本而塞智原也，何以立躯也？

又《说丛》篇曰：君子不羞学，不羞问。问讯者，知之本；念虑者，知之道也。此言贵因人知而加知之，不贵独自用其知而知之。

《韩非子·说林上》篇曰：管仲隰朋从桓公伐孤竹，春往冬反，迷惑失道。管仲曰："老马之智可用也。"乃放老马而随之，遂得道。行山中，无水。隰朋曰："蚁冬居山之阳，夏居山之阴，蚁壤寸而有水。"乃掘地，遂得水。以管仲之圣而隰朋之智，至其所不知，不难师于老马与蚁。今人不知以其愚心而师圣人之智，不亦过乎？

《大戴礼记·曾子立事》篇曰：弗知而不问焉，固也。

忿思难，

《大戴礼记·曾子立事》篇曰：忿怒思患。

《后汉书·吴祐传》曰：孝子忿必思难，动不累亲。

《颜渊》篇曰：子曰：一朝之忿，忘其身以及其亲，非惑与？

《易·象传》曰：山下有泽，损，君子以惩忿窒欲。

见得思义。"

《子张》篇曰：子张曰：士见危致命，见得思义，祭思敬，丧思哀，其可已矣。

《宪问》篇曰：子曰：见利思义，见危授命，久要不忘平生之言，亦可以为成人矣。

孔子曰："见善如不及，见不善如探汤；

《大戴礼记·曾子立事》篇曰：见善，恐不得与焉；见不善者，恐其及己也。是故君子疑以终身。

《淮南子·缪称》篇曰：文王闻善如不及，宿不善如不祥。非为日不足也，其忧寻推之也。

《列女传·节义传》曰：鲁秋洁妇者，鲁秋胡子妻也，既纳之五日，去而宦于陈，五年乃归。未至家，见路旁妇人采桑，秋胡子悦之，下车谓曰："若曝采桑，吾行道远，愿托桑荫下湌，下赍休焉。"妇人采桑不辍。秋胡子谓曰："力田不如逢丰年，力桑不如见国卿。吾有金，愿以与夫人。"妇人曰："嘻！夫采桑力作，纺绩织纴以供衣食，奉二亲，养夫子，吾不愿金。所愿卿无有外意，妾亦无淫泆之志，收子之赍与笥金。"秋胡子遂去。至家，奉金，遗母。使人唤妇至，乃向采桑者也。秋胡子惭。妇曰："子束发修身，辞亲往仕，五年乃还，当欣悦驰骤，扬尘疾至。今也乃悦路旁妇人，下子之装，以金予之，是忘母不孝。好色淫泆，是污行也，污行不义。夫事亲不孝，则事君不忠；处家不义，则治官不理。孝义并亡，必不遂矣，妾不忍见。子改娶矣，妾亦不嫁。"遂去而东走，投河而死。君子曰：洁妇精于善。夫不孝莫大于不爱其亲而爱其人，秋胡子有之矣。孔子曰："见善如不及；见不善如探汤。"秋胡子妇之谓也。

《后汉书·范滂传》曰：王甫诘曰："君为人臣，不惟忠国，而共造部党，自相褒举，评论朝廷，虚构无端。诸所谋结，并欲何为？皆以情对，不得隐饰。"滂对曰："臣闻仲尼之言：'见善如不及，见恶如探汤'欲使善善同其清，恶恶同其污。谓王政之所愿闻，不悟更以为党。"

吾见其人矣，吾闻其语矣。

隐居以求其志，行义以达其道；

《孟子·万章上》篇曰：伊尹耕于有莘之野，而乐尧舜之道焉。非其义也，非其道也，禄之以天下，弗顾也；系马千驷，弗视也。非其义也，非其道也，一介不以与人，一介不以取诸人。汤使人以币聘之，嚣嚣然曰："我何以汤之聘币为哉？我岂若处畎亩之中，由是以乐尧舜之道哉？"汤三使往聘之，继而幡然改曰："与我处畎亩之中由是以乐尧舜之道，吾岂若使是君为尧舜之君哉？吾岂若使是民为尧舜之民哉？吾岂若于吾身亲见之哉？"思天下之民匹夫匹妇有不被尧舜之泽者，若己推而内之沟中，其自任以天下之重如此。故就汤而说之，以伐夏救民。

吾闻其语矣，未见其人也。"

齐景公有马千驷，死之日，民无德而称焉。

《左传·哀公八年》曰：鲍牧谓群公子曰：使女有马千乘乎？杜注云：有马千乘，使为君也。鲍牧本不欲立阳生，故讽动群公子。

树达按：哀公五年，齐景公卒。明年，陈乞弑荼，立阳生。鲍牧所云马千乘，正景公之所遗也。四马曰乘，千乘即千驷矣。

伯夷叔齐饿于首阳之下，民到于今称之。

《史记·伯夷传》曰：伯夷叔齐者，孤竹君之二子也。伯夷叔齐闻西伯昌善养老，盍往归焉。及至，西伯卒，武王东伐纣。伯夷叔齐扣马而谏曰："父死不葬，爰及干戈，可谓孝乎？以臣弑君，可谓仁乎？"左右欲兵之。太公曰："此异人也。"扶而去之。武王已平殷乱，天下宗周，而伯夷叔齐耻之，义不食周粟，隐于首阳山，采薇而食之，遂饿死于首阳山。

"诚不以富，亦祇以异，"其斯之谓与！

树达按：诚不以富八字本错简在卷十二《颜渊》篇，今从《集注》说移此。

陈亢问于伯鱼曰："子亦有异闻乎？"对曰："未也。尝独立，鲤趋而过庭，曰：'学《诗》乎？'对曰：'未也。''不学《诗》，无以言。'

《子路》篇曰：子曰：诵《诗》三百，授之以政，不达；使于四方，不能专对。虽多，亦奚以为？

《汉书·艺文志》曰：古者诸侯卿大夫交接邻国，以微言相感。当揖让之时，必称《诗》以谕其志，盖以别贤不肖而观盛衰焉。故孔子曰："不学《诗》，无以言也。"

王通《中说·立命》篇曰：夫教之以《诗》，则出辞气斯远暴慢矣。

《阳货》篇曰：子谓伯鱼曰：女为《周南·召南》矣乎！人而不为《周南·召南》，其犹正墙面而立也与！

鲤退而学诗。

他日又独立，鲤趋而过庭，曰：'学《礼》乎？'对曰：'未也。''不学《礼》，无以立。'

《泰伯》篇曰：立于礼。

《尧曰》篇曰：不知礼，无以立也。

《说苑·建本》篇曰：孔子曰：鲤！君子不可以不学，见人不可以不饰。不饰则无根，无根则失理，失理则不忠，不忠则失礼，失礼则不立。

鲤退而学礼。闻斯二者。"

陈亢退而喜曰：问一得三。闻《诗》，闻《礼》，又闻君子之远其子也。

《白虎通·五行》篇曰：君子远子近孙，何法？法木远火近土也。

邦君之妻，君称之曰夫人。

《礼记·曲礼下》篇曰：天子之妃曰后，诸侯曰夫人。

《公羊传·隐公二年》曰：女，在其国称女，在涂称妇，入国称夫人。

夫人自称曰小童。

《礼记·曲礼下》篇曰：夫人自称于其君曰小童。

邦人称之曰君夫人。

《左传·襄公二十六年》曰：左师见夫人之步马者，问之，对曰："君夫人氏也。"左师曰："谁为君夫人？余胡弗知？"圉人归，以告夫人。夫人使馈之锦与马，先之以玉。曰："君之妾弃使某献。"左师改命曰君夫人，而后再拜稽首受之。

又《哀公二年》曰：卫侯游于郊，子南仆。公曰："余无子，将立女。"不对。他日又谓之，对曰："郢不足以辱社稷，君其改图！君夫人在堂，三揖在下，君命祗辱。"

称诸异邦曰寡小君。

《仪礼·聘礼记》曰：君以社稷故在寡小君，拜。

《礼记·杂记上》篇曰：君，讣于他国之君曰：寡君不禄，敢告于执事。夫人，曰：寡小君不禄。

《史记·孔子世家》曰：灵公夫人有南子者，使人谓孔子曰：四方之君子不辱欲与寡君为兄弟者，必见寡小君，寡小君愿见。

《白虎通·爵》篇曰：妇人无爵，何？阴卑无外事，是以有三从之义：未嫁从父；既嫁从夫；夫死从子。故夫尊于朝，妻荣于室，随夫之行。故《礼·郊特牲》曰："妇人无爵，坐以夫之齿。"《礼》曰："生无爵，死无谥。"《春秋》录夫人皆有谥，何以知夫人非爵也？《论语》曰："邦君之妻，君称之曰夫人，国人称之曰君夫人。"即令是爵，君称之与国人称之不当异也。

又《嫁娶》篇曰：国君之妻称之曰夫人，何？明当扶进人，谓八妾也。国人尊之，故称君夫人也。自称小童者，谦也，言己智能寡少如童蒙也。《论语》曰："国君之妻，君称之曰夫人；夫人自称曰小童；国人称之曰君夫人；称诸异邦曰寡小君。"谓聘问于兄弟之国及臣于他国称之，谦之词也。

异邦人称之，亦曰君夫人。

论语疏证卷第十七

阳货篇第十七

阳货欲见孔子，孔子不见，归孔子豚。孔子时其亡也而往拜之。

《孟子·滕文公下》篇曰：公孙丑问曰："不见诸侯，何义？"孟子曰："古者不为臣不见。段干木逾垣而辟之，泄柳闭门而不内。是皆已甚，迫，斯可以见矣。阳货欲见孔子，而恶无礼。大夫有赐于士，不得受于其家，则往拜其门。阳货瞰孔子之亡也，而馈孔子蒸豚。孔子亦瞰其亡也，而往拜之。当是时，阳货先，岂得不见！"

《法言·五百》篇曰：或问："圣人有诎乎？"曰："有。""焉诎乎？"曰："仲尼于南子，所不欲见也；于阳虎，所不欲敬也。见所不见，敬所不敬，不诎如何？"

遇诸涂。谓孔子曰："来！予与尔言。"曰："怀其宝而迷其邦，可谓仁乎？"曰："不可。"

《韩诗外传·卷一》曰：怀其宝而迷其国者，不可与语仁。

"好从事而亟失时，可谓知乎？"曰："不可。""日月逝矣，岁不我与。"孔子曰："诺！吾将仕矣。"

子曰："性相近也，习相远也。"

《孟子·告子上》篇曰：故凡同类者，举相似也，何独至于人而疑之？圣人与我同类者。

《大戴礼记·保傅》篇曰：孔子曰：少成若天性，习贯之为常。

《荀子·性恶》篇曰：天非私曾骞孝己而外众人也，然而曾骞孝己独厚于孝之实，而全于孝之名者，何也？以綦于礼义故也。天非私齐鲁之民而外秦人也，然而秦人于父子之义夫妇之别，不如齐鲁之孝共敬文者，何也？以秦人之从情性，安恣睢，慢于礼义故也。岂其性异矣哉！

又曰：夫人虽有性质美而心辩知，必将求贤师而事之，择良友而友之。得贤师而事之，则所闻者尧舜禹汤之道也；得良友而友之，则所见者忠信敬让之行也；身日进于仁义而不自知也者，靡使然也。今与不善人处，则所闻者欺诬诈伪也，所见者污漫淫邪贪利之行也。身且加于刑戮而不自知者，靡使然也。《传》曰："不知其子，视其友；不知其君，视其左右。"靡而已矣！靡而已矣！

《列女传·辩通》篇曰：齐闵王曰："夫饰与不饰，固相去十百也？"女曰："夫饰与不饰，相去千万尚不足言，何独十百也！"王曰："何以言之？"对曰："性相近，习相远也。昔者尧舜桀纣俱天子也，尧舜自饰以仁义，虽为天子，安于节俭，茅茨不剪，采椽不斫，后宫衣不重采，食不重味。至今数千岁，天下归善焉。桀纣不自饰以仁义，习为苛文，造为高台深池，后宫蹈绮縠，弄珠玉，意非有餍时也，身死国亡，为天下笑，至今千余岁，天下归恶焉。由是观之，饰与不饰，相去千万，尚不足言，何独十百也！"

《汉书·贾谊传》曰：谊上疏曰：夫习与正人居之不能毋正，犹生长于齐不能不齐言也；习与不正人居之不能毋不正，犹生长于楚之地不能不楚言也。故择其所耆，必先受业乃得尝之；择其所乐，必先有习乃得为之。孔子曰："少成若天性，习贯如自然。"夫胡粤之人，生而同声，耆欲不异。及其长而成俗，累数译而不能相通，虽死而不相为者，则教习然也。

《淮南子·缪称》篇曰：夫素之质白，染之以涅则黑；缣之性黄，染之以丹则赤。人之性无邪,久湛于俗则易;易而忘本,合于若性。故日月欲明,浮云盖之;河水欲清,沙石濊之;人性欲平,嗜欲害之。惟圣人能遗物而反己。

《汉书·刑法志》曰:风俗移人,人性相近而习相远,信矣。

《后汉书·班彪传》曰:时东宫初建,诸王国并开,而官属未备,师保多缺。彪上言曰:"孔子称,'性相近;习相远也。'贾谊以为:'习与善人居,不能无为善,犹生长于齐不能无齐言也;习与恶人居,不能无为恶,犹生长于楚不能无楚言也。'是以圣人审所与居而戒慎所习。昔成王之为孺子,出则周公召公太公史佚,入则太颠闳夭南宫括散宜生,左右前后,礼无违者。故成王一日即位,天下旷然太平。是以《春秋》爱子,教以义方,不纳于邪;骄奢淫佚,所自邪也。《诗》云:'诒厥孙谋,以燕翼子。'言武王之谋遗子孙矣。

又《党锢传》曰:孔子曰:"性相近也,习相远也。"言嗜恶之本同,而迁染之涂异也。夫刻意则行不肆;牵物则其志流。是以圣人导人理性,裁抑宕佚,慎其所与,节其所偏。虽情品万区,质文异数,至于陶物振俗,其道一也。

子曰:"唯上知与下愚不移。"

《汉书·古今人表》曰:孔子曰:"中人以上,可以语上也。""唯上智与下愚不移。"传曰:譬如尧舜,禹稷咼与之为善,则行;鲧驩兜欲与为恶,则诛:可与为善,不可与为恶,是谓上智。桀纣,龙逢比干欲与之为善,则诛;干莘崇侯与之为恶则行:可与为恶,不可与为善,是谓下愚。齐桓公,管仲相之则霸,竖貂辅之则乱:可与为善,可与为恶,是谓中人。说本《贾子新书连语》篇,彼作上主中主下主为异。

《论衡·本性》篇曰:孔子曰:"性相近也,习相远也。"夫中人之性,在所习焉:习善而为善,习恶而为恶也。至于极善极恶,非复在习。故孔子曰:"惟上智与下愚不移。"性有善不善,圣化贤教不能复移易也。

《国语·晋语四》曰:文公问于胥臣曰:"吾欲使阳处父傅欢也而

教诲之，其能善之乎？"对曰："是在欢也。蘧蒢不可使俯，戚施不可使仰，僬侥不可使举，侏儒不可使援，蒙瞍不可使视，嚚瘖不可使言，聋聩不可使听，童昏不可使谋。质将善而贤良赞之，则济可俟；若有违质，教将不入，其何善之有？"

又《楚语上》曰：楚王使士亹傅太子箴。辞曰："臣不才，无能益焉。"王曰："赖子之善之也。"对曰："夫善在太子。太子欲善，善人将至；若不欲善，善则不用。故尧有丹朱，舜有商均，启有五观，汤有太甲，文王有管蔡。是五王者，皆以元德也，而有奸子。夫岂不欲其善？不能故也。"

子之武城，

《雍也》篇曰：子游为武城宰。

闻弦歌之声。

《礼记·文王世子》篇曰：春诵，夏弦，大师诏之。郑注云：诵谓歌乐也。弦谓以丝播诗。

夫子莞尔笑曰："割鸡焉用牛刀？"子游对曰："昔者偃也闻诸夫子曰：君子学道则爱人；小人学道则易使也。"子曰："二三子！偃之言是也，前言戏之耳。"

公山弗扰以费畔，召，子欲往。子路不说，曰："末之也已，何必公山氏之之也！"子曰："夫召我者而岂徒哉？如有用我者，吾其为东周乎！"

《史记·孔子世家》曰：定公九年，孔子年五十，公山不狃以费畔季氏，使人召孔子。孔子循道弥久，温温无所试，莫能己用。曰："盖周文武起丰镐而王，今费虽小，倘庶几乎！"欲往，子路不说，止孔子。孔子曰："夫召我者，岂徒哉？如用我，其为东周乎！"然亦卒不行。

《盐铁论·褒贤》篇曰：孔子曰："如有用我者，吾其为东周乎！"庶几成汤文武之功，为百姓除残去贼，岂贪禄位哉！

《说苑·至公》篇曰：孔子生于乱世，莫之能容也。故言行于君，泽加于民，然后仕；言不行于君，泽不加于民则处。孔子怀天覆之心，挟仁圣之德，悯时俗之污泥，伤纪纲之废壤。服重历远，周流应聘。乃俟幸施道以子百姓，而当世诸侯莫能任用。是以德积而不肆，大道屈而不伸，海内不蒙其化，群生不被其恩。故喟然叹曰："而有用我者，则吾其为东周乎！"故孔子行说，非欲私身运德于一城，将欲舒之于天下，而建之于群生者耳。

《论衡·问孔》篇曰：公山弗扰以费畔，召，子欲往。子路曰："末如也已，何必公山氏之之也！"子曰："夫召我者，而岂徒哉？如用我，吾其为东周乎！"为东周，欲行道也。

子张问仁于孔子，孔子曰："能行五者于天下，为仁矣。""请问之？"曰："恭、宽、信、敏、惠。

恭则不侮。

《左传·昭公七年》曰：及正考父佐戴武宣，三命滋益共。故其鼎铭云："一命而偻，再命而伛，三命而俯，循墙而走，亦莫余敢侮。饘于是，鬻于是，以糊余口。"其共也如是。

树达按：共与恭同。

《孟子·离娄上》篇曰：恭者不侮人。

树达按：恭则不侮，不侮谓不见侮也。恭者不侮人，则亦不见侮于人矣。

宽则得众。

《吕氏春秋·爱士》篇曰：昔者秦缪公乘马而车为败，右服失而野人取之，缪公自往求之，见野人方将食之于岐山之阳。缪公叹曰："食骏马之肉而不还饮酒，余恐其伤女也。"于是遍饮而去。处一年，为韩原之战，晋人已环缪公之车矣。晋梁由靡已扣缪公之左骖矣。晋惠公之右路石奋投而击缪公之甲，中之者已三札矣。野人之尝食马肉于岐山之阳者三百有余人；毕力为缪公疾斗于车下，遂大克晋，反获惠公以归。此《诗》之所谓君君子则正以行其德，君贱人则宽以尽其力者也。人主其胡可以无务行德爱人乎？行德爱人，则民亲其上；民亲其上，则皆乐为其君死矣。

《说苑·尊贤》篇曰：田忌去齐奔楚，楚王郊迎。至舍，问曰：楚，万乘之国也；齐，亦万乘之国也。常欲相并，为之奈何？对曰："易知耳。齐使申孺将，则楚发五万人，使上将军将之，至，禽将军首而反耳。齐使田居将，则楚发二十万人，使上将军将之，分别而相去也。齐使眄子将，楚发四封之内，王自出将，而忌从，相国上将军为左右司马，如是则王仅得存耳。"于是齐使申孺将，楚发五万人使上将军将之。至，禽将军首反。于是齐王忿然，乃更使眄子将。楚悉发四封之内，王自出将，田忌从，相国上将军为左右司马，益王车属九乘，仅得免耳。至舍，王北面，正领齐祛，问曰："先生何知之早也？"田忌曰："申孺为人，侮贤者而轻不肖者，贤不肖者俱不为用，是以亡也。田居为人，尊贤者而贱不肖者，贤者负任，不肖者退，是以分别而相去也。眄子为人，尊贤者而爱不肖者，贤不肖俱负任，是以王仅得存耳。

《后汉书·王昌刘永等传论》曰：传称："盛德必百世祀。"孔子曰："宽则得众"，夫能得众心，则百世不忘矣。观更始之际，刘氏之遗恩余烈，英雄岂能抗之哉？然则知高祖孝文之宽仁结于人心深矣。周人之思召公，爱其甘棠，又况其子孙哉？刘氏之再受命，盖以此乎！

又《班固传》曰：固性宽和容众，不以才能高人，诸儒以此慕之。

信则人任焉。

《左传·哀公十四年》曰：小邾射以句绎来奔。曰："使季路要我，吾无盟矣。"使子路，子路辞。季康子使冉有谓之曰："千乘之国，不信其盟，而信子之言，子何辱焉？"

《韩非子·说林下》篇曰：齐伐鲁，索谗鼎，鲁以其雁往。齐人曰："雁也。"鲁人曰："真也。"齐曰："使乐正子春来，吾将听子。"鲁君请乐正子春。乐正子曰："胡不以其真往也？"君曰："我爱之。"答曰："臣亦爱臣之信。"《新序·节士篇》曰：齐攻鲁，求岑鼎。鲁君载岑鼎往，齐侯不信而反之，以为非也。使人告鲁君："柳下惠以为是，因请受之。"鲁君请于柳下惠。柳下惠对曰："君之欲以为岑鼎也，以免国也。臣亦有国于此，破臣之国以免君之国，此臣所难也。"鲁君乃以真岑鼎往。柳下惠可谓守信矣，非独存己之国也，又存鲁君之国，信之于人重矣！

《史记·项羽纪》曰：陈婴者，故东阳令史，居县中，素信谨，称为长者。东阳少年杀其令，相聚数千人，欲置长，无适用，乃请陈婴，婴谢不能，遂强立婴为长。

《后汉书·来歙传》曰：时山东略定，帝谋西收隗嚣兵，与俱伐蜀。复使歙谕旨，嚣将王元说嚣，多设疑故，久冘豫不决。歙素刚毅，遂发愤质责嚣，欲前刺嚣。嚣起，入部勒兵，将杀歙。王元劝嚣杀歙，使牛邯将兵围守之。歙为人有信义，言行不违，及往来游说，皆可案覆，西州士大夫皆信重之，多为其言，故得免而东归。

敏则有功。

《左传·宣公十一年》曰：楚令尹蒍艾猎城沂，使封人虑事，以授司徒，量功命日，分财用，平板干，称畚筑，程土物，议远迩，略基趾，具馈粮，度有司。事三旬而成，不愆于素。

惠则足以使人。"

《书·皋陶谟》曰：安民则惠，黎民怀之。

《尹文子》曰：禄薄者不可与经乱，赏轻者不可与入难，处上者不可不慎也。

《左传·宣公二年》曰：秋九月，晋侯饮赵盾酒，伏甲，将攻之。其右提弥明知之，趋登，曰："臣侍君宴，过三爵，非礼也。"遂扶以下。公嗾夫獒焉，明搏而杀之。盾曰："弃人用犬，虽猛何为？"斗且出，提弥明死之。初，宣子田于首山，舍于翳桑，见灵辄饿。问其病，曰："不食三日矣。"食之，舍其半。问之，曰："宦三年矣，未知母之存否，今近焉，请以遗之。"使尽之，而为之箪食与肉，真诸橐以与之。既而与为公介，倒戟以御公徒而免之。问何故？对曰："翳桑之饿人也。"问其名居，不告而退，遂自亡也。

《后汉书·刘盆子传》曰：琅邪海曲有吕母者，子为县吏，犯小罪，宰论杀之。吕母怨宰，密聚客，规以报仇。母家素丰，赀产数百万，乃益酿醇酒，买刀剑衣服。少年来酤者，皆赊与之；视其乏者，辄假衣裳，不问多少。数年，财用稍尽，少年欲相与偿之。吕母垂泣曰："所以厚诸君者，非欲求利，徒以县宰不道，枉杀吾子，欲为报怨耳。诸君宁肯哀之乎？"少年壮其意，又素受恩，皆许诺。遂相聚，得数十百人，因与吕母入海中，招合亡命，众至数千。吕母自称将军，引兵还，攻破海曲，执县宰，斩之，以其首祭子冢，复还海中。

佛肸召，子欲往。子路曰："昔者由也闻诸夫子曰：亲于其身为不善者，君子不入也。佛肸以中牟叛，子之往也，如之何？"

《后汉书·独行李业传》曰：及公孙述僭号，素闻业贤，征之，欲以为博士，业固疾不起。数年，述羞不致之，乃使大鸿胪尹融持毒酒奉诏命以劫业。若起，则受公侯之位；不起，赐之以药。融譬旨，业叹曰："危国不入，乱国不居，亲于其身为不善者，义所不从。君子见危授命，何乃诱以高位重饵哉！"遂饮毒而死。

子曰："然，有是言也。不曰坚乎，磨而不磷；不曰白乎，涅而不淄。吾岂匏瓜也哉！焉能系而不食。"

《史记·孔子世家》曰：佛肸为中牟宰，赵简子攻范中行，伐中牟，佛肸畔，使人召孔子。孔子欲往。子路曰："由闻诸夫子，其身亲为不善者，君子不入也。今佛肸亲以中牟畔，子欲往，如之何？"孔子曰："有是言也，不曰坚乎，磨而不磷；不曰白乎，涅而不淄；我岂匏瓜也哉！焉能系而不食。"

子曰："由也！女闻六言六蔽矣乎？"对曰："未也。""居！吾语女：好仁不好学，其蔽也愚。

好知不好学，其蔽也荡。

《汉纪六·高后纪》曰：荀悦曰：今人见有不移者，因曰人事无所能移；见有可移者，因曰无天命；见天人之殊远者，因曰事不相干；知神气流通者，人共事而同业。此皆守其一端而不究终始。《易》曰："有天道焉；有地道焉；有人道焉。"言其异也。"兼三才而两之"，言其同也。故天人之道，有同有异。据其所以异而责其所以同，则成矣；守其所以同而求其所以异，则弊矣。孔子曰："好知不好学，其弊也荡。"末俗见其纷乱，事变乖错，则异心横出，而失其所以守，于是放荡反道之论生，而诬神非圣之义作。

好信不好学，其蔽也贼。

《吕氏春秋·当务》篇曰：楚有直躬者，其父窃羊而谒之上，上执而将诛之，直躬者请代之。将诛矣，告吏曰："父窃羊而谒之，不亦信乎？父诛而代之，不亦孝乎？信且孝而诛之，国将有不诛者乎？"

荆王闻之，乃不诛也。孔子闻之，曰："异哉直躬之为信也，一父而载取名焉。"故直躬之信不若无信。

《后汉书·刘平传》曰：刘平本名旷，更始时，天下乱，与母俱匿野泽中。平朝去求食，逢饿贼，将烹之。平叩头曰："今旦为老母求菜，老母待旷为命。愿得先归，食母毕，还就死。"因涕泣。贼见其至诚，哀而遣之。平还，既食母讫，因白曰："屡与贼期，义不可欺。"遂还诣贼，众皆大惊。相谓曰："尝闻烈士，乃今见之。子去矣！吾不忍食子。"于是得全。

好直不好学，其蔽也绞。

《泰伯》篇曰：子曰：直而无礼则绞。

好勇不好学，其蔽也乱。

《泰伯》篇曰：子曰：勇而无礼则乱。

本篇曰：子路曰："君子尚勇乎？"子曰："君子义以为上。君子有勇而无义为乱；小人有勇而无义为盗。"

《吕氏春秋·当务》篇曰：齐之好勇者，其一人居东郭，其一人居西郭，卒然相遇于涂，曰："姑相饮乎？"觞数行，曰："姑求肉乎？"一人曰："子，肉也；我，肉也。尚胡革而求肉为？于是具染而已。"因抽刀而相啖，至死而止。勇若此，不若无勇。

好刚不好学，其蔽也狂。"

《左传·文公五年》曰：晋阳处父聘于卫，反过宁，宁嬴从之，及温而还。其妻问之，曰：以刚。《商书》曰："沈渐刚克，高明柔克"，夫子壹之，其不没乎！天为刚德，犹不干时，况在人乎？且华而不实，怨之所聚也。犯而聚怨，不可以定身。余惧不获其利而离其难，是以去之。六年曰：晋蒐于夷，舍二军。使狐射姑将中军，赵盾佐之。阳处父至自温，改蒐于董，易中军。阳子，成季之属也，故党于赵氏，且谓赵盾能。曰："使能，国之利也，是以上之。"宣子于是乎始为国政。贾季怨阳子之易其班也，<small>贾季即狐射姑。</small>而知其无援于晋也。九月，贾季使续鞫居杀阳处父。书曰"晋杀其大夫，"侵官也。

子曰："小子！何莫学夫《诗》？《诗》，可以兴，

《泰伯》篇曰：子曰：兴于《诗》。

《说苑·奉使》篇曰：魏文侯封太子击于中山，三年，使不往来。舍人赵仓唐进称曰："为人子，三年不闻父问，不可谓孝；为人父，三年不问子，不可谓慈。君何不遣人使大国乎？"太子曰："愿之久矣，未得可使者。"仓唐曰："臣愿奉使。侯何嗜好？"太子曰："侯嗜晨凫，好北犬。"于是乃遣仓唐缲北犬，奉晨凫，献于文侯。仓唐至，上谒，文侯悦，曰："击爱我，知吾所嗜，知吾所好。"召仓唐而见之，曰："子之君无恙乎？"仓唐曰："臣来时，拜送君于庭。"文侯曰："子之君何业？"仓唐曰："业《诗》。"文侯曰："于《诗》何好？"仓唐曰："好《晨风·黍离》。"文侯自读《晨风》曰："鴥彼晨风，郁彼北林，未见君子，忧心钦钦，如何如何？忘我实多。"文侯曰："子之君以我忘之乎？"仓唐曰："不敢，时思耳。"文侯复读《黍离》曰："彼黍离离，彼稷之苗。行迈靡靡，中心摇摇。知我者谓我心忧，不知我者谓我何求。悠悠苍天，此何人哉？"文侯曰："子之君怨乎？"仓唐曰："不敢，时思耳。"文侯于是遣仓唐赐太子衣一袭，敕仓唐以鸡鸣时至。太子起，拜受赐，发箧视衣，尽颠倒。太子曰："趣早驾！君侯召击也。"仓唐曰："臣来时不受命。"太子曰："《诗》曰：东方未明，颠倒衣裳，颠之倒之，自公召之。"遂西。至，谒，文侯大喜，乃出少子挚封中山而复太子击。

《后汉书·周磐传》曰：磐居贫养母，俭薄不充。尝诵《诗》至《汝坟》之卒章，乃解韦带，就孝廉之举。《汝坟》卒章云，鲂鱼赪尾，王室如毁，虽则如毁，父母孔迩。

可以观，

《左传·襄公二十九年》曰：吴公子札来聘，请观于周乐，使工为之歌《周南·召南》，曰："美哉！始基之矣，犹未也，然勤而不怨矣。"为之歌《邶·鄘·卫》，曰："美哉！渊乎！忧而不困者也。吾闻卫康叔武公之德如是，是其《卫风》乎！"为之歌《王》，曰："美哉！思而不惧，其周之东乎！"为之歌《郑》曰："美哉！其细已甚，民弗堪也，是其先亡乎！"为之歌《齐》，曰："美哉！泱泱乎！大风也哉！表东海者其太公乎。国未可量也。"为之歌《豳》曰："美哉！荡乎！乐而不淫，其周公之东乎。"曰："此之谓夏声。夫能夏则大，大之至也，其《周》之旧乎。"为之歌《魏》曰："美哉！渢渢乎！大而婉，险而易行，以德辅此，则明主也。"为之歌《唐》，曰："思深哉！其有陶唐氏之遗民乎。不然，何忧之远也？非令德之后，谁能若是？"为之歌《陈》，曰："国无主，其能久乎？"自《郐》以下无讥焉。为之歌《小雅》，曰："美哉！思而不贰，怨而不言，其周德之衰乎！犹有先王之遗民焉。"为之歌《大雅》，曰："广哉！熙熙乎！曲而有直体，其文王之德乎！"为之歌《颂》，曰："至矣哉！直而不倨，曲而不屈，迩而不逼，远而不携，迁而不淫，复而不厌，哀而不愁，乐而不荒，用而不遗，广而不宣，施而不费，取而不贪，处而不底，行而不流。五声和，八风平；节有度，守有序：盛德之所同也。

又《襄公二十七年》曰：郑伯享赵孟于垂陇，子展，伯有，子西，子产，子大叔，二子石从。赵孟曰："七子从君，以宠武也。请皆赋以卒君贶,武亦以观七子之志。"子展赋《草虫》,赵孟曰:"善哉!民之主也。抑武也不足以当之。"伯有赋《鹑之贲贲》,赵孟曰:"床笫之言不逾阈,况在野乎?非使人之所得闻也。"子西赋《黍苗》之四章,赵孟曰:"寡君在,武何能焉?"子产赋《隰桑》,赵孟曰:"武请受其卒章。"子大叔赋《野有蔓草》,赵孟曰:"吾子之惠也。"印段赋《蟋蟀》,赵孟曰:"善哉!保家之主也,吾有望矣。"公孙段赋《桑扈》,赵孟曰:"匪交匪敖,福将焉往?若保是言也,欲辞福禄,得乎?"卒享,文子告叔向曰:"伯有将为戮矣。《诗》以言志,志诬其上,而公怨之以为宾荣,其能久乎?幸而后亡。"叔向曰:"然。已侈。所谓不及五稔者,夫子之谓矣。"文子曰:"其余皆数世之主也,子展其后亡者也,在上不忘降,印氏其次也,乐而不荒。乐以安民,不淫以使之,后亡,不亦可乎!"

可以群,

　　树达按:春秋时朝聘宴享动必赋《诗》,所谓可以群也。

可以怨。

《孟子·告子下》篇曰:公孙丑问曰:高子曰:《小弁》,小人之诗也。"孟子曰:"何以言之?"曰:"怨。"曰:"固哉高叟之为《诗》也!有人于此,越人关弓而射之,则己谈笑而道之。无他,疏之也。其兄关弓而射之,则己垂涕泣而道之。无他,戚之也。《小弁》之怨,亲亲也。亲亲,仁也。固矣夫高叟之为《诗》也!"曰:"《凯风》何以不怨?"曰:"《凯风》,亲之过小者也;《小弁》,亲之过大者也。亲之过大而不怨,是愈疏也;亲之过小而怨,是不可矶也。愈疏,不孝也;不可矶,亦不孝也。孔子曰:舜其至孝矣,五十而慕。"

《史记·屈原传》曰:《小雅》怨诽而不乱。

迩之事父,远之事君;

《诗·关雎序》曰:故正得失,动天地,感鬼神,莫近于《诗》。先王以是经夫妇，成孝敬，厚人伦，美教化，移风俗。故《诗》有六义焉：一曰风，上以风化下，下以风刺上。主文而谲谏，言之者无罪，闻之者足以戒，故曰风。

多识于鸟兽草木之名。"

子谓伯鱼曰："女为《周南·召南》矣乎？人而不为《周南·召南》，其犹正墙面而立也与！"

《诗·关雎序》曰：然则《关雎·麟趾》之化，王者之风，故系之周公。南，言化自北而南也。《鹊巢·驺虞》之德，诸侯之风也，先王之所以教，故系之召公。《周南·召南》，正始之道，王化之基。

子曰："礼云礼云，玉帛云乎哉？乐云乐云，钟鼓云乎哉？"

《礼记·乐记》篇曰：乐者，非谓黄钟大吕弦歌干扬也，乐之末节也，故童者舞之；铺筵席，陈尊俎，列笾豆，以升降为礼者，礼之末节也，故有司掌之。

又《仲尼燕居》篇曰：子张问政？子曰："师乎前！吾语女乎。君子明于礼乐，举而错之而已。"子张复问。子曰："师。尔以为必铺几筵，升降酌献酬酢，然后谓之礼乎？尔以为必行缀兆，兴羽籥，作钟鼓，然后谓之乐乎？言而履之，礼也；行而乐之，乐也。"

《荀子·大略》篇曰：《聘礼志》曰：币厚则伤德，财侈则殄礼。礼云礼云，玉帛云乎哉？

《春秋繁露·玉杯》篇曰：礼之所重者在其志。志敬而节具，则君子予之知礼；志和而音雅，则君子予之知乐；志哀而居约，则君子予之知丧。志为质，物为文，文著于质。质不居文，文安施质？质文两备，然后其礼成。俱不能备而偏行之，宁有质而无文。虽弗予能礼，尚少善之，"介葛庐来"是也。有文无质，非直不予，乃少恶之，谓"州公实来"是也。然则《春秋》之序道也，先质而后文，右志而左物。故曰："礼云礼云，玉帛云乎哉？"推而前之，亦宜曰："朝云朝云，辞令云乎哉？""乐云乐云，钟鼓云乎哉？"引而后之，亦宜曰："丧云丧云，衣服云乎哉？"是故孔子立新王之道，明其贵志以反和，见其好诚以灭伪。

其有继周之弊,故若此也。

《汉书·礼乐志》曰:乐以治内而为同,礼以修外而为异。同则和亲,异则畏敬。和亲则无怨,畏敬则不争。揖让而天下治者,礼乐之谓也。二者并行,合为一体。畏敬之意难见,则著之于享献辞受登降跪拜;和亲之说难形,则发之于诗歌咏言钟石管弦。盖嘉其敬意而不及其财贿,美其欢心而不流其声音。故孔子曰:"礼云礼云,玉帛云乎哉?乐云乐云,钟鼓云乎哉?"此礼乐之本也。

子曰:"色厉而内荏,譬诸小人,其犹穿窬之盗也与!"

《说苑·修文》篇曰:公孟子高见颛孙子莫曰:"敢问君子之礼何如?"颛孙子莫曰:"去尔外厉与尔内色胜而心自取之,去三者而可矣。"公孟不知,以告曾子。曾子愀然逡巡曰:"大哉言乎!夫外厉者必内折;色胜而心自取之者,必为人役。"

子曰:"乡原,德之贼也。"

《孟子·尽心下》篇曰:孔子曰:"过我门而不入我室,我不憾焉者,其惟乡原乎!乡原,德之贼也。"曰:"何如斯可谓之乡原矣?"曰:"'何以是嘐嘐也?言不顾行,行不顾言,则曰:古之人,古之人。行何为踽踽凉凉?生斯世也,为斯世也,善斯可矣。'阉然媚于世也者,是乡原也。"万章曰:"一乡皆称原人焉,无所往而不为原人,孔子以为德之贼,何哉?"曰:"非之无举也,刺之无刺也。同乎流俗,合乎污世。居之似忠信,行之似廉洁。众皆悦之,自以为是,而不可与入尧舜之道。故曰德之贼也。"

子曰:'道听而涂说,德之弃也。"

子曰:"鄙夫可与事君也与哉?其未得之也,患得之。

《盐铁论·论诽》篇曰:君子疾鄙夫之不可与事君,患其听从而无所不至也。

《后汉书·翟酺传》曰:时尚书有缺,诏将大夫六百石以上试对政事天文道术,以高第者补之。酺自恃能高,而忌故太史令孙懿,恐其先用,乃往候懿。既坐,言无所及,唯涕泣流连。懿怪而问之,酺曰:"图书有汉贼孙登,将以才智为中官所害。观君表相,似当应之。酺受恩接,凄怆君之祸耳。"懿忧惧,移病不试。由是酺对第一,拜尚书。

既得之,患失之。

《荀子·子道》篇曰:孔子曰:君子,其未得也,则乐其意;既已得之,又乐其治。是以有终身之乐,无一日之忧。小人者,其未得也,则忧不得;既已得之,又恐失之。是以有终身之忧,无一日之乐也。

苟患失之,无所不至矣。"

《汉书·翟方进传》曰:初,陈咸最先进,自元帝初为御史中丞,显名朝廷矣。成帝初即位,擢为部刺史,历楚国北海东郡太守。阳朔中,京兆尹王章讥切大臣,荐咸可御史大夫。是时方进甫从博士为刺史云。后方进为京兆尹,咸从南阳太守入为少府,与方进厚善。先是逢信已从高弟郡守历京兆大仆,为卫尉矣,官簿皆在方进之右。及御史大夫缺,三人皆名卿,俱在选中,而方进得之。会丞相薛宣有事与方进相连,上使五二千石杂问丞相御史。咸诘责方进,冀得其处,方进心恨。方进新为丞相,陈咸内惧不安。居亡何,方进奏:咸与逢信邪枉贪污,营私多欲,皆知陈汤奸佞倾覆,利口不轨,而亲交赂遗以求荐举。后为少府,数馈遗汤。信咸幸得备九卿,不思尽忠正身,内自知行辟无功效,而官媚邪臣,欲以徼幸,苟得无耻。孔子曰:"鄙夫可与事君也与哉?"咸信之谓也。过恶暴见,不宜处位,臣请免以示天下。"奏可。后二岁余,诏举方正直言之士,红阳侯立举咸,对策,拜为光禄大夫,给事中。方进复奏:"咸前为九卿,坐为贪邪免,不当蒙方正举,备内朝臣。"有诏免咸。

树达按:陈咸逢信本应御史大夫之选,咸又诘责方进,故方进于咸信攻之不遗余力如此。盖方进斥陈咸为鄙夫,实则方进自身为一患得患失之鄙夫也。此第举其一节,读者取《汉书》本传观之可也。

又《张禹传》曰:禹年老,自治冢茔,好平陵肥牛亭部处地,奏请求之，上以赐禹。曲阳侯根闻而争之。根虽为舅，上敬重之不如禹，卒以肥牛亭地赐禹。根由是害禹宠，数毁恶之。禹虽家居，以特进为天子师，国家每有大政，必与定议。永始元延之闲，日食地震尤数。吏民多上书言，灾异之应，王氏专政所致。上惧变异数见，意颇然之，未有以明见。乃车驾至禹第，辟左右，亲问禹以天变，因用吏民所言王氏事示禹。禹自见年老，子孙弱，又与曲阳侯不平，恐为所怨。谓上曰："春秋二百四十二年闲，日食三十余，地震五十六。或为诸侯相杀，或夷狄侵中国。灾异之变，深远难见，故圣人罕言命，不语怪神。性与天道，自子贡之属不得闻，何况浅见鄙儒之所言！陛下宜修政事，以善应之。新学小生，乱道误人，宜无信用，以经术断之。"上雅信爱禹，由此不疑王氏。后曲阳侯根及诸王子弟闻知禹言，皆喜说，遂亲就禹。又《朱云传》曰：云上书求见，公卿在前。云曰："今朝廷大臣，上不能匡主，下无以益民，皆尸位素餐，孔子所谓'鄙夫不可与事君，苟患失之，无所不至者也。'臣愿赐尚方斩马剑断佞臣一人头以厉其余。"上问："谁也？"对曰："安昌侯张禹。"

子曰："古者民有三疾，今也或是之亡也。古之狂也肆，今之狂也荡；

《后汉书·李云传》曰：桓帝延熹二年，诛大将军梁冀，而中常侍单超等五人皆以诛冀功并封列侯，专权选举。云素刚，忧国将危，心不能忍。乃露布上书，移副三府，曰："举厝至重，不可不慎。班功行赏，宜应其实。梁冀虽持权专擅，虐流天下，今以罪行诛，犹召家臣搤杀之耳。而猥封谋臣万户以上。孔子曰：'帝者，谛也。'今官位错乱，小人谄进，财货公行，政化日损，是帝欲不谛乎？"帝得奏，震怒，逮云送黄门北寺狱，死狱中。论曰："李云草茅之生，不识失身之义，遂乃露布帝者，班檄三公，至于诛死而不顾，斯岂古之狂也！"

古之矜也廉，今之矜也忿厉；古之愚也直，今之愚也诈而已矣。"

子曰："巧言令色，鲜矣仁。"

证见卷一《学而》篇。

子曰："恶紫之夺朱也；恶郑声之乱雅乐也；恶利口之覆邦家者。"

《孟子·尽心下》篇曰：孔子曰："恶似而非者：恶莠，恐其乱苗也；恶佞，恐其乱义也；恶利口，恐其乱信也；恶郑声，恐其乱乐也；恶紫，恐其乱朱也；恶乡原，恐其乱德也。"君子反经而已矣。经正则庶民兴，庶民兴，斯无邪慝矣。

《尹文子·大道下》篇曰：语曰："佞辩可以荧惑鬼神。"曰："鬼神聪明正直，孰曰荧惑者？"曰："鬼神诚不受荧惑，此尤佞辩之巧靡不入也。夫安辩者虽不能荧惑鬼神，荧惑人明矣。探人之心，度人之欲，顺人之嗜好而不敢逆，纳人于邪恶而求其利。人喜闻己之美也，善能扬之；恶闻己之过也，善能饰之。得之于眉睫之间，承之于言行之先。《语》曰："恶紫之夺朱，恶利口之覆邦家"，斯言足畏，而终身莫悟，危亡继踵焉。

《汉书·蒯通传·赞》曰：仲尼恶利口之覆邦家，蒯通一说而丧三俊，其得不烹者，幸也。

《荀子·大略》篇曰：蓝苴路作，似知而非；软弱易夺，似仁而非；悍戆好斗，似勇而非。

《吕氏春秋·疑似》篇曰：使人大迷惑者，必物之相似也。玉人之所患，患石之似玉者；相剑者之所患，患剑之似吴干者；贤主之所患，患人之博闻辩言而似通者。亡国之主似智；亡国之臣似忠。相似之物，此愚者之所大惑，而圣人之所加虑也。

子曰："予欲无言。"子贡曰："子如不言，则小子何述焉？"

子曰："天何言哉？四时行焉，百物生焉。天何言哉？"

《礼记·哀公问》篇曰：公曰："敢问：君子何贵乎天道也？"孔子对曰："贵其不已。如日月东西相从而不已也，是天道也；不闭其久，是天道也；无为而物成，是天道也；已成而明，是天道也。"

《荀子·天论》篇曰：列星随旋，日月递照，四时代御，阴阳大化，风雨博施，万物各得其和以生，各得其养以成，不见其事而见其功，夫是之谓神。皆知其所以成，莫知其无形，夫是之谓天。

孺悲欲见孔子，

《礼记·杂记下》篇曰：恤由之丧，哀公使孺悲之孔子学士丧礼，《士丧礼》于是乎书。

孔子辞以疾。将命者出户，取瑟而歌，使之闻之。

《孟子·告子下》篇曰：孟子曰：教亦多术矣，予不屑之教诲也者，是亦教诲之而已矣。

宰我问："三年之丧，期已久矣。君子三年不为礼，礼必坏；三年不为乐，乐必崩。

《史记·封禅书》曰：《传》曰："三年不为礼，礼必废；三年不为乐，乐必坏。"每世之隆，则封禅答焉，及衰而息。厥旷远，远者千有余载，近者数百载。故其仪阙然湮灭，其详不可得而记闻云。

旧谷既没，新谷既升，钻燧改火，期可已矣。"

《周礼·夏官·司爟》曰：四时变国火以救时疾。

《管子·禁藏》篇曰：钻燧易火，所以去兹毒也。

《周书·月令》篇曰：春取榆柳之火，夏取枣杏之火，季夏取桑柘之火，秋取柞楢之火，冬取槐檀之火。按《周书·月令》篇今亡，此据《集解》马融注引，《周礼·司爟》先郑注引《鄹子》说同。

《淮南子·时则》篇曰：春爨，其燧火；夏秋爨，柘燧火；冬爨，松燧火。

子曰："食夫稻，衣夫锦，于女安乎？"曰："安。""女安则为之！

夫君子之居丧，食旨不甘，

《仪礼·丧服传》曰：歠粥，朝一溢米，夕一溢米。即虞，食疏食，水饮。即练，始食菜果，饭素食。

《礼记·丧大记》曰：大夫之丧，主人室老子姓皆食粥，众士疏食水饮，妻妾疏食水饮。士亦如之。既葬，主人疏食水饮，不食菜果。妇人亦如之。君大夫士一也，练而食菜果；祥而食肉。

闻乐不乐，

《礼记·曲礼下》篇曰：居丧不言乐。

又《丧服大记》曰：祥而外无哭者，禫而内无哭者，乐作矣故也。郑注云：禫，逾月而可作乐，乐作无哭者。

又《丧服·四制》篇曰：祥之日，鼓素琴，告民有终也，以节制者也。

居处不安，

《礼记·闲传》曰：父母之丧，居倚庐，寝苫，枕块，不说绖带。既虞，卒哭，柱楣翦屏，苄翦不纳。期而小祥，居垩室，寝有席。又期而大祥，居复寝。中月而禫，禫而床。

故不为也。

《礼记·问丧》篇曰：夫悲哀在中，故形变于外也；痛疾在心，故口不甘味，身不安美也。

《孝经·丧亲》章曰：孝子之丧亲也，服美不安，闻乐不乐，食旨不甘，此哀戚之情也。

今女安则为之！"宰我出，子曰："子之不仁也！

《大戴礼记·盛德》篇曰：凡不孝生于不仁爱也；不仁爱生于丧祭之礼不明。丧祭之礼，所以教仁爱也。致爱故能致丧祭。

子生三年然后免于父母之怀。夫三年之丧，天下之通丧也。予也有三年之爱于其父母乎？"

《礼记·三年问》篇曰："三年之丧，何也？"曰："称情而立文，因以饰群，别亲疏贵贱之节而弗可损益也。故曰无易之道也。创巨者其日久，痛甚者其愈迟。三年者，称情而立文，所以为至痛极也。斩衰苴杖，居倚庐，食粥，寝苫，枕块，所以为至痛饰也。三年之丧，二十五月而毕。哀痛未尽，思慕未忘。然而服以是断之者，岂不以送死有已，复生有节也哉？凡生天地之间者，有血气之属必有知；有知之属莫不知爱其类。今是大鸟兽，则失丧其群匹，越月逾时焉，则必反巡，过其故乡，翔回焉，鸣号焉，蹢躅焉，踟蹰焉，然后乃能去之。小者至于燕雀，犹有啁噍之顷焉，然后乃能去之。故有血气之属者莫知于人。故人之于其亲也，至死不穷。将由夫患邪淫之人与？则彼朝死而夕忘之，然而从之，则是曾鸟兽之不若也，夫焉能相与群居而不乱乎？将由夫修饰之君子与？则三年之丧二十五月而毕，若驷之过隙，然而遂之，则是无穷也。故先王焉为之立中制节，壹使足以成文理，则释之矣。""然则何以至期也？"曰："至亲以期断。""是何也？"曰："天地则已易矣；四时则已变矣。其在天地之中者莫不更始焉，以是象之也。""然则何以三年也？"曰："加隆焉尔也，焉使倍之，故再期也。""由九月以下，何也？"曰："焉使弗及也。故三年以为隆，緦小功以为杀，期九月以为闲。上取象于天，下取德于地，中取则于人。人之所以群居和壹之理尽矣。故三年之丧，人道之至文者也。夫是之谓至隆。是百王之所同，古今之所壹也。未有知其所由来者也。孔子曰：'子生三年，然后免于父母之怀。夫三年之丧，天下之达丧也？'"

子曰："饱食终日，无所用心，难矣哉！

《孟子·滕文公上》篇曰：人之有道也，饱食暖衣逸居而无教，则近于禽兽。

《国语·鲁语下》曰：夫民劳则思，思则善心生；逸则淫，淫则忘善，忘善则恶心生。

《后汉书·和熹邓太后纪》曰：诏邓豹等曰：吾所以引纳群子，置之学官者，实以方今承百王之敝，时俗浅薄，巧伪滋生，五经衰缺，不有化导，将遂陵迟，故欲褒崇圣道以匡失俗。传不云乎？"饱食终日，无所用心，难矣哉！"今末世贵戚食禄之家，温衣美饭，乘坚驱良，而面墙术学，不识臧否，斯故祸败所由来也。

不有博弈者乎？为之犹贤乎已。"

《孟子·告子上》篇曰：今夫弈之为数，小数也，不专心致志，则不得也。

《汉书·王褒传》曰：上令褒与张子侨等并待诏，数从褒等放猎，所幸宫馆，辄为歌颂，等其高下，以差赐帛。议者多以为淫靡不急，上曰："'不有博弈者乎，为之犹贤乎已。'辞赋，大者与古《诗》同义，小者辨丽可喜。譬如女工有绮縠，音乐有郑卫，今世俗犹皆以此娱悦耳目。辞赋比之，尚有仁义风喻焉。鸟兽草木多闻之观，贤于倡优博弈远矣。"

子路曰："君子尚勇乎？"子曰："君子义以为上。

君子有勇而无义为乱。

《泰伯》篇曰：勇而无礼则乱。

《阳货》篇曰：好勇不好学，其蔽也乱。

小人有勇而无义为盗。"

《礼记·聘义》篇曰：有行之谓有义，有义之谓勇敢。故所贵于勇敢者，贵其能以立义也；所贵于立义者，贵其有行也；所贵于有行者，贵其行礼也。故所贵于勇敢者，贵其敢行礼义也。故勇敢强有力者，天下无事，则用之于礼义；天下有事，则用之于战胜。用之于战胜则无敌；用之于礼义则顺治。外无敌，内顺治，此之谓盛德。

《荀子·荣辱》篇曰：为事利，争货财，无辞让，果敢而振，猛贪而戾，恈恈然惟利之见，是贾盗之勇也。

《汉书·地理志》曰：天水陇西山多林木，民以板为室屋。及安定北地上郡西河皆迫近戎狄，修习战备，高上气力，以射猎为先。故《秦诗》曰："在其板屋。"又曰："王于兴师，修我甲兵，与子偕行。"又《车辚》、《四驖》、《小戎》之篇皆言车马田狩之事。汉兴，六郡良家子选给羽林期门，以材力为官，名将多出焉。

孔子曰："君子有勇而无义则为乱，小人有勇而无义则为盗。"故此数郡民俗质木，不耻寇盗。

子贡曰："君子亦有恶乎？"子曰："有恶：

恶称人之恶者；

《颜渊》篇曰：子曰：攻其恶，无攻人之恶，非修慝与？

《孟子·离娄下》篇曰：孟子曰：言人之不善，当如后患何？

恶居下而讪上者； 下字下本有流字，误衍，今删。

《礼记·少仪》篇曰：为人臣下者有谏而无讪。

恶勇而无礼者；

《泰伯》篇曰：勇而无礼则乱。

恶果敢而窒者。"

曰："赐也亦有恶乎？""恶徼以为知者；恶不孙以为勇者；恶讦以为直者。"

《中论·核辩》篇曰：君子之辩也，欲以明大道之中也，是岂取一坐之胜哉？人心之于是非也，如口之于味也。口者，非以己之调膳则独美，而与人调之则不美也。故君子之于道也，在彼犹在己也。苟得其中，则我心悦焉，何择于彼？苟失其中，则我心不悦焉，何取于此？故其论也，遇人之是，则止矣。遇人之是而犹不止，苟言苟辩，则小人也。虽美说，何异乎鹍之好鸣，铎之喧哗哉？故孔子曰："小人毁訾以为辩，绞急以为智，不孙以为勇。"斯乃圣人所恶，而小人以为美，岂不哀哉！

子曰："唯女子与小人为难养也，近之则不孙，远之则怨。"

《国语·楚语下》曰：叶公子高曰：吾闻之，唯仁者可好也，可恶也；可高也，可下也。好之不逼，恶之不怨；高之不骄，下之不惧。不仁者则不然。人好之则逼，恶之则怨；高之则骄，下之则惧。

子曰："年四十而见恶焉，其终也已！"

《大戴礼记·曾子立事》篇曰：三十四十之闲而无艺，即无艺矣；五十而不以善闻，则无闻矣。

论语疏证卷第十八

微子篇第十八

微子去之。

《史记·宋世家》曰：纣既立，不明，淫乱于政。微子数谏，纣不听。及祖伊以西伯昌之修德灭阢，惧祸至，以告纣。纣曰："我生不有命在天乎？是何能为？"于是微子度纣不可谏，欲死之。及出，未能自决，乃问于太师少师。于是太师少师乃劝微子去，遂行。

箕子为之奴。

《史记·宋世家》曰：纣为淫泆，箕子谏，不听。人或曰："可以去矣。"箕子曰："人臣谏，不听而去，是彰君之恶而自说于民，吾不忍为也。"乃被发佯狂而为奴。

《韩诗外传·卷六》曰：比干谏而死。箕子曰："知不用而言，愚也；杀身以彰君之恶，不忠也。二者不可，然且为之，不祥莫大焉。"遂被发佯狂而去。

比干谏而死。

《史记·殷本纪》曰：纣愈淫乱不止，微子数谏，不听。乃与太师少师谋，遂去。比干曰："为人臣者不得不以死争。"乃强谏纣。纣怒曰：

"吾闻圣人心有七窍。"剖比干,观其心。

《韩诗外传·卷四》曰:纣作炮烙之刑。王子比干曰:"主暴不谏,非忠也;畏死不言,非勇也。见过即谏,不用即死,忠之至也。"遂谏,三日不去,纣囚杀之。《新序·节士》篇文同。

孔子曰:"殷有三仁焉。"

《中论·智行》篇曰:殷有三仁:微子介于石,不终日;箕子内鸡而能正其志;比干谏而剖心。君子以微子为上,箕子次之,比干为下。故春秋大夫见杀,皆讥其不能以智自免也。

柳下惠为士师,三黜。

《周礼·秋官·士师》曰:士师之职,掌国之五禁之法以左右刑罚,以五戒先后刑罚;掌官中之政令,察狱讼之辞,以诏司寇断狱弊讼,致邦令。

人曰:"子未可以去乎?"曰:"直道而事人,焉往而不三黜?枉道而事人,何必去父母之邦?"

《战国策·燕策》曰:燕王喜谢乐毅书曰:"昔者柳下惠吏于鲁,三黜而不去。或谓之曰:'可以去。'柳下惠曰:'苟与人之异,恶往而不黜乎?犹且黜乎,宁于故国耳。'"

《盐铁论·相刺》篇曰:文学曰:扁鹊不能治不受针药之疾;圣贤不能正不食谏诤之君。故桀有关龙逢而亡夏,殷有三仁而商灭。不患无由余夷吾之伦,患无桓穆之听耳。是以孔子东西无所适遇,屈原放逐于楚国。故曰:"直道而事人,焉往而不三黜?枉道而事人,终非。"以此。言而不见从,行而不合者也。

齐景公待孔子曰:"若季氏,则吾不能,以季孟之闲待之。"

《左传·成公十六年》曰:宣伯使告郤犨曰:"鲁之有季孟,犹晋之有栾范也,政令于是乎成。"

《国语·周语中》曰:刘康公曰:叔孙之位不若季孟。

曰:"吾老矣,不能用也。"孔子行。

《史记·孔子世家》曰：鲁昭公奔于齐。顷之，鲁乱，孔子适齐。异日，景公止孔子，曰："奉子以季氏，吾不能，以季孟之闲待之。"齐大夫欲害孔子，孔子闻之。景公曰："吾老矣，弗能用也。"孔子遂行，反乎鲁。

齐人归女乐，季桓子受之，三日不朝。孔子行。

《史记·孔子世家》曰：孔子由大司寇行摄相事，于是诛鲁大夫乱政者少正卯，与闻国政。三月，粥羔豚者弗饰贾，男女行者别于涂，涂不拾遗。齐人闻而惧，曰："孔子为政，必霸。霸则吾地近焉，我为之先并矣。盍致地焉？"犂鉏曰："请先尝沮之。沮之而不可，则致地，庸迟乎？"于是选齐国中女子好者八十人，皆衣文衣而舞康乐，文马三十驷，遗鲁君。陈女乐文马于鲁城南高门外。季桓子微服往观再三，将受。乃语鲁君为周道游，往观终日，怠于政事。子路曰："夫子可以行矣。"孔子曰："鲁今且郊，如致膰乎大夫，则吾犹可以止。"桓子卒受齐女乐，三日不听政，郊又不致膰俎于大夫，孔子遂行，宿乎屯，而师已送曰："夫子则非罪。"孔子曰："吾歌，可夫。歌曰：'彼妇之口，可以出走；彼妇之谒，可以死败。盖优哉游哉，维以卒岁。'"师已反，桓子曰："孔子亦何言？"师已以实告。桓子喟然叹曰："夫子罪我，以群婢故也夫。"

《韩非子·内储说下》篇曰：仲尼为政于鲁，道不拾遗。齐景公患之。梨且谓景公曰："去仲尼犹吹毛耳。君何不迎之以重禄高位，遗哀公女乐以骄荣其意？哀公误，当作定公，下同。哀公新乐之，心怠于政，仲尼必谏，谏必轻绝于鲁。"景公曰："善"乃令梨且以女乐六遗哀公。哀公乐之，果怠于政。仲尼谏，不听，去而之楚。

楚狂接舆歌而过孔子，

《楚辞·涉江》曰：接舆髡首。

《国策·秦策》曰：范雎曰：箕子接舆，漆身而为厉，被发而阳狂，无益于殷楚。

《史记·邹阳传》曰：阳上书曰：箕子佯狂，接舆避世。

《韩诗外传·卷二》曰："楚狂接舆躬耕以食，楚王使使者赍金百镒，愿请治河南，接舆笑而不应。乃夫负釜甑，妻戴织器，变易姓字，莫知所之。

曰："凤兮凤兮！何德之衰！往者不可谏，来者犹可追。已而已而！今之从政者殆而！"

《庄子·人闲世》篇曰：孔子适楚，楚狂接舆游其门，曰：凤兮凤兮！何如德之衰也！来世不可待，往世不可追也。天下有道，圣人成焉；天下无道，圣人生焉。方今之时，仅免刑焉。福轻乎羽，莫之知载；祸重乎地，莫之知避。已乎已乎！临人以德；殆乎殆乎！画地而趋。迷阳迷阳。无伤吾行！吾行却曲，元伤吾足！山木自寇也；膏火自煎也。桂可食，故伐之；漆可用，故割之。人皆知有用之用，而莫知无用之用也。

孔子下，欲与之言。趋而避之，不得与之言。

长沮桀溺耦而耕，孔子过之，使子路问津焉。长沮曰："夫执舆者为谁？"子路曰："为孔丘。"曰："是鲁孔丘与？"曰："是也。"曰："是知津矣。"问于桀溺，桀溺曰："子为谁？"曰："为仲由。"曰："是鲁孔丘之徒与？"对曰："然。"曰："滔滔者天下皆是也，而谁以易之？且而与其从辟人之士也，岂若从辟世之士哉？"耰而不辍。子路行以告，孔子怃然，曰："鸟兽不可与同群，吾非斯人之徒与而谁与？天下有道，丘不与易也。"

子路从而后，遇丈人以杖荷蓧。子路问曰："子见夫子乎？"丈人曰："四体不勤，五谷不分，孰为夫子？"植其杖而芸。

子路共而立。共与拱同。

《贾子·容经》篇曰：固颐正视，平肩正背，臂如抱鼓，足闲二寸，端面摄缨，端服整足，体不摇肘曰经立；因以微磬曰共立。

止子路宿，杀鸡为黍而食之，见其二子焉。明日，子路行以告。子曰："隐者也。"使子路反见之，至则行矣。子路曰："不仕无义。长幼之节，不可废也。君臣之义，如之何其废之？欲洁其身而乱大伦。君子之仕也，行其义也。道之不行，已知之矣。"

逸民：伯夷、叔齐、虞仲、夷逸、朱张、柳下惠、少连。

子曰："不降其志，不辱其身，伯夷叔齐与！

《史记·伯夷列传》曰：伯夷叔齐者，孤竹君之二子也。伯夷叔齐闻西伯昌善养老，盍往归焉？及至，西伯卒，武王载木主东伐纣。伯夷叔齐叩马而谏曰："父死不葬，爰及干戈，可谓孝乎？以臣弑君，可谓仁乎？"左右欲兵之。太公曰："此义人也。"扶而去之。武王已平殷乱，天下宗周，而伯夷叔齐耻之，义不食周粟，隐于首阳山，采薇而食之。及饿且死，作歌，其辞曰："登彼西山兮，采其薇矣。以暴易暴兮，不知其非矣。神农虞夏忽焉没兮！我安适归矣？于嗟徂兮！命之衰矣。"遂饿死于首阳山。

《孟子·公孙丑上》篇曰：伯夷，非其君不事，非其友不友；不立于恶人之朝，不与恶人言；立于恶人之朝，与恶人言，如以朝衣朝冠坐于涂炭。推恶恶之心，思与乡人立，其冠不正，望望然去之，若将浼焉。是故诸侯虽有善其辞命而至者，不受也，不受也者，是亦不屑就已。

又曰：非其君不事，非其民不使；治则进，乱则退：伯夷也。

谓柳下惠少连，降志辱身矣。言中伦，行中虑，其斯而已矣。

《孟子·公孙丑上》篇曰：柳下惠不羞污君，不卑小官；进不隐贤，必以其道；遗佚而不怨，厄穷而不悯。故曰："尔为尔，我为我，虽袒裼裸裎于我侧，尔焉能浼我哉？"故由由然与之偕而不自失焉，援而止之而止。援而止之而止者，是亦不屑去已。

《礼记·杂记下》篇曰：孔子曰：少连大连善居丧，三日不怠，三月不解，期悲哀，三年忧，东夷之子也。

谓虞仲夷逸，隐居放言，身中清，废中权。

《史记·周本纪》曰：古公有长子，曰太伯，次曰虞仲。太伯虞仲知古公欲立季历以及昌，乃二人亡如荆蛮，文身断发，以让季历。

《汉书·地理志》曰：殷道既衰，周大王亶父兴郊梁之地。长子大伯，次曰仲雍，少曰公季。公季有圣子昌，大王欲传国焉。大伯仲雍辞行采药，遂奔荆蛮。公季嗣位，至昌为西伯，受命而王。故孔子美而称曰：

"大伯可谓至德也已矣！三以天下让，民无得而称焉。""谓虞仲夷逸，隐居放言，身中清，废中权。"

树达按：仲雍即虞仲也。

我则异于是，无可无不可。"

《子罕》篇曰：子绝四：毋意，毋必，毋固，毋我。

《孟子·公孙丑上》篇曰：可以仕则仕，可以止则止，可以久则久，可以速则速，孔子也。

《阳货》篇曰：公山弗扰以费畔，召，子欲往。子路不悦，曰："末之也已，何必公山氏之之也！子曰："夫召我者而岂徒哉！如有用我者，吾其为东周乎！"

又曰：佛肸召，子欲往。子路曰："昔者由也闻诸夫子曰：'亲于其身为不善者，君子不入也。'佛肸以中牟畔，子之往也，如之何？"子曰："然。有是言也。不曰坚乎？磨而不磷；不曰白乎？涅而不缁。吾岂匏瓜也哉！焉能系而不食？"

大师挚适齐，

《周礼·春官大师》曰：大师掌六律六同以合阴阳之声，皆文之以五声，皆播之以八音。

亚饭干适楚，三饭缭适蔡，四饭缺适秦。

《礼记·王制》篇曰：天子曰食举乐。

《白虎通·礼乐》篇曰：王者食，所以有乐，何？乐食天下之大平富积之饶也。明天子至尊，非功不食，非德不饱。故传曰："天子食时举乐。"王者所以日四食，何？明有四方之物，食四方之功也。四方不平，四时不顺，有彻膳之法焉。所以明至尊，著法戒焉。王者平居中央，制御四方。平旦食，少阳之始也；昼食，太阳之始也；铺食，少阴之始也；暮食，太阴之始也。《论语》曰："亚饭干适楚，三饭缭适蔡，四饭缺适秦。"诸侯三饭，卿大夫再饭，尊卑之差也。

鼓方叔入于河

《周礼·地官·鼓人》曰：鼓人掌教六鼓四金之音声，以节声乐，以和军旅，以正田役。

播鼗武入于汉。

《周礼·春官·瞽蒙》曰：瞽蒙掌播鼗祝敔埙箫管弦歌。

又《春官·眡瞭》曰：凡乐事，播鼗，击颂磬笙磬。

少师阳，击磬襄，入于海。

《周礼·春官·小师》曰：小师掌教鼓鼗祝敔埙箫管弦歌。

又《春官·磬师》曰：磬师掌教击磬，击编钟。

《汉书·礼乐志》曰：《书》序殷纣断弃先祖之乐，乃作淫声，用变乱正声以说妇人。乐官师瞽抱其器而奔散，或适诸侯，或入河海。

又《董仲舒传》曰：仲舒对策曰：至于殷纣，逆天暴物，杀戮贤知，残贼百姓。伯夷大公皆当世贤者，隐处而不为臣。守职之人皆奔走逃亡，入于河海。颜《注》云：谓若鼓方叔、播鼗武少师阳之属也。

《史记·周本纪》曰：纣昏乱暴虐滋甚，杀王子比干，囚箕子，太师疵少师强抱其乐器而奔周。

树达按：毛奇龄段玉裁谓疵即挚，强即阳，是也。

周公谓鲁公曰：

《史记·鲁周公世家》曰：武王破殷，遍封功臣同姓戚者。封周公旦于少昊之墟曲阜，周公不就封，留佐武王。武王既崩，成王少。周公乃践阼，代成王，摄行政，当国。于是卒相成王，而使其子伯禽代就封于鲁。周公卒，伯禽固已前受封，是为鲁公。

"君子不施其亲，

《礼记·中庸》篇曰：仁者，人也，亲亲为大。

又曰：亲亲则诸父昆弟不怨。

不使大臣怨乎不以。

《礼记·缁衣》篇曰：子曰：大臣不亲，百姓不宁，则忠敬不足而富贵已过也；大臣不治而迩臣比矣。故大臣不可不敬也，是民之表也。

又曰：君毋以小谋大，则大臣不怨。

又《中庸》篇曰：敬大臣则不眩。

《说苑·敬慎》篇曰：大臣不任足以亡。

《潜夫论·三式》篇曰：今列侯或有德宜子民，而道不得施；或有凶顽丑□，不宜有国，而恶不上闻。且人情莫不以己为贵而效其能者。周公之戒，不使大臣怨乎不以。《诗》云："驾彼四牡，四牡项领。"今列侯卅以来，宜皆试补长吏墨绶以上，关内侯补黄绶，以信其志，以旌其能。其有韩侯邵虎之德，上有功于天子，下有益于百姓，则稍迁位益土以彰有德；其怀奸藏恶尤无状者，削土夺国以明好恶。

《魏志·杜畿传》曰：昔周公戒鲁侯曰：无使大臣怨乎不以，不言贤愚，明皆当世用也。尧数舜之功，称去四凶不言大小，有罪则去也。今者朝臣不自以为不能，以陛下为不任也；不自以为不智，以陛下为不问也。陛下何不遵周公之所以用，大舜之所以去，使侍中尚书坐则侍幄帷，行则从华辇。亲对诏问，所陈必达，则群臣之行能否皆可得而知。忠能者进，暗劣者退。谁敢依违而不自尽？以陛下之圣明，亲与群臣论议政事，使群臣人得自进，人自以为亲，人思所以报，贤愚能否在陛下之所用。以此治事，何事不办？以此建功，何功不成？

故旧无大故，则不弃也。

《周礼·天官·冢宰》曰：以八统诏王驭万民，一曰亲亲，二曰敬故。

《礼记·檀弓下》篇曰：孔子之故人曰原壤，其母死，夫子助之沐椁。原壤登木，曰："久矣予之不托于音也，歌曰：狸首之班然，执女手之卷然。"夫子为弗闻也者而过之。从者曰："子未可以已乎！"夫子曰："丘闻之：亲者毋失其为亲也，故者毋失其为故也。"

无求备于一人。"

《大戴礼记·子张官人》篇曰：水至清则无鱼，人至察则无徒。冕而前旒，所以蔽明；黈纩充耳，所以塞聪。明有所不见，聪有所不闻，举大德，赦小过，无求备于一人之义也。

《晏子春秋·问上》篇曰：景公问晏子曰："古之莅国治民者，其任人何如？"晏子对曰："地不同生，而任之以一种，责其俱生，不可得；人不同能，而任之以一事，不可责遍成。责焉无已，智者有不能给；求也无餍，天地有不能赡也。故明王之任人，任人之长，不强其短；任人之工，不强其拙：此任人之大略也。"

《吕氏春秋·举难》篇曰：以全举人，固难，物之情也。人伤尧以不慈之名，舜以卑父之号，禹以贪位之意，汤武以放弒之谋，五伯以侵夺之事。由此观之，物岂可全哉？尺之木必有节目，寸之玉必有瑕瓋。先王知物之不可全也，故择物而贵取一也。宁戚欲干齐桓公，穷困无以自进，于是为商旅，将任车以至齐，暮宿于郭门之外。桓公郊迎客，夜开门，辟任车，爝火甚盛，从者甚众。宁戚饭牛，居车下，望桓公而悲，击牛角，疾歌，桓公闻之，抚其仆之手，曰："异哉，之歌者非常人也。"命后车载之。桓公反至，从者以请，桓公赐之衣冠，将见之，宁戚见，说桓公以治境内；明日复见，说桓公以为天下。桓公大说，将任之。群臣争之，曰："客，卫人也。卫之去齐不远，君不若使人问之，而固贤者也，用之未晚也。"桓公曰："不然。问之，患其有小恶；以人之小恶亡人之大美，此人主之所以失天下之士也已。"凡听必有以矣。今听而不复问，合其所以也。且人固难全，权而用其长者，当举也。桓公得之矣。宁戚事又见《淮南子·道应》篇。

《淮南子·主术》篇曰：聋者可令嚼筋，而不可使有闻也；瘖者可使守圉，而不可使通语也。形有所不周，而能有所不容也。

又《泛论》篇曰：周公有杀弟之累，齐桓有争国之名。然而周公以义补缺，桓公以功灭丑，而皆为贤。今以人之小过掩其大美，则天下无圣王贤相矣。今人君论其臣也，不计其大功，总其略行，而求其小善，则失贤之数也。故人有厚德，无问其小节；而有大誉，无疵其小故。自古及今，五帝三王未有能全其行者也。是故君子不责备于一人。夫夏后氏之璜，不能无考；明月之珠，不能无类。然而天下宝之者，其小恶不足妨大美也。今志人之所短，而忘人之所修，而求得贤乎天下，则难矣。

《孔丛子·居卫》篇曰：子思居卫，言苟变于卫君曰："材可将五百乘。君任军旅率与帅同。得此人，则无敌于天下矣。"卫君曰："吾知其材可将。然变也尝为吏，食人二鸡子，以故弗用也。"子思曰："夫圣人之官人，犹大匠之用木也。取其所长，弃其所短。故杞梓连抱而有数尺之朽，良工不弃，何也？知其所妨者细也。今君处战国之世，选爪牙之士，而以二卵专弃干城之将，此不可使闻于邻国者也。"卫君再拜曰："谨受教矣。"

周有八士。

《周书·和寤》篇曰：王乃励翼于尹氏八士，唯固允让。孔晁云：尹氏八士，或云即达适突忽夜夏随骝也。

又《武寤》篇曰：尹氏八士，太师、三公、咸作有绩，神无不飨，王克配天，合于四海，惟乃永宁。

《春秋繁露·郊语》篇曰：《诗》云："唯此文王，小心翼翼，昭事上帝，允怀多福。"多福者，非谓人之事功也，谓天之所福也。《传》曰：周国子多贤蕃殖，至于骈孕男者四，四产而得八男，皆君子俊雄也。此天之所以兴周国也，非周国之所能为也。

伯达、伯适、仲突、仲忽、叔夜、叔夏、季随、季骝。

《白虎通·姓名》篇曰：称号所以有四，何法？四时用事先后，长幼兄弟之象也。故以时长幼号曰伯仲叔季也。伯者，长也。伯者，子最长，迫近父也。仲者，中也。叔者，少也。季者，幼也。质家所以积于仲，何？质者亲亲。故积于仲；文家尊尊，故积于叔。即如是，《论语》曰："周有八士：伯达、伯适、仲突、仲忽、叔夜、叔夏、季随、季骝。"不积于叔，何？盖以两两俱生故也。不积于伯季，明其无二也。

《尚书·君奭》篇曰：惟文王尚克修和我有夏，亦惟有若虢叔，有若闳夭，有若散宜生，有若泰颠，有若南宫括。

《周书·克殷》篇曰：乃命南宫忽振鹿台之财，巨桥之粟，乃命南宫百达史佚迁九鼎三巫。

树达按：孔广森云：南宫百达即伯达，南宫括即伯适，南宫忽即仲忽。古者命士以上，父子异宫，故《礼》曰：有东宫，有西宫。达适忽，尹氏之子别居南宫，犹鲁南宫敬叔本孟氏子而以所居称之耳。

论语疏证卷第十九

子张篇第十九

子张曰:"士,见危致命,见得思义,

《宪问》篇曰:见利思义,见危授命,久要不忘平生之言,亦可以为成人矣。

《礼记·曲礼上》篇曰:临财毋苟得,临难无苟免。

祭思敬,

《礼记·祭统》篇曰:祭而不敬,何以为民父母矣?

《说苑·权谋》篇曰:鲁公索氏将祭而亡其牲。孔子闻之,曰:公索氏比及三年必亡矣。后一年而亡。弟子问曰:"夫子何以知其将亡也?"孔子曰:"祭之为言索也,索也者,尽也,乃孝之所以自尽于亲也。至祭而亡其牲,则余所亡者多矣,吾以此知其将亡也。"

丧思哀,

本篇曰:子游曰:丧致乎哀而止。

《说苑·建本》篇曰:孔子曰:处丧有礼矣,而哀为本。

《礼记·少仪》篇曰:祭祀主敬,丧事主哀。

又《祭统》篇曰:是故孝子之事亲也,有三道焉:生则养,没则丧,丧毕则祭。养则观其顺也，丧则观其哀也，祭则观其敬而时也。尽此三道者，孝子之行也。

《八佾》篇曰：子曰：居上不宽，为礼不敬，临丧不哀，吾何以观之哉？

《大戴礼记·曾子立事》篇曰：临事而不敬，居丧而不哀，祭祀而不畏，朝廷而不恭，则吾无由知之矣。

其可已矣。"

子张曰："执德不弘，

《泰伯》篇曰：曾子曰：士不可以不弘毅，任重而道远，仁以为己任，不亦重乎？死而后已，不亦远乎？

信道不笃，

《泰伯》篇曰：笃信好学，守死善道。

《后汉书·郭泰传》曰：泰字林宗，太原界休人也。性明知人，好奖训士类。黄允以俊才知名，林宗见而谓曰："卿有绝人之才，足成伟器。然恐守道不笃，将失之矣。"后司徒袁隗欲为从女求姻，见允而叹，曰："得婿如是，足矣。"允闻而黜遣其妻夏侯氏。妇谓姑曰："今当见弃，方与黄氏长辞，乞一会亲属以展离诀之情。"于是大集宾客三百余人，妇中坐，攘袂数允隐匿秽恶十五事。言毕，登车而去。允以此废于世。谢甄与陈留边让并善谈论，俱有盛名。每共候林宗，未尝不连日达夜。林宗谓门人曰："二子英才有余，而并不入道。惜乎！"甄后不拘细行，为时所毁。让以轻侮曹操，操杀之。

焉能为有？焉能为无？"

子夏之门人问交于子张。子张曰："子夏云何？"

对曰："子夏曰：可者与之，其不可者拒之。"

《学而》篇曰：毋友不如己者。

《吕氏春秋·观世篇》曰：周公旦曰：不如吾者，吾不与处，累我者也；与我齐者，吾不与处，无益我者也。惟贤者必与贤于己者处。

子张曰："异乎吾所闻。君子尊贤而容众，嘉善而矜不能。

《意林》引《随巢子》曰：有疏而无绝，有后而无遗。大圣之行，兼爱万民，疏而不绝。贤者欣之，不肖者则怜之。贤而不欣，是贱德也；不肖不怜，是忍人也。

《说苑·尊贤》篇曰：田忌去齐奔楚，楚王郊迎，至舍，问曰："楚，万乘之国也，齐亦万乘之国也，常欲相并，为之奈何？"对曰："易知耳。齐使申孺将，则楚发五万人，使上将军将之，至，禽将军首而反耳。齐使田居将，则楚发二十万人，使上将军将之，分别而相去也。齐使眄子将，楚发四封之内，王自出将，而忌从，相国上将军为左右司马，如是则王仅得存耳。"于是齐使申孺将，楚发五万人，使上将军将之，至，禽将军首反。于是齐王忿然，乃更使眄子将，楚悉发四封之内，王自出将，田忌从，相国上将军为左右司马，益王车属九乘，仅得免耳。至舍，王北面正领齐袪问曰："先生何知之早也？"田忌曰："申孺为人，侮贤者而轻不肖者，贤不肖者俱不为用，是以亡也。田居为人尊贤者而贱不肖者，贤者负任，不肖者退，是以分别而相去也。眄子为人尊贤者而爱不肖者，贤不肖俱负任，是以王仅得存耳。"

我之大贤与，于人何所不容？我之不贤与，人将拒我，如之何其拒人也？"

《蔡邕·正交论》曰：子夏之门人问交于子张，而二子各有所闻乎夫子，然则其以交诲也。商也宽，故告之以距人；师也褊，故告之以容众。各从其行而矫之。若夫仲尼之正道，则泛爱众而亲仁。故非善不喜，非仁不亲，交游以方，会友以仁，可无贬也。

子夏曰："虽小道，必有可观者焉，致远恐泥，是以君子不为也。"

《大戴礼记·小辩》篇曰：子曰：夫小辩破言，小言破义，小义破道。道小不通，通道必简。

《汉书·东平王宇传》曰：五经圣人所制，万事靡不毕载。夫小辩破义，小道不通，致远恐泥，皆不足以留意。

又《艺文志》曰：小说家者流，盖出于稗官，街谈巷语道听涂说者之所造也。孔子曰："虽小道，必有可观者焉，致远恐泥，是以君子弗为也。"然亦弗灭也。闾里小知者之所及,亦使缀而不忘。如或一言可采,此亦刍荛狂夫之议也。

《后汉书·蔡邕传》曰:初,帝好学,因引诸生能为文赋者。后诸为尺牍及工书鸟篆者皆加引召,遂至数十人,待以不次之位。邕上封事曰:夫书画辞赋,才之小者。匡国理政,未有其能。陛下听政余日,观省篇章,聊以游意。而诸生竞利,作者鼎沸,连偶俗语,有类俳优。臣每受诏于盛化门差次录第,其未及者,亦复随辈皆见拜擢。既加之恩,难复收改。但守奉禄,于义已弘,不可复使理人及仕州郡。昔孝宣会诸儒于石渠,章帝集学士于白虎,通经释义,其事优大。文武之道,所宜从之。若乃小能小善,虽有可观,孔子以为致远则泥,君子故当志其大者。

子夏曰:"日知其所亡,月无忘其所能,可谓好学也已矣。"

《为政》篇曰:温故而知新,可以为师矣。

树达按:日知其所亡即知新也。

子夏曰:"博学,

《雍也》篇曰:君子博学于文,

而笃志;

《述而》篇曰:多见而识之。

树达按:志与识同。

切问,

《八佾》篇曰:林放问礼之本。子曰:大哉问!

《颜渊》篇曰:樊迟从游于舞雩之下,曰:"敢问崇德、修慝、辨惑。"子曰:"善哉问!"

树达按:孔子言大哉问善哉问者,切问也。

《子路》篇曰：樊迟请学稼，子曰："吾不如老农。"请学为圃，子曰："吾不如老圃。"

《荀子·哀公》篇曰：鲁哀公问舜冠于孔子，孔子不对，三问不对。哀公曰："寡人问舜冠于子，何以不言也？"孔子曰："古之王者有务而拘领者矣，其政好生而恶杀焉。是以凤在列树，麟在郊野，乌鹊之巢可俯而窥也。君不此问而问舜冠，所以不对也。"

而近思，

《雍也》篇曰：能近取譬，可谓仁之方也已。

《礼记·中庸》篇曰：博学之，审问之，慎思之，明辨之，笃行之。

仁在其中矣。"

《后汉书·章帝纪》曰：诏曰：盖三代导人，教学为本。汉承暴秦，褒显儒术，建立五经，为置博士。其后学者精进，虽曰承师，亦别名家。孝宣皇帝以为：去圣久远，学不厌博，故遂立《大、小夏侯尚书》，后又立《京氏易》。至建武中，复置《颜氏》、《严氏春秋》，《大·小戴礼》博士，此皆所以扶进微学，尊广道艺也。中元元年诏书，五经章句烦多，议欲减省。至永平元年，长水校尉儵奏言：先帝大业，当以时施行，欲使诸儒共正经义，颇令学者得以自助。子曰："学之不讲，是吾忧也。"又曰："博学而笃志，切问而近思，仁在其中矣。"

子夏曰："百工居肆以成其事，

《盐铁论·通有》篇曰：大夫曰：故工商梓匠，邦国之用，器械之备也。自古有之，非独于此。弦高饭牛于周，五羖赁车入秦，公输子以规矩，欧冶以镕铸。《语》曰：百工居肆以致其事，农商交易以利本末。山居泽处，蓬蒿硗埆，财物流通，有以均之。是以多者不独衍，少者不独馑。若各居其处，食其食，则是橘柚不鬻，朐卤之盐不出；旃罽不市，而吴唐之材不用也。

君子学以致其道。"

《白虎通·辟雍》篇曰：古者所以年十五入大学，何？以为八岁毁齿，始有识知，入学，学书计。七八十五，阴阳备，故十五成童志明，入大学，学经籍。学之为言觉也，以觉悟所不知也。故学以治性，虑以变情。故玉不琢，不成器；人不学，不知义。子夏曰：百工居肆以成其事，君子学以致其道，是以虽有自然之性，必立师傅焉。

子夏曰："小人之过也，必文。"

《孟子·公孙丑下》篇曰：且古之君子，过则改之；今之君子，过则顺之。岂徒顺之，又从为之辞。

子夏曰："君子有三变：

望之俨然；

《尧曰》篇曰：君子正其衣冠，尊其瞻视，俨然人望而畏之，斯不亦威而不猛乎？

《孟子·梁惠王上》篇曰：孟子见梁襄王，出，语人曰："望之不似人君，就之而不见所畏焉。"

《春秋繁露·服制像》篇曰：孔父义形于色，而奸臣不敢容邪；虞有宫之奇，而献公为之不寐；晋厉之强，中国以寝尸流血不已。故武王克殷，裨冕而搢笏，虎贲之士说剑，安在勇猛必在武，杀然后威？是以君子所服为上矣。故望之俨然者，亦已至矣，岂可不察乎？

即之也温；听其言也厉。"

《述而》篇曰：子温而厉；威而不猛；恭而安。

子夏曰："君子信而后劳其民，未信，则以为厉己也。

信而后谏，未信，则以为谤己也。"

《韩诗外传·卷六》曰：孔子曰：诚未著而好言，虽言不信矣。

《韩非子·说难》篇曰：夫旷日弥久而周泽既渥，深计而不疑，引争而不罪，则明割利害以致其功，直指是非以饰其身。以此相持，此说之成也。昔者郑武公欲伐胡，故先以其女妻胡君，以娱其意。因问于群臣："吾欲用兵，谁可伐者？"大夫关其思对曰："胡可伐。"武公怒而戮之，曰："胡，兄弟之国也，子言伐之，何也？"胡君闻之，以郑为亲己，遂不备郑。郑人袭胡，取之。宋有富人，天雨，墙坏。其子曰："不筑，必将有盗。"其邻人之父亦云。暮而果大亡其财。其家甚智其子而疑邻人之父。此二人者，说皆当矣；厚者为戮，薄者见疑，则非知之难也，处之则难也。

子夏曰："大德不逾闲，小德出入可也。"

《韩诗外传·卷二》曰：《传》曰：孔子遭齐程本子地郯之间，倾盖而语，终日。有闲，顾子路曰："由！束帛十匹以赠先生！"子路不对。有闲，又顾曰："束帛十匹以赠先生！"子路率尔而对曰："昔者由也闻之于夫子：士不中道相见，女无媒而嫁者，君子不行也。"孔子曰："夫《诗》不云乎？'野有蔓草，零露溥兮，有美一人，清扬婉兮，邂逅相遇，适我愿兮。'且夫齐程本子，天下之贤士也。吾于是而不赠，终身不之见矣。大德不逾闲，小德出入可也。"《说苑·尊贤》篇文同。

《晏子春秋·杂上》篇曰：晏子使鲁，仲尼使门弟子往观，子贡反报。曰："孰谓晏子习于礼乎？夫礼曰：登阶不历，堂上不趋，授玉不跪。今晏子皆反此，孰谓晏子习于礼者？"晏子既已有事于鲁君，退见仲尼。仲尼曰："夫礼，登阶不历，堂上不趋，授玉不跪，夫子反此乎？"晏子曰："婴闻：两楹之间，君臣有位焉。君行其一，臣行其二。君之来邀，是以登阶历堂上趋，以及位也。君授玉卑，故跪以下之。且吾闻之，大者不逾闲，小者出入可也。"晏子出，仲尼送之以宾客之礼。不计之义，维晏子为能行之。《韩诗外传·卷四》大同。

《春秋繁露·玉英》篇曰：器从名，地从主人，之谓制。权之端焉，不可不察也。夫权虽反经，亦必在可以然之域；不在可以然之域，故虽死亡，终弗为也，公子目夷是也。故父子兄弟不宜立而立者，《春秋》视其国与宜立之君无以异也，此皆在可以然之域也。至于鄫取乎莒，以之为同居，目曰莒人灭鄫，此在不可以然之域也。故诸侯在不可以然之域者，谓之大德，大德无逾闲者，谓正经；诸侯在可以然之域者，谓之小德，小德出入可也，权谲也。尚归之以奉巨经耳。

《荀子·王制》篇曰：孔子曰：大节是也，小节是也，上君也。大节是也，小节一出一入焉，中君也。大节非也，小节虽是也，吾无观其余矣。

子游曰:"子夏之门人小子,当洒扫应对进退则可矣,抑末也,本之则无,如之何?"

《大戴礼记·曾子事父母》篇曰:夫礼,大之由也,不与小之自也。趋翔周旋,俯仰从命,不见于颜色,未成于弟也。

子夏闻之,曰:"噫!言游过矣!君子之道,孰先传焉?孰后倦焉?譬诸草木,区以别矣。君子之道,焉可诬也。

有始有卒者,其惟圣人乎!"

《礼记·大学》篇曰:物有本末,事有终始,知所先后,则近道矣。

子夏曰:"仕而优则学,学而优则仕。"

子游曰:"丧致乎哀而止。"

本篇曰:丧思哀。

《说苑·建本》篇曰:孔子曰:处丧有礼矣,而哀为本。

子游曰:"吾友张也,为难能也,然而未仁。"

曾子曰:"堂堂乎张也,难与并为仁矣。"

《列子·仲尼》篇曰:子夏问孔子曰:"子张之为人奚若?"子曰:"师之庄贤于丘也,师能庄而不能同。"

《大戴礼记·五帝德》篇曰:孔子曰:吾欲以容貌取人,于师邪改之。

又《卫将军·文子》篇曰:业功不伐,贵位不善,不侮可侮,不佚可佚,不敖无告,是颛孙之行也。孔子言之曰:其不伐则犹可能也,其不弊百姓者则仁也。《诗》云:"恺悌君子,民之父母",夫子以其仁为大也。

曾子曰:"吾闻诸夫子:人未有自致者也。必也亲丧乎!"

《孟子·滕文公上》篇曰:孟子曰:亲丧固所自尽也。

《后汉书·荀爽传》曰:爽对策曰:夫丧亲自尽,丧之终也。今之公卿及二千石,三年之丧不得即去,殆非所以增崇孝道而克称大德者也。往者孝文劳谦,行过乎俭,故其遗诏以日易月。此当时之宜,不可贯之万世。古今之制，虽有损益，而谅暗之礼，未尝改移，以示天下莫遗其亲。今公卿群寮，皆政教所瞻，而父母之丧，不得奔赴。夫仁义之行，自上而始；敦厚之俗，以应乎下。《传》曰："丧祭之礼阙，则人臣之恩薄，背死忘生者众矣。"曾子曰："人未有自致者，必也亲丧乎！"《春秋传》曰："上之所为，民之归也。夫上所不为而民或为之，故加刑罚。若上之所为，民亦为之，又何诛焉？"昔翟方进以自备宰相而不敢逾制，至遭母忧三十六日而除。夫失礼之源，自上而始。古者大丧三年不呼其门，所谓崇国厚俗笃化之道也。事宜失正，过勿惮改，天下通丧，可如旧礼。

曾子曰："吾闻诸夫子：孟庄子之孝也，其他可能也，其不改父之臣与父之政，是难能也。"

《学而》篇曰：父在观其志，父没观其行。三年无改于父之道，可谓孝矣。

孟氏使阳肤为士师，问于曾子。曾子曰："上失其道，民散久矣。

《荀子·宥坐》篇曰：孔子为鲁司寇，有父子讼者，孔子拘之，三月不别。其父请止，孔子舍之。季孙闻之，不说，曰："是老也欺予。语予曰：为国家必以孝，今杀一人以戮不孝，又舍之。"冉子以告。孔子慨然叹曰："呜呼，上失之，下杀之，其可乎？不教其民而听其狱，杀不辜也；三军大败，不可斩也；狱犴不治，不可刑也。罪不在民故也。嫚令谨诛，贼也；今生也有时，敛也无时，暴也；不教而责成功，虐也。已此三者，然后刑可即也。《书》曰：'义刑义杀，勿庸以即。'予维曰：未有顺事。"言先教也。故先王既陈之以道，上先服之；若不可，尚贤以綦之；若不可，废不能以单之。綦三年而百姓往矣。邪民不从，然后俟之以刑，则民知罪矣。是以威厉而不试，刑错而不用也。今之世则不然：乱其教，繁其刑，其民迷惑而堕焉，则从而制之，是以刑弥繁而邪不胜。三尺之岸，而虚车不能登也；百仞之山，任负车登焉。何则？陵迟故也。数仞之墙，而民不逾也；百仞之山，而竖子冯而游焉，陵迟故也。今夫世之陵迟亦久矣，而能使民勿逾乎？《说苑·政理》篇文大同。

《韩诗外传·卷三》曰：鲁有父子讼者，康子欲杀之。孔子曰："未可杀之。夫民不知父子讼之为不义久矣，是则上失其道。上有道，是人亡矣。"讼者闻之，请毋讼。康子曰："治民以孝，杀一不义以僇不孝，不亦可乎？"孔子曰："否。不教而听其狱，杀不辜也；三军大败，不可诛也；狱犴不治，不可刑也。上陈之教而先服之，则百姓从风矣；邪行不从，然后俟之以刑，则民知罪矣。夫一仞之墙，民不能逾；百仞之山，童子登游焉。陵迟故也。今其仁义之陵迟久矣，能谓民无逾乎？诗曰：'俾民不迷。'昔之君子，道其百姓不使迷，是以威厉而刑措不用也。故形其仁义，谨其教道，使民目晰焉而见之，使民耳晰焉而闻之，使民心晰焉而知之，则道不迷而民志不惑矣。《诗》曰：'示我显德行。'故道义不易，民不由也；礼乐不明，民不见也。《诗》曰：'周道如砥，其直如矢'，言其易也；'君子所履，小人所视'，言其明也；'睠言顾之，潸焉出涕'，哀其不用礼教而就刑诛也。夫散其本教而待之刑辟，犹决其牢而发以毒矢也，不亦哀乎！故曰：未可杀也。昔者先王使民以礼，譬之，如御也；刑者，鞭策也。今犹无辔衔而鞭策以御也。欲马之进，则策其后；欲马之退，则策其前。御者以劳，而马亦多伤矣。今犹此也，上忧劳而民多罹刑。《诗》曰：'人而无礼，胡不遄死？'为上无礼，则不免乎患；为下无礼，则不免乎刑。上下无礼，胡不遄死？"康子避席再拜。曰："仆虽不敏，请承此语矣。"孔子退朝，门人子路难曰："父子讼，道也？"孔子曰："非也。"子路曰："然则夫子胡为君子而免之也？"孔子曰："不戒责成，害也；慢令致期，暴也；不教而诛，贼也。君子为政，避此三者。《诗》曰：'载色载笑，匪怒伊教。'"

如得其情，则哀矜而勿喜。"

《书·吕刑》曰：哀矜折狱。

《尚书·大传》曰：子曰：听讼虽得其指，必哀矜之。死者不可复生，𠤎古文绝字。者不可复续也。又见《孔丛子》。

《盐铁论·后刑》篇曰：贤良曰：古者笃教以导民，明辟以正刑。刑之于治，犹策之于御也；良工不能无策而御，有策而勿用。圣人假法以成教，教成而刑不施。故威厉而不杀，刑设而不犯。今废其纲纪而不能张，坏其礼义而不能防,民陷于罔,从而猎之以刑,是犹开其阑牢,发以毒矢也,不尽,不止。曾子曰:"上失其道,民散久矣。如得其情,即哀矜而勿喜。"夫不伤民之不治而伐己之能得奸,犹弋者睹鸟兽挂罥罗而喜也。

《韩非子·外储说左下》篇曰:孔子相卫,弟子子皋为狱吏,刖人足,所跀者守门。人有恶孔子于卫君者,曰:"尼欲作乱。"卫君欲执孔子,孔子走,弟子皆逃。子皋从出门,跀危引之而逃之门下室中,吏追不得。夜半,子皋问跀危者曰:"吾不能亏主之法令,而亲跀子之足,是子报仇之时也。而子何故乃肯逃我?我何以得此于子?"跀危曰:"吾断足也,故吾罪当之,不可奈何。然方公之欲治臣也,公倾侧法令,先后臣以言,欲臣之免也甚,而臣知之。及狱决罪定,公慨然不悦,形于颜色,臣见又知之,非私臣而然也。夫天性仁心固然也,此臣之所以悦而德公也。"

《后汉书·郭躬传论》曰:曾子曰:"上失其道,民散久矣。如得其情,则哀矜而勿喜。"夫不喜于得情则恕心用,恕心用则可寄枉直矣。夫贤人君子断狱,其必至于此乎!郭躬起自佐史,小大之狱必察焉。原其平刑审断,庶于无喜者乎!若乃推己以议物,舍状以贪情,法家之能庆延于世,盖由此也。

子贡曰:'纣之不善,不如是之甚也。是以君子恶居下流,天下之恶皆归焉。"

《列子·杨朱》篇曰:天下之美,归之舜禹周孔;天下之恶,归之桀纣。

《淮南子·缪称》篇曰:三代之善,千岁之积誉也;桀纣之恶,千岁之积毁也。

《汉书·叙传》曰:自大将军薨后,富平定陵侯张放淳于长等始爱幸。出为微行,行则同舆执辔;入侍禁中,设宴饮之会,及赵李诸侍中皆引满举白,谈笑大噱。时乘舆幄坐张画屏风,画纣醉踞妲己作长夜之乐。上以伯新起,数目礼之,因顾指画而问伯:"纣为无道,至于是乎?"伯对曰:"《书》云:乃用妇人之言,何用踞肆于朝?所谓众恶归之不如是之甚者也。"上曰:"苟不若此,此图何戒?"伯曰:"沈湎于酒,微子所以告去也;式号式謼,《大雅》所以流连也。《诗》《书》淫乱之戒,其原皆在于酒。"《后汉书·窦宪传论》曰:卫青霍去病资强汉之众,连年以事匈奴,国耗大半矣。而猃狁未之胜,后世犹称其良将,岂非以身名自终者邪?窦宪帅羌胡边杂之师,一举而空朔廷,至乃追奔稽落之表,饮马北鞮之曲,铭石负鼎,荐告清庙,列其功庸,兼茂于前多矣;而后世莫称者,章末衅以降其实也。是以下流君子所甚恶焉。

子贡曰:"君子之过也,如日月之食焉。过也,人皆见之;更也,人皆仰之。"

《孟子·公孙丑下》篇曰:燕人畔,王曰:"吾甚惭于孟子。"陈贾曰:"王无患焉!王自以与周公孰仁且智?"王曰:"恶!是何言也!"曰:"周公使管叔监殷,管叔以殷畔。知而使之,是不仁也;不知而使之,是不智。仁智,周公未之尽也,而况于王乎?贾请见而解之。"见孟子,问曰:"周公何人也?"曰:"古圣人也。"曰:"使管叔监殷,管叔以殷畔也,有诸?"曰:"然。"曰:"周公知其将畔而使之与?"曰:"不知也。""然则圣人且有过与?"曰:"周公,弟也;管叔,兄也。周公之过,不亦宜乎?且古之君子,过则改之;今之君子,过则顺之。古之君子,其过也,如日月之食,民皆见之;及其更也,民皆仰之。今之君子,岂徒顺之,又从为之辞。"

卫公孙朝问于子贡曰:"仲尼焉学?"子贡曰:"文武之道未坠于地,在人,贤者识其大者,不贤者识其小者,莫不有文武之道焉。

《汉书·刘歆传》曰:歆移书太常博士曰:夫礼失求之于野,古文不犹愈于野乎?往者博士,《书》有欧阳,《春秋》公羊,《易》则施、孟。然孝宣皇帝犹复广立《谷梁春秋》,《梁丘易》,《大、小夏侯尚书》。义虽相反,犹并置之。何则?与其过而废之也,宁过而立之。《传》曰:"文武之道未坠于地,在人,贤者志其大者,不贤者志其小者。"今此数家之言,所以兼包大小之义,岂可偏绝哉!

夫子焉不学?而亦何常师之有!"

《礼记·曾子问》篇曰：曾子问曰："葬引至于堩，日有食之，则有变乎？且不乎？"孔子曰："昔者吾从老聃助葬于巷党，及堩，日有食之。老聃曰：'丘！止柩就道右！止哭以听变！'既明反而后行。曰：'礼也。'"反葬而丘问之曰：'夫柩不可以反者也，日有食之，不知其已之迟数，则岂如行哉？"老聃曰："诸侯朝天子，见日而行，逮日而舍奠；大夫使，见日而行，逮日而舍。夫柩不蚤出，不莫宿。见星而行者，唯罪人与奔父母之丧者乎！日有食之，安知其不见星也？且君子行礼，不以人之亲痁患。"吾闻诸老聃云。

《左传·昭公十七年》曰：秋，郯子来朝，公与之宴，昭子问焉，曰："少皞氏鸟名官，何故也？"郯子曰："吾祖也，我知之。昔者广帝氏以云纪，故为云师而云名；炎帝氏以火纪，故为火师而火名；共工氏以水纪，故为水师而水名；大皞氏以龙纪，故为龙师而龙名。我高祖少皞挚之立也，凤鸟适至，故纪于鸟，为鸟师而鸟名。凤鸟氏，历正也；玄鸟氏，司分者也；伯赵氏，司至者也；青鸟氏，司启者也；丹鸟氏，司闭者也；祝鸠氏，司徒也；鴡鸠氏，司马也；鸤鸠氏，司空也；爽鸠氏，司寇也；鹘鸠氏，司事也。五鸠，鸠民者也；五雉为五工正，利器用，正度量，夷民者也；九扈为九农正，扈民无淫者也。自颛顼以来，不能纪远，乃纪于近，为民师而命以民事，则不能故也。"仲尼闻之，见于郯子而学之。既而告人曰："吾闻之：天子失官，学在四夷，犹信。"

《史记·孔子世家》曰：孔子学鼓琴师襄子，十日不进，师襄子曰："可以益矣。"孔子曰："丘已习其曲矣，未得其数也。"有闲，曰："已习其数，可以益矣。"孔子曰："丘未得其志也。"有闲，曰："已习其志，可以益矣。"孔子曰："丘未得其人也。"有闲，曰："有所穆然深思焉；有所怡然高望而远志焉。"曰："丘得其人，黯然而黑；几然而长。眼如望羊，如王四国，非文王其谁能为此也？"师襄避席再拜，曰："师盖云《文王操》也。"

又《甘茂传》曰：项橐生七岁为孔子师。

叔孙武叔语大夫子朝曰："子贡贤于仲尼。"子服景伯以告子贡。子

贡曰:"譬之宫墙,赐之墙也及肩,窥见室家之好。

夫子之墙数仞,不得其门而入,不见宗庙之美,百官之富,得其门者盖寡矣。

《太平御览·百七十四》引《风俗通》曰:《论语》,"夫子宫墙数仞。"《礼记》,"季武子入宫,不敢哭。"由是言之,宫室一也。秦汉以来,尊者以宫为常号,下乃避之云室耳。《弟子职》云:"室中握手。"《论语》曰:"譬如宫墙。"由此言之,宫其外,室其内也。

《论衡·别通》篇曰:子贡曰:"不得其门而入,不见宗庙之美,百官之富",盖以宗庙百官喻孔子道也。孔子道美,故譬以宗庙;众多非一,故喻以百官。

夫子之云,不亦宜乎?"

《法言·问明》篇曰:仲尼,圣人也,或劣诸子贡。子贡辞而辟之,然后廓如也。

叔孙武叔毁仲尼。子贡曰:"无以为也!仲尼不可毁也。他人之贤者,丘陵也,犹可逾也;仲尼,日月也,无得而逾焉。

人虽欲自绝,其何伤于日月乎?多见其不知量也。"

陈子禽谓子贡曰:"子为恭也,仲尼岂贤于子乎?"子贡曰:'君子一言以为知,一言以为不知,言不可不慎也。夫子之不可及也,犹天之不可阶而升也。

《韩诗外传·卷八》曰:齐景公谓子贡曰:"先生何师?"对曰:"鲁仲尼。"曰:"仲尼贤乎?"曰:"圣人也,岂直贤哉!"景公嘻然而笑曰:"其圣何如?"子贡曰:"不知也。"景公悖然作色曰:"始言圣人,今言不知,何也?"子贡曰:"臣终身戴天,不知天之高也;终身践地,不知地之厚也。若臣之事仲尼,譬犹渴操壶杓,就江海而饮之,腹满而去,又安知江海之深乎?"景公曰:"先生之誉得无太甚乎?"子贡曰:"臣赐何敢甚言,尚虑不及耳。臣誉仲尼,譬犹两手捧土而附泰山,其无益亦明矣;使臣不誉仲尼,譬犹两手杷泰山,无损亦明矣。"景公曰:"善。"

《说苑·贵德》篇曰：季康子谓子游曰："仁者爱人乎？"子游曰："然。""人亦爱之乎？"子游曰："然。"康子曰：郑子产死，郑人丈夫舍玦珮，妇人舍珠珥，夫妇巷哭，三月不闻竽瑟之声。仲尼之死，吾不闻鲁国之爱夫子，奚也？"子游曰："譬子产之与夫子，其犹浸水之与天雨乎！浸水所及则生，不及则死。斯民之生也，必以时雨，既以生，莫爱其赐。故曰：譬子产之与夫子也，犹浸水之与天雨乎！"

夫子之得邦家者，所谓立之斯立，道之斯行，绥之斯来，动之斯和。其生也荣，其死也哀。如之何其可及也？"

《汉书·董仲舒传》曰：故尧舜行德，则民仁寿；桀纣行暴，则民鄙夭。夫上之化下，下之从上，犹泥之在钧，唯甄者之所为；犹金之在镕，唯冶者之所铸。绥之斯俫，动之斯和。此之谓也。

论语疏证卷第二十

尧曰篇第二十

尧曰:"咨!尔舜!天之历数在尔躬,允执其中,四海困穷,天禄永终",舜亦以命禹。

《史记·历书》曰:黄帝者,定星历,建立五行,起消息,正闰余,于是有天地神祇物类之官。少皞氏之衰也,九黎乱德,民神杂扰,颛顼受之,乃命南正重司天以属神,火正黎司地以属民。其后三苗服九黎之德,故二官咸废所职,而闰余乖次,孟陬殄灭,摄提无纪,历数失序。尧复遂重黎之后,不忘旧者,使复典之而立羲和之官。明时正度,则阴阳调,风雨节,茂气至,民无夭疫。年耆禅舜,申戒文祖云:"天之历数在尔躬!"舜亦以命禹。

《说苑·辨物》篇曰:故夫天文地理人情之效存于心,则圣智之府。是故古者圣王既临天下,必变四时,定律历,考天文,揆时变,登灵台以望气氛。故尧曰:"咨!尔舜!天之历数在尔躬,允执其中,四海困穷。"《书》曰:"在璿玑玉衡以齐七政。"

《礼记·中庸》篇曰:子曰:舜其大知也与!执其两端,用其中于民,其斯以为舜乎。

曰："予小子履，

《白虎通·姓名》篇曰：汤，生于夏时，何以用甲乙为名？曰：汤王后乃更变名，为子孙法耳，本名履。故《论语》曰：予小子履。履，汤名也。

敢用玄牡，敢昭告于皇皇后帝：

《白虎通·三正》篇曰：文家先改正，质家先伐，何？改正者文，伐者质。文家先其文，质家先其质。《论语》曰："予小子履敢用玄牡敢昭告于皇王后帝"，此汤伐桀告天，以夏家之牲也，又见同书《三军》篇。

有罪不敢赦。帝臣不蔽，简在帝心。朕躬有罪，无以万方；万方有罪，罪在朕躬。

《国语·周语上》曰：内史过曰：在《汤誓》曰："余一人有罪，无以万夫；万夫有罪，在余一人。"

《墨子·兼爱下》篇曰：夫兼相爱，交相利，不惟《禹誓》为然，虽汤说亦犹是也。汤曰："惟予小子履，敢用玄牡告于上天后曰：今天大旱，即当朕身履；未知得罪于上下。有善不敢蔽，有罪不敢赦，简在帝心。万方有罪，即当朕身；朕身有罪，无及万夫。"

《吕氏春秋·顺民》篇曰：昔者汤克夏而正天下，天大旱，五年不收。汤乃以身祷于桑林曰："余一人有罪，无及万夫；万夫有罪，在余一人；无以一人之不敏使上帝鬼神伤民之命。"于是翦其发，䰂其手，以身为牺牲，用祈福于上帝。

周有大赉，善人是富。

《诗序》曰：赉，大封于庙也。赉，予也，言所以锡予善人也。

《礼记·乐记》篇曰：武王克殷，反商，未及下车，而封黄帝之后于蓟，封帝尧之后于祝，封帝舜之后于陈。下车而封夏后氏之后于杞，投殷之后于宋。释箕子之囚，使之行商容而复其位。将帅之士，使为诸侯。

《左传·昭公二十八年》曰：昔武王克商，光有天下，其兄弟之国者十有五人，姬姓之国四十人。

虽有周亲，不如仁人。

《墨子·兼爱》中篇曰：昔者武王将事泰山隧。传曰："泰山有道，曾孙周王，有事大事，既获仁人尚，作以祗商夏，蛮夷丑貉。虽有周亲，不若仁人。万方有罪，惟予一人。"

《荀子·君道》篇曰：夫文王非无贵戚也，非无子弟也，非无便嬖也。倜然乃举太公于州人而用之，岂私之也哉？以为亲邪？则周姬姓也，而彼姜姓也；以为故邪？则未尝相识也；以为好丽邪？则夫人行年七十有二，龋然而齿堕矣。然而用之者，夫文王欲立贵道，欲白贵名，以兼天下，而不可以独也。

  树达按：宋翔凤云：武王封太公于齐，在泰山之阴，故将事泰山而称仁人尚，为封太公之辞也。

百姓有过，在予一人。"

《说苑·贵德》篇曰：武王克殷，召太公而问曰："将奈其士众何？"太公对曰："臣闻爱其人者兼屋上之乌，憎其人者恶其余胥。咸刘厥敌，使靡有余，何如？"王曰："不可。"太公出，邵公入，王曰："为之奈何？"邵公对曰："有罪者杀之，无罪者活之，何如？"王曰："不可"，邵公出，周公入，王曰："为之奈何？"周公曰："使各居其宅，田其田，无变旧新，唯仁是亲。百姓有过，在予一人。"武王曰："广大乎！平天下矣。"凡所以贵士君子者，以其仁而有德也。

《白虎通·号》篇曰：或称帝王，何？以为接上称天子者，明以爵事天也；接下称帝王者，明位号天下至尊之称，以号令臣下也。故《尚书》曰："咨，四岳！""王曰：格汝众。"或称一人，王者自谓一人者，谦也，欲言己材能当一人耳。故《论语》曰："百姓有过，在予一人。"

谨权量，审法度，修废官，四方之政行焉。

《汉书·律历志》曰：乃同律度量衡，所以齐远近，立民信也。自伏羲画八卦，由数起，至黄帝尧舜而大备。三代稽古，法度章焉，周衰官失。孔子陈后王之法曰："谨权量，审法度，修废官，举逸民，四方之政行矣。"

《汉纪七·文帝纪》曰：荀悦曰：先王立政，以制为本，三正五行，服色历数，承天之制。经国序民，列官布职，疆理品类，辨方定物。人伦之度，自上已下，降杀有序。上有常制，则政不颇；下有常制，则民不二；官无淫度，则事不悖；民无淫制，则业不废。贵不专宠，富不独奢。民虽积财，无所用之。故世俗易足而情不滥，奸宄不兴，祸乱不作。此先王所以纲纪天下，统成大业，立德兴功，为政之德也。故曰："谨权量，审法度，修废官，四方之政行矣。"

兴灭国，继绝世，

《尚书·大传》曰：古者诸侯始受封则有采地。百里诸侯以三十里，七十里诸侯以二十里，五十里诸侯以十五里。其后子孙虽有罪黜，其采地不黜，使其子孙贤者守之，世世以祠其始受封之人。此之谓兴灭国，继绝世。《韩诗外传·卷八》同。

《白虎通·封公侯》篇曰：王者受命而作，兴灭国，继绝世，何？为先王无道，妄杀无辜，及嗣子幼弱，为强臣所夺，子孙皆无罪，因而绝。重其先人之功，故复立之。《论语》曰："兴灭国，继绝世。"

举逸民，天下之民归心焉。

《尚书·大传》曰：武丁之时，桑谷俱生于朝，七日而大拱。武丁问诸祖己，曰："桑谷，野草也。野草生于朝，亡乎！"武丁惧，侧身修行，思昔先王之政，兴灭国，继绝世，举逸民，明养老之礼，重译来朝者六国。《说苑·君道》、《敬慎》二篇文并大同。

《后汉书·逸民传》曰：光武侧席幽人，求之若不及，旌帛蒲车之所征贲，相望于岩中矣。若薛方、逢萌、聘而不肯至；严光、周党、王霸、至而不能屈。群方咸遂，志士怀仁，斯固所谓举逸民天下归心者乎。

所重：民食，

《颜渊》篇曰：子贡问政。子曰：足食，足兵，民信之矣。

《书·洪范》篇曰：八政：一曰食；《尚书·大传》曰：食者，万物之始，人事之所本，故八政先食。

《管子》曰：民以食为天。

《淮南子·主术》篇曰：食者，民之本也。

《周礼·天官·冢宰》曰：以九职任万民，一曰三农，生九谷；二曰园圃，毓草木。

又《地官·大司徒》曰：以土宜之法辨十有二土之名物，以相民宅而知其利害，以阜人民，以蕃鸟兽，以毓草木，以任土事。辨十有二壤之物而知其种，以教稼穑树艺。颁职事十有二于邦国都鄙，使以登万民，一曰稼穑，二曰树艺。

丧，祭。

《学而》篇曰：曾子曰：慎终追远，民德归厚矣。

《礼记·经解》篇曰：丧祭之礼废，则臣子之恩薄；臣子之恩薄，则背死亡生者众矣。

宽则得众，信则民任焉，敏则有功，

证见卷十七《阳货》篇。

公则说。

《吕氏春秋·贵公》篇曰：昔先圣王之治天下也必先公，公则天下平矣，平得于公。尝试观于上志，其得之以公，其失之必以偏。故《鸿范》曰："无偏无党，王道荡荡；无偏无颇，遵王之义。无或作好，遵王之道；无或作恶，遵王之路。"天下非一人之天下也，天下之天下也。阴阳之利，不长一类；甘露时雨，不私一物；万民之主，不阿一人。天地大矣，生而弗子，成而弗有，万物皆被其泽，得其利，而莫知其所由始。此三皇五帝之德也。

《说苑·至公》篇曰：《书》曰："不偏不党，王道荡荡"，言至公也。古有行大公者，帝尧是也。贵为天子，富有天下，得舜而传之，不私于其子孙也。去天下若遗躧，于天下犹然，况其细于天下乎？此人君之公也。夫以公与天下，其德大矣。推之于此，刑之于彼。万姓之所戴，后世之所则也。彼人臣之公：治官事则不营私家；在公门则不言货利；当公法则不阿亲戚；奉公举贤，则不避仇；忠于事君，仁于利下；推之以恕道，行之以不党；伊吕是也。故显名存于今，是之谓公。夫公生明，偏生暗，端悫生达，诈伪生塞，诚信生神，夸诞生惑。此六者，君子之所慎也，而禹桀之所以分也。

《吕氏春秋·去私》篇曰：尧有子十人，不与其子而授舜，舜有子九人，不与其子而授禹，至公也。晋平公问于祁黄羊曰："南阳无令，其谁可而为之？"对曰："解狐可。"平公曰："解狐非子之仇邪？"对曰："君问可，非问臣之仇也。"平公曰："善。"遂用之，国人称善焉。居有闲，平公又问祁黄羊曰："国无尉，其谁可而为之？"对曰："午可。"平公曰："午非子之子邪？"对曰："君问可，非问臣之子也。"平公曰："善。"又遂用之。国人称善焉。孔子闻之，曰："善哉祁黄羊之论也！外举不避仇，内举不避子，祁黄羊可谓公矣。"事出《左传·襄公三年》，说略异。

《史记·陈丞相世家》曰：里中社，平为宰，分肉食甚均。父老曰："善陈孺子之为宰。"平曰："嗟乎！使平得宰天下，亦如是肉矣。"

《汉书·张良传》曰：上已封大功臣二十余人，其余日夜争功不决，未得行封。上居雒阳南宫，从复道望见诸将，往往数人偶语。上曰："此何语？"良曰："陛下不知乎？此谋反耳。"上曰："天下属安定，何故而反？"良曰："陛下起布衣？与此属取天下。今陛下已为天子，而所封皆萧曹故人所亲爱，而所诛者皆平生仇怨。今军吏计功，天下不足以遍封。此属畏陛下不能尽封，又恐见疑过失及诛，故相聚而谋反耳。"上乃忧曰："为将奈何？"良曰："上平生所憎，群臣所共知，谁最甚者？"上曰："雍齿与我有故怨，数窘辱我；我欲杀之。为功多，不忍。"良曰："今急先封雍齿以示群臣，群臣见雍齿先封，则人人自坚矣。"于是上置酒，封雍齿为什方侯，而急趣丞相御史定功行封。群臣罢酒，皆喜，曰："雍齿且侯，我属无患矣。"

树达按：故人封而反谋生，雍齿侯而群臣喜。无他，高祖之所示公与不公之别而已。

又《霍光传》曰：初辅幼主，政自己出，天下想闻其风采。殿中尝有怪，一夜群臣相惊，光召尚符玺郎，郎不肯授光，光欲夺之。郎按剑曰："臣头可得，玺不可得也。"光甚谊之。明日，诏增此郎秩二等，众庶莫不多光。

《后汉书·阴兴传》曰：兴与同郡张宗上谷鲜于褒不相好，知其有用，犹称所长而达之。友人张汜杜禽与兴厚善，以为华而少实，但私之以财，终不为言。是以世称其忠平。素与从兄嵩不相能，然敬其威重。兴疾病，帝亲临问以群臣能不，兴顿首曰："臣愚不足以知之，然伏见议郎席广谒者阴嵩并经行明深，逾于公卿。"兴没后，帝思其言，遂擢广为光禄勋，嵩为中郎将。

又《左雄传》曰：初，雄荐周举为尚书，举既称职，议者咸称焉。及在司隶，又举故冀州刺史冯直，以为将帅。而直尝坐臧受罪，举以此劾奏雄，雄悦。曰："吾尝事冯直之父，而又与直善。今宣光周举字宣光。以此奏吾，乃是韩厥之举也。"由是天下服焉。韩厥事见《国语》，本书卷十五群而不党条下引之。

树达按：晋人善祁黄羊，父老善陈孺子，众庶之多霍光，汉人称阴兴之忠平，服左雄之荐举，所谓公则说也。

子张问于孔子曰："何如斯可以从政矣？"子曰："尊五美，屏四恶，斯可以从政矣。"

子张曰："何谓五美？"子曰："君子惠而不费，劳而不怨，欲而不贪，泰而不骄，威而不猛。"

《中论·法象》篇曰：夫容貌者，人之符表也。符表正，故情性治；情性治，故仁义存；仁义存，故盛德著；盛德著，故可以为法象：斯谓之君子矣。君子者，无尺土之封而万民尊之，无刑罚之威而万民畏之，无羽籥之乐而万民乐之，无爵禄之赏而万民怀之。其所以致之者一也。故孔子曰："君子威而不猛，泰而不骄。"

子张曰："何谓惠而不费？"子曰："因民之所利而利之，斯不亦惠而不费乎？

《文献通考二百八》引《子思子》曰：孟轲问："牧民之道何先？"子思曰："先利之。"孟轲曰："君子之教民者，亦仁义而已，何必曰利。"子思曰："仁义者固所以利之也。上不仁则不得其所，上不义则乐为诈，此为不利大矣。"故《易》曰："利者，义之和也。"又曰："利用安身，以崇德也。"此皆利之大者也。《孔丛子·杂训》篇同。

择可劳而劳之，又谁怨？

《孟子·尽心上》篇曰："孟子曰：以佚道使民，虽劳不怨。"

《荀子·富国》篇曰：古人使民，夏不宛暍，冬不冻寒；急不伤力，缓不后时。事成功立，上下俱富，而百姓皆爱其上。人归之如流水，亲之欢如父母，为之出死断亡而愉者，无它故焉，忠信调和均辨之至也。

《贾子·修政语上》篇曰：大禹曰：民无食也，则我不能使也；功成而不利于民，我弗能劝也。故鬃河而导之九牧，凿江而道之九路，洒五湖而定东海；民劳矣，而弗苦者，功成而利于民也。《说苑·君道》篇文同。

欲仁而得仁，又焉贪？君子无众寡，无大小，无敢慢，斯不亦泰而不骄乎？

君子正其衣冠，尊其瞻视，俨然人望而畏之，斯不亦威而不猛乎？"

《礼记·曲礼上》篇曰：衣无拨，冠无免。

《说苑·修文》篇曰：冠者，所以别成人也；修德束冠以自申饬，所以检其邪心，守其正意也。君子始冠，必祝，成礼，加冠以厉其心。故君子成人必冠带以行事，弃幼少嬉戏惰慢之心，而衎衎于进德修业之志。故服不成象，而内心不变。内心修德，外被礼文，所以成显令名者也。是故皮弁素积，百王不易，既以修德，又以正容。孔子曰："正其衣冠，尊其瞻视，俨然人望而畏之，斯不亦威而不猛乎？"

《孟子·梁惠王上》篇曰：孟子见梁襄王，出语人曰：望之不似人君，就之而不见所畏焉。

子张曰："何谓四恶？"子曰："不教而杀谓之虐，不戒视成谓之暴，慢令致期谓之贼，

《韩诗外传·卷三》曰：《传》曰：鲁有父子讼者，康子欲杀之，孔子曰："未可杀之，夫民不知父子讼之为不义久矣。是则上失其道，上有道，是人亡矣。"讼者闻之，请无讼。孔子退朝，门人子路难曰："父子讼，道耶？"孔子曰："非也。"子路曰："然则夫子胡为君子而免之也？"孔子曰："不戒责成，害也；慢令致期，暴也；不教而诛，贼也。君子为政，避此三者。"

《汉书·董仲舒传》曰：仲舒对策曰：王者承天意以从事，故任德教而不任刑。刑者不可任以治世，犹阴之不可任以成岁也。为政而任刑，不顺于天，故先王莫之肯为也。今废先王德教之官，而独任执法之吏治民，毋乃任刑之意与？孔子曰："不教而诛谓之虐"，虐任于下，而欲德教之被四海，故难成也。

《韩诗外传·卷五》曰：不教而诛，则民不识劝也。

犹之与人也，出纳之吝，谓之有司。"

子曰："不知命，无以为君子也。

《韩诗外传·卷六》曰：子："不知命无以为君子。"言天之所生皆有仁义礼智顺善之心，不知天之所以命生，则无仁义礼智顺善之心。无仁义礼智顺善之心，谓之小人。故曰："不知命无以为君子。"《小雅》曰："天保定尔，亦孔之固。"言天之所以仁义礼智保定人之甚固也。《大雅》曰："天生蒸民，有物有则，民之秉彝，好是懿德。"言民之秉德以则天也。不知所以则天，又焉得为君子乎？

《汉书·董仲舒传》曰：仲舒对策曰：人受命于天，固超然异于群生。入有父子兄弟之亲，出有君臣上下之谊，会聚相遇，则有耆老长幼之施。粲然有文以相接，欢然有恩以相爱。此人之所以贵。生五谷以食之，桑麻以衣之，六畜以养之，服牛乘马，圈豹槛虎，是其得天之灵贵于物也。故孔子曰："天地之性人为贵。"明于天性，知自贵于物；知自贵于物，然后知仁谊；知仁谊，然后重礼节；重礼节，然后安处善；安处善，然后乐循礼；乐循理，然后谓之君子。故孔子曰："不知命，无以为君子。"此之谓也。

《左传·文公十三年》曰：邾文公卜迁于绎，史曰："利于民而不利于君。"邾子曰："苟利于民，孤之利也。天生民而树之君，以利之也。民既利矣，孤必与焉。"左右曰："命可长也，君何弗为？"邾子曰："命在养民。死之短长，时也。民苟利矣，迁也。吉莫如之。"遂迁于绎。五月，邾文公卒。君子曰："知命。"

《吕氏春秋·知分》篇曰：达士者，达乎死生之分。达乎死生之分，则利害存亡弗能惑矣。晏子与崔杼盟，其辞曰："不与崔氏而与公孙氏者，受其不祥。"晏子俯而饮血，仰而呼天，曰："不与公孙氏而与崔氏者，受此不祥。"崔杼不说，直兵造胸，句兵钩颈，谓晏子曰："子变子言，则齐国吾与子共之；子不变子言，则今是已。"晏子曰："崔子！子独不为夫《诗》乎？《诗》曰：'莫莫葛藟，延于条枚，凯弟君子，求福不回。'婴且可以回而求福乎？子惟之矣。"崔杼曰："此贤者，不可杀也。"罢兵而去。晏子援绥而乘，其仆将驰，晏子抚其仆之手，曰："安之！毋失节！疾不必生，徐不必死。鹿生于山而命悬于厨，今婴之命有所悬矣。"晏子可谓知命矣。命也者，不知所以然而然者，人事智巧以举错者不得与焉。故命也者，就之未得，去之未失。国士知其若此也，故以义为之决而安处之。事本《晏子春秋·杂上》篇。

不知礼，无以立也。

《泰伯》篇曰：立于礼。

《季氏》篇曰：不学礼，无以立。

《风俗通·愆礼》篇曰：夫圣人之制礼也，事有其制，曲有其防。为其可传，为其可继。贤者俯就，不肖跂及。是故子张过而子夏不及，然后无愈。子路丧姊，期而不除，仲尼以为大讥，况于忍能矫情直意而已也哉？《诗》云："不愆不忘，率由旧章。"《论语》："不知礼，无以立。"

不知言，无以知人也。"

《易·系辞下》篇曰：将叛者其辞惭，中心疑者其辞枝；吉人之辞寡，躁人之辞多；诬善之人其辞游，失其守者其辞屈。

《孟子·公孙丑上》篇曰："敢问：夫子恶乎长？"曰："我知言，我善养吾浩然之气。""何谓知言？"曰："诐辞知其所蔽，淫辞知其所陷，邪辞知其所离，遁辞知其所穷。"

《春秋繁露·必仁且智》篇曰：莫近于仁，莫急于智。不仁而有勇力材能，则狂而操利兵也；不智而辨慧獧给，则迷而乘良马也。故不仁不智而有材能，将以其材能以辅其邪狂之心，而赞其避违之行，适足以大其非而甚其恶也。其强足以覆过，其御足以犯诈，其慧足以惑愚，其辨足以饰非，其坚足以断辟，其严足以拒谏：此非无材能也，其施之不当而处之不义也。有否心者不可藉便执，其质愚者不可与利器。《论》之所谓不知人也者，恐不知别此等也。仁而不智，则爱而不别也；智而不仁，则知而不为也。故仁者，所以爱人类也；智者，所以除其害也。